# 小学语文课程解析与教学技能提升

范　红　刘识亭　王家伦　著

东南大学出版社
·南京·

**图书在版编目(CIP)数据**

小学语文课程解析与教学技能提升/范红,刘识亭,王家伦著. —南京:东南大学出版社,2012.11
ISBN 978-7-5641-3848-6

Ⅰ.①小… Ⅱ.①范…②刘…③王… Ⅲ.①小学语文课—课堂教学—教学研究 Ⅳ.①G623.202

中国版本图书馆 CIP 数据核字(2012)第 255809 号

小学语文课程解析与教学技能提升

---

出版发行:东南大学出版社
社　　址:南京四牌楼 2 号　邮编:210096
出 版 人:江建中
网　　址:http://www.seupress.com
经　　销:全国各地新华书店
印　　刷:南京玉河印刷厂
开　　本:700 mm × 1 000 mm　1/16
印　　张:18.50
字　　数:363 千字
版　　次:2012 年 11 月第 1 版
印　　次:2012 年 11 月第 1 次印刷
书　　号:ISBN 978-7-5641-3848-6
定　　价:39.80 元

---

本社图书若有印装质量问题,请直接与营销部联系。电话:025-83791830

# 目 录

# 前　言

“语文越来越难教”是众多语文教师的感叹。其主要原因是语文脱离了本位，语文教学被一些时尚、空洞的理论“绑架”，被一些浮华繁复的“套路”搞得不知道自己“姓什么”。——这种脱离本位的举措，让大量一线语文教师陷于困惑、迷茫；让师范生们急需掌握语文课程基本内涵及语文教学基本技能，实现零距离上岗的希望落空。所以，我们认为语文教学应回归学科本位。

教学方法的背后应有教学理论的滋养，研究教学理论的终极目标应是教学技能的提升。语文课程的内涵，语文教师应该明确解析；教学技能的提升，应是语文教师终身追寻的目标。作为小学语文教学的研究者和直接参与者，我们深切地体会到一本实用的教材对教学实际的重大意义，于是，就有了编写这本书的设想。深入浅出，既能吸收新信息，又有较为深入的探究；更有操作性、示范性、启发性，是我们编写这本书的初衷。

希冀在有限的篇幅里，诠释语文课程的内涵，系统说明语文教学的基本操作方法，提倡大道于简、返璞归真的语文教学风格。

本书以《义务教育语文课程标准》(2011 版)为指导方针，以“操作”为主线，从语文教学不同的维度，解析语文课程内涵；力图从语文教学的显性层面与隐性层面，系统梳理出语文教学技能提升的路径与基本操作方法。围绕小学语文教师的学习、工作，选取典型的正反案例，运用相关的理论知识进行评析，在此基础上提出切中肯綮的训练要求。

对语文教学技能进行全方位的扫描，特别是针对小学语文教学的特点，既站在儿童的视野，又立足于教师教学技能的提升与发展，是我们努力的方向。

本书所选取的案例，主要为撰稿者亲自收集的第一手资料，也有部分来自特级教师优秀教案集、各级评优课实录以及有关网络课例等，较为完整的案例都注明了出处。

在课例的选择上，既考虑到经济发达的东部江浙地区，也考虑到奋起直追的西南地区，还考虑到礼仪之邦的鲁南地区，甚至涉及海外语文教学。总之，对不同地域语文教学进行探寻，以体现地域文化与教育的交融。教学案例涉及的教材版本，有人教版、苏教版、北师大版等等。以切实体现课程、教材与教学的发展趋势，体现经典的教育理论“教材无非是个例子”。语文教学应是开放的、包容的，应具有丰厚的文化内涵。

在编写过程中，我们尽量运用自己在多年的教学与研究中形成的科研成果，尽量提炼、整理当今语文教学研究与发展的最新成果，特别是语文教学中的实践智慧。既有教学提升，也有科研路径，还有教学艺术启迪。尽少涉及那些被其他教材陈述过多少遍的相同内容及一些深奥的理论知识，为师范生专业技能训练及在职教师的专业水平提升，找寻一条朴实的可行之路。

范　红

2012 年 7 月

# 绪论 《义务教育语文课程标准》(2011 版)解读

所谓"标准",就是"衡量事物的准则"。一般认为,课程标准是教育行政部门颁发的指导课程编制和教育活动的文件,在一定程度上具有法律效应。语文课程标准就是有关语文课程编制和教学活动的基本准则,它以准则形式规定了语文学科的教学目标、任务、要求、教学内容的广度和深度以及教材编写的体系和结构,同时提出对教学的原则要求。由国家教育部制订的《义务教育语文课程标准》(2011 版)(下文简称"最新课标")是义务教育阶段语文课程改革的"国家标准",是广大教师使用新教材、新教法以及开展课堂教学改革的基本依据。

## 一、语文课程的地位

关于语文课程的地位,"最新课标"的一段话颇能令人深思。

语文课程致力于培养学生的语言文字运用能力,提升学生的综合素养,为学好其他课程打下基础;为学生形成正确的世界观、人生观、价值观,形成良好个性和健全人格打下基础;为学生的全面发展和终身发展打下基础。语文课程对继承和弘扬中华民族优秀文化传统和革命传统,增强民族文化认同感,增强民族凝聚力和创造力,具有不可替代的优势。语文课程的多重功能和奠基作用,决定了它在九年义务教育中的重要地位。

在这里,"最新课标"把语文课程的地位提到了前所未有的高度。强调语文课程的多重功能和奠基作用,语文课程不仅发展学生的语文能力,而且在学习过程和方法、情感态度和价值观方面同样使学生得到充分发展;不仅为学生的语文能力奠基,而且为一辈子做人打下基础。

## 二、语文课程的性质

关于语文课程的性质和任务,"最新课标"指出:

语文课程是一门学习语言文字运用的综合性、实践性课程。义务教育阶段的语文课程，应使学生初步学会运用祖国语言文字进行交流沟通，吸收古今中外优秀文化，提高思想文化修养，促进自身精神成长。工具性与人文性的统一，是语文课程的基本特点。

第一，强调“运用”语言文字，而不是“理解和运用”。

这是“最新课标”较之2001版课标最明显的一处变化。2001版课标中这一条理念是这样描述的：“语文课程应培育学生热爱祖国语文的思想感情，指导学生正确地理解和运用祖国语言。”那么，“最新课标”为什么要去掉“理解”一词呢？

从信息学角度看，“理解”是输入，“运用”是输出，输入是输出的前提。基于这种认识，很多老师都重视“理解”。在现实教学中，他们就把语文课上成了理解分析课，理解了课文作为教学的终极目标，而在运用上或疏于问津，或只作点缀而已。而殊不知，理解只是阶段目标，运用才是最终目标。从理解和运用的关系来看，理解是运用的基础，而运用才是最好的理解。因此，为了纠正“重理解轻运用”的片面认识，力图改变现实中“教教材”而不是“用教材教”的偏颇做法，“最新课标”去掉了“理解”一词，目的是引起广大教师对“运用”的足够重视。

那么，怎样实现从“理解”到“运用”的转变呢？

就让我们从全国著名特级教师于永正老师的课堂上寻找一下答案吧。于老师执教的《新型玻璃》一课[①]是这样设计的：第一节课，于老师只是带领学生老老实实地把课文读熟，并对学生不懂的地方略作点拨，没做任何繁琐的分析；第二节课，于老师没让学生回答“新型玻璃有哪几种，都有什么特点和用途”这些问题，(可能很多老师教这课的时候，解决完这些问题，就算大功告成了。这就是只“理解”而没有“运用”的表现)而是把学生分成五组，分别给五种玻璃写“自述”，要求他们把各自的特点、作用写出来，还要有点广告效应。这一设计实在是太高明了。高明之处在于教师引导学生把理解教材(新型玻璃的种类、特点和作用)作为语言运用的凭借，然后重新组织语言，把自己的思想充分表达出来。于老师执教的《新型玻璃》这一课从输入到输出，顺畅自然，一气呵成，水到渠成，可谓是很好实现从“理解”到“运用”的转变的典范。用时髦的话说，就是实现了从“教课文”到“教语文”美丽的转身。

第二，工具性和人文性的统一，是语文课程的基本特点。

语文课程性质的科学阐述，使整个语文教育走出了左右为难的窘境，对语文课程改革和建设都具有高屋建瓴的指导意义。[②]

长期以来，学术界围绕语文学科的“工具性”和“人文性”争执不休。工具论者从语言的工具性推及语文的工具性，认为语文是人们进行思维、交流思想、学习各

---

① 于永正.于永正语文教学精品录[M].徐州：中国矿业大学出版社，1999：113

② 陆志平，李亮.实施新课程精要读本——小学语文[M].北京：首都师范大学出版社，2004：1

种文化知识、储存传递信息的工具,并因此将语文定位于工具学科。人文论者认为人文性是语文学科的本质属性,语文学科是站在人的高度来培养学生的语文能力,提高语文素养的。这两种观点都有偏颇处:工具论仅把语文作为工具手段,忽略了语文的本来价值,忽略了语文的多重功能;人文论则是以语文学科去附会"人文性",使语文失去了自身存在的理由和依据。

"最新课标"从方法论入手,在 2001 版课标的基础上再度强调语文课程的性质,提出了两者统一是语文课程的基本特点。其基本内涵是:语文课程必须遵照语文本身的特点和学生学习语文的规律,通过自主、探究、合作的学习方式,通过学生大量的语文实践活动,使学生获得基本的语文素养,掌握语言文字这一重要的工具;语文课程同时还要贴近学生的生活经验,让学生与课程文本形成互动,影响学生的心灵和品德,构筑学生一生发展的文化基础。

## 三、语文课程的基本理念

新课程理念的核心是以学生发展为本,让学生参与是新课程实施的核心。如何贯彻落实这些基本理念呢? 我们认为,应尊重学生,还学生学习的自由,提高学生的学习兴趣;优化教学环境,加强交流与合作;给每位学生以期望和激励,让学生有成功感。总之,就是使学生在主动的前提下全面提高真正意义上的语文素养。

### (一) 全面提高学生的语文素养

九年义务教育阶段的语文课程,必须面向全体学生,使学生获得基本的语文素养。

语文课程应激发和培育学生热爱祖国语文的思想感情,引导学生丰富语言积累,培养语感,发展思维,初步掌握学习语文的基本方法,养成良好的学习习惯,具有适应实际生活需要的识字写字能力、阅读能力、写作能力、口语交际能力,正确运用祖国语言文字。语文课程还应通过优秀文化的熏陶感染,促进学生和谐发展,使他们提高思想道德修养和审美情趣,逐步形成良好的个性和健全的人格。

2001 版课标不仅提出并阐述了语文素养这一科学概念,而且提出了语文课程必须面向全体学生、全面提高学生语文素养的要求,这是历史性的超越。"最新课标"依然坚守这一重要理念。

首先,要面向全体学生。课程改革的最显著的特征是以学生为本,着眼于学生的全面发展,反对权威主义和精英主义,要求所有学生都能获得全面发展。教师的责任与使命应该是体现学生的最大丰富性和主动性,关注每一个学生的成长与发展,让每一个学生都能在学习中体验到幸福和快乐。

其次,要使学生获得基本的语文素养。语文素养涵盖了人通过学习语文在知识与能力、过程与方法、情感态度与价值观诸方面所形成的素质,它包括对语文的感情、理解和应用语文的态度与能力、学习语文的习惯和方法、语文知识、语文的积累、语感、思维、品德修养、审美情趣、个性、人格等等。但这三个维度不能包含语文素养所应有的全部内容，随着时代的发展、社会对语文要求的提高和人们对语文课程认识的深入，语文素养应该不断更新。

第三，要通过熏陶感染，促进学生和谐发展。重视语文的熏陶感染作用，就是通过优秀作品的耳濡目染、潜移默化，对学生精神领域产生影响。苏教版主编张庆先生曾有一个很形象的比喻，他把学语文比作“熏锅屋”。他说：“学语文是个慢功，是个长期训练、积累的过程。尽管学生千差万别，但只要发育正常，与生俱来便有一种学习和掌握口头语言与书面语言的潜能。入学前的儿童，日常交际用的口语已基本具备。哪儿来的？主要靠家庭的熏陶，是在一天天、一年年的口头交际（听和说）的过程中掌握的。从来没有见哪个母亲教孩子喊‘妈妈’时，先讲一通什么是‘妈妈’。遗憾的是，我们学习书面语言却违背了‘熏’的规律，没有引导学生下苦功去读去背去写，而是一课一课地去讲、去条分缕析。想想，你自己的读、写能力哪儿来的？是教你的老师讲出来的？不是，是你自己在大量的长期的读与写的实践中形成的。”①

**（二）正确把握语文教育的特点**

语文课程丰富的人文内涵对学生精神世界的影响是广泛而深刻的，学生对语文材料的感受和理解又往往是多元的。因此，应该重视语文课程对学生思想情感所起的熏陶感染作用，注意课程内容的价值取向，要继承和发扬中华优秀文化传统和革命传统，体现社会主义核心价值体系的引领作用，突出中国特色社会主义共同理想，弘扬以爱国主义为核心的民族精神和以改革创新为核心的时代精神，树立社会主义荣辱观，培养良好思想道德风尚，同时也要尊重学生在语文学习过程中的独特体验。

语文课程是实践性课程，应着重培养学生的语文实践能力，而培养这种能力的主要途径也应是语文实践。语文课程是学生学习运用祖国语言文字的课程，学习资源和实践机会无处不在，无时不有。因而，应该让学生多读多写，日积月累，在大量的语文实践中体会、把握运用语文的规律。

语文课程应特别关注汉语言文字的特点对学生识字写字、阅读、写作、口语交际和思维发展等方面的影响，在教学中尤其要重视培养良好的语感和整体把握的能力。

首先，尊重学生在语文学习中的独特体验，更要注意课程内容的正确导向。

由于许多语文材料的本身是多义的，学生的多元反应是正常的，也是非常珍贵的。尊重学生在语文学习过程中的独特体验，是对学生的尊重和鼓励，也是对真理的尊重。但是，尊重学生的独特体验，并不代表所有的独特体验都是正确的。因为学生的年龄特点，其认识水平和辨别是非能力有限，使得情感、态度、价值观的正确导向变得尤为重要。语文教育不仅仅是培养学生的语文能力，还肩负着培养祖国

① 于永正．教海漫记[M]．徐州：中国矿业大学出版社，1999：180

未来的重任。

值得注意的是，对于学生的有偏差的体验，教师不能采取强制的办法，令其纠正，而应该在平等对话的氛围中，以情动人，以理服人，进行“春风化雨”般的引导，彰显教育智慧。

其次，要在语文实践中学会语文。

“最新课标”特别强调：语文课程是实践性课程，应着重培养学生的语文实践能力，而培养这种能力的主要途径也应是语文实践。一段时期以来，课堂上出现“满堂灌”“满堂问”以及搞琐碎分析等等现象，说明这些老师对“语文是实践性很强的课程”这一理念理解不够。靠传授阅读知识来培养学生阅读能力，不可能；让学生记住写作知识，就能形成写作能力，不可能；学生背会了许多的语法规则，就能出口成章，也不可能。因为这样的知识没有实践环节是难以转化成能力的。实践表明，语文学习的规律是多积累、多读、多写。有人问鲁迅先生，为什么你能把文章写得这么好，有什么窍门？他说：“我说不出来，无非是多看看，多写写。”因此，我们要引导学生在大量的积累感悟、读写实践中体会和把握运用语文的规律。

其三，在教学中尤其要重视培养良好的语感和整体把握的能力。

何为“语感”？语感是人们在长期的语言实践中形成的对语言文字敏锐、丰富的感受领悟能力。学生学习母语主要靠语感。学生学习母语，因为有早已具备的口语语感做基础，有熟悉本国本民族的文化背景为条件，身处母语环境，深受母语耳濡目染，大量的、成套的母语图式早已内化为学生的心理结构。因此，学习母语不必从系统的语言知识和语法规则入手，而应重视对语文材料的积累、感悟，培养良好的语感。语感教学策略主要包括：反复诵读、比较品评、潜心涵泳、切己体察、展开想象等。①

为什么要“整体把握”？汉语言文字特别具有灵性。作为起源于象形文字的汉字，以形表义、形神兼备。以汉字为载体的汉语，重意会不重规则，没有分词连写，少有性、数、格的区别，语言凝练但意蕴丰厚，读来抑扬顿挫、铿锵悦耳。由于汉语言文字的形象性、隐喻性、意会性和模糊性，学生学习语文，不仅要进行理性分析，尤其要重视整体感悟。

其四，增强练字意识，讲究练字效果，提高写字教学质量。

汉字承载的不仅是民族文化的精神符号，更有民族审美意识和发自内心的民族自豪感。作为中国人，更应该学习汉字、学好汉字，传承祖国的优秀文化。但是，由于学生写字在教学评价中没有引起足够的重视，特别是现代信息技术飞速发展对写字教学的严重冲击，当下小学生写字水准严重下降，引起社会人士的忧虑和批

---

① 王淞舟. 在教学中尤其要重视培养良好的语感和整体把握的能力[J]. 小学语文教师，2003(7-8)

评。[①]

"最新课标"明显增强了对写字教学的重视程度，在教学建议部分除保留对学生"写字姿势的指导""掌握基本的书写技能""养成良好的书写习惯"等基本要求外，特别提出"提高书写质量"的要求。并且强调"每个学段都要指导学生写好汉字""要在每天的语文课中安排10分钟，在教师指导下随堂练习，做到天天练""要在日常书写中增强练字意识，讲究练字效果"这些具体要求。"最新课标"特别指出"练字的过程也是学生性情、态度、审美趣味养成的过程"。在这里，课程标准重申写字对学生素养形成的重要作用，必然会引起广大语文教师对写字教学的关切和重视。

**(三) 积极倡导自主、合作、探究的学习方式**

学生是学习的主体。语文课程必须根据学生身心发展和语文学习的特点，爱护学生的好奇心、求知欲，鼓励自主阅读、自由表达，充分激发他们的问题意识和进取精神，关注个体差异和不同的学习需求，积极倡导自主、合作、探究的学习方式。教学内容的确定，教学方法的选择，评价方式的设计，都应有助于这种学习方式的形成。

语文学习应注重听说读写的相互联系，注重语文与生活的联系，注重知识与能力、过程与方法、情感态度与价值观的整体发展。综合性学习既符合语文教育的传统，又具有现代社会的学习特征，有利于学生在感兴趣的自主活动中全面提高语文素养，有利于培养学生主动探究、团结合作、勇于创新的精神，应该积极提倡。

首先，什么是自主、合作、探究的学习方式？

倡导自主学习，要帮助学生提高学习自觉性，逐步掌握学习方法，养成良好的学习习惯。要激发学生的学习兴趣、好奇心、求知欲和进取精神。

合作学习，是指学生在学习群体中"为了完成共同的任务，有明确的责任分工的互助性学习"。开展合作学习，要给学生群体一个共同的任务，让每一个学生在这任务中积极地承担个人的责任，学生在学习中相互支持、相互配合，遇到问题能协商解决，能通过沟通解决群体内的冲突，对各个人分担的任务进行群体加工，对活动的成效共同进行评估，通过合作，提高学习效率，增强合作精神。

探究学习，是指学生独立地发现问题、获得自主发展的学习方式。在探究学习中，学生自己发现问题，探索解决问题的方法，通过各种学习途径"获得知识和能力、情感和态度的发展，特别是探索精神和创新能力的发展"。探究学习的主要特征是"问题性、实践性、参与性和开放性"。

其二，为什么要倡导自主、合作、探究的学习方式？

倡导自主、合作、探究的学习方式，更多的是迎接时代的挑战，只有培养出适应世界的现代人，教育才完成了它的任务和使命。21世纪是知识经济成为主流的世

---

① 吴忠豪.认真学习课标，促进语文教学改革[J].小学教学，2012(6)

纪,今日一份美国《纽约时报》一天的信息量,等于 17 世纪一个人一生所能得到的信息量的总和。人类的科技创新与发明的速度越来越快,近 500 年的世界重大科技发现发明,16 世纪有 26 项,17 世纪有 107 项,18 世纪有 156 项,19 世纪有 546 项,20 世纪仅上半叶就有 961 项!那么眼前的这个世纪,知识创新与发明创造将如"雪崩"般涌现,恐怕并非夸张。因此,无论生存还是发展,学会自主学习、终身学习是未来人的通行证。基础教育必须给学生奠定终身发展的坚实基础,这个基础便是学生学会自主,学会合作,学会探究。①

人类的学习活动主要有三种形式,一是体验学习,二是发现学习,三是接受学习。这三种方式在学生的学习中同时存在,互为补充。小学生读一篇课文,要进入情境,感悟语言符号所代表的生活场景与思想感情,就需要体验或发现学习;要培养学生的创新意识和创新能力,也更多地需要学生经历体验和发现。然而,学生年龄小,知识积累有限,人生阅历不深,很多时候需要教师讲解,需要接受学习。目前,中小学教育过于强调接受学习,表现在语文教学中,繁琐提问多,字词句训练多,学生死记硬背、疲于应付,因此建立新的教学方式,让体验、发现学习进入语文课堂就成了当务之急。

其三,如何在语文教学中倡导新的学习方式?

一是鼓励质疑,引导发现,解放学生的头脑和嘴巴,使他们敢想、敢说,用自己的方式解决疑问。自主意味着每个学生都是学习的主角,意味着个人独立学习、主动探究,意味着教师要尊重学生自己的方式、独到的思维和新颖的见解。二是恰到好处地运用讨论、探究等学习手段。人本主义教育家罗杰斯认为成功的教学依赖于一种和谐安全的气氛。这种氛围在"一言堂"上是不可想象的。因此我们的语文课要允许讨论,允许实话实说,甚至允许有争论,有保留意见。"水常无华,相荡乃成涟漪;石本无火,相击而发灵光"。三是注重良好学习习惯的培养。任何学习方式,都要有一个习得的过程。要把自主、合作、探究变成学生学习与生活的需要,习惯的培养至关重要。

倡导自主、合作、探究的学习方式,实际上是激活学生的积极性和创造性,使其成为知识的发现者和研究者。需要指出的是,接受学习仍是人类重要的也是特有的学习方式。接受学习的最大价值在于学生不必从零开始学习活动,他们可以通过直接接受前人与他人的认识成果而加速个体的认识发展过程,从而使有限的生命个体能够更从容地面对无限的知识海洋与大千世界。所以接受学习不仅是人类重要的学习方式,也是学校教育的基本形式。素质教育要求加强体验学习和发现学习,但并不意味着拒绝接受学习。在新的教学方式里,语文教师仍要"讲",或提供背景知识,或点拨言语规律,或交流自己收获,或激情熏陶,不一而足。

---

① 谈永康.积极倡导自主、合作、探究的学习方式[J].小学语文教师,2003(7-8)

### （四）努力建设开放而有活力的语文课程

语文课程的建设应继承我国语文教育的优良传统，注重读书、积累和感悟，注重整体把握和熏陶感染；同时应密切关注现代社会发展的需要，拓宽语文学习和运用的领域，注重跨学科的学习和现代科技手段的运用，使学生在不同内容和方法的相互交叉、渗透和整合中开阔视野，提高学习效率，初步养成现代社会所需要的语文素养。

语文课程应该是开放而富有创新活力的。要尽可能满足不同地区、不同学校、不同学生的需求，确立适应时代需要的课程目标，开发与之相适应的课程资源，形成相对稳定而又灵活的实施机制，不断地自我调节、更新发展。

"开放"与"封闭"是相对的。开放的语文课程针对传统语文教学"课堂中心、书本中心、教师中心"的弊端而提出。开放的语文课程以学生的语文生活经验和成长需要为依托，把教科书"这本小书"与生活"这本大书"融为一体，强调语文学科与其他学科的有机联系，密切语文学习生活与社会生活的关系，既引导学生利用教科书学习语文，又拓展语文学习的领域和空间，在生活中学习语文，这样的语文课程必然是开放而有活力的。

因此，我们要充分合理地利用课本以外丰富的语文教育资源，突破封闭的课堂和单一的课本局限，引进大量鲜活的课外内容，拓宽学生学习语言的渠道；要增加学生的课外阅读量，让他们从丰富的课外书籍中汲取丰富的营养，提升文化底蕴；渗透相关学科或其他学科内容，在知识的相关交叉、渗透和整合中开阔视野，提高学习效率。

## 四、语文课程的目标

课程目标从知识与能力、过程与方法、情感态度与价值观三个方面设计。三者相互渗透，融为一体。目标的设计着眼于语文素养的整体提高。

1. 在语文学习过程中，培养爱国主义、集体主义、社会主义思想道德和健康的审美情趣，发展个性，培养创新精神和合作精神，逐步形成积极的人生态度和正确的世界观、价值观。

2. 认识中华文化的丰厚博大，汲取民族文化智慧。关心当代文化生活，尊重多样文化，吸收人类优秀文化的营养，提高文化品位。

3. 培育热爱祖国语言文字的情感，增强学习语文的自信心，养成良好的语文学习习惯，初步掌握学习语文的基本方法。

4. 在发展语言能力的同时，发展思维能力，学习科学的思想方法，逐步养成实事求是、崇尚真知的科学态度。

5. 能主动进行探究性学习，激发想象力和创造潜能，在实践中学习和运用语文。

6. 学会汉语拼音。能说普通话。认识3500个左右常用汉字。能正确工整地书写汉字,并有一定的速度。

7. 具有独立阅读的能力,学会运用多种阅读方法。有较为丰富的积累和良好的语感,注重情感体验,发展感受和理解的能力。能阅读日常的书报杂志,能初步鉴赏文学作品,丰富自己的精神世界。能借助工具书阅读浅易文言文。背诵优秀诗文 240 篇(段)。九年课外阅读总量应在 400 万字以上。

8. 能具体明确、文从字顺地表达自己的见闻、体验和想法。能根据需要,运用常见的表达方式写作,发展书面语言运用能力。

9. 具有日常口语交际的基本能力,学会倾听、表达与交流,初步学会运用口头语言文明地进行人际沟通和社会交往。

10. 学会使用常用的语文工具书。初步具备搜集和处理信息的能力,积极尝试运用新技术和多种媒体学习语文。

课程目标是课程标准设计思路的具体化。不论是"总目标",还是"阶段目标"中,都充分体现了课程标准的设计思路和设计指导思想,体现了课程改革的核心目标。

"总目标"的第 1～5 条,主要从语文素养的宏观方面着眼,在情感、道德品质、人生态度、价值观、文化品位、审美情趣等方面,在自信心、良好习惯、基本学习态度和方法等方面,在思想品质、科学态度和科学思想的方法等方面,都提出了既概括又具体的要求,侧重落实"情感态度与价值观"与"过程与方法"两个维度的要求。第 6～10 条,主要从具体的语文能力着眼,在培养汉语拼音能力、识字写字能力、阅读能力、写作能力、口语交际能力、使用工具书能力、搜集和处理信息能力等方面提出了既概括又具体的要求,侧重落实"知识与能力"维度的要求。

**(一) 知识与能力**

"最新课标"中关于"知识与能力"的要义是:始终加强语文基础知识和基本技能的训练。但是,要改变过于注重书本知识,要注重适应终身学习要求的基本知识和基本技能,特别是加强培养学生搜集和处理信息的能力、获取新知识的能力、分析和解决问题的能力以及与人交流和合作的能力。

对于小学生来说,主要是通过大量的语文实践活动来积累语言材料,积淀语感材料,逐步形成识字写字、阅读、习作和口语交际的能力。必要的语文知识可以通过随文指点学一点,但不求系统,更不求深入。

**(二) 过程与方法**

"最新课标"中关于"过程与方法"的要义是:应十分重视学生经历学习的过程,在自主、合作、探究性的学习中发现、总结和掌握知识的规律与学习方法。教师不要一味地进行终结性的结果评价,要充分注重形成性的过程评价。概言之,就是"经历过程,掌握方法"。

我们的语文教学,有些人更多关注的是学习结论和考试分数,而忽略了学生的学习过程和学习方法。这种只让学生死记结论、死记标签式语言的做法使语文学习走向了“异化”，窒息了学生的思维和智力，摧残了学生学习的兴趣和热情。在语文课堂教学中，应给学生留有充分的时间读书，并在主动积极的思维和情感活动中，加深理解和体验，有所感悟和思考，在此基础上得出自己的结论。

**（三）情感态度与价值观**

“最新课标”中关于“情感态度与价值观”的要义是：以学生的发展为本，激发学生积极的学习热情和正确的学习态度，培养学生高尚的道德情操和健康的审美情趣，形成正确的价值观和积极的人生态度。

课程目标强化了情感态度和价值观这一维度。语文是重要的交际工具，通过语文教育提高学生的语文素养，这是毫无疑义的。但语文并不单是教给学生一种交际工具，还要立足于人的发展。要全面提高学生的人文素养，培养他们的爱国主义感情、社会主义道德品质，逐步形成其积极的人生态度和正确的价值观。要培植热爱祖国语言文字的情感，提高他们的文化品位和审美情趣，增加他们的文化底蕴。这就需要我们重视语文教育的熏陶感染作用，以其丰富的人文内涵来影响学生的精神世界，从小打好人生底色。

课程目标是纵横交织的：纵向结构是情感态度与价值观、过程与方法、知识与能力，即所谓“三个维度”。横向结构是识字写字、阅读、习作、口语交际、综合性学习五个方面。其中综合性学习是学习方式，强调通过语文实践活动，增强探究和创新意识，发展其综合运用听说读写的能力。这是现阶段特别需要予以强调的。[①]

三个维度的提出，体现了语文课程功能的转变——要从单纯注重传授知识、技能转变为引导学生学会学习，学会生存，学会做人。

“十年磨一剑”，课程标准从实验稿到修订稿，历经十年，凝聚了广大教育专家和一线教师的智慧和心血。本章从“坚守”和“发展”的视角，对“最新课标”作了初步的解读，目的是让广大教师既能领略课程标准的“精髓”，又能明确“最新课标”“新”在何处，从而更好地指导教学工作。

---

① 张庆.面向未来的母语教育[M].南京：江苏教育出版社，2003：3

# 第一章　口语表达

俗话说，教师吃的是开口饭，也就是说，口头语言表达能力是教师能力结构中的第一要素。优秀的教师，尤其是语文教师，一旦开口，流利的普通话先声夺人，或滔滔不绝，或委婉含蓄，或幽默风趣的语言引人入胜，学生在教师语言的陶醉中，不知不觉学习了知识，培养了能力。

## 第一节　对表达的要求

教师的语言，由教师工作的性质决定。如果说教师的行动是无声的语言、有形的榜样，那么教师的语言就是有声的行动、无形的楷模。小学语文课堂教学的语言，应在不同学段、不同文本、不同课型中体现恰当的语言特色。为了更好地影响自己的学生，小学语文教师的语言更应该规范，并有自己的特性。我们认为，在语音标准的前提下，主要应该体现在简洁明快、幽默风趣和委婉含蓄上。

### 一、简洁明快

为了教学的需要，为了使学生排除干扰迅速地理解教师授课的内容，教师的语言必须简洁明快。另外，作为人类灵魂的工程师，“为人师表”是最基本的要求，口语的示范作用是“师表”的重要方面，小学生对教师（尤其是自己的语文老师）有着崇敬感和信任感，喜欢模仿老师的一言一行，教师的言传身教时时刻刻都在影响、感染着学生。小学教师最欣慰的是，学生六年毕业时，能说会道，语言表述准确，简洁，形象。

就简洁明快而言，首先是表述的清晰流畅。小学语文教师说话，话说出口要干净利索，每个字的“吐字归音”都毫不含糊。讲课拖泥带水、含糊不清，很大程度上影响学生对教学内容的理解。影响教师口语表述清晰度的原因，除了先天的口齿不清等外，另有如下原因：

其一，对自己的教学内容不熟悉，致使遣词造句时出现“卡壳”，急不择语时常吞吞吐吐，言不达意，表达时甚至“断档”。所以，熟悉业务，熟悉教学文本乃第一要着。

其二，一位研究语言学的教授说起“口头禅”时道：“现在的年轻人，尤其是小女孩，说话只有一个连词，这就是‘然后’。”虽然有些夸张，但对当今流行于青年人中的口头禅的厌恶之感却令人不得不深思。曾经遇到一位小学语文教师，听了她一堂课，出现的口头禅“××”竟达 40 余次。两周后，再听这位老师的课，那个“××”竟然无影无踪。原来旁人第一次听课指出这个问题后，她立即整改——要求自己班上的学生，在自己每次出现口头禅“××”时，全班高声记数“一个”“二个”“三个”……就这样，彻底消灭了这个口头禅。

就简洁明快而言，其次是规范的遣词造句。教师口语规范，主要要求在遣词造句方面符合现代汉语的语法习惯，小学语文教师因其特殊性，更应如此——这由语文学科所具有的工具性所确定。小学语文教学在语言文字应用的规范方面承担着特殊使命，小学语文教师的语言对学生的语言形成有着重要的“启蒙”作用，在学生心目中，语文教师就是运用语言的最直观最真实的典范。因此，语文教师的口语表达应当具有示范性，成为学生的楷模，为学生提供口语表达的范本。那些流传的所谓的“网络语言”，如“萌死了”“坑爹”……暂时不应该出现在小学语文教师，尤其是低年段教师的口中。

## 二、幽默风趣

“幽默”一语现代解释为“有趣可笑而意味深长”。幽默语言，是一种富有独特个性的语言，它通过比喻、夸张、象征、双关、谐音等手法，运用机智、风趣、凝重的语言或画面对一些事物或现象作轻微、含蓄的揭露和嘲笑，给人喜剧性的、轻松的美感，让人在乐中接受知识，深思现象。在教学生活中，幽默对小学语文教师来说尤其重要。具有幽默感的语文教师的课堂气氛更活跃，在教学中更能得心应手，倍受学生欢迎。语文教师的幽默能影响学生的心理机制，利于融洽师生关系，利于学生掌握知识，利于弘扬学生个性，促进学生自主学习、探索创新。幽默能使语文教师在教学中化解内容难度，提高学生思想认识，将深奥的知识外显化，将深刻的道理趣味化，让学生在欢笑中思考，在领悟中欢笑。语文教师需要正确处理好教师、学生、教学内容之间的关系，寻求它们与幽默的切合点，充分运用幽默语言，借助其特点，发挥其作用，就能平添教学生活乐趣，在语文教学中充分发挥其知识性与教育性的作用，达到润物细无声的境界。

### （一）拉近师生间的距离，营造课堂气氛

俗话说：“万事开头难”。师生初次见面，陌生感是必然的，如何突破生熟隔膜，是广大教育工作者潜心研究过的问题，特别是一些“借班”上课的老师，为了使课堂气氛活跃，课前就与学生来个热身运动——认识交流。善于巧用幽默语言的教师，总能先声夺人，在每一堂课的开头便吸引住学生，获得“意兴盎然”的效果。某高校

教学法老师在某校借班上了一节作文指导课，课前没有热身交流，学生也不知道授课内容，几句开场白如下：

师：同学们，洪老师有没有向你们介绍过我？

生：(齐摇头)没有。

师：(笑道)那我只能自己介绍自己了。在下姓王，名叫××，(指课件上的漫画)这个光辉形象就是我(生笑)。我十三年前就已经从语文讲台上“金盆洗手”，到大学教别人怎样教语文；现在重出江湖，再操旧业(生笑)。同学们都说作文难写，多痛苦哇。告诉大家，写作文不难。今天我就教同学们怎样“让你笔下的人物活起来”(指课件题目)。[1]

话中的几个重点词语“光辉形象”“金盆洗手”“重操旧业”说得生动、形象、夸张，配上那幅漫画令学生忍俊不禁，引发了三次全场爆笑，此“三笑”改变了师生关系，顷刻间，他们对老师由生疏变为熟识，由熟识升为亲近，像久别重逢的故交，畅所欲言。接着的交流中，他们无拘无束，畅所欲言，说老师的声音“中气十足”，说听老师听到老师的“上课”竟“吓了一跳”，说老师提的包“至少有30年的历史”，实在太陈旧了……他们有着当面褒贬、大言不惭的可爱！

**(二) 开发学生智力，引导学生发散性思维**

幽默作为一种“错位”语言艺术，常常运用意外的甚至驴唇不对马嘴的移植或组合，令人捧腹而笑。因此要突破常规思维，这样才能巧发多中。曾听到过这样一个故事：

在教师节那天，某小学语文教师看到讲台上摆着一个“白天鹅”——教师节的礼品(这是一个学生的心意)。可是花钱买多不好！要借机教育他们，看着可爱的孩子，老师即兴变通了一句广告语：“今天过节不收礼。”学生兴致大起，俏皮的接起来：“收礼还收脑白金。”老师又逗他们：“我不要脑白金，也不收白天鹅。该送啥？重新编一句。”学生们根据老师的喜好，纷纷做起了礼品“广告”：

“今天过节不收礼，收礼还收祝贺语。”

“今天过节不收礼，收礼还收好作业。”

“今天过节不收礼，收礼还收一支歌。”

“今天过节不收礼，收礼还收一首诗。”

……

老师哈哈大笑，拍手叫道：“准备礼品吧！我准备收礼咯！”学生忙乎开了。朗诵的、绘画的、练歌的、舞蹈的，还有排小品的。一个个全身心投入到礼品的创造中，把对老师的爱都倾注在其中。拿手礼物的创造过程不正是他们个性张扬的过程吗？件件礼品，各具个性，老师幸福地收到了学生的一片片心意。

---

① 陈晓姿．让笔下的人物“活”起来——一堂作文教学的课堂实录[J]．中学语文教学参考，2007(1－2)

没有精心的准备，没有刻意的雕凿，似乎是不经意间，借助一个意料之外的东西，训练了学生的发散性思维，同时也对学生进行了一定的思想教育。

**（三）巧妙化解师生矛盾**

教学过程中常会出现窘迫的场面。幽默语言则是一贴妙方，能端正双方的心态，调节双方的情绪，改善双方的关系，甚至可以使双方化干戈为玉帛，避免矛盾产生。在师生关系紧张的情形下，教师"幽默"一下，学生会忍俊不禁，付之一笑，化怒为喜，更尊重教师。教师会心态平和，运作自如，宽容大度，更爱学生。

南京市姜家园小学的刘赋萍老师有一次叫学生写生字，要求他们别抄错，为了增强他们的责任心，写前便问："写错罚抄多少遍？"学生拍卖似的叫，"六遍""十遍"……"一百二""好！一百二！"一锤定音。写完发现，一向聪明自负的罗润城同学错了一个字。同学们一个劲儿地要他受罚，他生气了，站起来理直气壮地说："老师，一百二十遍哪！这是变相体罚学生！老师——是犯法的！"语出惊人，开口就用"法"来对付老师。刘老师立马换位思考，站到他的立场上帮腔："你们定这么多，还不让罗大侠（学生平时都这么称呼他）手指写酸，笔头写断，神经发乱，心中生怨？我可于心不忍呀！"众生被这连珠"幽默弹"逗得乐开了花，他也"扑哧"笑了，又不解地盯着老师。刘老师接着又说："除以十吧——十二遍，还是较多，考虑平时你学习认真，就四遍吧！"话音刚落，他"耶！"地欢呼起来。

这是一种特别的情谊表达方式，这种方式含蓄、高雅，让教师间接表达了对学生的爱。帮学生解困，让学生迅速脱离尴尬之境，稚嫩的心灵受到保护，学生学习积极性有增无减，同时受到教育——作业要细心认真。正如拉布所说的幽默是生活波涛中的救生圈。在教学生活中的确如此。

**（四）使学生深刻理解教学内容**

小学语文教师的幽默可以出现在教学的方方面面，如：一位教师在指导学生作文应围绕中心选材时有这样一段妙语。

作文选材时千万别"两个黄鹂鸣翠柳"——各唱各的调；围绕中心更忌"一行白鹭上青天"——离题万里；选材应涉及古今中外，五湖四海，即"窗含西岭千秋雪""门泊东吴万里船"。

就在一片笑声中，学生理解了作文的基本要求。以后，每当写作文时背诵老杜的这首绝句，就会少犯甚至不犯远离中心选材的错误了。

## 三、委婉含蓄

在现代教学观念中，具有幽默感、亲和力的教师越来越能得到学生的喜爱，而过于严肃、经常板着脸的教师越来越不适应教学的潮流、逐步走向落后或是淘汰的边缘是必然。因此，我们提倡小学语文教师不论是在教学过程中，或是在教学管理中，都应具有含蓄、幽默、委婉、迂回等方式。

所谓委婉含蓄，就是不直接说出本意，而用隐晦的方式表达，或不把意思完全表达出来，让接受者自己去体会。委婉含蓄并不等于态度暧昧，隐瞒观点，它与直白的区别在于需要听话人体会咀嚼。唐代史学家刘知己在《史通·叙事》中说道：“言近而旨远，辞浅而义深，虽发语已殚，而含意未尽。”①他告诉我们叙事说理不要把话说尽，要给听者或读者留有思考的余地，可见“言近旨远”也是教学的语言艺术。

一天下午第一节，一位语文教师在六年级上作文指导课，其教学目标为“通过范文阅读，初步学会用想象的方式使自己的作文内容更为充实”。正讲得眉飞色舞时，一个经常迟到的学生推门走进教室，这位老师没有作声色俱厉的批评，而是含笑着目送他走向自己的座位，然后开口：

同学们，刚才某某同学比大家迟来了几分钟，缓缓地走进教室，大家能否发挥想象，想象他迟进教室的原因：或许，他妈妈忘了带大门的钥匙，他特地把钥匙送到妈妈的单位；或许，他路上遇到了一个迷路的孩子，他把他送回了家；或许，校门口有几个小流氓在欺负同学，他见义勇为；或许，他忘了拿下午的课本，赶回家中去取；或许……

在这个基础上，学生们纷纷开动脑筋，展开丰富的想象，一节课收到了意想不到的效果。这位语文教师抓住这个难得的情景，借题发挥，巧妙地引导学生进行发散性思维，让学生们展开联想，为教学目标服务。同时，也对这位同学作了委婉的批评。——后来，这位经常迟到的同学再也没有迟到现象发生。

语文教师难免在教学中出现这样那样的错误，引得全班哄堂大笑。如在课堂教学将近失控的情况下也委婉一下，来个自我解嘲，既可走出尴尬的局面，又能取得意想不到的效果。比如，语文教师如发现自己板书上出现了错别字，就可对同学说，老师不是圣人，也会犯错误，接着问同学们，出现这个错字的原因是什么，该怎么改正。这时候，学生们就会调动自己的知识储备，从“语文”的角度较为深入地分析出现这个错别字的原因，以后，全班同学写这种错别字的概率就小了很多。一举两得，事半功倍。事后，教师总结：“这是老师的马虎却让你们改正过来，老师真不好意思，老师以后一定改正。”

## 第二节　课堂教学用语的精益求精

教师教育的主战场是课堂，教师展示自己的主要舞台也是课堂。所以说，就教师口语而言，课堂上的教学语言才显出真实功夫。我们提倡课堂教学的起承转合，

---

① 刘知几．史通（卷六）[A]．郭绍虞．中国历代文论选（第二册）[C]．上海：上海古籍出版社，1979：42

就教师口语而言，“起”，就是课堂导入语；“承”和“转”，就是那些承前启后的过渡语；“合”，就是课堂结束语。

## 一、引人入胜的导入

俗话说：“万事开头难。”好的开头是成功的一半。师生初次见面，陌生感必然，如何突破无形的隔膜，是广大教育工作者潜心研究的问题。优秀的教师都很注意与学生的第一次接触，尤其是第一次开口说话。

### (一) 出彩的亮相

师生初次见面，教师要做自我介绍，要有一个漂亮的出彩的亮相。

首先，必须介绍自己的姓名或其他概况，这是最吸引学生的，有助于学生了解教师，促进师生友谊的建立。要让学生在教师的自我介绍里，感受智慧之美，进取之美；要让学生感觉教师是一个博学的人、智慧的人，从而从心里喜爱和敬佩教师。江苏省吴江市盛泽实验小学薛法根老师的开场白颇有语文的趣味性：

师：同学们，你们认识我吗？我姓薛。仔细看看我，有什么特点？

生：你人长得很高、很瘦。

师：高好啊！站得高，看得远嘛！

生：你的头很小。

师：头小，智慧多。

生：你的牙齿有点凸出来。

生：眼睛小小的。

生：脖子很长。

师：脖子长好啊！天鹅的脖子多长，那是高雅！（众笑）

生：你有点驼背。

师：这是我向骆驼学习的结果。当然，我只能成为单峰骆驼。（众大笑）

生：你的字写得很漂亮。

师：（与学生握手）谢谢你，只有你夸奖我！要不然，我真会感到很自卑的。

……①

其次，要讲讲对所教授科目的认识，最好是联系现实社会中的一些具体的实际例子，来突出所教科目在社会发展中的重要性，突出所教科目在个人修养提高方面的重要性，突出所教科目在考试中的重要性，要让学生产生一种必须认真学好你所教科目的冲动。这样做，虽然有王婆卖瓜之嫌；但是，对引导学生热爱自己所教的学科，激发他们的学习兴趣，鼓舞他们的士气都很有必要。以下的口语交际课《诵尽天下史文，苦读妙趣无穷》导语设计比较有借鉴：

中国是一个诗的国度。在中国历史长河中，无数文人墨客为我们留下了许多

---

① 于永正. 名师课堂经典细节[M]. 南京：江苏人民出版社，2007：18

脍炙人口、流传久远的诗词名篇。孔子说："不学诗，无以言。"这就是说，一个人是否学习过诗歌，会不会用诗的语言表达自己的思想，进行社会交往，是衡量其文化修养的重要标志。熟读唐诗三百首，不会做诗也会吟。多读多诵古诗，积累下丰富的语言、真挚的情感和无数感人形象，美心美目，美言美行美声，好处实在太多。投身其中，妙趣更是无穷。①

其三，随着学生年龄的增长，到了中高段，甚至中学，导入的设置应注入对学生思维的引导，应积极调动学生的知觉、记忆、想象、分析、归纳等思维品质，从而调动学生语文学习的积极性和创造力。以下的"开场白"颇有借鉴意义：

有人说，古希腊的悲剧是命运的悲剧，莎士比亚的悲剧是人物性格的悲剧，易卜生的悲剧是社会问题的悲剧。看了悲剧，使人泪下。《孔乙己》这篇小说写了孔乙己悲惨的一生，可我们读了以后，眼泪不会夺眶而出，而是感到内心一阵痛楚。那么，孔乙己的悲剧，到底是命运的悲剧，性格的悲剧，还是社会问题的悲剧呢？②

这是全国特级教师于漪在授课鲁迅小说《孔乙己》时的导入语，其中涉及的知识面颇广，用了精准的提问，进行了教师和文本的巧妙对话，引导学生对文本进行横向和纵向的思考。

**（二）一堂课开端的导入语设置**

一堂课如果没有成功的开端，学生很难进入学习状态，课堂教学的其它环节也就难以成功地进行。正如著名特级教师于漪所言，课的第一锤要敲在学生的心灵上，激发起他们思维的火花，或像磁石一样把学生牢牢地吸引住。由于特殊情境下的特殊心情，公开课的开场白颇为要紧。有教师执教《迟到》（公开课），其开场白如下：

师：（出示林海音的画像）同学们，通过上节课的学习，我们知道这位台湾著名作家的名字是——

生：林海音。

师：她一生出版了众多文学名著，被尊为台湾"祖母级的人物"。林海音女士在她 70 多岁的时候，曾经说过：

"我七十多岁了，一生经历的事不少，但'迟到'这件事，对我应该是刻骨铭心的，如果爸爸影响了我，我又影响了读者，该是一件多么好的事！"

师：这节课就让我们跟随她的思绪，再次走进林海音的故事《迟到》（板书）。

生：齐读课题。

如果把课堂教学过程比作一次旅游活动，学生是旅游者，教学内容是旅游过程或旅游所在地，那么，教师就是导游。出示作者画像，激活画面。教师如能像优秀的导游一般，用机智的教学语言引导学生，就能化被动为主动。此段导语，用谈话

① 刘晓军. 金口才训练营[M]. 成都：四川科学技术出版社，2012：32

② 唐树芝. 教师口语技能[M]. 长沙：湖南师范大学出版社，1996：45

导入，激情诱趣。先是出示作者画像，激活画面。用作者老年时的话语，激活文字，自然而然带领学生走进文本，走进作者叙述的童年往事，巧妙进行角色互换。用巧妙的语言，抓住教学契机。

**（三）“借班”上课的开场白**

一些“借班”上课的教师，为了使课堂气氛活跃，课前就与学生来个热身运动——认识交流。善于巧用语言的教师，总能先声夺人，在每一堂课的开头便吸引住学生，获得“意兴盎然”的效果。成都市华侨城小学唐霖老师为省级骨干教师执教公开课时，课前没有热身交流，学生也不知道授课内容，几句开场白如下：

师：同学们，你们见过我没有？

生：（齐摇头）没有。

师：想认识了解老师吗？

生：想！

师：你们可以问我三个问题来了解老师，问题只能问三个哦。谁问第一个问题？

生：老师你叫什么名字？

师：不错，先了解对方的姓名很重要。老师的名字藏在字谜里，你能猜出来吗？（出示字谜：有糖不要粮，大雨落在树林上。）

生：（猜谜）

师：真聪明，这么快就知道老师的名字了。我们来打个招呼吧。同学们好！

生：唐老师好！

师：第二个问题想问什么？

生：老师你多大了？

师：年龄可是秘密啊！不过我可以提示你一下，我属蛇。你知道我多大吗？

生：老师 35 岁。

师：为什么？

生：因为明年是蛇年，老师明年 36 岁，今年就是 35 岁。

师：（悲哀状）为什么不猜我 23 岁呢？

生：老师有啥爱好。

师：也没啥爱好，就是和奥巴马聊聊天，和姚明打打球，和刘翔跑跑步，和小沈阳吹吹牛。

生：（笑）

师：开个玩笑啊。好了，孩子们，咱们可以上课了吗？

“借班上课”最考验教师的是，如何尽快和陌生的孩子亲近起来，“亲其师信其道”。开课前的开场白，可称为是一出戏开场前的“暖场”，考验着教师的智慧，依托着教师恰当而幽默的语言作为桥梁。此片段，首先抓住学生的好奇心理，“随意提三个问题”作为给学生的见面礼，在和学生的交流中，巧妙引导学生思考和表达的条理。把教师的名字巧妙地用猜谜语的方式引出，满足孩子的好奇心，巧妙带动学生回顾文字的奇妙组合，生活处处皆语文。再把生肖和年龄结合，把教师日常生活与社会热点人物“奥巴马，姚明，刘翔”等自然结合，显示出教师的幽默和风趣。此开场白生动、有趣、夸张，配上教师自然而然的讲述，激发学生思考兴趣，引发了快乐的笑声，此轻松愉快的谈话，拉近了师生关系。学生对老师由生疏变为熟识，由熟识升为亲近，像久别重逢的故交，畅所欲言。师生在轻松愉快的氛围中自然走进新课的学习。

总之，课堂“开场白”的方法多种多样，形式不拘一格，虽无一定之规，却有难言之妙。教师只要注意知识性、趣味性、启发性和灵活性的统一，在新课导入时就能激发学生的学习兴趣，拨动其思维之弦，让学生以最佳的状态投入到学习中去。

## 二、发人深省的推进

课堂教学的过程，是一个渐进的过程，是一个环环紧扣的过程，是一个阶段目标不断积累，最终达成课堂教学总目标的过程。所以说，课堂教学的每一个环节，都甚为重要。其间，将此环推进到彼环的枢纽就是教师的过渡语言。

### （一）环环紧扣，顺理成章

成熟的教师，每个课时都会设计四五个有效的教学环节，最终达成课堂教学的目标。环节与环节之间，有的联系比较紧密，有的却有一定的梯度。无论是梯度较小的环节之间的过渡，还是梯度较大的环节间的跨越，都必须通过恰当的教学语言以承上启下。成都市新都区龙桥小学张胜老师在教授《和时间赛跑》中对难点句“你的昨天过去了，它就永远变成昨天，你不能再回到昨天”的理解时，这样设计过渡语：

师：无论任何的人或者事，过去的，永远都过去了。孩子们，你的昨天经历了哪些快乐的、遗憾的或者悲伤事，你能和大家交流一下吗？

生：（交流）

师：这些事儿还能再回来吗？你有着怎样的心情？带着你的这种心情读这段话。你能用点读法再读这段话吗？这些字词，让你更加深刻地感受到了什么？（时间的一去不复返和作者着急的心情），现在让我们一起用点读法来读这段话。

生：（全班齐读）爸爸以前也和你一样小，现在也不能回到你这么小的童年了。

这样的过渡，采用追问法，能紧紧抓住学生的好奇心理，联系生活的层层递进的追问，引发学生的学习兴趣，形成“我要学”“我要思考”的求知心理状态，诱导着学生去思考文字背后的含义。

成都市华侨城小学唐霖教师在《出塞》中讲到诗歌情感的体会，设计了这样一个过渡语：

秦汉时期士兵的牺牲换来肥沃的河套平原，换来北部边境安定，那么唐军士兵的牺牲换来的是什么呢？（出示资料：公元 626 年，20 万突厥军队兵临唐都长安，唐朝被迫许以金帛，签订城下之盟。公元670年，由于唐军指挥官轻敌冒进，致使10万唐军被40万吐蕃军围困于大非川，几乎全军覆灭。）你读懂了吗？你现在心里什么感受？

这段过渡语使用图片和数字说明的语言，以“10万唐军被40万吐蕃军围困于大非川”冷静讲述历史，自然将学生从现实带入历史，跨度虽大，但自然过渡，没有丝毫的做作，真可谓是曲径通幽，学生自然体会到诗歌中语句“万里长征人未还”文字背后的情感，以做到正确理解作者王昌龄一腔悲愤感情。

有一位语文教师在教授《迷人的夏天》（小学二年级）一课，引导学生品味“多彩的夏天”时，这样设计教学语言：

1. 炎热的夏天送给我们快乐，多彩的夏天会给我们带来什么礼物呢？请和老师一起走进第二自然段。

2. 这“多彩”指的是什么？（两三学生答）

3. 那请小朋友自由小声地读这一段，并用（ ）括出有哪些颜色。[板书（ ）]

4. 学生交流汇报，孩子们，用你们的朗读，让我们所有的老师都听到、并看到有哪些颜色。（可以看课件读，生边读师边表扬，能干，学了上一段，现在就知道在读的时候要把重点词表现出来。同时在课件上括出相关写颜色的词。）

5. 那我们把括号里的词去掉再读读（齐读），你还能看到这些美丽的颜色吗？

6. 不能，你觉得这些草地、植物、衣裙、西瓜还美吗？所以这些美丽的词语千万不要少，请一位孩子来读读这美丽的画面，其他孩子一边听一边闭上眼睛想象这些美丽的颜色。（抽生读，让其他学生一边听一边想象。）师评价：真美啊！听的同学都陶醉了！我们所有老师也被你读的画面迷住了。

7. 我们看到了碧绿的草地、绿色的植物、五颜六色的衣裙、黑子红瓤的西瓜，这里说“盛开的鲜花”，你看到鲜花有哪些颜色？（指导学生说“……的……花”）（生略）花的颜色真美！你还积累了哪些描写颜色的词语？（师作副板书，并表扬词语积累丰富的孩子，肯定他们平时一定读了很多课外书，齐读这些写颜色的词语。）孩子们，让我们把这些美丽的词语全积累到我们脑袋的采蜜本上，以后用上他们，让我们的景色也同样多彩。

8. 想不想去看一看这么多美丽的颜色？想不想去看看这多彩的夏天？（学生兴奋答“想”。）那小眼睛看仔细了，让我们一起来欣赏欣赏吧。（播放课件：色彩艳丽的各种花草树木）（师配述：夏天到了，五颜六色的鲜花都争先恐后地绽开了自己迷人的笑脸，把大地打扮得花枝招展。我们来到碧绿的草地上，看着墙上爬满了绿色的植物。街上五颜六色的衣裙像一朵朵花儿绽放。如果有朋友来做客，就从冰箱里拿出清凉美味色彩艳丽的水果招待他们，这种感觉真好！）

师：多么缤纷的色彩，多么美丽的景色！回想刚才的画面，让我们美美来读一读这多彩的夏天吧。

这位教师通过让学生找词语、换词语、填词语、想象词语、读词语，使用恰当的评价语，激活文字，调动学生走入课文情境，形成具有儿童情趣的情境性语言风格。（这样的语言设计使孩子充分感受到色彩的美，感受到语言的美，从而积累大量写颜色的词。这种语言表达切合学生表达需求，激发学生学习兴趣。）

**（二）意料之外，顺水推舟**

虽然说课堂教学过程是一个环环紧扣直到目标达成的过程，每一环节的阶段目标，一般由任课教师预设；但在必要的时候，可以突破预设。借着课堂的突发情况，教师也可以顺势"推"一下，使课堂教学转向另一个并不脱离总目标的方向。曾观摩过一堂公开课。

师：外国人喜欢钓鱼，但却是在晚上，这叫浪漫。要把夜幕初垂，明月东升，汤姆和爸爸泛舟湖上的那种浪漫的情调读出来。你再来读一次，提醒你一下，"明月""慢慢"这两个词特别注意一下。（生在老师的指导下读得很有感情，大有进步。）

师：你读得真好，老师要奖励你，奖励你什么呢？奖励你再读一小节。（生笑逐颜开地读第二小节。）

师：看得出来你是钓鱼的新手，谁再来读这一节。（又一生读，有明显进步。）

师：现在你是钓鱼能手，什么是涟漪？

生：鱼饵抛下水面时，荡出的一圈圈波纹。（众惊叹。）

师：有一句话叫醉翁之意不在酒，渔翁之意不在鱼，这叫情趣，重在欣赏美景。谁能通过朗读让大家听得出你是钓鱼高手？（又一生读，读得更好了。）

师：他是钓鱼高手，还不是钓鱼专家，不仅要看到银色的涟漪，而且要读到心里有涟漪。（又一生读，读得更好。）

师：你读的时候心里一定有涟漪，才会读得这么好。心里有涟漪看不见，那叫感情的涟漪。谁还能"有涟漪"地往下读？（生读第三小节。）你读着读着，我心里也有涟漪了。[①]

案例中，教师巧妙评价学生是"钓鱼能手"，顺势提问"什么是涟漪"。当学生只是理解到词语的表层含义时，教师沉稳进行引导，先抑后扬，转到要求学生"欣赏美景"。"通过朗读，成为朗读专家"后，趁势引出词语"涟漪"的内在含义，并表述出"心里涟漪"，水到渠成，自然生成。就是这顺势的"生成"，使课堂教学达到了高潮。在这个高潮实现的过程中，学生处处从文本出发，以文本为依据证明自己的观点。显然，这意外"生成"的高潮是真正意义上高潮。

## 三、绕梁三日的结语

古人说："譬如为山，未成一篑，止，吾止也；譬如平地，虽复一篑，进，吾往也。"在一堂课快要结束之前，教师不能以"今天（这节课）就讲到这里"完事。上课如同写文章一样，既要有一个好的开头，还要有一个好的结尾。好的课堂结束语应该有

① 于永正．名师课堂经典细节[M]．南京：江苏人民出版社，2007：147

利于学生对所学知识进行疏理、储存、迁移和运用，起到余音绕梁三日的作用。设计结束语，可以从以下几个方面考虑。

**(一) 画龙点睛**

文章需要卒章显志，优秀的课堂也要优秀的总结性语言来进行概括。概括必须紧扣教学目标，既要提示知识结构、脉络和重点，又要使学生将所学知识连贯起来，系统起来，强化记忆。一堂课讲的内容甚多，总结时不可能全面重复一遍，那就要突出重点、难点，以作点睛之笔。教学中有些极易混淆误解的东西，或者某些知识往往有特定的前提、背景，在教学结束语中应对此强调界定清楚。下面是一位数学教师上“轴对称图形”的案例，对我们的语文教学很有启示意义。

课的开头，教师播放了童话小故事《小蝴蝶旅行记》。在结尾时，教师仍然请出了这只小蝴蝶。

师：这只小蝴蝶旅行结束后，给我们带了一件礼物。(出示一个黑体的“美”字)蝴蝶带给大家的是什么礼物呀？

生：“美”字。

师：对！蝴蝶为什么会给大家带来这件礼物呢？

生：因为“美”字是一个轴对称图形。

师：你说得真好！轴对称图形有什么特点？

生：图形对折后，折痕两边的部分能够完全重合。

师：还有其他原因吗？

生：蝴蝶是在夸我们刚才创作的轴对称图形很美。

生：蝴蝶是想提醒我们要仔细观察，去发现生活中的美！

师：大家说得多好哇！有了轴对称图形，我们的生活才美丽多姿。让我们用自己的眼睛去发现美、欣赏美吧！(播放现代化媒体课件，让学生在轻松的音乐声中，欣赏大自然中的轴对称图形以及古今中外著名的对称建筑。)①

“道具”很简单：一个“美”字，一只蝴蝶。通过欣赏轴对称图形，让学生感受到数学思想的博大精深；这就是通过联想来总结一堂课，并将学生带进无穷的未知王国，可谓立意高远。真可谓“言虽尽而意无穷”，给学生以深刻的印象和无穷的回味。

**(二) 承上启下**

教学内容具有连续性和阶段性，课堂结束语应该既是这节课的结束，又是下节课的开端，结束时要注意与下一节课(后学知识)的衔接过渡，达到“欲知后事如何，且听下回分解”的艺术效果。要想让课堂教学结构达到艺术美的境界，必须设计颇有艺术特色的结束语，使学生的思维不仅仅局限在课堂之内，还要继续向课外有机延伸，使学生课后仍保持强烈的求知欲望，去积极探索未知的世界。这样的课堂结

---

① 杨晓荣，储宏．课已停　意犹存——数学课课尾设计的教学启示[J]．辽宁教育，2007(9)

束语才是最高境界的结束，绝非仅仅把课讲完而已。刘晓军老师执教五年级活动式习作教学的结束语就很值得借鉴。

师：这是一节什么课？吃课，玩课，绅士课，淑女课，孝敬师长课，饿狼课，流水课……

师：你有什么收获或感受？吃可真不容易啊！吃当中居然有那么多的学问和知识；"吃"能检验出一个人的个性，品格和风度；写出关于吃的作文，一定要让人口水常流……

师：（启发）你能为这些文章取一个名字，加一个开头和结尾吗？

作为本课的总结，师生共同交流，收获观察、思维、表达方法，激发学生主动发现生活中的美，从直观中提炼文题、开头、结尾。这既是本课的收场；又预示了新课将要开始，成了新课的开场戏。是新与旧之间的巧妙的过渡。——此为向课内过渡。

语文教学，除了在课堂上向学生传授知识，还应把学生的视野由课内引向课外，使学生自觉地去课外寻求知识，以弥补课堂教学之不足。有时候，或者是加深学生印象的需要，或者是寻找背景材料的需要，都需要向课外拓展延伸，如果结语运用妥当，其效果更好。

例如，教完《负荆请罪》一文，学生意犹未尽，很想知道《史记》的其他故事，关心廉颇等人的最后命运。于是，教师提出要求：

《史记》里还有哪些有趣的故事？谁能完整讲述司马迁《史记》中其他的故事？如"完璧归赵"、"渑池之会"等，感兴趣的同学组成小组把故事创编成剧本进行表演。

下课……

像这样的课堂结束语，与其说是课的结束，倒不如说是课外阅读课的开始，它能成为联系课外阅读的纽带，使学生"得法于课内，得益于课外"，促使学生运用已知去获得未知，通过节选进而阅读全篇，以此来不断扩大学生的阅读面，拓展学生的知识面。

**（三）开拓升华**

课结束了，但学生们意犹未尽，这时候，如果作一个适当的引导，很可能让学生从此热爱阅读，热爱语文，热爱生活。成都市新津实验小学何汶娟老师授课《七色花》（北师大版三年级）结束时，这样说：

师：孩子们，梦想就是动力。一种梦想就是一种希望。来，让我们一起去寻找"真、善、美"的梦想！

（播放音乐，齐唱《一人一梦》。）

师：关于神奇的七色花，就这样在真、善、美的梦想中画上了句号。但我们心中拥有了这样的八个字——（生激情地读：放飞梦想，自信起航！）

师：祝大家早日找到自己心中的真、善、美的梦想，让我们的世界充满——

生：快乐，开心，欢声笑语。

师：梦想总是美好的，愿它早日实现。①

语文课堂应是情趣、思趣和志趣三位一体的课堂。何汶娟老师的结束语，在读品悟的基础上，实现了语言文字与人文情怀的同构共建，用简洁而充满激情的教学语言，让学生在个性化阅读中水到渠成地形成对真善美的感悟，激发学生去追逐美好梦想的勇气。言虽有尽，意却无穷，余音绕梁，不绝如缕。

## 第三节　体态语与其他

如果说语音的纯正，声音的响亮是做一个小学语文教师的先决条件，能用简洁、明快、幽默、委婉、含蓄的语言授课是做一个优秀的小学语文教师的必要条件；那么，还有一些就是做一个优秀的小学语文教师的充分条件。

### 一、眼神、微笑与站姿

提到交流，我们自然会想到口头语言，即我们每天说的不计其数的话。但是，除了有声语言，还有一种对我们日常的交流作出了巨大贡献的身体语言——体态语。体态语，又称“肢体语言”。是用身体动作来表达情感、交流信息、说明意向的沟通手段。包括姿态、手势、面部表情和其他非语言手段，如点头、摇头、挥手、瞪眼等。是一种人们在长期的交际中形成的约定俗成的自然符号。如点头表示同意，摇头表示不同意。更多的体态语在后天习得。

要想成为一个优秀的小学语文教师，在课堂上讲课，除了运用有声语言外，还需借助于一些表情、手势、动作等无声语言的表达来补充有声语言的不足，传递特定的信息，以加深印象，从而收到良好的教学效果。教师的一举手、一投足、一颦一笑都会被学生密切注视。

“眼睛是心灵的窗口”，教师内心的情感可以通过这个“窗口”折射出来。有的教师上课时两眼不看学生，却看着自己的备课笔记，按照自己设计的程序径直讲课。学生在下面听得如何，一概不知，这种授课方式无法掌握学生获取知识的程度，更无法与学生进行信息沟通与交流。教师的眼睛是最重要的教学工具之一，如果学生在回答问题时，教师用亲切的目光语注视他，学生会有一种被鼓舞、信任的感觉。

一个实习教师站上讲台，第一步必须克服心理障碍，学会用关切的目光扫视课堂一遍，使任何一个学生认为老师关注到自己。成熟的教师，当学生迟到时，不是

① 何汶娟．走进《七色花》，亲近真善美[J]．四川教育，2010(2-3)

大声呵斥，而是暂停讲课，用关注的目光看着他，直到他坐到位子上打开书本。此时无声胜有声，以后，这位同学很可能不会再迟到了。如有学生做小动作，教师用关注的目光看他一下，实际上是一个提醒暗示，学生会感知自己的不对而改正过来。

微笑语是一种世界通用语，它除了表示友好、愉悦、乐意、欢迎、欣赏之外，还可以表示鼓励、谅解、理解。教师在学生心中也早已形成了严肃、板着脸的定势；这种定势很不利于师生之间的感情沟通。殊不知友好、和谐的微笑语，能营造良好的课堂氛围，达到最佳的教学效果。首先，微笑可以使学生放松情绪，减轻压抑感，他们会觉得老师是可亲可近的，从情感上就已接纳了教师，从而能主动地、自愿地接受教师所传授的知识，进而在友好、和谐的氛围中完成教学任务。其次，微笑可以起到鼓励、信任的作用。学生在回答问题时答错了或一时答不上来，你一个微笑投递过去，学生会从中得到鼓舞与信任，解除心中的畏惧而调整情绪。再次，微笑还可以在素质教育中起到潜移默化的作用。另外，微笑还可以提升教师的形象，这种形象不仅在于外表，而且在于内心，它可以陶冶人们的心灵。因此，教师如果采用微笑语教学，不仅塑造了自己的形象，同时也塑造了教师整体的形象。

俗话说："坐如钟，站如松，行如风。"在教学过程中，有的教师站在讲台上，弯腰曲背，精神不振，上起课来有气无力；有的教师大半节课在黑板上书写，侧身对着学生讲课；有的教师整堂课是两手撑着讲台上；有的教师一节课整个身子"斜签"着，几乎没有变化。这些都严重影响着学生听课的情绪。因此，教师在教学中要注意自己挺身直立，面对学生，给人以潇洒自如、稳重自信之感，给学生树立起行为规范的标本。

## 二、情境性语言的呈现

教学活动中，优秀的小学语文教师时常自觉不自觉地通过手势与其他特殊的动作等体态语言来表达自己的情感和思想内容。这些体态语言在语文教学中恰当、合理地组合运用，能增添语言的趣味性，能有效地弥补语言表达的不足，避免因语言表达而带来的误解。

一位小学语文教师在作文辅导课上描述一位泼妇，他摆出了一个"茶壶"造型：左手叉腰，右臂屈伸，食指指向学生，双目圆瞪。一副凶恶相把学生都逗笑了，一个个前仰后合。玩笑过后，学生便能全面地总结出作文中描写人物方法：神态描写、动作描写、心理描写等。教师丰富的面部表情、滑稽幽默的体态语言等在教学过程中起着重要的作用。

语文教师的体态语，除了一般要求端庄、大方、优雅或刚劲等，更应呈现语文教学情境性，融于语文的教与学中。著名特级教师斯霞有一个经典的体态语流传于教学界。

在进行"饱满"一词的说话练习时，孩子们纷纷举手："菜籽结得多饱满。""豆粒长得多饱满。"一年级小朋友造出这样的句子已经很不简单了，但斯霞老师用体态语，巧妙引导。只见她走进教室门口，然后突然转过身来，昂首挺胸，面带微笑，两眼炯炯有神。然后问道："你们看，老师今天的精神怎么样?"学生一起回答："老师精神很饱满！"斯霞笑了："说得好！现在让老师来看一看，小朋友们上课精神是不是饱满?"

体态语是表露人的内心、寄予人的感情的语言，具有表意性，它表示特定的含义，体现特定的情感，会给学生留下非常深刻的印象。教师是学生的向导和引路人，无论是传授知识或是培养道德情操，都需要教师作出表率。所以，教师的一举一动，都会对学生起到潜移默化的作用。恰当的体态语，会使学生从中得到肯定、理解、鼓励、信任，从而收到良好的教学效果。

## 三、注意"度"的控制

当然，小学语文教师的语言要精练确切、自然活泼、富有个性，要夸张而不过分。也就是说，不能靠扮鬼脸、做怪样来吸引观众，要朴素，要率真。宋玉在《登徒子好色赋》中说："东家之子，增之一分则太长，减之一分则太短；著粉则太白，施朱则太赤。"小学语文教师在口语运用中必须要注意"度"的控制。

### （一）音量、语速、节奏和起伏

调皮的孩子会给老师起各种绰号，"机关枪""小鞭炮""286""老慢牛""冲天炮""旱地雷""小蜜蜂""催眠曲"……别因为这些孩子的"无法无天"而勃然大怒，实际上，这样的绰号是对教师语言表达的最好评价。如果静心想想，就能明白。"机关枪""小鞭炮"是说这个老师语速太快，"286""老慢牛"是说这个老师语速太慢；"冲天炮""旱地雷"是说这个老师音量太大，"小蜜蜂""催眠曲"是说这个老师音量太小。

由于性格、气质、习惯等多方面的原因，每个人在日常生活中说话的高、低、强、弱、缓、急不尽相同。就日常生活而言，这些习惯无所谓；但是，作为教学语言，尤其是以"教小孩子语言"为职业的小学语文教师的教学语言，就必须注意到这些问题。

语速过快，学生来不及反应，所学必有遗漏；语速太慢，节奏拖拉，教学内容肯定偏少，且学生易打瞌睡；音量过小，坐在后排的同学难以听清，慢慢地就丧失了学习的信心；音量过大，震耳欲聋，学生易于厌烦，教师易于疲劳。

对"度"的掌控很不容易，教师能做到的就是了解学生对所教内容的掌握程度，然后，或逐步适应学生，或让学生逐步适应自己。

### （二）对"儿童化"的把握

低年级语文教师的语言是一门艺术。这门艺术不仅要合乎规范，更要人性化。当然，这个"人"很"小"，只不过七八岁。也就是说，教师授课时要符合这些孩子的身心发展特点，同时要让他们有一定的发展空间。对小学低年级语文教师而言，语言表达仅仅做到准确、清晰、规范是不够的，还必须实现语言的"儿童化"，用儿童化语言上课，课堂气氛活跃、生动、易于让孩子们接受。如可以夸张，“这个同学进步很大，一下前进了十万八千里”；偶尔可以“违反逻辑”，如对刚入学的孩子说“你最最好，你真棒”等。

儿童化的语言，是口语化的语言，尽量少使用书面语，是第一要着。如著名儿童教育家孙敬修老师，曾经修改过一段以儿童为主要听众的广播稿，原稿是：

蔚蓝的天空，没有一丝云。一条潺潺的溪水从卵石中间穿过，卵石在清澈的水中忽隐忽现，清晰可见。溪边端坐着一位长者，面庞清癯，双目炯炯有神！

这段话如果作为诉诸视觉的书面文字，写给一般人看，自然无可非议。但如果作为广播稿，说给儿童听，就不会取得理想的效果。他的改稿是：

嘿！这天可真蓝哪！一点云彩也没有。有一条小河哗哗啦啦地流着。这水可清亮啦！水里有好些圆石头，像鸡蛋似的，人们都管它叫卵石，这些卵石在水里可以看得清清楚楚！在河边坐着一个老头儿，长得虽然瘦，可是挺结实，那双眼睛可有精神啦！

这样一改，全是口语词汇。用词通俗，句式灵活，表达生动、形象、自然、亲切，儿童一听就懂，这就是儿童化语言。① 但是，如果对高年段的学生也用如此的口吻，很可能引起他们中部分人的不满意，因为他们感到自己大了，应该像大人一样地说话。

教学语言要平和一点，“甜”一点。小孩子们大都爱看童话故事，一个重要的原因就是童话这种文学体裁，大都采用“拟人化”的手法，如小鸟能唱歌，大象会说话，小白兔能做游戏，树能作人言……这样正吻合儿童的好奇心理和求知的欲望。如果把这种“拟人化”手段运用到小学语文教学中，定能收到很好的效果。所以说联系儿童语言的特点，结合低年段小学语文教学的实际，用拟人化的语言表述是另一要着。如，低年段的小学语文教师进行识字写字教学时常称生字为“生字宝宝”，听起来亲切自然，使学生在喜爱中学习，效果斐然。但是，用拟人化的口吻说话，很大程度上由教师的性别所确定，如果让一个高大魁梧的男教师口吐“生字宝宝”，就显得很滑稽了。

小学语文教师的口语是一门技术，更是一门艺术。技术针对实用和物质，给人以实质性的东西；就“技术”而言，熟能生巧，只要加强训练，必能收到效果。艺术讲求审美和精神，给人以美的享受；就“艺术”而言，虽有熟能生巧的因子，但更需要动脑，更需要思维，才能有所进步。不过无论如何，艺术和技术必须结合才起作用。

① 阳光陈老师的博客 http://blog.sina.com.cn/ygchencaiying

# 第二章　教案设计

教师备课，是教学效率提高的根本保证。所谓“台上一分钟，台下十年功”。如果要想使“台上”教学成功，那么“台下”认真备课就是必经之途。教师的备课主要包括三方面的内容。一为“备教材”，这个“教材”，实际上就是教学内容，所以首先要学习“最新课标”，弄清有关要求；二为“备学生”，要求教师充分了解学生的具体情况，以加强教学的科学性、针对性、预见性；三为“备教法”，在“备教材”“备学生”之后，教师还要考虑选择教学方法。不同教学内容应采用不同的教学方法，不同文体课文的教学方法也各不相同；不同的教学对象，如高年级学生和低年级学生、同一班里的优生与学困生等，也应采用不同的教学方法。教师备课的成果，就是教案。

## 第一节　教案的基本结构

这里所说的教案，指小学语文教学中教师对某一课题的施教方案。它是教学设计的具体化、书面化，是语文教师备课的成果，也是语文教师上课的备忘录。所谓的“某一课题”，就识字、写字教学而言，就是某一组字的教学内容；就阅读教学而言，就是某篇课文的教学内容；就作文教学而言，就是某次“写话”或“习作”的教学内容；就口语交际教学而言，就是某一个专题的教学内容。

从所涉及课时的数量来看，语文教案分多课时教案和单课时教案两种。

### 一、多课时教案

多课时教案，即“完整教案”，一般分为课题计划和课时计划两大部分，其大致结构如下：

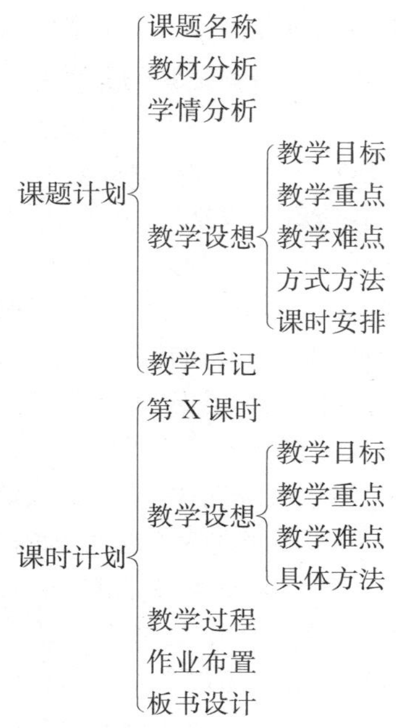


**（一）课题计划**

即教学该课题的总计划，由课题名称、教材分析、学情分析、教学设想和教学后记五部分组成。

课题名称，即本教学设计的课题。如识字写字教学，可用“学写字之一（教案）”或“‘学写字之一’教案”的形式；阅读教学一般可采用“春光染绿我们双脚（教案）”或“《春光染绿我们双脚》教案”的形式；如写作教学，可用“肖像描写（教案）”或“‘肖像描写’教案”的形式；如口语交际教学，可用“说话要注意场合（教案）”或“‘说话要注意场合’教案”的形式。

教材分析，这里所谓的“教材”，指准备教会学生的内容。就识字写字教学而言，就是拟教会学生的那几个字以及他们的载体——课本的有关部分；就阅读教学而言，就是课文；就习作教学而言，就是作文的题目等有关内容；就口语交际教学而言，就是有关场景等等。对教材的整体了解和局部把握是授课的最重要的方面，授课质量的高低，取决于对教材分析的深度和广度。对教材的分析，重在抓住教材的“个性”。宏观上说，就是抓住识字写字教学、阅读教学、习作教学或口语交际教学的不同特征；微观上说，如阅读教学，就是抓住这篇课文区别于其他不同类或基本同类的课文的显著特点。

学情分析，即本教案适应的对象概况，可从学生的年龄特征、学校档次，生源情况、班级情况等维度考虑。

教学设想，即教师为达到预设目标而作的具体设计。

首先是教学目标（不是“教学目的”）的设置，即设置希望通过本课题的教学达到的最终目标。教学目标应按照语文学科的性质和任务来确定，一般包括“文（读写听说能力培养上需要达到的要求）”“道（学生人文培养上需要达到的要求）”两个方面。恰当的目标表述应该是一个完整句，包含五个要素。以“文”的目标表述为例：一为“主语”，由于主语统一为“学生”，故一般情况下可以省略；二为“途径”，即通过什么过程和方法达标，即上述完整句的方式状语，这就可以把“品味语言”安排进去，一般为“通过品味语言……”（也可为“通过对比研读……”“通过讨论……”或其他）；三为达到的“程度”，即完整句的程度状语，如“大致”“初步”“进一步”“深刻”等等，具体视文本内容和学情而确定；四为“能力”展现，即完整句的谓语中心语，一般用“学习”“理解”“掌握”“运用”“鉴赏”等等动词；五为“知识”层面，即完整句的宾语，如“文本双线并行的结构”等等。如为刘成章的《安塞腰鼓》（苏教版六上）设置课堂教学目标，学生对象为六年级，可表述为“（学生）通过反复朗读，较为深入地理解文中动静结合、以静衬动的手法”；如学生对象为初二，可表述为“（学生）通过反复朗读，深刻理解文中动静结合、以静衬动的手法”。当然，即使不将“品味语言”在教学目标中直接表达出来，在进行教学活动的时候，也必须考虑到文本的语言因素，也必须在反复“品味语言”的前提下逐步“达标”，千万不要越过文本“语言”作架空分析。

然后是重点难点的确定，重点指该课题中最能体现教学目标的部分，既可以是文本的某个部位，也可以是教学时的某个环节；难点指学生理解可能有困难的地方，重点和难点有时是一致的。

再次应针对教学目标与学生的实际，确定课的类型及准备采用的具体方法，包括教具的选用。（属于“三维目标”中的“过程与方法”范畴）

教学本身就是教与学的双边活动。教师的作用主要表现在尽可能地使学生从现有的水平向更高一级的水平发展；学生在教学中的主体作用主要表现在是否具有主动性和创造性。为此，“教法”的选择，首先应着眼于怎样引导学生学习。“教无定法”，没有哪一种方法“放之四海而皆准”。教学方法的制定与选择受教育理论、教材内容、学生特点、教学媒体、教师特长以及授课时间的制约。一般情况下，根据教材的知识内容和学生对象确定主要的教学方法。“学法”，即教师在教学过程中，针对授课内容和学生的实际情况，告诉学生掌握知识培养能力的方法或技巧。因此，教师在制定教学方案时，更要考虑教会学生怎样学习的方法和怎样观察思考问题并提出观点的方法；也就是说，必须“授之以渔”。恰当的学法指导，有助于学生对基本知识的理解，有利于学生掌握和运用这些知识培养自己的能力，给学生学习带来事半功倍的效果。

第四是确定教授该课题所需的课时（一般大于或等于二）。

第五是教学后记，即教后感、教学反思。一般先空出一定地方，全文教学结束后补记。在语文教学改革深化过程中，一些小学语文老师往往注重教法的研讨，却忽视了每次教学后的经验总结。据我们统计，真正能写好教学后记的小学语文教师不足 20%。实际上，写好教学后记对促进小学语文教学，对教师本人教学水平的提高有着不可低估的作用，甚至可以说，能否写好教学后记是小学语文教师是否有上进心的标志之一，是“教师”与“教书匠”的分水岭。写教学后记，应记下教学中的经验教训及教案使用的实际效果、学生的信息反馈、别人的评议，甚至是自己失败的情况与原因分析。它是自己积累资料，日后改进教法的依据，更是日后进行科研，发表论文的基础。

**（二）课时计划**

即教学该课题每一课时的具体计划，由第 X 课时、教学设想、教学过程、作业布置、板书设计五部分组成。

第 X 课时，开篇居中。

教学设想，即该课时所要解决的问题，是该课题教学目标在每一课时的具体化，应包括本课时教学内容、教学目标（每个课时一组，“文”“道”各一；即每个课时解决“文”的一点，“道”可以“重复使用”）、重点难点、具体方法。

教学过程，为教案的主体部分，包括教学步骤和环节、教学中师生双方的活动、导入、过渡、悬念设置、自我提示等等。除“导入”“复习旧课”外，一般为五个左右的环节，每个环节必须紧扣该课时的教学目标，可以这么说，每个环节就是该课时不同阶段的阶段目标。对初涉教坛者而言，还需注明每一步骤所需的时间，落实到“分”。另外所设计的每一环节，皆应预备一些“候补”内容，当完成预设任务但时间未到时的可用来补充。

作业布置，必须围绕教学目标，应备有参考答案。

板书设计，指课时结束前的整体板书。课时结束前的板书，必须能反映该课时的教学目标，使学生可从板书中回忆教学的每一步骤，总结出本课时的教学内容，归纳出本课时的教学重点。至于板书设计的一些有关事项，下面另作专项阐述。

## 二、单课时教案

随着语文教材中所收篇目的增多，有些课文（特别是自读课文）需一课时教完；所以，必须学会单课时教案的设计。这种单课时教案（亦称简易教案）与完整教案从整体而言应是一致的，但具体来说，仍有不少区别，因为它将“课题计划”与“课时计划”合二为一。其一般结构如下：

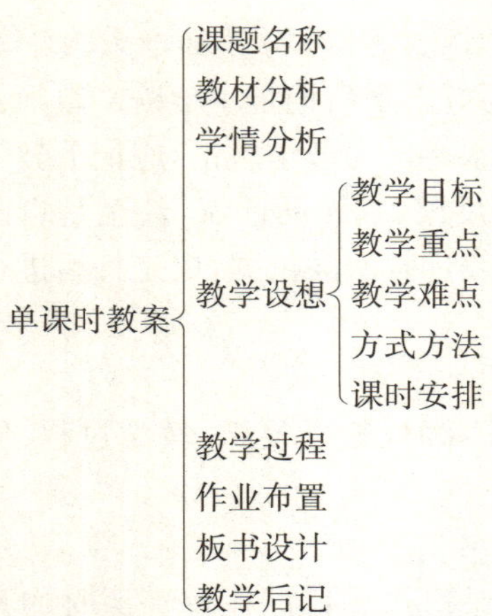


教学目标，不宜多提，一般是一文一道，体现一课一得。

由于仅用一课时，故将课题计划与课时计划合并，各栏与完整教案基本相同。

一份优秀教案的教学设想、教学过程、作业布置以及板书设计，处处都应围绕"教学目标"进行设计，切忌随心所欲。

## 三、板书设计与作业布置

板书设计是语文备课中的一项重要内容，它是根据教学要求，用精要而醒目的文字或图形，提纲挈领地把教学内容、教学重点和教学目标概括化、系统化、图表化的一种形式，为教案的重要组成部分，甚至被称为"微型教案"。设计板书的过程，是教师进一步理解课文的内容和结构的过程；设计板书，是教师综合能力的体现。学生通过板书，可以迅速了解所学课文的重点要点；板书的直观性强，优秀的板书设计，对发展学生的逻辑思维能力、记忆力、想象力，以及培养良好的书写习惯，都有积极的作用。板书设计要达到的要求是，某人即使未曾在教室听课，下课铃响前一刹那从后门走进教室，看了黑板就大致能知道教师的授课内容。板书设计，可作为课堂教学评价的重要手段。

### （一）板书设计的要求

板书设计必须适应实际。

一般的黑板，横竖之比大致为 4∶1，扣除两边不宜书写之处，实际可供使用部分为 2.5×1（甚至为 2×1）的矩形，所以，设计板书必须考虑此一因素。一些所谓"卷轴式"的纵排板书格，实际使用价值不大，如将它稍作改造，作横向排列，则效果较好。考虑到当今小学生的视力等因素，书写时上下以八行为佳，一般不能超过十行；字数亦也不宜过多，应简洁明了。

板书效果受教师身高及其字迹优劣的限制，故设计板书时必须考虑到这些因素。

不同的教学对象，适用不同的板书设计，同一篇文章的教学，在不同的班级应有不同的板书设计，当然这“不同”指的是有所撤换，而不是全部推翻。

板书设计必须围绕该课时的教学目标。必须突出教学的重点难点，不必面面俱到，应使学生一看板书就能回忆出本课时的教学要点。

板书设计中的对应部分，其逻辑范畴应尽量一致。（示例见本章三、四两节的案例分析）

**（二）板书设计的序列**

顺位序列。即板书时沿着教学思路、教学的进程依次而来，板书位置先左后右，先上后下，稳扎稳打，步步为营。此尤其适合于篇幅较长、结构复杂的课文。

逆位序列。板书时也是沿着教学思路、教学进程依次而来，但板书位置或先右后左，或先下后上，也是稳扎稳打，步步为营。实际上，这种序列之“逆”是相对而言的，在板书者的思路中，它仍是“顺”的。

乱位序列。板书时也是沿着教学思路、教学进程依次而来，但板书过程中具体位置不受上下左右限制，看似信手写来，无序无列，但板书者心中有谱，实际上仍是一种“顺”位。

## 四、教案设计必须返璞归真

我们长期从事“汉语言文学（教育）”专升本和“教育硕士·学科教学（语文）”的教学工作，在批阅学员作业时，发现不少语文教师的教案设计已经“走火入魔”。究其原因，网络上一些“优秀教案”“标准教案”是“罪魁祸首”，一些教育行政部门下发的“教案本”也“功不可抹（没）”。他们规定的教案，常常本末倒置；如此，语文教学越来越难，教学效率越来越低，也就事出有因了。那么，我们应该按怎样的要求设计教案呢？

**（一）教案必须环节清晰**

教案是教师为顺利并有效地开展教学活动，根据教学大纲或课程标准的要求，以课题或课时为单位，对教学内容、教学步骤、教学方法等进行的具体设计，一定程度上就是教师授课的“备忘录”。

而课堂实录，则是对教师课堂教学活动的客观截取，可以是视频拍摄，也可以是文字记录，本文就文字记录而谈。其作用有二：其一，为他人提供样板，当作课堂教学的学习范式；其二，供自己或有关人士反思，以求课堂教学精益求精。

前者的教学目标、重点难点、方式方法、教学环节、作业布置以及板书设计等以预设的文字形式体现；而后者体现在具体的过程中，当然，最终也体现在文字记录上。前者只能估计到师生之间的问答，而后者以记录师生之间的实际问答为主。总之，前者重在预设，后者在预设的基础上结合生成；后者是前者的非必然结果。

然而，目前一些语文教师设计的教案，却用大量的篇幅预设师生之间的问答，这些问答究竟因何而来，实在令人费解。或者说，具体课堂教学时，师生间的问答能完全依照预设进行吗？答案肯定是否定的。既然不可能，那么作如此细致的预设又起何作用呢?

“新课程关注课堂的动态生成,但显然完全没有预设的教学实际上是不存在的,关键是在课前要进行弹性预设,为课堂生成留足空白。”①也就是说,教案要有“弹性”,就是宜粗不宜细,尤其在教学环节部分,大致交代预设的几个授课步骤即可。就如平常用餐,省去那些相互客套的繁文缛节,在简单而轻松愉快中享受美食。实际上,教案上如挤满了预设的内容,授课时很可能找不到要点,根本起不到备忘提示的作用。

当然,并不反对预设一些提示性的问句,教学《安塞腰鼓》(苏教版六上),如果其中某一个课时的教学目标定为“通过反复朗读,初步理解文中动静结合、以静衬动的手法”和“通过反复朗读,深刻体会安塞腰鼓磅礴的气势”,就可预设“课文真正意义上写安塞腰鼓是哪些段落?(‘但是’到‘茫茫一片’)”“通过对这些段落的阅读,你对安塞腰鼓有何印象?(气势磅礴。)”“这些段落的前面,作者写了什么?起何作用?(‘静’,为后面的‘动’蓄势。)”“这些段落的后面,作者写了什么?起何作用?(‘静’,使前面的‘动’余音绕梁,引人深思。)”“文中的‘静’和‘动’之间是什么关系?(动静结合,以静衬动。)”等问题,以作为各个教学环节的领衔之语。(后文将作细述)也可预设一些能估计到的学生的活动,可简写,用括号标注;实际上,这就是对学法的兼顾,是“生本”理念的具体体现。总之,不必求一律,视教龄的长短和文本的生熟而异,就成熟的教师而言,教案应尽量粗疏简洁。

**(二)教案必须考虑生成**

见到一些地方教育行政部门发给教师的教案本,基本都有死硬的规定,尤其是教学步骤,硬性分为复习旧课、研习新课、拓展延伸、复习巩固等等环节,而在“研习新课”这一环节中,又分为整体感知、情景创设、文本细读、师生互动等等,实在令人哭笑不得。如此纷繁复杂的死硬规定,新教师望而生畏,根本无法适从;而对一个有探索精神的老教师而言,则完全限制了他个性的张扬和聪明才智的发挥,当然也就难以兼顾学生的具体情况了。

教无定法,授课不该有固定的程式;同理,文无定法,教案也不应有“标准”的格式。但几个内容必须具备:首先是学情分析,即“备学生”,能应对所有的不同学生的教案未尝之闻。其次为文本(即前文所说的准备教会学生的内容)分析,即“备教材”,不同的内容有不同的“个性”,针对不同内容设计的教案不能强求统一。然后是教学目标、重点难点、方式方法、课时安排、教学步骤、作业布置、板书设计以及教学反思等,以上即“备教法”。

教案中最不应该固定限死的就是教学环节。教学环节,可从宏观和微观两个维度认知。宏观的教学环节,应包括以上所说“备教法”中从“教学目标”到“教学反思”诸层次;而微观的教学环节,即上文所说的“教学步骤”。就目前而言,微观教学

---

① 彭玉华.试论新课程背景下的语文教案内容创新[J].中小学教师培训,2008(1)

环节，即“教学步骤”的优化迫在眉睫；实际上，语文教师所设计的教案的精华就应在此处，课堂教学的“出彩”也藉此决定。

就此，最简单、最常态化的做法是，在每个课时中，除导入和总结以外，将复习旧课、研习新课（整体感知、情景创设、文本细读、师生互动……）、拓展延伸、复习巩固等纷繁复杂的预设规定简化为五个左右环节，就如上文对《安塞腰鼓》所设计的五个问题。这五个环节环环紧扣，层层递进，直至课堂教学目标的最终达成。具体教学过程中，这五个左右预设的环节就是“纲”。如果把课堂教学比作为“织布”，这五个左右环节就是预先确定的“经线”，在“经线”的指领下，教师根据学生情况、文本个性和课堂实际，灵活地发挥自己的聪明才智，作具体“生成”，这就是“纬线”；或复习旧课，或创设情景，甚至拓展延伸。如此经纬交错，最终成“匹”。当然，必要时也可以突破这五条左右“经线”的限制，这就是宏观上的“课堂生成”了。

**（三）教案必须紧扣教学目标**

设计教案必须时时处处紧扣教学目标，这是最为简单的道理；然而，一些教师设计教案时，却常有偏离教学目标的现象出现。主要体现在“教学重点”“教学环节”“作业布置”以及“板书设计”上。

首先是教学目标与教学重点的预设。

教学目的、课程目标与教学目标是不同的概念，教学目的由国家规定，是培养人的粗线条框架；课程目标由教育行政部门制订，为学习该门课程需要达到的总体目标；教学目标是授课者自己制订的，具体教学过程中可见可测量的目标。相对来说，教学目的、课程目标属于宏观层面，教学目标属于微观层面；这三者从抽象越来越趋于具体。教学目的、课程目标对教学目标有制约作用，教学目的、课程目标通过教学目标得以实施；教学目标通过量的积累有可能质变为教学目的、课程目标——仅仅是“可能”而已，因为其中的情况比较复杂。

我们不能把“课程目标”等同于“教学目标”。在教案设计中，我们教师制订的教学目标必须是微观的、能达到的、可测量的，应从“文”（体现知识和能力）和“道”（体现情感态度和价值观）两个维度考虑设置；至于过程和方法，则不必也无法设置为显性的教学目标，只要在“文”与“道”目标的表述中体现即可。一般来说，“一课一得”，即一个课时设置“文”“道”各一个目标，就足够了。教案中的教学目标，就如记叙文的中心思想和议论文的中心论点，为整个教案的灵魂。当然，“我们制定教学目标要依据对学科知识、学生、教师的分析。教师设计教学目标要充分考虑语文学科知识的非线性和语文素养的复合性特点，还要结合学生的特点进行分析，要了解学生的个性特征、认知风格、元认知水平、认知态度和认知能力等，还要考虑教师的教学风格、个性特点、知能储备等，使得教师在教学中尽可能地扬长补短。”①

然而，当今常见的教案上所设置的教学目标，或依照课程标准的三维目标设

① 彭玉华. 试论新课程背景下的语文教案内容创新[J]. 中小学教师培训，2008(1)

置；或“知识”“能力”“情感”三维并列；或“文”“道”只顾一头；或抽象之至，如“学习本文的叙事特点”……希望如此提高学生的语文素养，就很难了。

我们认为，教案的前前后后都要紧扣教学目标进行设计，尤其是“文”的目标。然而，由于受固定套路的影响，一些语文教师设计的教案往往脱离教学目标，“绕道而行”，尤其是“拓展延伸”部分。就如从上海坐火车到北京，偏偏到四川绕一个大圈子——当然，如时间充足，囊中充实，绕圈领略一下巴蜀风光也未尝不可。然而，我们的一节课毕竟只有 40 分钟或 45 分钟；更为可悲的是，有些行道者最后的终点竟然不是北京，而是到了西藏或者新疆。

所谓的“重点”，指文本中最能体现教学目标的具体部位，如段落、语句、词语等等，即教学过程中必须着重研读反复玩味的部分。如把《安塞腰鼓》“文”的教学目标定为“通过品味语言深入理解本文的反复手法”，就得把教学重点定在先后出现多次的“好一个安塞腰鼓”上。然而，所见的很大一部分教案中，所谓的“重点”，就是将教学目标照抄一遍，岂不悲夫！

其次是教学环节的设置。

教学环节中的任何一环，都必须为本节课的终极教学目标的达成服务，即每一个环节就是一个阶段目标的实施。如上文所说的从上海到北京，最恰当的路线是从上海出发，沿沪宁线、津浦线北行，必须经过的南京、徐州、济南、天津等几个大站就是阶段目标，经过它们才能到达北京。然而，当今很大数量的教案或教学环节不清，或某些环节目标不明甚至脱离。

还以《安塞腰鼓》为例谈教学环节。其中的一个课时把教学目标定位为“通过反复朗读，较为深入地理解文中动静结合、以静衬动的手法”和“通过反复朗读，深刻体会安塞腰鼓磅礴的气势”，所设计的教学环节如下。

第一阶段的目标就是分析文章直接描写安塞腰鼓磅礴气势的有关段落，即针对“课文真正意义上写安塞腰鼓是哪些段落?”引导学生反复朗读；当然，其间可有情境创设，之前可以有导入语。——此如从上海到南京。

第二阶段的目标就是分析文章重点段落对安塞腰鼓的表现，即针对“通过对这些段落的阅读，你对安塞腰鼓有何印象?”进行分析，使学生理解安塞腰鼓势磅礴的特点。其间必须细读文本，可用对比分析法。——此如从南京到徐州。

第三阶段的目标是分析文章开头几个写“静”的段落的作用，即针对“这些段落的前面，作者写了什么？起何作用?”进行分析，学生就此明白此处的“静”是为后面的“动”蓄势。——此如从徐州到达济南。

第四阶段的目标是分析结尾几个写“静”的段落的作用，即针对“这些段落的后面，作者写了什么？起何作用?”进行分析。藉此，学生就能大致了解此处的“静”使得前面的“动”余音绕梁，引人深思。——此如从济南到天津。

第五个阶段的目标是学生较为深入地理解文中动静结合、以静衬动的手法，即针对“文中的‘静’和‘动’之间是什么关系?”进行分析，学生藉此较为深入地理解文章动静结合，以静衬动的手法，也对安塞腰鼓的磅礴气势有了较为深刻的了解。其间，也可以拓展延伸，找来其他动静结合、以静衬动的文本拓展延伸；也可复习旧课，或对比，或类比。——此如从天津到北京。

总之，每一个环节的目标必须清晰，在每一个环节的教学过程中，教案起的是提示作用，教师必须根据实际情况，围绕目标作具体的不同的处理。

**（三）作业布置与板书设计**

作业布置也必须紧扣目标，如上面所说的《安塞腰鼓》那个课时的作业，应该也必须与“动静结合、以静衬动”有关。但这么简单的道理，往往不被正视。

板书（这里指下课前一刹那的最终达成的板书）必须是整堂课的总结归纳，必须是教学目标的视觉显示。也就是说，听课的学生课后能围绕板书回顾课堂教学情景；即使有学生未曾听课，看了板书，也能知道这堂课的大致情况。具体的课堂教学过程，应该是板书逐步达成呈现课堂教学总目标的过程。就如上文的《安塞腰鼓》那个课时，恰当的板书设计应该如下：

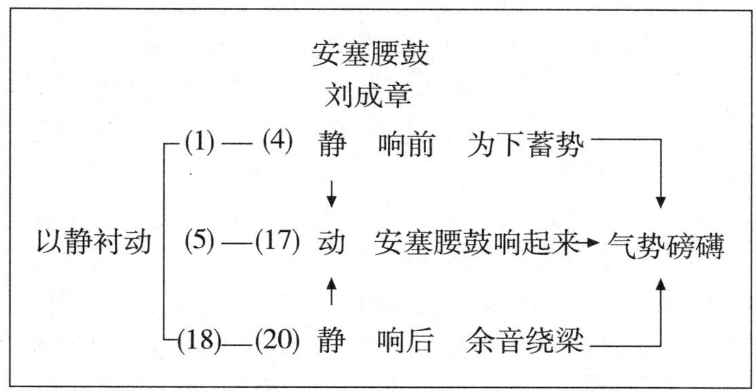


由于受现代化媒体的影响，声、光、电狂轰滥炸，愿意在黑板上写字的语文教师越来越少，更不要说紧扣教学目标设计板书。我们希望返璞归真的理性化的教案能坚守自己小小的立足之地。当然，教案的理性化绝对不是公式化，语文教师要发挥自己的聪明才智，根据学情、文本情况和自己的特点设计出个性化的教案。

## 第二节 对“学案”的理性思考

时势造英雄，大浪淘沙。在改革的潮流中，各路英雄大显身手，各种新生事物纷至沓来，经得起实践检验者将跟上历史的潮流，而经不起实践检验的将被抛在历史车轮的后面。“尔曹身与名俱灭，不废江河万古流。”在这次教改之际，新名词、新事物也层出不穷，近期热炒的“学案”即其一，此处试就语文学案这一问题，提出商権意见。[①]

## 一、先天不足后天畸形发展

1997年,浙江金华一中率先提出了一个用以帮助学生学习的、相对于教案的概念,即“学案”。学案教学法一经提出,一些地方教学部门积极推广,学案导学模式风靡一时,呈现出愈演愈烈的趋势。由此,许多高校理论工作者以及一线教师纷纷表达意见,见仁见智,莫衷一是,但总体来说,对学案给予正面评价者居多。

### (一) 学案的得名

稍具文史常识,就应该知道“学案”是记述学派源流及其学说内容并加论断的著作,这个概念起自明清交接之际的黄宗羲,他著有《宋元学案》《明儒学案》,清唐鉴有《国朝学案小识》。不知如今“学案”的首先提出者与推崇者命名“学案”时是否考虑到这些,是否有鱼目混珠之嫌?

如今“学案”一语,估计用了仿词修辞格。所谓仿词,就是按照上下文中的某个词语临时仿造一个意义相类或相反的“词语”,使得用词新鲜活泼的一种修辞格。其一为“类仿”,如“(鸳鸯)我是横了心了,当着众人在这里,我这辈子,别说是宝玉,就是‘宝金’‘宝银’‘宝天王’‘宝皇帝’,横竖不嫁人就完了。”(曹雪芹《红楼梦》)其二为“反仿”,如“后来这终于从浅闺传进深闺里去了。”(鲁迅《阿Q正传》)既然有了“教案”,那么,就顺手拈来,临时造一个“学案”。显然,命名者认为“教”的反面是“学”,用了“反仿”。按说,仿词的运用有其临时性,但用的人多了,临时变为永久,大约也就是“走的人多了也就成了路”的意思。

总之,当今教学界的“学案”的含义和原始“学案”的含义已完全不同。如今的学案,至今没有一个公认的概念,“百度名片”认为,学案是指教师依据学生的认知水平、知识经验,为指导学生进行主动的知识建构而编制的学习方案。

那么,当今语文学案的现实情况又怎样呢?

### (二) 语文学案的现实

按一般的理解,学案实质上是教师用以帮助学生掌握教材内容,沟通学与教的桥梁,也是培养学生自主学习和建构知识能力的一种重要媒介,具有“导读,导听,导思,导做”的作用。

到目前为止,学案没有固定的模式。其一般栏目为:学习要点(目标)、重点难点分析、学习思路、学法指导、同步练习、自我测评、小结、练习答案和提示、资源链接(课外拓展)等。内蒙古师范大学裴亚男老师研究了190篇有关论文,认为学案的操作程序无论复习课和新授课基本上可以归纳为导向阶段、导学阶段、导练阶段、升华阶段四个阶段。[②]

---

① 王家伦,张长霖.语文学案——教学改革中的一个怪胎[J].中学语文教学,2012(6)

② 裴亚男.学案教学模式研究综述[J].内蒙古师范大学学报(教育科学版),2007(4)

如果对照一下，那些语文学案上的“导向”“导学”“升华”等阶段，与当今的语文教案的那些有关部分又有什么区别呢？那些语文学案上的“导练（或称自我测评、技能训练）”都可以在前几年风行的、如今被扣上“应试教学”大帽的语文练习册上找到踪影，而其训练量远远超过了语文教案中“作业布置”。所以，我们认为现行的所谓“语文学案”，只不过是“语文教案”＋“语文练习册”，仅此而已。实际上，许多语文教师设计语文学案的过程就是把语文教案当中相应的内容加上作业填写到语文学案中的对应项上的过程。所以说，语文学案本身就没有成熟，更没有新意。语文学案之所以被大张旗鼓地宣传并推广，就是因为它替代了语文练习册的功能。——如此，就可以在改革的幌子下名正言顺地搞应试教学，所以就可以被称为“有效”。考试的存在是合理的，那么，进行科学的应试教学又何尝不可。但是，由于有关领导、专家学者们竭力反对应试教学，学校只能改头换面，瞒天过海，搞起不得不搞的应试教学。于是改头换面的语文练习册——“语文学案”就应运而生。这就是“语文学案”的本质。

学案本身先天不足，又被人为“助长”，最终发育不良，可谓坎坷。幼时听长辈说过马戏团中那些特别矮小长相奇特的小丑的来历：首先偷来长得难看的小孩，然后强行安置在瓮甏中，限制向高处生长，只让横向畸形发育，最终成为“怪胎”。——这就是学案，现实中的学案。

## 二、学案的“功能”是虚拟的

上世纪末，学案粉墨登场，跻身于教学舞台。“风乍起，吹皱一池春水。‘课改’势在必行，‘课改’如一股春风刮过教学大地，给传统而沉闷的课堂教学带来无限生机，其中一个显著的标志就是，以新型的“学案”代替了传统的“教案”，以往被教师奉为至宝的“教案”正在作古。”①似乎振聋发聩，但却使人“战战惶惶，汗出如浆”。学案真有那么神奇？

### （一）目标定位不可能由教师向学生转变

“目标定位由教师向学生转变”，②这是对学案持褒扬态度者的共论。

众所周知，“教”与“学”是一对矛盾，但却是对立统一的。如果没有“学”，那么，“教”的对象是什么？如果没有“教”，那么，该如何“学”？即使所谓的“自学”，实际上也有广义的“教”。就“教学”这一概念而言，本身就包含着“教”与“学”两个维度，两者相互依附，共生共长。因为有了“教”，才能“学”得好；因为有了“学”，才能“教”得好。——这就是“教学相长”。当然，我们并不否认有些人以“教”为中心，轻视“学”；但同样也有些人以“学”为中心，轻视“教”。这两种情况都是反常的，很难取得真正意义上的成功。但是，持“目标定位由教师向学生转变”论者却将“教”与

① 崔国明.“学案”给课堂教学带来的变化[J].中小学教师培训，2003(9)

② 孟献华，李广洲.教案与学案的对话[J].中小学教师培训，2009(6)

“学”人为地对立，因为少数“教”者的失误，竟然要让“学”来替代“教”，岂不是犯了极端的二元对立的错误！

也有人认为由教师制订的传统的教案教学普遍存在两种倾向：一是教学的单向性，即以教师和课本为中心，更多考虑的是教师如何把课本知识内容讲得准确无误，精彩完美，并重点突出，难点到位，而忽视了学生的学习情绪，忽视了学习的主动性和自主性；二是教案的封闭性，即教案专为教师的“教”而设计，而忽视了学生如何“学”，缺少公开性和透明度。我们并不否定这些情况的存在。然而，当今学案的制订者是谁？还不是教师？在制订学案的过程中难道没有可能重复以往的错误吗？“教师设计的‘学案’和教师设计的‘教案’之间，难道仅仅因其名称不同就能保证教师自觉地以学生为主体考虑教学吗？这种‘求实先由以求名’的古朴思想用以解决现实性问题，其实效性就显得十分可疑了。”[①]

所以说，当今学案的制订者自己的指导思想尚不明确，就企图通过学案让学生成为“主人”，只能是善意的谎言。更何况事实上目前的学案大多是由有关人士或有关部门设计好批量印制给学生的。这个问题后文将有专门的论述。

**（二）“使三维目标实现相互渗透”[②]是个伪命题**

持此论者，无非是认为传统的语文教学主要是以知识的传授与技能训练为目标。持此论者所犯的错误，就是将课程目标与课堂教学目标混为一谈，玩起了“穿越”。课程目标是由教育行政部门制订的学习该门课程需要达到的总体目标；教学目标是授课者自己制订的具体教学过程中可见的、可测量的目标。前者属于宏观层面，较为抽象；后者属于微观层面，较为具体。前者对后者有制约作用；前者通过后者得以实施，后者通过量的积累有可能质变为前者——仅仅是“有可能”而已，因为其中的情况比较复杂。

语文课程标准规定的三个维度的课程目标为“知识与能力”“过程与方法”“情感态度与价值观”。“知识与能力”的课程目标直接关系到学生读写听说能力的培养，最有“语文味”，这个目标最为“显性”，可以细化为具体的课堂教学目标。“情感态度与价值观”的课程目标关系到学生健全人格的培养，这个目标在一定程度上较为“显性”，也有细化为教学目标的可能。“过程与方法”这个维度的课程目标也颇能体现学科特征，就语文而言，颇能体现“语文味”；但它最为特殊，它无法细化为具体的课堂教学目标，因为它是隐性的、“动态”的、渐进的，其是否“达成”无法量化，故无法细化为教学目标。

正因为如此，授课教师一般都将知识与能力的课程目标细化后作为课堂教学目标；情感态度价值观的目标，在教学过程中自然渗透；而过程与方法的目标，贯穿于整个教学过程之中。实际上，成熟的语文教师不可能不注意学生的活动，也就是

---

① 崔国明．“学案”给课堂教学带来的变化[J]．中小学教师培训，2003(9)

② 尚小峰．对语文学案的思考[J]．教育革新，2011(4)

说，成功的语文教学本身就是三维目标的自然渗透。所以说，学案教学"使三维目标实现相互渗透"是个伪命题。

**（三）学案导学法不是一种新型的教学模式**

"学案导学是用学案引导学生学习并以学案作为教学主要依托的教学模式。"①有关论者认为，这种教学模式一改过去老师单纯讲，学生被动听的"满堂灌"的教学模式，充分体现了教师的主导作用和学生的主体作用，使主导作用和主体作用和谐统一，发挥最大效益。在这种模式中，学生根据教师设计的学案，认真阅读教材，了解教材内容，然后，根据学案要求完成相关内容，学生可提出自己的观点或见解，师生共同研究学习。总之，教会学生怎样学习，怎样思考，提高学生分析问题，解决问题的能力。

"教学模式：是一种可以用来设置课程（诸学科的长期教程）、设计教学材料、指导课堂或其他场合的教学的计划或类型。"②教学模式通常包括五个因素，这五个因素之间有规律地联系着，依次为理论依据、教学目标、操作程序、实现条件、教学评价。

就理论依据而言，上文说过，内蒙古师范大学裴亚男老师研究了 190 篇有关论文，其中明确提到学案教学理论依据的有 21 篇文章，其中，认为建构主义为其理论依据的文章占 16 篇；③然而，教案教学的理论基础又何尝不是建构主义？

就教学目标而言，如今语文教案教学的教学目标早已以学生为中心，是"学生……"，而语文学案导学的教学目标无非也是"学生……"，何新之有？

就操作程序而言，学案导学的操作程序基本上可以归纳为导向、导学、导练、升华四个阶段，相比教案教学，仅是"导练"的程序大大加强，其所谓的"新"，难道就在此处？另外，在语文学案导学（阅读学习）过程中，学生需要根据教师设计的学案认真阅读文本，了解文本内容，然后，根据学案要求完成相关内容，学生可提出自己的观点或见解；然而，语文教案教学中学生又何尝不是在教师指导下学习、质疑并完成一系列的任务呢？

就实现条件而言，学案导学的实施条件除硬件外，首推教师主导下的学生主动参与，然而教案教学又何尝不是？就教学评价而言，到目前为止，最权威的评价还是各级考试，学案导学之所以能被推行，无非是因为学生的考试成绩有所提高！今天的教学现实，分数还是硬道理！

所以说，到目前为止，语文教案教学法与语文学案导学法之间没有明显的界限，称"学案导学法"是一种新型的教学模式，甚是无稽。

---

① 许亚冰．中学语文学案导学的实践研究[J]．徐州师范大学学报（教育科学版），2010(9)

② 丁证霖等编译．当代西方教学模式[M]．太原：山西教育出版社，1991:1

③ 裴亚男．学案教学模式研究综述[J]．内蒙古师范大学学报（教育科学版），2007(4)

## 三、莫让统一的学案侵蚀我们的教学

虽然说语文学案先天不足，且又后天失调，致使畸形发展；但是，由于利益的驱使，各地学校教师、学生手中的“学案”多如牛毛。——这些“学案”，基本都由语文年级备课组集体设计，有些甚至是统一制作的印刷品；而正是这些统一的语文学案，正在侵蚀我们的语文教学，摧残我们的学生。综合分析一下那些常见的学案，还可发现如下不得不说的问题。

### （一）工业化批量生产的学案对教学的负面影响

当今的语文学案（尤其是统一印制的语文学案）的推行者，所持的实际上还是工业化批量生产的思维方式，虽然可以用“优质资源整合”的理由，但如此批量生产，却有意无意地妨碍着个性发展。其后果是教师个性特色无法展现；学生的个性被抹杀，培养出来的只是一个模子的产品。批量印刷的语文学案，造成了语文教师和学生的学习方法的模式化、思维的模式化、教学过程的模式化。试问，这样框死了的语文教学，新课改倡导的“生成”还能存在吗？实际上还是课本中心论的翻版，只不过课本换成学案而已。

教师的个性特色是指教师在自己个性的基础上，在教学活动中形成并表现出来的个性特征与独特的教育风格。在教学过程中，教师个性特色具有导向、凝聚、亲和等诸多功能，一定程度上影响着学生的成长和教学的成败。从一定意义上说，教师的劳动带有明显的个体色彩，属于其个性特色的聪明才智，体现在备课、教学过程尤其是课堂生成中，如果教学时使用详尽的、统一的学案，被学案牵着鼻子走；那么，教师的个性特色就根本无法展示，这是戴着镣铐跳舞。

就学生而言，每个人都有自己的个性；从社会需求来讲，作为一个职业，或者是一个分工，都需要有专门的人才。所以说，我们主张教学中发展学生的个性。“但就现实理解而言，‘学案’似乎至少是由同一个教师提供、同一班级、同一教学时段、每个学生拥有的同一份副本。这样的‘学案’，如何能提供它实现‘因材施教’‘自主选择’乃至‘个性发展’的教育承诺？”①

众所周知，语文是一门人文性很强的学科，语文课是活人与活人的交流。语文教学必须要有情感熏陶，“情感熏陶一是来自学生与作品的情感交流，体会作家的感情，二是来自于与老师、同学的情感交流。”教师范读、学生朗读、品读、讨论等等，都是情感熏陶的得力手段。但何时范读、何时朗读、何时品读、何时讨论，必须视课堂的具体情况而定。如果使用详尽的、统一的学案，被学案牵着鼻子走，师生关注的是答案的正确性，上课的核心内容也是讨论问题的答案，即使学生说出了情感但不等于体验到了情感，真正的情感交流往往被削弱了。②

---

① 裴亚男.学案教学模式研究综述[J].内蒙古师范大学学报(教育科学版)，2007(4)

② 许亚冰.中学语文学案导学的实践研究[J].徐州师范大学学报(教育科学版)，2010(9)

**（二）面面俱到，致使教学没有体系**

语文教学的中心环节是阅读教学。由于受“人文第一”的影响，如今我们用来进行阅读教学的语文教材本身没有严密的知识能力体系，这是不争的事实。但是，成熟的语文教师都有着自身的较为科学的“山寨版”的知识能力体系，课堂教学中一般都能做到“一课一得”，宏观把握时一般都能做到“得得相连”。

那种统一印制的语文学案，每篇课文往往由不同的人员设计，宏观上难以建构完整的较为科学的知识能力体系。具体课文的学案设计者唯恐挂一漏万，其考虑可谓详尽，就我们见到的那些学案，可以说有关每篇课文的语言形式与中心意思的方方面面应有尽有。运用这样的学案进行统一的面面俱到的语文教学活动，教师们就无法在自身建立的教学体系中活动，语文教学还是一盘散沙。

**（三）培养着一批不会自己看书的教师，贻害无穷**

“书籍是学校中的学校，对一个教师而言，读书就是最好的备课。”“读书，每天不间断地读书，跟书籍结下终身的友谊，就是一种真正的备课。”①语文教师必须读书，读书能提高人生境界，提升本身的品位；读书能完善自己的知识，充实自己的储备；读书能生成专业智慧，使自己更聪明。说得功利些，读书能解决备课中的难题，读书能使自己授课时滔滔不绝。但是，人都有惰性，那些详尽的教学参考书早已害人匪浅，如果再按规定的详尽的学案授课，那些功利性较强的教师就没有了读书的热情。也就是说，现在的语文学案正在培养着一批又一批不读书的语文教师。岂不悲夫！

**（四）明显加重了学生的负担**

当今的统一印制的学案，其一大半实际上就是练习册。其授课过程，基本就是完成练习册上的作业。实际上，有些略读课文的学习只要解决一两个问题就可以了，但是，有关方面受利益的驱使，书本被大量增幅；于是，语文学案设计时就有了规定的形式要求，一般的课文都会有五六个问答题，甚至十来个，致使完全成了一堂解题课，学生完不成，“吃不了兜着走”。另外还有课后作业，可怜的学生，永远在沉重的负担下挣扎。

一个先天不足的孩子，如果后天能得到必须的营养，精心的培育，那么，或许能健康成长，跟上同龄人的步伐。如果后天得不到关爱，被有恶意的闲人或者无恶意的闲人利用，进行反常规的喂食、包装，那么，他将陷入罪恶的泥淖，甚至为虎作伥，与那些闲人们一起干无恶意的害人的勾当。纵观如今的“语文学案”，尤其是统一印制的“语文学案”，早已走火入魔，早已害人匪浅。所以说，将这些“怪胎”逐出我们的语文课堂，乃当务之急。

---

① 高万祥．优秀教师的九堂必修课[M]．上海：华东师范大学出版社，2011：5

# 第三节　多课时教案案例分析

我们的语文教学，尤其是小学语文教学中的阅读教学，一般情况下每篇课文的教学都由多课时完成，所以说，教案写作，必须从多课时教案入手。多课时教案，一般适合用于应该详讲的篇目。“他山之石，可以攻玉”，看看别人怎样设计教案，照样子设计，以后跳出这个“样子”，从有法到无法，此是成功的捷径。

## 一、第二学段阅读教学案例分析

**【案例】**

《石榴（苏教版三上）》（教案）

山东省枣庄市市中区安城第二联校　石龙

第一部分　课题计划

一、教材分析

《石榴》是一篇优美的以“物”为描写对象的散文。首先，其按石榴生长的季节顺序写作的方法颇值得小学三年级学生习作时模仿；另外，其通过生动形象的拟人等手法所进行的细致描写也很有特色。

二、学情分析

对于刚刚由二年级升入三年级的孩子来说，借助拼音认读生字词的能力应该具备，但对于课文中的一些难懂的长句子仍要帮助读通、读顺，为理解课文做好准备。对文中一些多音字容易出现误读，需要进行方法上的点拨和学习实践。在内容理解方面，学生能够理解文章写了什么，有一定阅读能力的孩子能理清文章是按什么顺序写的，但对于作者情感的体悟、写作手法的运用、观察事物的方法等等则需要教师进行适当的点拨和提升。

三、教学设想

（一）教学目标

1. 通过练习，牢固掌握本课的10个生字，并理解由生字组成的词语。

2. 通过正确、流利、有感情的反复朗读，较为深入地理解本文按时间顺序叙写石榴成熟过程的方法。

3. 通过比较品读和仿写，深刻体会拟人化语言的运用。

4. 通过正确、流利、有感情的反复朗读，初步了解石榴的生长过程及特点，激发学生热爱自然、热爱家乡的感情，陶冶审美情趣。

（二）教学重点

第三自然段

（三）教学难点

按季节写石榴成熟过程的方法和使用拟人化的语言的方法。

（四）方式方法

品读法、朗读法、比较法、批语法、仿写法

（五）课时安排

安排两个课时

四、教学后记

设计两个课时，对有些学生而言，紧迫了一点，所以，也可以作三课时设计。第一课时在解决生字生词的基础上，重点解决本文宏观上的先后顺序问题，第二课时重点解决微观上的先后顺序问题，第三课时重点解决拟人等修辞手法。

## 第二部分　课时计划

### 第一课时

一、教学设想

（一）教学目标

1. 在认识本课的10个生字的基础上，初步理解按先后顺序叙写石榴成熟过程的方法，并会迁移运用。

2. 通过正确、流利、有感情的课文朗读，了解石榴的生长过程及特点，激发学生热爱自然、热爱家乡的感情，陶冶审美情趣。

（二）教学重点

有关石榴的生长过程

（三）教学难点

学习按季节写石榴成熟过程的方法，并会迁移运用。

（四）具体方法

朗读法、比较法

二、教学过程

第一环节：激趣导入——摸石榴

1. 上课伊始，教师首先拿出装有石榴的布包，让孩子们摸包里的东西，让他们猜猜是什么？

2. 然后，让孩子们再说说对石榴的了解。

3. 最后，揭示题目《石榴》，让学生读书看看作者是怎样介绍石榴的。（阶段目标：激发学习兴趣，摸清学生对石榴的了解程度。）

第二环节：初读课文——读“石榴”

1. 学生练读，注意习惯。在读书之前，让学生说说读书时要注意什么。引导学生养成“不动笔墨不读书”的习惯，读书时要随时划出不认识的字、不懂的词句。

2. 检查读书情况。

首先，检查生字词。⑴读带拼音的生字，然后去掉拼音再读。注意帮助正音，“抽、甚至、摘”都是翘舌音，“枣”是平舌音，“甚、津”都是前鼻音。⑵读词语。注意“喇叭”的“叭”和“石榴”的“榴”在词语中都读轻声。

其次，开火车读课文。(1)让听的同学与朗读的同学互提要求与建议，使孩子明确自己在读或听时该注意些什么。(2)学生评价。学生之间正确、公正、激励性的评价与建议可激起学生学习的热情。(3)注意指导把长句和难读的句子都读通顺，特别要耐心地鼓励读书有困难的学生，不让一个孩子掉队。

最后，学生再读课文，努力达到正确流利。

(阶段目标：指导学生学会生字词、把课文读得正确流利、比较有感情。)

第三环节：自主感悟——品石榴(上)

1. 教师范读，学生再读，并边读边议每一自然段的内容，填空：春天(　)(　)→夏天(　)→(　)(　)，并说说课文整体上按什么顺序来写石榴的。

2. 学习第一自然段，联系上下文体会“驰名中外”的意思。

3. 朗读课文第二自然段，让学生结合图读懂“抽出”“长出”“开出”“越开越密”“越开越盛”“挂满”等词语，引导学生想象春夏时节，石榴生长的过程和景象。通过提问，“你最喜欢哪些句子”让学生体会石榴花色彩和形状之美。学生通过反复地读，感受石榴的美。

4. 学习第三自然段，这是本文的重点段。

首先引导学生给这一段分层，然后逐层朗读体会。第一层，要注意体会“热闹”一词的妙用。第二层，是写石榴成熟过程中，石榴皮的变化。其中，“先……逐渐……最后……”学生在反复诵读中体会出石榴一天天长大、一天天成熟。其中“青绿色”“青中带黄，黄中带红”“一半儿红，一半儿黄”这组关于外皮颜色变化的词语，生动、形象地把石榴成熟的过程写出来了。让学生当小老师，给这一层写批语，自读自悟，再通过有感情的朗读，感悟作者观察细致，遣词造句的准确、精当。

(阶段目标：整体把握文本，理清写作顺序；能凭借具体的语言材料，了解石榴的生长过程及特点，激发学生热爱自然、热爱家乡的感情，陶冶审美情趣；学习按季节写石榴成熟过程的方法，并会迁移运用。)

三、作业布置

观察一种果实，用“先……逐渐……最后……”句式写出果实成熟的过程。

四、板书设计

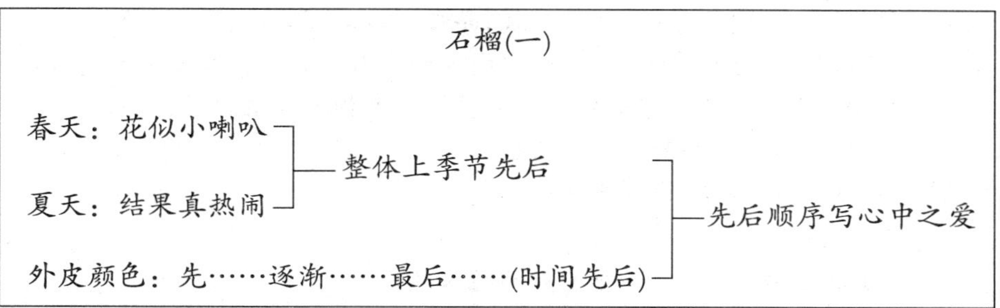


## 第二课时

一、教学设想

（一）教学目标

1. 通过文本细读，体会拟人化的语言的使用的美妙，并会迁移运用。

2. 通过正确、流利、有感情地朗读课文，了解石榴的生长过程及特点，激发学生热爱自然、热爱家乡的感情，陶冶审美情趣。

（二）教学重点

第3自然段和第4自然段

（三）教学难点

体会拟人化的语言的使用的美妙，并会迁移运用。

（四）具体方法

复述法、比较阅读法、实际体验法

二、教学过程（承第一课时）

第三环节：自主感悟——品石榴（下）

1. 第三自然段第三层，写石榴成熟时，惹人喜爱的样子。在这一层的教学中，可采用比较法。即出示“石榴各个都成熟了，有的都熟裂了。”和原文的拟人句进行比较，并让学生边看图片边体会“裂开了嘴”“笑破肚皮”“报告喜讯”，引领学生在悟中读，在读中悟。让他们一方面读出喜爱之情，另一方面，领悟作者运用拟人的手法生动形象地描写事物的方法。

2. 运用拟人方法，迁移运用

高粱熟了。________________________________

苹果红了。________________________________

（阶段目标：通过文本细读，体会拟人化的语言的使用的美妙，并会迁移运用。）

第四环节：真实体验——尝石榴

把带来的石榴分给各组，让他们看一看，尝一尝，体会作者描写的真实、准确。

第五环节：根据材料——仿石榴

分给各组一个橘子，让他们观察、品尝，然后仿照第四段写一写。

（阶段目标：通过文本细读，一方面体会拟人化的语言的使用的美妙，另一方面复习上节课所学的以先后顺序描写事物的方法。）

第六环节：当小导游——说石榴

（阶段目标：内化语言，有感情地复述课文。）

三、作业布置

用拟人的手法，写一种自己熟悉的水果。

四、板书设计

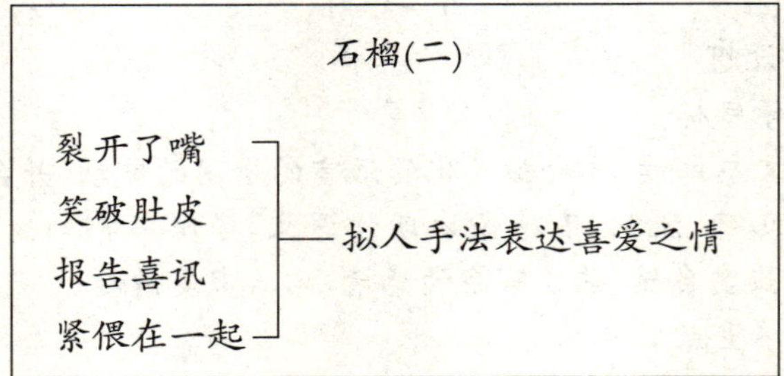


**【分析】**

这是一份以两个课时为整体的教案，其教学环节设计甚为规范，未曾受那些所谓的“优秀”教案的影响，每个环节紧扣教学目标，阶段目标清晰，层层推进。

第一环节“摸石榴”设计，通过摸一摸、猜一猜，既直观，又能加深孩子们对石榴的感受，学生的好奇心一下子被调动起来，从而提高了学习的兴趣。

“让孩子们再说说对石榴的了解”这一环节看似简单，其实很重要。让学生说一说，唤起孩子心灵深处已有的认知。经过交流，教师做到心中有数，适当对预设进行调整，从而进一步确定教学的重难点。苏霍姆林斯基说过，不要认为孩子是一片空白，他们都是具有很多经验的活生生的个体。于永正老师还说过，一个高明的老师，不在于教会学生很多知识，而在于他能知道学生有哪些知识需要了解。可见这一环节的重要。

第二环节“读石榴”设计，字词教学比较扎实，特别是对较难读的字进行了强化。在检查读书时，渗透了学习方法以及重在培养学生注意倾听的习惯。通过扎实的指导，争取每个学生都能达到“正确、流利、比较有感情”的读书目标。

第三环节“品石榴”设计，很好地体现了“文道统一”原则。“学习按季节写石榴成熟过程的方法，并会迁移运用”，体现了“文”的方面；“能凭借具体的语言材料，了解石榴的生长过程及特点，激发学生热爱自然、热爱家乡的感情，陶冶审美情趣”，则是本课“道”的核心。叶圣陶先生说:“课文无非是一个例子。”我们要善于运用课文这个例子,品位揣摩、感染熏陶,培养学生听说读写能力。现实教学中,很多教师,把课文从头到尾讲解一遍,就算万事大吉,完成任务了。他们没有对“用教材教,而不是教教材”这一新课程理念吃透理解。本设计善于寻找读写结合点,巧妙地实现了从“教课文”到“教语文”的美丽转身。

第四环节“尝石榴”设计,是对第四自然段的验证。第四然段主要写了石榴子的样子和味道,这时候让学生先观察后品尝,一方面学会了如何观察,如何表达,更主要的是为下一环节的“仿石榴”做下铺垫。

第五环节“仿石榴”设计,有了上一环节的“尝石榴”,再写桔子就水到渠成了。

第六环节“说石榴”设计,意在让学生进一步熟读课文,积累内化语言,让学生进入“小导游”的角色,学生变被动为主动。大家以“谁不说俺家乡好”的豪气,向八方游客介绍家乡的石榴,既有趣,又能锻炼学生的表达能力。

总之,本设计能紧密围绕教学目标,环环相扣,文道结合,“工具性和人文性相统一”得到了很好的落实和体现,是一份较为优秀的教学设计。

**【附课文】**

石　榴

我的家乡在枣庄,这里有驰名中外的石榴园。

春天来了,石榴树抽出了新的枝条,长出了嫩绿的叶子。到了夏天,郁郁葱葱的绿叶中,便开出一朵朵火红的石榴花。花越开越密,越开越盛,不久便挂满了枝头。走近看,仿佛是一个个活泼的小喇叭,正鼓着劲儿在吹呢。

热闹了好一阵的石榴花渐渐地谢了,树上结出了一个个小石榴。石榴一天天长大,一天天成熟。它的外皮先是青绿色,逐渐变得青中带黄,黄中带红,最后变成一半儿红,一半儿黄。熟透了的石榴高兴地笑了,有的笑得咧开了嘴,有的甚至笑破了肚皮,露出了满满的子儿。这些石榴娃娃急切地扒开绿黄色的叶子向外张望,向人们报告着成熟的喜讯。

这时,你摘下一个石榴,剥开外皮,只见玛瑙般的子儿一颗颗紧偎在一起,红白相间,晶莹透亮。取几粒放入口中嚼嚼,酸溜溜、甜津津的,顿时感到清爽无比。

## 二、第三学段阅读教学案例分析

**【案例】**

《记金华的双龙洞(苏教版六下)》(教案)

山东省枣庄市市中区税郭镇中心校　任传斌

第一部分　课题计划

一、教材分析

这是叶圣陶先生所写的一篇游记散文,语言表达通顺流畅,中心意思颇为明确；所以，不必花过多的功夫“深挖”。文中，游记特有的移步换景的写法较为典型；另外，作者的遣词造句也甚为严谨，用词颇为精确。这些对学生的作文都有很大的作用，所以，教学设计应该重点考虑这两个问题。

二、学情分析

本教案适用于一般学校的六年级的学生，这些学生的思维逐步走向成熟，已经有了一定的逻辑思维能力；同时，身上多多少少有着升学的压力。所以，授课时应该注重一些理性。

三、教学设想

（一）教学目标

1. 能认、会写文中的“甸”“鹃”“桐”“臀”“漆”“笋”等生词。

2. 通过粗线条阅读，基本理解游记散文移步换景的结构特点。

3. 通过文本细读，深刻体会本文用词的精确。

4. 通过反复品味，深刻体会双龙洞的奇特瑰丽。

（二）教学重点

文中有关作者游踪的语句、第 5 自然段

（三）难点

对“挤压”“稍微”“准会”“再加上”“即使”“也”等词语含义的领会。

（四）方式方法

朗读法、讨论法、文本分析法、背诵法

（五）课时安排

安排两个课时

四、教学后记

任何事物都不可能尽善尽美，教学预设更不可能尽善尽美。虽然说本教案的设计较为合理，但是，第一课时的内容多了些，学生又要识字写字，又要学习“移步换景”这个新生事物，达标率不甚高。所以，今后可考虑将两个课时的顺序调整一下，第一课时在识字写字的基础上体会本文用词的精确，第二课时再学习移步换景的结构特点。

## 第二部分　课时计划

### 第一课时

一、教学设想

1. 通过粗线条阅读，基本理解游记散文移步换景的结构特点。

2. 通过反复品味，深刻体会双龙洞的奇特瑰丽。

（二）教学重点

文中有关作者游踪的语句和各处景物的特点

（三）教学难点

两个洞的不同特点，怎样由外洞进入内洞。

（四）具体方法

朗读法、文本分析法

二、教学过程

（一）由简介叶圣陶导入

（二）具体环节

1. 散读文本，说出作者游览时经过了哪些地方。（阶段目标：大体感知作者的游踪。）

2. 品读、分析第 2 自然段和第 3 自然段，在解决“询”“鹃”“桐”等生字的基础上，看看作者沿路看到了什么。（阶段目标：了解沿路景物的特点。）

3. 品读、分析第 4 自然段，在解决“兀”等生字的基础上，辨明外洞是怎么样的。（阶段目标：理解外洞宽敞的特点。）

4. 品读、分析第 5 自然段，在解决“臀”等生字的基础上，辨明通道是怎么样的。（阶段目标：理解通道狭窄的特点。）

5. 品读、分析第 6 自然段和第 7 自然段，在解决“漆”“笋”等生字的基础上，弄清作者在内洞看到了什么。（阶段目标：理解内洞的特点。）

6. 阅读全文，再度感受作者的游踪和沿途景物的特点。可拓展其他“移步换景”的文章。（阶段目标：明白游记最基本的写法是移步换景。）

（三）总结：顺势导向游记文的写作。

三、作业布置

画一幅双龙洞的游览示意图，点明每处景物的特点。

四、板书设计

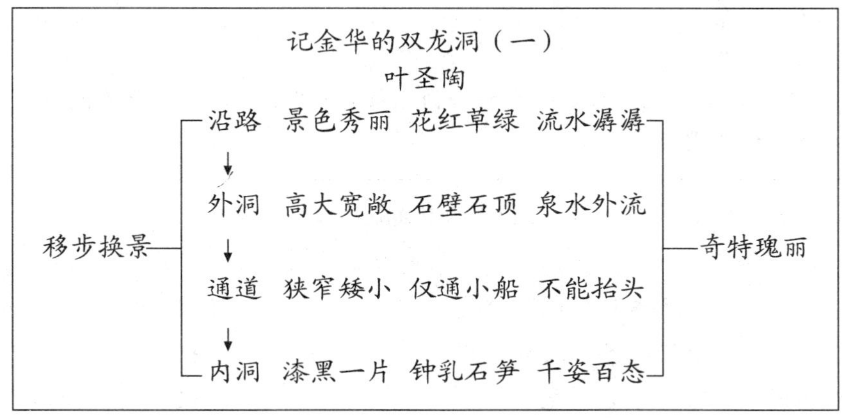


## 第二课时

一、教学设想

1. 通过文本细读，深刻体会本文用词的精确。

2. 通过反复品味，深刻体会双龙洞的奇特瑰丽。

（二）教学重点

第 5 自然段和第 6 自然段

（三）教学难点

对“挤压”“稍微”“准会”“再加上”“即使”“也”等词语修饰作用的领会。

（四）具体方法

背诵法、比较阅读法

二、教学过程

（一）由以往学过的某篇用词精确的课文导入。

（二）具体环节

1. 仔细阅读第 5 自然段，看看作者进内洞乘坐的是怎样的船儿。用置换法分析“刚”“再”字的修饰作用。（阶段目标：明白通过词语的修饰体现船小的特点。）

2. 熟读第 5 自然段，看看作者乘船的姿势怎样。用置换法分析“没有一处”的作用。（阶段目标：明白通过词语的修饰体现船小洞窄的特点。）

3. 再度熟读阅读第 5 自然段，看看小船儿是怎样行走的。用置换法分析“先”字的作用。（阶段目标：明白通过词语的修饰体现洞窄的特点。）

4. 再度阅读第 5 自然段，直到能够背诵。看看作者乘船时感受到什么。重点分析“挤压”“稍微”“准会”等词语的修饰作用。（阶段目标：明白通过词语的修饰体现洞窄的特点。）

5. 拓展阅读第 6 段，看看作者对石钟乳的感受怎样。重点分析“再加上”“即使”“也”等词语。（阶段目标：明白内洞的瑰丽）

（三）总结

三、作业布置

从文章其他地方找出一个修饰语用得精确的例子，并作简单说明。

四、板书设计

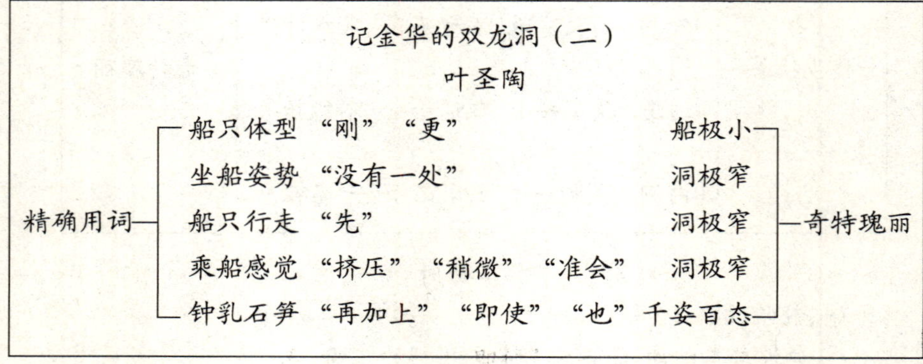

**【分析】**

这是一个双课时的案例，就本章所提的要求而言，设计得比较规范合理。

首先，教案设计考虑了“学法”，开篇的“学情分析”，是该教案设计的出发点，如果对三年级的学生，就不能使用这样的教案。

从教学目标的预设来看，体现了“一课一得”的原则，就“文”而言，第一课时解决“移步换景”问题，第二课时解决“用词精确”问题；前者主要通过略读，后者必须通过细读，从粗到细，符合认识事物的规律。就“道”而言，两个课时相同，实际上，学生读这篇文章，只要明白双龙洞的奇特瑰丽，就已经不错了。

重点难点的预设都比较科学，都能从文本与学生的实际出发，能围绕教学目标预设，并不是将教学目标照抄照搬。

从教学方法而言，以文本研读法为主，轮流运用置换法、拓展法、朗读法、背诵法。

上文说过，教学环节中的任何一环，都必须为本节课的终极教学目标的达成服务，即每一个环节就是一个阶段目标的实施。该教案两个课时中，每个课时都设计了五个环节，这五个环节阶段目标明确，环环紧扣，而且考虑到了“文道结合”，最终“文”“道”双达标。如此授课后，如果做一个小测验，学会的学生不会少于 80%。

这份教案的板书设计和作业布置都符合要求，都能围绕各个课时的教学目标而设计，尤其是第一课时的板书设计，如果某个学生当时不在课堂，看了这个设计也能明白教师上课的大致内容。

授课之后，能及时进行反思，是这份教案的另一个特点，如果积累了四五个这种内容的反思，一篇“论教学内容之量”的教学论文就呼之欲出了。

**【附课文】**

### 记金华的双龙洞

4 月 14 日，我在浙江金华，游北山的双龙洞。

出金华城大约五公里到罗店，过了罗店就渐渐入山。公路盘曲而上。山上开满了映山红，无论花朵和叶子，都比盆栽的杜鹃显得有精神。油桐也正开花，这儿一丛，那儿一簇，很不少。山上沙土呈粉红色，在别处似乎没有见过。粉红色的山，各色的映山红，再加上或浓或淡的新绿，眼前一片明艳。

一路迎着溪流。随着山势，溪流时而宽，时而窄，时而缓，时而急，溪声也时时变换调子。入山大约五公里就来到双龙洞口，那溪流就是从洞里出来的。

在洞口抬头望，山相当高，突兀森郁，很有气势。洞口像桥洞似的，很宽。走进去，仿佛到了个大会堂，周围是石壁，头上是高高的石顶，在那里聚集一千或是八百人开个会，一定不觉得拥挤。泉水靠着洞口的右边往外流。这是外洞。

在外洞找泉水的来路，原来从靠左边的石壁下方的孔隙流出。虽说是孔隙，可也容得下一只小船进出。怎样小的小船呢？两个人并排仰卧刚合适，再没法容第三个人，是这样小的小船。船两头都系着绳子，管理处的工人先进内洞，在里边拉绳子，船就进去，在外洞的工人拉另一头的绳子，船就出来。我怀着好奇的心情独个儿仰卧在小船里，自以为从后脑到肩背，到臀部，到脚跟，没有一处不贴着船底了，才说一声“行了”，船就慢慢移动。眼前昏暗了，可是还能感觉左右和上方的山石似乎都在朝我挤压过来。我又感觉要是把头稍微抬起一点儿，准会撞破额角，擦伤鼻子。大约行了二三丈的水程吧，就登陆了，这就到了内洞。

内洞一团漆黑，什么都看不见。工人提着汽油灯，也只能照见小小的一块地方，余外全是昏暗，不知道有多么宽广。工人高高举起汽油灯，逐一指点洞内的景物。首先当然是蜿蜒在洞顶的双龙，一条黄龙，一条青龙。我顺着他的指点看，有点儿像。其次是些石钟乳和石笋，这是什么，那是什么，大都依据形状想象成神仙、动物以及宫室、器用，名目有四十多。这些石钟乳和石笋，形状变化多端，再加上颜色各异，即使不比做什么，也很值得观赏。

在洞里走了一转，觉得内洞比外洞大得多，大概有十来进房子那么大，泉水靠着右边缓缓地流，声音轻轻的。上源在深黑的石洞里。我排队等候，又仰卧在小船里，出了洞。

## 第四节　单课时教案案例分析

实际上，由于课时的紧张，由于阅读量的增加，小学语文教师必须在一个课时中教授一篇课文的情况并不少见(尤其在高年段)，其中也包括一个课时教授那些内涵非常丰富的文本。这种教学，也应从“文”“道”双方各设置一个目标进行教学活动并完成它；如该篇课文涉及的知识点较多，可以顾及一点而忽略其余。

### 一、第一学段识字写字教学案例分析

**【案例】**

《识字六(苏教版二下)》单课时教案

山东省枣庄市市中区实验小学　孙晓凤

一、教材分析

义务教育课程标准实验教科书苏教版第四册《识字 6》，以图文并茂的形式把孩子们引进一个神奇的动物世界，教材介绍了 12 种动物，大多数是孩子们熟悉的。教学中运用自主学习的策略，充分调动孩子们已有的经验去识字，使认识事物和识字同步发展。本课将 12 种动物名称排成 4 组，每一排都是押韵的词串，读起来朗朗上口，富有诗的韵味。课文配

以相应的图画，渗透了动物回归自然，保护野生动物的思想。图文对照可以帮助学生识字和理解词义，拓宽视野，更好地激发学生对祖国语言文字的热爱。

二、学情分析

刚升入二年级的学生已经认识汉字1000个左右，并且有了一定的识字方法，但是他们好奇心强，活泼好动，善于模仿。有意注意的时间较短，所以在教学方法的选择上应主要采用游戏等多种形式，应注重联系学生的生活实际和已掌握的识字方法，营造愉悦、快乐的学习氛围，保持他们学习的欲望和兴趣，从而提高学习效果。

三、教学设想

(一)教学目标

1. 通过正确有感情的朗读和反复练习，努力学会本课6个生字。

2. 了解12种动物的名称，认识12种动物的样子，建立起名称与事物的联系，丰富学生知识，激发学生人与动物和谐、保护动物的情感。

(二) 教学重点、难点

能按笔顺正确、规范地书写田字格中的生字。

(三) 方式方法

朗读法、情境法、训练法

(四) 教具准备

自制课件，自制12张动物图片、词卡(左边是图，右边是词，能折叠)

(五) 安排一个课时

四、教学过程

(一) 创设动物园情境，激趣导入

1. 小朋友，这堂课老师和大家一起到野生动物园去看一看。请大家闭上眼睛，让我们的心一起飞到野生动物园。

2. (贴动物图)野生动物园到啦！和你认识的动物打个招呼。

3. 这些动物生活在大自然中，多么自由自在、多么快活呀！识字6就介绍了它们。(板书：识字6)

4. 谁来读课题：识字6(指名读，齐读)

(阶段目标：激起学生学习兴趣。)

(二)自读词串韵文，初步感知

1. 老师给大家示范读识字6的词串，请小朋友看清字形，听清字音。

2. 学生打开课文，看要求：

(1) 图文对照，自己借助拼音练读词语，准确、响亮地读出来。

(2) 一边读，一边想《识字6》介绍的都是什么。

3. 检查：

(1) 指名读，正音要读准12个词语，有什么要提醒大家的？（轻声，后鼻音。）喜欢读哪个就读哪个。

(2) 去掉拼音读词串。指名读。

(3) 交流：《识字6》介绍的都是动物名称。

（阶段目标：正确、流利朗读韵文；了解12种动物的名称。）

（三）争当小导游，诵读拓展。

1. 小朋友，如果能给这些可爱的动物挂牌，并能用1—2句话介绍一下，那就能成为野生动物园的小导游了。

2. 分小组学习，老师给每个小组发1种动物的牌子。小组学习要求：①准确读出动物牌子的名称。②用1—2句话介绍一下这种动物的样子。③推选出一个代表，上台给动物挂牌和介绍。

3. 教师巡回指导。

4. 小导游交流。

(1) 给“狮子、大象、老虎”挂牌。

①学生交流。（每个学生先读动物词卡，再给动物挂牌，然后带上资料介绍。）

②听了他们的介绍，你们发现这三种动物有什么共同点？（凶猛、威武。）

③谁来读好这组词？练读，指名读。

④男生朗读，齐读。

(2) 给“仙鹤、孔雀、鹦鹉”挂牌。

①学生交流。（仙鹤有一身洁白的羽毛，脖子和翅膀边儿却是黑白……孔雀的尾巴就像一把五彩洒金的大扇子；鹦鹉长着五彩的羽毛，还会学人说话呢！）

②听了介绍，你觉得这三种鸟儿都有什么特点？那怎样读好这组词呢？（读得美一点。）

③练读，指名读，女生读。

(3) 给“猴子、猩猩、麋鹿”挂牌。

①学生交流。（猴子活泼机灵；猩猩憨厚可爱；麋鹿，角像鹿角，头似马，身似驴，蹄似牛，俗称“四不像”。）（出示图片欣赏）你喜欢他们吗？

②练读，指名读。

③齐读。

(4) 给“斑马、棕熊、袋鼠”挂牌。

①学生交流。（斑马身上的斑纹起保护作用，袋鼠因胸前有一个育儿袋而得名；棕熊身体大，能爬树，会游泳。）

②试试看，怎么读好这组词？

③指名读，齐读。

5. 这篇词串识字写得可真好，这么多珍稀动物生活在野外，多自由呀！没有人去伤害它们，因为它们都是人类的朋友。你喜欢这些动物吗？那谁来读好这篇词串韵文，用朗读表达出你对这些动物的喜欢。（配乐）

6. 今天，我们去野生动物园认识了许多的珍奇动物，当了一回小导游。你能用这样的句式来说一说吗？

①动物园里可真热闹，有（　　　）的（　　　　），有（　　　　）的（　　　），还有（　　　）的（　　　）。

②（　　　）在（　　　）；（　　　）在（　　　）；（　　　）在（　　　）。我多么喜欢这些可爱的动物呀！

7. 自由练说后全班交流。

（阶段目标：认识12种动物的样子，建立起名称与事物的联系；丰富知识，激发学生人与动物和谐、保护动物的情感；有感情地朗读韵文。）

（四）自主识记字形，指导书写。

1. 出示本课生字：狮、虎、雀、猩、斑、鹿、袋

2. 自由识记字形。

3. 当小老师，教同学自己学得拿手的字；难字“鹿”由教师指导学习。

4. 电脑演示笔顺。

5. 学生在习字册上描红。教师巡回，及时纠正孩子的写字姿势。

（阶段目标：认识生字，能按笔顺正确、规范地书写田字格中的生字。）

五、板书设计

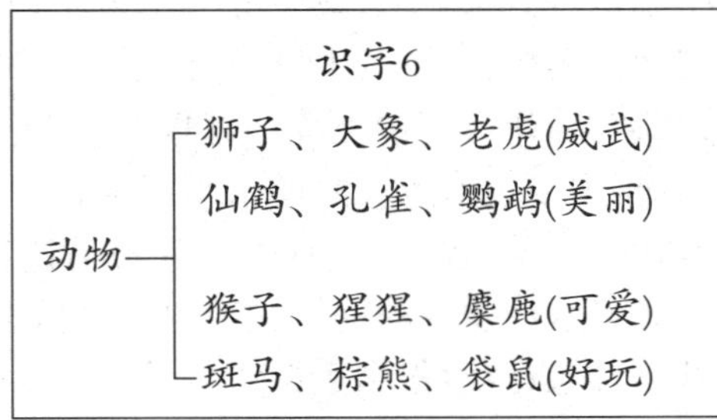


六、教学后记

课堂教学按照教学设想进展非常顺利，学生热情高涨，教学效果好，但总体感觉整堂课比较累。仔细分析一下原因，感觉以后要充分考虑低年级学生认知特点，课堂结构的时间分配上不能平均分配，要突出重点、强化难点。本课的重难点是什么？是识字写字。可是本课教学在认识动物和当小导游介绍动物上用了过多时间，应把重点放在认识陌生动物与识字写字同步，效果可能会更好。

**【分析】**

本识字教学设计特色是：学生在情境中进入“动物园”，在朗读中欣赏动物，在介绍中热爱动物。教者能凭借教材，但又不囿于教材，处理教材有创新，对教材作适当的组合、拓宽和延伸，把文路、教路、学路三者和谐地统一起来，促进学生语文综合素养的提高。

低年级的识字教学，要做到有情有趣。对于低年级学生来说，创设丰富多彩的教学情境，既有利于弥补他们生活经验的不足，更能诱发他们学习新字的饱满热情。这里，用真实的动物园情境，课前教师在黑板上画好森林环境，导入新课时，贴上可爱的动物图片，为学生营造了真实的氛围，有利于激发学生的学习热情。

在“自读词串韵文，初步感知”环节中，教师不但注意每一个词语和具体事物的联系，而且特别关注串与串之间的关联，最后达到对整个词串的整体感知。另外，在朗读时，特别注意培养学生“一边读，一边想”的良好学习习惯，提醒学生一边诵读，一边去想与词语相对应的图像，把表面孤立的图像整合为一体，以便在学生头脑中建构、存储起可供日后解决问题时能够激活、选择、匹配、重组的相似模块。

让孩子们收集资料，介绍动物园里的动物，这其实是又一次情境的渲染。在“争当小导游，诵读拓展”环节中，通过争当小导游，孩子们的感情又一次升温，他们很快进入角色，加深体验，边看边说，边说边想，俨然是个小导游。他们的介绍迸发出灵性的创造性的火花，彼此享受着学习的快乐！孩子们的思维活了，课堂活了，文字丰满了，增强了喜爱、保护动物的情感。

识字、写字教学要充分利用学生已有的知识和经验，努力提高学生自学生字的能力。本环节设计坚持先自学而后教的原则，教学本课生字时，分为两步：先让孩子们自学，再人人争当小老师，把自己学会的字介绍给大家；有一定难度的，就由老师带着学，悉心指导。这样扶放结合，既有利于学生扎实有效地掌握生字，又有利于提高他们学习生字的兴趣。同时，在学生练字过程中，教师随时提醒学生注意正确的书写姿势，并加以纠正，为学生形成良好的书写习惯打下坚实的基础。

如今流行的一些所谓的“优秀”教案，都有师生问答的过程，如此的预设，实是儿戏。试问，正式授课时能按这种预设的问答进行吗？这份教案，设计者仅是粗疏的设计了几个环节，所以，正式施教时很利于课堂生成。

这份教案“教学后记”中的反思甚为深刻，只有不断地总结经验，分析成败得失，才能不断地提高自己。可以这么说，这份反思，就是一篇教学论文的基础。

**【附课文】**

识字六

狮子　大象　老虎
仙鹤　孔雀　鹦鹉
猴子　猩猩　麋鹿
斑马　棕熊　袋鼠

## 二、第二学段习作教学案例分析

**【案例】**

《习作四——写对话(苏教版三下)》单课时教案

山东省枣庄市市中区建设路小学　王锦彬

一、教材分析

本单元习作要求学生仔细阅读《乌鸦反哺》,体会有关对话的写法。凭借教材中的三幅图画进行看图作文。教材先提供了范例,帮助学生阅读思考写人物对话的方法,又提供了可选作习作内容的三幅图画,还强调了写作要求——展开想象,写一段对话,要正确使用标点符号。这些要求具有很大弹性:让学生根据自己的喜好任选一幅,也可以另选内容写一段对话。

二、学情分析

三年级下学期,学生已经初步掌握了看图写话的基本方法,逗号、句号的使用也已经训练过。所以对于本次的看图写话,大部分学生能顺利完成。只是引号的正确使用以及如何把对话写得生动具体这些方面有一些难度。

三、教学设想

(一)教学目标

1. 在读懂例文《乌鸦反哺》,了解主要内容的基础上,初步学习怎样通过人物之间的对话描写人物。

2. 理解人与人之间的沟通主要通过对话来实现。

(二) 教学重点、难点

重点:写对话,一是要写清楚说的什么;二是要写出人物说话时的动作、表情和语气等。

难点:把提示语写具体,注意提示语位置的变化。

(三) 教学准备

《大头儿子和小头爸爸》视频片段(无声)

(四) 安排一个课时

三、教学过程

(一) 看动画《大头儿子和小头爸爸》(无声)(阶段目标:激起习作欲望。)

(二) 看例文,学习写对话的方法(阶段目标:借助对例文的分析,初步懂得写对话,一是要写清楚说的什么;二是要写出人物说话时的动作、表情和语气等。)

1. 说话人:前、中、后、无

2. 提示语:动作、神态、心情等

3. 标点符号

4. 分段写

(三)把《大头儿子和小头爸爸》视频分成三部分,三组同学分别写对话。(阶段目标:根据提供的对话材料,让学生按照作业要求,练习写对话。)

(四)展示,讲评。(阶段目标:取长补短,培养学生修改习作的能力。)

四、布置作业:

继续修改完善《大头儿子和小头爸爸》;课本三幅图任选一,写对话。

五、板书设计

习作四——写对话

一、方法

1. 说话人:前、中、后、无

2. 提示语:动作、神态、心情等

3. 标点符号

4. 分段写

二、要求

三幅图任选一;或者另选。

六、教学后记

课堂上孩子们精神抖擞,从他们的习作来看,本堂课的教学设想是很成功的,特别是能按照儿童认知特点设计他们喜欢的内容,是最成功的。当然,还有两点不尽如人意,今后需要改进:一是,学生通过例文总结了写对话的特点之后,就直接写《大头儿子和小头爸爸》片段,缺少一个坡度,应该针对对话的四个方面的特点设计四个句子,分别训练之,困难就会迎刃而解了;二是,讲评作文的时候,教师评得过多,应发挥学生的主体作用,让他们思考、讨论甚至争论,效果可能会更好。

**【分析】**

该习作设计具有如下特点:

其一,选题紧密联系生活,符合儿童特点。常言说,兴趣是最好的老师。那么,本设计是怎样激起学生习作兴趣的呢?上课伊始,老师就播放孩子们最喜欢的动画片《大头儿子和小头爸爸》片段,孩子们注意力立刻"聚焦",聚精会神地看起动画片。看着看着，他们会发现这熟悉的动画片怎么是“哑巴”呢？于是他们会不由自主地根据画面，推测着里面的人物会说些什么。可见，教师善于选择紧密联系学生实际、符合儿童特点的话题，是习作教学成功的第一步。

其二，指导充分利用例文，重难点突出。看着画面，学生想急于表达出来，可是他们又说不准确。孔子说：“不愤不启，不悱不发。”此时学生正处于“愤”“悱”状态，看看老师又是怎样启发的呢？不是直接告诉写对话的方法，而是通过例文让学生自读自悟，教师适时点拨，重难点不攻自破，学生豁然开朗。学生“跳一跳就摘到了桃子”，增强了信心，品尝到了成功的快乐，斗志更加昂扬。所以，教师善于寻找“最近发展区”，充分利用例文，适时引导、点拨，是教学智慧的表现。

其三，训练分工协作，扎实有效。光说不练，那是假把式。学生总结出了写对话的方法，然后到实际的对话中去运用，才能化方法为能力。那么，怎么练才是最佳策略呢？本教案可谓匠心独运。训练的内容是观看的动画片，可谓一以贯之；训练的形式是分工协作，每个组完成不同的任务，最后交流展示，有利于实现单位时间内学生最大面积训练的有效性，也有利于学生养成注意倾听的习惯。

**【附例文】**

乌鸦反哺

一天，我和妈妈在树林里散步，忽然从乌鸦巢里传来“哇——哇—”的叫声，声音低沉、嘶哑。

妈妈对我说：“这是一只老乌鸦在叫。它可能饿了，要吃东西呢。”

我感到奇怪，便问妈妈：“它为什么不自己去找东西吃呢？”

妈妈叹了口气，说：“它老了，飞不动了。”

“那怎么办呢？”我着急地问。

这时，两只小乌鸦衔着虫子飞进巢里。

妈妈对我说：“你看，小乌鸦在给妈妈送食物了。它们长大了，没有忘记妈妈的哺育之恩，这叫‘乌鸦反哺’。”

听了妈妈的话，我不由得紧紧依偎在妈妈怀里。

## 三、第三学段阅读教学案例分析

**【案例】**

《安塞腰鼓（苏教版六上）》单课时教案

江苏省苏州市相城区御窑小学　张庆芳

一、教材分析

《安塞腰鼓》是一篇内涵非常丰富的文章，如“反复手法的运用”“排比手法的运用”“特殊语句的运用”“动静结合，以静衬动”等等，都可作为课堂教学的主要内容。但如果作一个课时的设计，应选取最有典型意义的一点,或授课人最有把握的一点。

二、学情分析

本教案适用于一般学校的六年级的学生,这些学生的思维逐步走向成熟,已经有了一定的逻辑思维能力;同时,身上多多少少有着升学的压力。所以,授课时应该注重一些理性思维,注重对学生发散性思维的引导。

三、教学设想

(一)教学目标

1. 通过反复朗读,较为深入地理解文中排比手法的运用;

2. 通过反复朗读,深刻体会安塞腰鼓磅礴的气势。

(二) 教学重点

文本的⑸—⒄自然段

(三) 教学难点

三种不同的排比现象之间的区别与联系

(四) 方式方法

文本研读法、朗读法

(五) 安排一个课时

四、教学过程

(一) 由“北方人粗犷,南方人细腻”导入

(二) 具体环节

1. 通过初读,分析文本中最典型的排比句。(阶段目标:初步体会“标准”排比句对表现安塞腰鼓磅礴气势的作用。)

2. 深情朗读,继续分析以上段落,分析文本中的段落排比。(阶段目标:进一步体会排比段落对表现安塞腰鼓磅礴气势的作用。)

3. 再度朗读,继续分析以上段落,分析文本中的句中排比。(阶段目标:较为深刻地体会句中排比对表现安塞腰鼓磅礴气势的作用。)

4. 反复朗读,比较分析三种排比的异同。(阶段目标:明确典型排比句把陕北后生打腰鼓的神采与艺术特点给表现出来;排比段落语言整饬,条理清晰,散中见整,节奏鲜明,给人一种回环往复的韵味;句中排比不但表现出安塞腰鼓舞蹈的特点,而且富有多方面的激情。)

(三) 总结,可补充一段动静结合的文本巩固练习。

五、作业布置

用排比句表现自己学校的一个场面,不少于 100 字,题目是“下课铃响了”。

六、板书设计

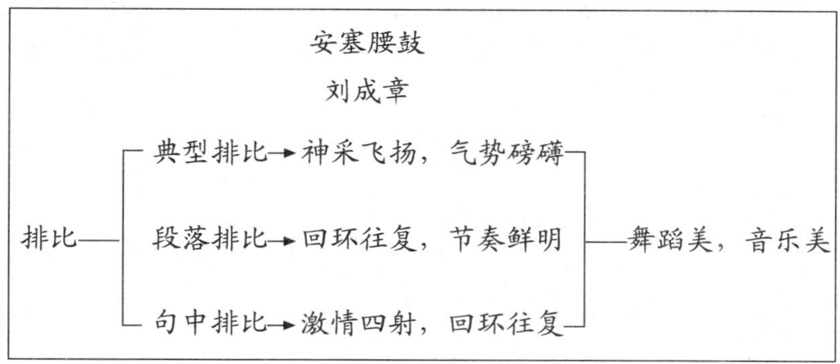


七、教学后记

如此教学设计，将忽略很多有用的内容，如“反复手法的运用”“动静结合，以‘静’衬‘动’”“特殊语句的运用”等等。当然，这里所谓的“忽略”，并不是“抛弃”，教学其他课文时如涉及该点，可以再度“捡起”；同理，为完成本目标，也可以利用教学其他课文时所“忽略”的内容作为旁证。

**【分析】**

麻雀虽小，五脏俱全。有人将“单课时教案”称为“简易教案”，有一定的道理。但是，这个“简易”并不是文字上的“简”，而是将“课题计划”与“课时计划”合并后的“简”，内容上并不简。

在一个课时让学生有所得，其目标设置必须合理，此教案的目标设置符合“一课一得”的原则，而且难度不大，一般的学生都能够掌握，也就是说，都能有所得——这是关键。教授这篇课文，授课教师将教学重点设置在文本的当中部分，因为这个部分的排比手法用得最多，且三种排比皆有。

其教学环节步步深入，环环紧扣，且阶段目标清晰，如此教学，学生定能有所得。其作业布置和板书设计都紧扣教学目标，使人一目了然。

一个课时教完一篇内涵较为丰富的文本，这份教案做出了样板。

**【附课文】**

安塞腰鼓

一群茂腾腾的后生。

他们的身后是一片高粱地。他们朴实得就像那片高粱。

咝溜溜的南风吹动了高粱叶子，也吹动了他们的衣衫。

他们的神情沉稳而安静。紧贴在他们身体一侧的腰鼓，呆呆的，似乎从来不曾响过。

但是：看！

一捶起来就发狠了，忘情了，没命了！百十个斜背响鼓的后生，如百十块被强震不断击起的石头，狂舞在你的面前。骤雨一样，是急促的鼓点；旋风一样，是飞扬的流苏；乱蛙一样，是蹦跳的脚步；火花一样，是闪射的瞳仁；斗虎一样，是强健的风姿。黄土高原上，爆出一场多么壮阔、多么豪放、多么火烈的舞蹈哇——安塞腰鼓！

这腰鼓，使冰冷的空气立即变得燥热了，使恬静的阳光立即变得飞溅了，使困倦的世界立即变得亢奋了。

好一个安塞腰鼓！

百十个腰鼓发出的沉重响声，碰撞在四野长着酸枣树的山崖上，山崖蓦然变成牛皮鼓面了，只听见隆隆，隆隆，隆隆。

百十个腰鼓发出的沉重响声，碰撞在遗落了一切冗杂的观众的心上，观众的心也蓦然变成牛皮鼓面了，也是隆隆，隆隆，隆隆。

好一个安塞腰鼓！

后生们的胳膊、腿、全身，有力地搏击着，疾速地搏击着，大起大落地搏击着。它震撼着你，烧灼着你，威逼着你。它使你从来没有如此鲜明地感受到生命的存在、活跃和强盛。它使你惊异于那农民衣着包裹着的躯体，那消化着红豆角角老南瓜的躯体，居然可以释放出那么奇伟磅礴的能量！

黄土高原啊，你生养了这些元气淋漓的后生；也只有你，才能承受如此惊心动魄的搏击！

好一个黄土高原！好一个安塞腰鼓！

每一个舞姿都充满了力量。每一个舞姿都呼呼作响。每一个舞姿都是光和影的匆匆变幻。每一个舞姿都使人颤栗在浓烈的艺术享受中，使人叹为观止。

好一个痛快了山河、蓬勃了想象力的安塞腰鼓！

愈捶愈烈！形体成了沉重而又纷飞的思绪！

愈捶愈烈！痛苦和欢乐，生活和梦幻，摆脱和追求，都在这舞姿和鼓点中，交织！旋转！凝聚！奔突！辐射！翻飞！升华！人，成了茫茫一片；声，成了茫茫一片……

当它戛然而止的时候，世界出奇的寂静，以致使人感到对她十分陌生。

简直像来到另一个星球。

耳畔是一声渺远的鸡啼。

由于牵涉到教师、学生与教学内容的不同特性，“教”应该没有定法，教案的设计也不应该有定法。但是，如果以“没有定法”为借口，对教师(尤其是青年教师)的教案写作不闻不问；如果任凭所谓的“标准教案”“学案”泛滥；那么，教师们将无所适从，语文教学的无序状态将愈演愈烈。所以，我们在本章中重点探讨了教案的规范性，从有法到无法，乃是正途。

# 第三章　课堂教学(上)

只有上过战场的战士才是真正意义上的战士，只有正式在课堂上上过课的教师才是真正意义上的教师，也就是说，课堂是教师的主战场，小学语文课堂是小学语文教师的主战场。所以说，课堂教学技能是每一位小学语文教师必备的最主要的职业技能，也是高等师范院校中文系学生必修的内容。学习课堂教学的技能，首先必须学习“游戏规则”，除通常所说的语文教学必须执行的几条原则外，我们再提出以下几个问题。

## 第一节　语文课堂教学主体地位的哲学思考

除教学内容外，课堂教学主要由教师与学生两部分组成。他们作为具有独自的情感体验、生活经验、知识储备的个人或群体，在课堂上都要实现自己的价值。正确处理好教师与学生在课堂教学中的地位，关系到教师与学生自身价值的实现与提高，关系到课堂的有效性(即学生有所得)。然而，课堂教学的主体究竟应该是谁，我们有必要再重新审视一下。[①]

### 一、关于课堂教学主体地位的争执

“主体”是一个哲学范畴，它相对于客体，指对客体有认识、实践和评价能力者，在认识、实践、评价活动中处于主要地位。“主体地位”指某物在特定的范围内相对于其他的事物处于较为重要的地位，所占比例较大，具有较强的主动性，可以影响并带动其他事物的发展。20 世纪八九十年代教育界引进“主体”这一范畴，引起了人们对教师主体地位与学生主体地位问题的关注。

我国古代的课堂教学以传道授业解惑为主，这种方式弘扬的是教师的权威，以教师为主体。然而教师在中国社会文化中的传统权威、社会制度中的法定权威被

---

① 李培培.有关语文课堂教学主体地位的哲学思考[J].语文教学研究，2011(12)

夸大、泛化，远远超过了其个体因素催生的感召权威和专业权威。[①] 学生的权利被压制与忽视，学生属于服从、被支配的地位，学生作为人的权力根本没得到重视。伴随着民主化思想的渗入，学生的主体地位受到了重视，强调学生的话语权，独特的情感体验等，但也带来了教师地位的消解等问题。敏锐的教育者发现了这一问题，重申了教师主体地位的不可忽略性。因此，关于课堂教学的主体性问题，一直处于争执之中，下面列举两种比较单向化的观点。

首先是教师主体观。这种观点比较注重教师的主体地位。闻道在先，术有专攻，教师作为一个受教育程度较高的群体，受过专门的教育训练，在专业知识、生活阅历、心理承受力上均比学生高出一个层次。学生作为各方面尚未成熟的群体，学习与提升需要教师的引导与启发。这种观点认为在教学活动中，教师是教学活动的主体，而学生则相对而言是教学活动的客体，优秀的教学效果与效率离不开教师的主体性的发挥。例如语文阅读课堂，一些文本有着一定的深度或者说与学生生活的时代有着一定的距离，学生理解起来会有一定的难度。这时阅读课堂教学能否出彩，能否使学生有所得，就需要教师事先阅读文本，查阅资料，找出文本的结构特色与情感主题，然后精心设计课堂的导入、教学的方式、问题的提问、与学生的互动、对学生的评价等等。教师在这些活动中起着不可或缺的领先的作用，而学生本身对课文的理解就有一定的难度，也缺乏统筹兼顾、谋篇布局的能力，在这些工作上，学生无法代替教师，也只有教师发挥主体作用，事先布局好课堂的进程，才能保证课堂教学有效地进行。

其次是学生主体观。持这种观点的教育者认为在课堂教学活动中，学生的主体性地位更为重要，教师要为学生服务，教师的作用的发挥必须通过学生才得以实现。他们认为学生作为社会群体中的独立个体，有着自己独特的认知特点与身心特点，教师应尊重学生的独特见解并对其进行有效评价，而不应把学生作为教师教学的附庸，教师不能一味地只顾自己的教学进程，按照自己的教学思路上课，而忽略了学生本身的思维。教师应努力创建民主的学习氛围，使学生积极参与到教学活动中来，使教学活动更多地成为一种互动，从而让学生在轻松愉快的氛围中学到知识。例如在语文阅读课上，对文本主旨的理解，对于某个词、某句话所隐含的寓意或者是在文中所起的作用的理解，因为各自掌握知识程度的不同，受教育方式的不同、接触的社会内容的不同，导致了他们理解上的差异。这时学生们可以分组充分进行交流，说出自己的观点，然后总结出本组的观点，提出本组的意见，使主体性得以发挥。

## 二、自我放逐的语文教师

在确立学生主体观的教学改革中，一些语文教师处于进退两难的境界，他们彷

---

① 王俊菊，朱耀云. 中国师生关系观的历史嬗变与现代审思[J]. 当代教育科学，2010(19)

徨犹豫，踌躇不前。更为甚者，或许是出于各方的压力，或许是因了对“主体论”的片面理解，或许是因为别的原因，我们的一些语文教师已经主动放弃了讲坛，进入自我放逐的境界。归纳起来，大致有以下几种情况。

**(一) 放纵学生进行盲目的讨论**

现今，课标中的一些关键词，如“合作探究”“个性化阅读”等已成为部分教师的口头禅，我们听了多节语文课后发现一个较为普遍的“共性”：一些教师一味追求语文课堂的热闹，一味追求学生的行为参与，几乎每节课都组织(实际上是放纵)学生进行课堂讨论。岂不知有些问题在一定的时段不适合讨论，需要独立思考；有些问题很浅显，根本无需讨论。例如教授《宋庆龄故居的樟树》(苏教版四下)，有教师一开始就组织学生讨论文中的樟树与宋庆龄精神之间的关系；其实这个问题更适合学生朗读课文后自我归纳，如一开始就讨论定会影响学生熟悉、感受文本的程度。我们认为，只有当学生无法独自完成任务需要团队合作时，才有必要组织探讨。所以说，教师应该发挥自己的作用，挖掘出文本的闪光点，设计好有深度的论题，更要把握住学生的智慧火花，适当地组织学生进行讨论。

**(二) 针对学生的见解，教师一味褒扬**

在当今的教学现状中，还存在一种极端现象，凡是学生的见解，教师一味说“好”，美其名曰“尊重学生，给学生话语权，鼓励学生创新”。但学生毕竟是不成熟的个体，对事物的认识能力也有其局限性；如果教师像旁观者，一味“鼓掌逢迎”，那就会导致学生对事物产生错误的认识，或者无法深入地认识事物。如教学冯骥才的《珍珠鸟》(苏教版四上)时，探讨珍珠鸟为什么信赖“我”，有学生说“我”对珍珠鸟很好，有学生说珍珠鸟小，不懂事，有学生说珍珠鸟不知道外面的世界有多精彩，有学生说……答案是丰富多彩的，公说公有理，婆说婆有理。如果此时教师不加以点拨、归纳、总结、提升，只是一味认可；那么，学生就无法对文章揭示的“信赖”这一主旨有正确的把握。

**(三) 完全由学生说了算，教学目标旁逸**

在当今的教学现状中，为了突出学生的主体地位，有些语文教师把课堂完全让给学生，完全由学生说了算。曾接触过一位资深语文教师，他对文本非常熟悉，钻研也非常深刻。他进课堂只带一本语文书，他进课堂的第一句话就是“同学们，你们看看，今天我们来上哪一篇课文呢？你们说哪篇我就上哪篇”。这种做法固然能显示出教师深厚的功底，对学生有一定的吸引力，但教学必须有循序渐进的过程，任意地处置恰恰打破了这种联系，颇不可取。更有甚者，教师采用何种形式上课也由学生说了算，把主动权彻底交给学生。显然，这种做法使得教学目标旁逸，教学内容杂乱，对学生极端不利。

由于“学生主人论”与“学生主体论”的影响，一些“立场不坚定”的小学语文教师处在了尴尬的境地。

## 三、矛盾的主要方面、次要方面及相互转化

矛盾论认为，事物存在着复杂事物与简单事物之分，而简单事物中的单个矛盾中又有着矛盾的主次方面之分，两者的地位与作用是不平衡的，其中处于支配地位对事物的发展起着主导作用的矛盾方面叫做矛盾的主要方面；反之，不处于支配地位，对事物的发展不起主导作用的矛盾方面是矛盾的次要方面。发展观认为任何事物都处在不断的发展变化之中，没有一成不变的事物，矛盾的主次方面亦如此。矛盾的主次方面也时刻处于变化之中，在一定的条件下矛盾的主次方面可以相互转换，矛盾的主要方面可以变为次要方面，矛盾的次要方面也可转换为矛盾的主要方面。当事物存在的条件发生了变化，致使整个事物的性质发生了变化，原先的矛盾主要方面在力量上已经不占优势，不能主导事物的形态，相反原先矛盾的次要方面在力量上占据了优势，主导了事物的形态，这时，矛盾的主次方面便发生了转换。当条件再次发生变化，达到使事物的性质变化的程度时，矛盾的主次方面将再次发生转换。

例如语文学科教育中就存在着许多单个矛盾，教学设计与实际教学成果构成了一对简单矛盾，他们同属于语文学科教育的内容，但在语文学科教育课前备课阶段，教学设计是这对矛盾的主要方面，对语文课堂教学起主导作用。要做好课前的教学设计，语文教师需认真研读文本，确立好文道双方的教学目标；并查阅相关资料，如了解作者所处的特殊年代背景，作者一贯的写作风格、平日的嗜好等等；同时了解学情，预测学生的掌握程度，学生需要学习什么，在哪里会遇到学习上的困难，学生回答不出时应怎样采取措施等。教师也要假设其他各种可能性并赋以措施，认真完成教学设计。这时语文教师注重的是教学设计，至于实际的教学成果是怎样，教师在这里无法做出准确判断，只能假设达到预计目标与未达到两种结果，并对未达到结果的可能性预设补救措施。在语文课堂教学课前准备阶段，教师考虑得更多的是教学设计，是矛盾的主要方面；而教学成果虽也在考虑范围之内，但也只是教学设计的一部分，属于矛盾的次要方面。

但是，在教学的过程中，难免会出现很多问题，学生的理解程度就是其中之一。如学习《卧薪尝胆》（苏教版三上），一般学生都会把越王勾践当成“好人”，把吴王夫差当成“坏人”看待。这时候，教师就需要耐心地引导学生了解故事反映的时代，教会学生辩证地看待问题。教师这时切不可为了赶进度而将这个问题弃之不顾，教师可以先将原来的预设搁一搁，解决这个问题，直到学生真正掌握为止。如此，教学结果与教学设计就出现了误差，这时语文课堂教学已经结束，进入到的教学评估阶段，这时我们更多的是看它的过程与结果，至于教学设计则考虑得较少。这样条件就由准备阶段变为评估阶段，教学设计与教学成果的地位也就相应发生了变化，教学成果由矛盾的次要方面变为了矛盾的主要方面，而教学设计则转换为矛盾的次要方面。

## 四、课堂教学活动中的主体地位问题

随着学生在教学过程中的主体地位得到普遍的认可，教师处于何种地位则是众说纷纭。较为统一的说法是“主导”，既承认学生的主体地位，也认可教师在教学过程中的重要作用。这种观点认为，教师类似导演，制订好目标计划，安排好教学中的每个环节，设计好学生参与的每个活动，对学生的积极活动做好反馈评价工作。这种观点固然较好地承认了教师在教学中不可替代的地位，但我们认为“主导”说实际上是一种无奈之下的折衷，是一种尴尬的“自嘲”，难以在真正意义上立足。就“导”而言，有两种可能，一种是置身事外，冷眼旁观学生学习，就如本文第一部分所展示的“自我放逐”的几种情况；一种就如舞台演出时的导演，对剧本、演员、演出有着权威的决定权——实际上还是主体。

课堂教学活动显而易见包括“教”与“学”两个方面。我们认为，“教”与“学”同属于课堂教学活动这一整体，没有教师的“教”，学生的学习就没法得到根本性的提高，没有学生的“学”，教师的“教”也就显得毫无意义，任何一方都不可独立存在。中国古代教育一直都是把“教”与“学”理解为同一个事件、同一个过程，而非独立的两个事物。我们更不能将两者割裂开来。作为世界万物中的一部分，“教师”主体地位与“学生”主体地位也处在不断的变化之中，并在一定的条件下相互转换，课堂活动的内容、范围不同，两者的地位也会不同。

“教”与“学”构成了一对矛盾，从而使得两种活动中的主体“教师”与“学生”的地位构成了一对简单矛盾，“教师”的主体地位与“学生”的主体地位构成了矛盾的主次两方面。

我们先看课堂教学活动中的“教”。显而易见，“教”对应的是教师的课堂活动，体现的是教师的主体地位，这时，教师属于矛盾的主要方面，对课堂中“教”这一活动起主导作用。例如语文课堂，教师要教得出色，必须要在课前准备阶段、具体课堂活动的“教”的活动中，充分发挥主体作用。在课前准备阶段，语文教师需事先设定好教学目标，了解学生学情，钻研文本内容，选择教学方法，设定教学程序，不打无准备的仗，这些步骤必须得教师来完成，显示了教师的主体性。在语文课堂活动“教”的过程中，教师要发挥自己的主体性，将自己的特色表现出来，吸引学生，调动学生的学习积极性。比如以一些谜语开头，或者是以趣味性的话语让学生在轻松愉快的环境中学到知识。教师可以充分发挥自己的教学、组织、引导能力，及时准确地开发学生的各项能力，客观鼓励性地评价学生的回答，坚定灵活地把握好课堂的纪律以及教学的主题。

在教的过程中，教师教的更多的是一些专业性知识，更多的是学生未曾学习到的未曾理解的，这时学生更多的是认真听讲，汲取知识。比如识字写字教学中汉字的结构与笔顺，简单文体的基本结构，这些都需要教师来教，光靠学生自己无法领悟透彻。当然，教师也可在教学过程中，根据事实情况，灵活地改变自己的教学方法及目标。

我们再来看课堂教学活动中的“学”,“学”对应的是学习、学生,虽然我们并不排除在课堂活动中教师也在学习,但更多的是学生的学。由此可见,这时学生的主体地位占据着优势,处于矛盾的主要方面,活动条件由“教”转变为“学”,学生的地位也就发生了变化,从次要地位变为了主要地位。作为具有自身价值与独立人格的个人,学生有着自己的独特情感体验、生活阅历,有着自己的思维模式与价值判断,教师不可磨灭学生作为人的价值。在课堂教学活动中,学生的任务是学习,学生在听取教师讲解的同时,更要发挥自己的主动性,积极地去思考,通过自己的主体性,集中和组织自己的心向系统去倾听、去理解、去接纳教师发出的教育指令和教育信息,并且要运用自己原有的知识体系和认识结构对教育指令和信息中那些并不熟悉和相容的知识予以破译,以达到理解、消化和吸收的状态,[①]从而参与到课堂活动中去。学生可以对教师提出一些合理性的要求,比如在听不懂教师所讲内容时,让教师换一种更为简便的方式;当自己未理解、未吸收消化某个内容,或者是自己对于这个问题有着不同的看法时,学生可以及时提出自己的疑问请求老师的解答,或者是提出自己的看法,与老师共同商量解决。

在“学”的活动中,学生要有充分的时间去自我学习领悟,教师不能为了赶进度而粗暴地加以打断。例如在语文阅读课上,学生的学习,需要以充分阅读文本内容为前提,学生只有先真正了解了文章的内容,才能进一步学习。如果教师未给予充分的时间,让学生在还不了解文本内容的情况下就接受新知识,就很难做到。值得一提的是,语文的自读课是学生自主学习的好时机,教师不应不加以重视,以正常教学课程代替,相反应好好把握这个机会,使学生的自我潜能得以挖掘。

同理,即使在某一个教学环节中,教师与学生的地位也会因时而异,因事而异。

总之,课堂教学活动中,“教”与“学”是不可分割的两个方面,同属于课堂教学活动。教师与学生分别作为“教”与“学”活动的主体,在特定的活动中处于不同的地位。我们要根据矛盾主次方面转换的原理,依据情况而定,在着重充分发挥一方主动作用的同时,也不可忽略另一方,这样课堂教学活动才能取得成功。

值得欣慰的是,2001版课标提出“学生是语文学习的主人”,而“最新课标”改称“学生是语文学习的主体”。——虽是一字之差,但其含义完全不同。

## 第二节　论单课时教学的理想境界

“起”“承”“转”“合”,诗文写作结构章法的术语。“起”,开端;“承”,承接上文加

① 顾建军.浅析教育的双主体性特征[J].教育科学,2000(1)

以申述;“转”,转折,从反面立论;“合”,结束全诗或全文。众所周知,课堂教学是一门艺术,当然也可把它看作是“写诗作文”,对语文教学的起承转合,有人认为“起——明示目标,形成学生思维焦点;承——围绕目标,感知、理解、延伸、发展;转——强化双基,学生达成深化目标;合——智能糅合,由课堂辐射社会”。[①] 而我们认为,应该把语文课堂教学的起承转合落实到具体的课时中,也就是说,将一个课时作为一个整体,也如写诗作文般讲究“起”“承”“转”“合”。[②]

## 一、起——三言两语引人入胜

导游的任务是引人入胜;所以,优秀的导游对自己每次带团时的开场白都颇为重视。语文教师也是导游,他带领学生游览语言的塔尖、文学的殿堂;所以,语文教师也必须重视自己每次“带团”时的开场白,也就是每堂课的导语。课堂教学的导入,犹如乐曲中的“引子”,戏剧中的“序幕”,起着渲染气氛、酝酿情绪、集中注意力、渗透主题和带入情境的作用。精心设计的导入能抓住学生的心弦,立疑激趣,能促成学生的情绪高涨,步入智力振奋的状态,有助于学生获得良好的学习成果。优秀的语文课堂导语,能一下子吸引学生的注意力,使学生饶有兴趣地沉浸到真正的语文学习中。

导语须求“新”,即出其不意,使学生感到意料之外情理之中。应尽量抛弃那些耳熟能详的套路,诸如“今天我们一起学习一篇××××的文章”之类早就应该进博物馆了。

导语须求“生”,这个“生”,既可以理解为“生活”,也可理解为“学生”,也就是说,以学生已有的生活经验、已知的素材为出发点,通过教师生动而富有感染力的讲解、谈话或提问,以引起回忆,自然地导入新课,激起学生的求知欲。如教学叶圣陶的《荷花》(苏教版三下)一文,就可从校园的或者学生视而不见的某个荷花池导入。

导语须求“简”,即反对夸夸其谈,避免学生厌倦。曾听说一位教师教授《三顾茅庐》(人教版四下),自恃精通《三国演义》,他的导语从东汉末年讲起,什么黄巾起义、三让徐州、官渡之战;甚至“三顾茅庐”故事以后的几次战役,一下子“导”了近一节课。实际上,三言两语即可进入正题,如“大家一定知道诸葛亮吧,诸葛亮在民间是智慧的化身,甚至略带几分‘仙气’;但是,历史上的诸葛亮毕竟是人,他只不过比一般人聪明,站得高,看得远而已。今天我们就来学习……”至于一些必不可少的背景材料,可化整为零放到教学过程中介绍。

导语须求“语”,即导语应尽量和语文密切相关,如上面所说的那个导语就偏向

---

① 凌全发.起承转合,顺理成章——目标教学中课堂教学结构优化管理[J].学语文,2004(3)

② 王家伦.论语文课时教学的起承转合[J].中学语文教学,2009(7)

了历史，与历史老师抢起了“饭碗”。

姓“语”，一指导语本身就是“语文”，如执教《记金华的双龙洞》（苏教版六下）可用这样的导语：“同学们，大家知道我们‘语文’课‘语’与‘文’两个字的含义吗？‘语’指的是口语，‘文’指的是书面语。提出这个说法的人就是叶圣陶爷爷，他是中国最著名的语文教育家。今天，我们就来学习他写的一篇文章——《记金华的双龙洞》。”

姓“语”，二指导语紧扣“文”的课堂教学目标。还是执教叶圣陶的《记金华的双龙洞》，将该课时“文”的教学目标定为“通过粗线条阅读，基本理解游记散文移步换景的结构特点”，那么，可以如此导入：“同学们，大家还记得五年级上学期是我们学过的一篇课文《黄果树瀑布》吗？作者描写黄果树瀑布的景物，顺序安排上有什么特点？”然后，由《黄果树瀑布》的“移步换景”导入课文。如此既复习了旧课，又导入了新课，一举两得，不亦乐乎！

## 二、承——紧扣目标渐入佳境

如果在“孔雀”“五里一徘徊”之后，再让它继续飞翔徘徊，而不让刘兰芝“织素”“裁衣”；那么，这首诗就难以历经两千年还那么脍炙人口。所以，语文课在简单的导入后，应该立即进入正题，即围绕预设目标整体推进。“整体推进”，指的是以课时为整体和以教学目标为整体，步步为营，层层深入。

我们在第二章已经说过，课堂教学目标需要预设，应该以课时为单位，一个课时设置一对目标。其中之一为“文”，体现工具性（知识与能力），较为显性；其中之二为“道”，体现人文性（情感态度价值观），较为隐性。从“文”而言，对一些篇幅较长，涉及教学目标较多的文本，科学的做法是打破“部分（段落）”的界限，每课时主要解决一个教学目标，分几课时解决所有目标；对一些必须单课时完成教学任务的文本，如涉及的知识点较多，可以顾及一点而忽略其余。如要求用一个课时教完的《安塞腰鼓》，可将重点放在“动静结合、以静衬动”上，以之为主要目标进行教学活动，忽略“反复手法的运用”“排比手法的运用”“特殊语句的运用”等等。具体分为五个教学环节。（详见本书第二章）

这个“承”，不能把它看作是“导”后的某一环节，而应看作是整个教学过程中的每一个环节。当然，也可以把它理解为新课程三维目标中的“过程与方法”，就是紧扣预设目标，通过由浅到深的，由简单到复杂的一个环节又一个环节的推进，扎扎实实地走向目标达成。这些环节，可以预设，也可以临时达成。其最终目的，是使预设目标成为达成目标。总之，在各个环节的教学活动中，凡与预设目标关系不大的内容尽量少涉及甚至不涉及。

## 三、转——欲罢不能高潮突兀

这里讲的“转”，主要指课堂教学的高潮，当然，包括高潮出现前的预备和高潮出现时最为精彩的"一刹那"。一首诗的高潮,常常在"意料之外情理之中",往往出现在先荡开一笔之后。语文课堂教学的高潮,常常伴随着若即若离的状况而展开。当教学高潮出现时,学生会因急于知道某种结局而凝神思虑;会因解决某一难题而释然愉悦;也会为有了新的发现而拍案惊喜。此时,学生整个身心处在创造的激情和成功的喜悦之中。感知想象、思维等理性活动异常活跃,教学效果也非常显著。①

某语文教师上写作教学课,教学目标为"通过对生活中案例的分析,基本学会用侧面描写与正面描写相结合的表现人物的方法"。在导入并教授完"侧面描写"的几种方法后,出现的高潮如下:

……

师:那能不能直接写人的肖像、语言和动作呢?

(学生点头,回答"可以"。)

师:为了让同学们直接写好人物,我今天特意请了一个模特。现在我把他请进来。

(老师走出教室,所有学生都向门口张望,小声议论。几秒钟后,老师推开门慢慢走了进来,一个转身"亮相",站在讲台中间,同学们都很诧异。)

师:怎么样?今天我义务为大家做模特!

(同学恍然大悟,笑声一片)

师:现在同学们可以直接写我的外貌、动作、语言。可以和周围的同学商量一下。

(学生激烈争论;老师则在同学中间认真听讨论,适时参与到同学的讨论中进行点拨)

在这堂课的高潮出现前,教师故弄玄虚,声称为大家请了个"模特",似乎有点"离";但正当大家在猜测请来的"模特"是何等样的美女或帅哥时,教师自己走了进来充当"免费模特",在笑声一片之中,学生懂得了只要认真观察,自己生活中处处有写作素材的深刻道理。所以说,这样的高潮是紧扣教学目标的高潮,是我们需要的高潮。同时,这个高潮出现于学生被充分调动的前提之下,是情不能已的必然,不是无病呻吟。

高潮可以预设,也可以通过生成而形成。有时候,当时机成熟时,教师也可以顺势推一下,使课时教学达到另一种高潮。不妨让我们先看看下面的这段实录。

---

① 马中平.课堂教学高潮初探[J].中学历史教学,1996(05)

青蛙看海(片段)(苏教版二上)①

师:课文中有一部分内容讲的就是青蛙是如何登上山顶的。(课件出示青蛙和松鼠的对话:④—⑪自然段)同桌合作分角色读青蛙和松鼠的对话。

师:请这两位同学表演读,其他同学当小评委评议评议。

生:我觉得"是啊,可是这山太高了,我上不去。"这句话读得好。因为他将小青蛙很失望的心情读出来了。

师:小青蛙说这句话时是失望的,我们一起来试一试。(生齐读)

生:"这有什么难的?"读得好,读出了高兴的语气。

生:我也觉得这句话读得好,读出了小青蛙很自信!

师:有信心。再读读,你能发现这句话讲什么意思吗?

生:这句话是说登上一个台阶很简单。

生:实际上小青蛙是说:"这一点也不难!""这太简单了!"

师:说得太棒了,小青蛙就是这么想的。来,我们一起当小青蛙。自信地读一读吧!

生:"这石阶你能跳上去吗?"读的好,我看出小松鼠在鼓励小青蛙。

师:这是一只鼓励青蛙的小松鼠,我们也来试着读读。

……

案例中,教师顺水推舟,围绕预设目标而"生成"。似乎很平常,但缓缓咀嚼一番,便会有浓浓的滋味从口角留出。"这有什么难的!"是小青蛙自信的表达,然而,何尝不是座中孩子们的自信的表达!孩子们在课堂上独特的感悟,正是那生成出的精彩。那一句句发自孩子童心的原生态的语言,把这平实的课堂教学一步步推向高潮。显然,这意外"生成"的高潮是真正意义上的"文道结合"的高潮。如果授课教师在这个过程中顺势一推,花大量的时间引导学生讨论小青蛙的自信对自己的启示,那就是思想品德课的高潮了。

## 四、合——课虽有尽余音绕梁

所谓的"合",应该是总结,应该是最终的"大团圆",应该给学生留下思考的余地。

语文课时教学的"合",首先体现为通过"板书"而"合"。由于现代化媒体的泛滥,一些语文教师的板书设计能力越来越差,我们听课中发现,能真正意义上围绕自己的预设目标设计板书者不足20%,实令人担忧。

板书(这里指下课前一刹那的最终达成的板书)必须是整堂课的总结归纳,必须是教学目标的视觉显示。也就是说,听过课的学生课后能围绕板书回顾课堂教

① 朱红甫.小学语文名师工作室.http://blog.lyge.cn/group.asp? gid=157&pid=43180

学情景;即使有学生未曾听课,看了板书,也能知道这堂课的大致情况。具体的课堂教学过程,应该是板书逐步达成呈现教学目标的过程。如果把《半截蜡烛》(北师大版五下)某一堂课的教学目标定为"通过文本研读,深刻体会故事'意料之外,情理之中'的结构"和"通过文本阅读,深刻体会二战期间法国伯诺德夫人一家的机智勇敢",那么,恰当的板书设计应该如下:

半截蜡烛

情报暗藏蜡烛中(意料之外)
德军点烛气汹汹(情理之中)
换灯取柴未成功(意料之外)　—　抗击侵略,机智勇敢
烛将燃尽图将穷(情理之中)
化险为夷是女童(意料之外)

如上,板书中主要体现的是"'意料之外,情理之中'的结构"和"伯诺德夫人一家的机智勇敢"。当然,即使就同一组目标而言,各人设计的板书肯定不同,但都必须体现这组目标。这样的"合"才是真正意义上的"合"。当然,如果这堂课的教学目标是另一组,设计板书时也得紧紧扣住。

语文课时教学的"合",还体现为通过"作业"而"合"。学生完成作业,就是巩固教学目标;所以,教师布置作业也必须围绕教学目标。如上面所说的《半截蜡烛》,既然"文"的教学目标定为"深刻体会故事'意料之外,情理之中'的结构",那么,布置作业就可以联系到作文课,要求学生用"意料之外,情理之中"的结构写一篇文章;或要求课外阅读一篇同样为"意料之外,情理之中"结构的文章(如莫泊桑的《我的叔叔于勒》或《项链》)。

语文课时教学的"合",当然还体现为通过"结束语"而"合"。结束语既可以是鼓励性的话语,更可以是拓展性或者探索性的话语。总之,应达到余音绕梁的效果。这点我们在本书第一章中有较为详尽的介绍,此处不再赘述。

## 第三节　整本书教学的操作策略

理想的阅读课程体系包括两种阅读:单篇(课文)阅读和整本书阅读,两者无法替代。整本书教学,意味着阅读教学已不局限于语文教材中一篇篇课文的分析讲学,而是跨越教材进行更为丰富的整本书的欣赏和探讨。阅读的种类也不局限在

文学性作品中，而扩展为跨学科的、跨课程的，融入人文、社会、自然等的各种类型的儿童读物。此节中，我们拟以绘本教学为例，进行整本书教学操作策略的探讨。

近几年来，绘本阅读作为儿童阅读的重要内容，受到幼儿、家长、教师的广泛欢迎。无论是早教开发、亲子共读，还是教学研讨，随处可见绘本的踪影。阅读绘本，既可以激发孩子的阅读兴趣，又可涵养其文学、美学综合素养，推动孩子阅读能力的全面发展。“绘本是什么?”看似一个很简单的问题，却让无数的专家反复研究，为其着迷。思索这样的问题，其实有些像成年人思考人生的意义到底是什么一样，答案无穷无尽。不同的时期、不同的阅历，会有不同的体会，需要一生永远追寻及探索。

## 一、绘本与绘本的历史

绘本，英文为“picture books”，在日本被译为“绘本”，直译为“图画书”，顾名思义是一种以图画为主，文字为辅，甚至可以是完全没有文字，全是图画的书籍。这一类书籍特别强调视觉传达的效果，所以版面大而精美，不仅具有辅助文字传达的功能，更能增强主题内容的表现。绘本实质上由三个元素组成:图像、故事和书。

“图像”是绘本中最吸引读者目光的元素。图像可以是绘画、摄影，也可以由各种物品(毛线、石头、果实、海报等)拼贴而成。“故事”则是带动整个绘本的灵魂，如果没有故事串联其中，一本绘本就会变成一叠各自独立的书页。绘本中“书”这个元素，不只是承载图像和故事的媒介物，它更像是一个舞台，舞台设计本身也是故事演出的一部分;优秀的绘本创作者，会让读者从看见、触摸书本的那一刻起，就进入故事演绎的过程。书的大小、形状、材质、打开的方式，都经过巧妙设计。

绘本的历史可以追溯到纪元前 16 世纪的古埃及文化，草纸的卷轴上绘制的“死亡之书”是死后世界的一种导游书。如果单纯从儿童娱乐这一角度来看，学者们公推 1658 年捷克教育家夸美纽斯所编写的《世界图解》为第一本儿童绘本。此后，图画书历经了一个世纪的发展，出现了许多经典作品。绘本也经历了由儿童诗歌与童谣的说教到人文审美的熏陶。在东方，日本、韩国的孩子早就开始阅读绘本，而在我国，台湾也早于大陆。

## 二、绘本的分类及形式表现

绘本，是言语艺术和绘画艺术的完美结合，它让孩子在看的过程中，以最贴近自己的方式，去经历故事，理解内容，欣赏文学与艺术的融合之美。绘本大致分为两类:“无字书”和“图文合奏书”。在绘本里，图画不再是文字的附庸，而是图书的生命，甚至有很多绘本连一个字也没有。“不需要文字，图画就可以讲故事”。不过也有许多绘本在图文之间取得一种平衡关系，相互衬托，营造出整个绘本的感觉出来。我们称之为“图文合奏”。

绘本是书的一种形式，具备了版式、封面、封底、书名页、内文等元素，从封面、扉页、内页到封底,更有着整体设计的考虑,藉由形式的安排穿针引线,连结所有的信息,发展绘本的思维脉动,串联起整本书的完整意念。阅读绘本,必须了解其基本的形式表现。

首先是开本,绘本首先引人注目的就是大大小小,规格不一的开本设计了,基于读者对象与呼应内容的考虑,绘本有了大小开本各种形式的表现。另外,根据长宽的比例不同,绘本也有“竖开本”与“横开本”的区别。“竖开本”是最常见的开本形式。

其次是封面。封面是一本书的外观,通常会有书名、作者(译者)、出版社等信息,还绘制封面图像,凸显书的特色与风格,吸引读者。封面的图像可能是介绍角色或提供内文的重要信息,有的绘本运用内文的一页为封面,提示内文的主要意念。读者可以从封面进行内容预测,整理相关的知识背景,有助内文信息与生活体验联结,促进理解机制;另外,封面上的书名常是整本书的核心思维,阅读后,也可通过书名与封面的图像再次整合所有的阅读线索,更有助于掌握整本书的理念。

第三为蝴蝶页。封面后是连结封面和内文的衬纸,在内文后面还有一张衬纸与封底粘结,一般称为“环衬”;在封面后的叫做“前环衬”,封底前的称为“后环衬”。前后环衬如同蝴蝶的一对翅膀,所以被通称为“蝴蝶页”。许多绘本的蝴蝶页是素面的色纸,有的编辑还会精心挑选颜色,藉以传达整体故事的意念;有的蝴蝶页上也有图像设计,暗示内文的线索;有的别出心裁,前后蝴蝶页互相呼应,作为故事的序幕与故事的结束。

其四为书名页。又叫做扉页,通常在蝴蝶页后出现,交代这本书的书名、作者(译者)、出版社名称等信息,还会有简易的图像,有的与封面的图像一致;但为求生动,通常会搭配不同于封面的画面。书名页也是穿针引线的使者之一,有时是揭开内文的序幕,有时提供重要的线索,呼应内文的信息。

其五为内文。绘本的内文最常见的页面形式为一页一画面、一般两页呈现对页安排,互相对照,串连起内容。另一种则是两页一画面的跨页设计,以大画面营造内容张力。

其六为封底。绘本的封面、蝴蝶页、书名页、内文到封底,宛如一出电影的片头、序幕、内容到结局的持续历程,传递该书完整的信息。因此,创作者与编辑在封底设计上也有了各种巧思,有的绘本在封底上注明内容大意,或是引介书中的一个画面,或是呼应封面的图像,或是推荐这本书的文字等,让读者对这本书有了更进一步的了解。有时,读者还能在封底发现大惊奇,因为作者可能把封底与封面联结成完整的画面,延展成完整的视觉印象。也有把故事的结尾画在封底上。

## 三、绘本的赏析与教学策略

一本优秀的绘本,绝不像表面上看来那么简单明白,因此,读者需要反复阅读,才可获得它的妙趣。这样的阅读,如同我们小时候用放大镜观察细小的昆虫,从镜子里所见的那种新鲜和惊讶，相信很多年后都会记忆犹新。所以，低年龄段的孩子看绘本的感觉，就像用放大镜看世界一样。而中高段的孩子，则开始思考的远行与情感的启迪。

我们不妨这样“放大”读绘本：先快速游览图、文；接着重读一遍；第三遍阅读时，放慢脚步，揣摩图文之间的各种可能关系，明显或不明显的；纵观全书，深入细节，有条不紊地探索图画，精读文字，比照文字所蕴含意义和图画出现的先后、节奏等等。这样阅读，才可把握绘本的特质。有时作者会在画中安排一些小细节，这些细微的呈现，悄然置身于画面中，有的暗藏于画中的某页，有时隐匿在每一页中，如同“躲猫猫”一般，等着读者去发现，引发持续阅读的兴趣。有些细节没有特殊的意义，只是创作者的个人偏好，但有时却暗示作者的意念，引领读者深刻的感受。

以《小黑鱼》为例，它的作者是才华横溢、不受拘束的艺术天才李欧·李奥尼。故事的主角是一条亲眼目睹自己的小红鱼伙伴被大鱼吃掉的小黑鱼，为了避免“大鱼吃小鱼”的厄运再次降临，他想出办法，指挥剩下的小红鱼游在一起，形成一条巨大的鱼，吓跑其他的大鱼。让我们大致欣赏此书中的这些细节：

小黑鱼和小红鱼的形象刻画。

故事中小黑鱼只有一条，小红鱼却有一大群。仔细读图，每一幅画面中的小黑鱼模样都有细微区别，它的眼睛比其他的鱼都显得大而亮，充分展示其勇敢、智慧、果决。作者通过眼部的特写，确实给予了小黑鱼一种强烈的存在感，与那一大群看不清眼睛的小红鱼截然不同，它必定是未来的领军人物。

小黑鱼和小红鱼的构图变化。

图 1

蝴蝶页(图 1)上，小黑鱼从容前行，位置居右页面中央，小红鱼有序跟随而至，暗示整个故事中小黑鱼的领袖地位。一方面是赋予了小黑鱼卓尔不凡的灵魂；另一方面，也为后面的故事埋下伏笔，与最后那个激动人心的场面遥相呼应。

图 2

故事开篇(图 2),小黑鱼和小红鱼在海底嬉戏。小红鱼布局位置向四面扩散,凸显小红鱼群龙无首的生存状态,预示即将被大鱼吃掉的厄运。而当小红鱼最终在小黑鱼指挥下游成一条大"鱼"吓走其他大鱼时,小红鱼队形的整齐一致,充分展示了"团结就是力量"的思想意涵。小黑鱼的位置也成为画面中的焦点,它用力发出"我来当眼睛"的声音,以自己看似另类的小小的黑,聪明地成就了无数小红鱼内心的强大!(如图 3)

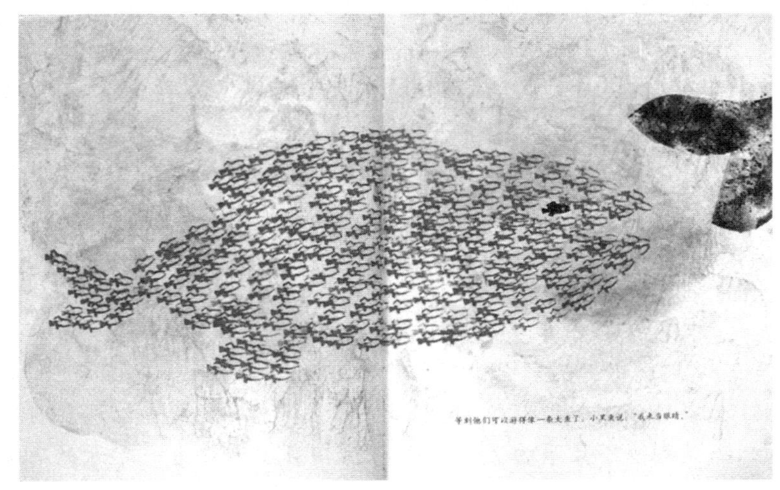

图 3

……以上只是部分赏析,但借此一斑可窥全豹。

当今,绘本教学的研究和发展已到了一定阶段,相对于课堂教材教学,呈现出形态各异、自由驰骋的特点,一线老师们正行走在小学语文儿童阅读教学的探索路上。我们可把儿童文学和小学语文教学进行对接,根据不同学段,引导学生找寻绘本中的密码，挖掘绘本的图画感、音乐性和空间想象力，对学生进行多元智能教学，即全面培养学生的语言智能、音乐智能、逻辑—数学智能、空间智能、肢体—运作智能、人际智能、内省智能和自然观察智能等。

## 四、图文结合绘本教学案例分析

此类绘本，一般采取“一文一图”或“一文数图”的表现方式讲述故事。① 此类书和我们传统的连环画不同，图与文不是说明与被说明、叙述与被叙述的关系，而是互相依存、互相呼应有彼此独立的关系。尤其是其中的图画，有时起着视觉和心理震撼力的艺术效果。

**【案例】**

《小黑鱼》教学主要板块实录与分析

四川成都人民北路小学　崔雪梅

教学时间：三课时

教学流程：

板块一：猜测主角

师：各位小朋友好！这次我要和大家分享的图画书是《小黑鱼》。大海的一个角落里，住着一群快乐的小鱼，他们都是红色的，只有一条是黑色的。猜猜看，它会是什么样？

生1：它应该很小，黑黑的。

生2：它和别的小红鱼颜色不同，命运也不一样。

师：因为又黑又小，所以你猜测它与大家大不同。再猜猜，小黑鱼还有什么和大家不一样的地方？

生1：我估计它很聪明，在他身上会有惊天动地的事情发生。就像我们看电影，英雄要么很帅要么就是不起眼的那种。

生2：游泳很快，“嗖”的一下。

生3：和朋友关系很好。

生4：可能先前很胆小，后来变得伟大。

生5：有可能开始做错什么事，后来改正了。

师：大家的猜测都很有趣，我们读一本书之前，如果可以忍住自己的好奇心，先猜测一下故事的主角、情节，就相当于和作者一起开始有意思的创作。

（授课者按：读书，很少会做阅读前的准备。常人总是迫不及待打开书，进入作者描述的故事。如果阅读前教师未能带领学生自我整理阅读

① 方卫平，王昆建．儿童文学教程[M]．北京：高等教育出版社，2009：290

动机和需求，那阅读仅仅只是感受的过程；但如若能大胆地进行预测，试着寻找自己的答案，就可以在其后的阅读中，与作者进行真正的对话，交换意见，碰撞出智慧的火花。这样的阅读，也将成为一次探索，成为一场亲历其境的文字冒险。)

板块二：听故事，猜测情节、画面

师：一个好听的故事，怎么能缺少生动的画面呢？我们来玩"闪电头脑插画师"的游戏吧。各位都是超级棒的画家哦，故事讲到哪里，大家就快速动脑，根据文字内容想象画面，猜猜看作者会画些什么。

(一)小黑鱼失去伙伴

1. 猜测情节、画面。

师：一条生活在茫茫大海里小得不能再小的小黑鱼，他比其他的小红鱼都要游得快。一个可怕的日子，从海底里突然冲出一条又快、又凶、又饿的金枪鱼，发生了什么事？

生1：小黑鱼被吃掉了！

生2：不对！小黑鱼被吃掉的话就没有后面的故事了，可能是那些游得慢的小红鱼被吃掉了，前面老师就讲了小黑鱼比他们游得快的。

师：猜测靠直觉，推测靠线索，你的推测完全正确！所有的小红鱼被大鱼吃掉了。猜猜看作者会用什么颜色画金枪鱼？金枪鱼吃掉小红鱼的时候是什么样的？说说你的想法。

生1：金枪鱼应该是黑色的，很大很凶猛的样子。

生2：金枪鱼张开大嘴，小红鱼都被他吸进去了。

生3：金枪鱼眼睛是血红的，像变形金刚里的"威震天"！整幅图都是它！

2. 出示画面，对比阅读。

师：看看绘本，你的闪电插画和李欧·李奥尼的画一样吗？(师出示图画，生激动地鼓掌，因为和自己的猜测的几乎一样。)

3. 实践想象。

师：金枪鱼把所有的小红鱼都吞到肚子里，只有小黑鱼逃走了。此时的小黑鱼心里觉得？如果你就是作者李欧·李奥尼，你会用什么颜色表现小黑鱼当时的心情？你会怎么画呢？

生1：小黑鱼很难受，我会画黑色的海洋，都看不清小黑鱼了。

生2：小黑鱼很孤独，我会画他流着眼泪，低着头向海底游去。

生3：小黑鱼心里是很怕的，所以我不画他跑，画他躲在珊瑚里不敢出来。

(授课者按：这一板块的课堂呈现让教师惊讶无比！教师原以为二年级的小朋友只能浅浅地说出小黑鱼的悲伤，没想到，当教师把足够的空间交与儿童时，他们充分运用自己在空间、肢体运作方面的综合智能，将课堂活化。一个孩子用语言“画”出了金枪鱼张大锯齿的凶狠模样，他不仅锻炼了自己空间构图能力，更联系生活积累（动画片《变形金刚》中“威震天”），画出了金枪鱼凶狠的本质灵魂表现——那双血红的眼睛。即便作者的原图——金枪鱼黑色的眼珠，也及不上孩子敏锐、贴切的创造啊！这一类孩子提取了生活中物体视觉性信息，对知觉到的物体或形状在心中进行空间安置，这种根据文字、生活创造出的图像艺术视觉，精确地描述出文字与绘画融合的空间张力。）

板块三：出示作者绘图，探寻绘画风格。

师：作者描画的海底世界和你想象的一样吗？仔细观察，猜猜看，这样美好的图画是怎么创作出来的？

生 1：用毛笔。

生 2：用颜料。

师：你们再仔细观察一下这些图画，它们有什么共同的地方？这些图画是怎么画出来的？（教师播放小黑鱼在海底游历时见到的海底景观，共 7 幅图画）

……

生：印上去的。

师：你真厉害，你发现了这本图画书最与众不同之处。李欧·李奥尼就是用了生活中有纹路的小东西，例如树叶啊、硬币啊，将它们涂满颜料，印在纸上，再画上几笔，就画出了美丽的海底世界。这种独特的绘画方法叫做——拓印。我们再来仔细观察，你能发现作者用了身边哪些常见的东西拓印绘画？

生 1：下面的石块就是拿小石头蘸颜料印上去的。

生 2：大龙虾是用一片一片叶子印上去的。

师：威武的大龙虾还有可能是用什么拓印出来的？大胆想！（师暗示举手）

生：我知道了！大龙虾的身体用手指蘸颜料画的！

师：那它的头呢？

生：用手掌。

师：你们的眼睛太敏锐了！再来一个难点的，你们肯定不知道大龙虾身上的斑点怎么印出来的吧，还有它细细的胡须。

生 1：用沙坑里的沙子，洒在上面。

生 2：这些斑点用芝麻印的。

生 3：胡须是头发印出来的。

生 4：胡须是豆芽印出来的。

生 5:胡须是线印出来的。

生 6:胡须是粉条印出来的。

生 7:切! 你们好笨哦,直接拿指甲一画,就出来了。

师:对啊! 拓印就是用我们身边最顺手的材料,跟着你的感觉去创作。我们来试试,用各种蔬菜、植物、纸板、小东西拓印出美妙的海底生物。

教师示范用树叶拓印鱼,学生个体练习拓印,教师展示好的创意。

以 4 人小组为单位,创编五格拓印书。

(授课者按:这一环节教学,未曾预料的惊喜纷至沓来! 低年级孩子不受桎梏的想象力,勇于冒险的绘画实践,团队合作的默契,都让教师热血沸腾! 在观察绘画风格时,他们就猜出了拓印这种艺术方法,即便成年人又有几人想到? 他们还根据图画的形态,揣摩出创作大龙虾身体各部分的材质。当教师加大难度问到大龙虾身上的斑点如何拓印出时,他们说到了芝麻、沙粒。也许孩子并不了解撒上芝麻、沙粒使得此处拓印变得更简单,也许孩子并不了解撒上芝麻、沙粒会使画面别具立体感,增强了画面的肌理效果,但教师不得不承认,儿童优于成年人有突破力的艺术联想,竟然那样妥帖有效!

所以,在语文教育中,不能忽视艺术教育。艺术是人类天生的一种智能,有必要进行培养。艺术可以充分地展示创意和自我表现,艺术可以增进所有学科领域的学习。艺术可以教导学生认识有关自身与别人之间的关系,艺术为学生提供了其他学科所无法体验到的成功与心理满足。)

板块四:小组合作学习,实践解决问题。

阅读后:

师:小黑鱼是怎样指挥小红鱼游成"大"鱼? 还有别的办法吓走大鱼吗? 我们来试试。

(学生排队演练)

(授课者按:第一小组实践时,当"小黑鱼"指挥"小红鱼"列队时,"小红鱼"并不配合,加之"小黑鱼"没有明确指令,常常是刚刚排好了"鱼头","鱼尾"又乱掉了。就在这时,下面的观众热闹起来,纷纷提建议。有的说:"要排出'大鱼'的形象,必须'鱼头''鱼尾'人少,中间'鱼肚子'人多;有的说:"'小黑鱼'指挥要大声";有的说:"'小红鱼'要听指挥"……)

其实,当团队中的"小红鱼"最初不听指挥时,同学建议"集中注意力听指挥",这实际是在提醒"小红鱼"认识到自己的角色定位,发挥自己的作用。"小红鱼"最终服从指挥、列队占好,"小黑鱼"又聪明动脑,指挥大家齐声尖叫,表情凶狠,吓走"大鱼",最后还变换出不同的阵形——箭行阵、水雷阵等等,都充分证明了在小组合作中,学生能参与团队合作并承担角色，能积极发表观点影响他人意见和想法，能根据环境、意见的不同，调整自己的行为。）

## 五、无字书绘本教学与分析

“故事完全由有着内在联系的画面组接完成，没有文字出现的图画书叫无字书。”①无字书绘本用一连串互有关联的图画来暗示故事，好似一幅幅精彩慢镜头或一张张简笔画，让读者身临其境，回味无穷。代表作品有《疯狂星期二》《流浪狗之歌》《窗》等等。如何在阅读中指导学生感受与表达无字书独具韵味的画面，让画面发挥到最大功用？可在阅读指导的过程中，遵循绘本的规律与学生认知规律，拓展学生阅读中的想象思维。

**【案例】**

《缺失的一角》阅读指导教学

深圳园岭小学　李祖文

一、阅读指导过程

（一）阅读前

1. 课件出示童诗

你的眼睛/你的鼻子/让我喜欢你/你的笑容/你的声音/让我更喜欢你/我会和你做游戏/我会给你讲故事/我真的喜欢你

我可喜欢你/你喜欢我吗

导语：我可喜欢你，你喜欢我吗？喜欢我什么？

2. 出示作者图片

导语：这个人，你喜欢他吗？

介绍作者：（课件显示）谢尔·希尔弗斯坦——诗人、插画家、剧作家、作曲家、乡村歌手。作为20世纪最伟大的绘本作家之一，他的绘本作品被翻译成30多种语言，全球销量超过1.8亿册。在美国，有童书的地方，就有谢尔的书。

导语：你不喜欢他，他可喜欢你们了，他创作了很多绘本给你们看。今天我们就来介绍他创作的一本绘本：（出示封面课件）

导语：暂且不论他这个人如何，这本书可是很厉害了，有人这样说：它可能是你最快读完的一本书。（课件显示）别人这样评价，你相信吗？（估计孩子有说相信的，也有不相信的）没有关系，我们先来看看这本书吧！

（二）阅读中

1. 课件出示并播放flash版本《失落的一角》（注明：没有文字）

① 方卫平，王昆建.儿童文学教程[M].北京：高等教育出版社，2009：292

导语:相信了吗?确实,几分钟就看完了,就是这样的一本书。看完后,你感觉如何?

预设:估计学生可能会说有意思,也可能会说简单,也可能是有些地方让人摸不着头脑,不知道在讲什么。

导语:是的,同学们说得非常好。我不知道同学们有没有看懂这本书?

(1) 看懂了什么?(针对整体内容)

(2) 什么地方给你留下深刻印象?

(3) 有什么地方没有看明白?

预设1:估计不少孩子会提出疑问之处。(特别的地方就是“为什么放下好不容易才找到的那一角”。)

预设2:这是一本书,这本书还缺少什么?(提示孩子注意缺少文字叙述部分),(可课件显示封面局部。)

导语:出现这么多疑问,怎么办?

(引导学生可以寻求同伴支援,可以通过讨论解决。)

2. 发放没有文字的《失落的一角》版本。

3. 出示讨论规则:

(1) 先讨论交流,解决小组的疑问。

(2) 因为只有图画,小组尝试给自己留下深刻印象的图画旁边标注文字,不必选择太多,两到三幅即可,最多不超过四幅。可以根据图画写写对话,可以写写图画所表述的事情。

(3) 为了方便小组展示,要预先做好计划,安排好讲述故事的同学和操作PPT(老师提供)的同学,讲述的同学可以分工,如果有对话标注,不必只限定为一位同学讲述。

4. 小组讨论交流纯图画版本的《失落的一角》。

5. 汇报自己组的合作成果。

两名学生,一名学生汇报,一名学生操作无文字版本的《失落的一角》PPT。

导语:我们现在已经出现了几个版本的《失落的一角》,非常好,同学们都很好地在与谢尔·希尔弗斯坦对话、交流。现在我们来看看谢尔·希尔弗斯坦版本的《失落的一角》。

6. 播放有文字版本《失落的一角》flash版本。

7. 启发学生比较自己的版本与原版文字的异同，谈谈自己的想法，评价一下原作。（注意引导学生对自己文本的自信。）

（三）阅读后

1. 导语：比较一下，你觉得自己的版本与原版哪个好一些？或者说你某些画面标注的文字比原文更好？对待自己的版本，你准备下一步再做些什么工作？

2. 导语：前面我们说有人评价这本书"它可能是你最快读完的一本书"，但同一个人还评价"但恐怕也是得花上一辈子咀嚼的一本书"，读了这本书，你来说说这个人为什么说要花一辈子来咀嚼。

引导孩子简单阐释自己的真实想法（三言两语即可，不做追究）

3. 导语：初读这本书，或者说我们匆匆浏览后，有这样的感受是非常了不起的，是不是真的就是要花一辈子来咀嚼，我们只有留待时间来检验。

4. 导语：对于李老师这样的成年人来说，这个绘本就是跟我们讲述关于"缺憾"与"完美"的故事。"缺憾"未尝不是一种"完美"呢！"缺憾"给我们动力，给我们前进的力量。我们的同学不就像绘本中的那"缺失了一角"的圆吗？我们不断地修改者自己的故事，我们正演绎着《失落的一角》的课堂版。

板书：完美　缺憾

5. 导语：不光我们，作者也在不断地前进着，这本书出版后，作者也觉得它不够完美，也在不断修改着，正因为如此，作者又创作了《失落的一角》的后续篇，或者叫姊妹篇《失落的一角遇见大圆满》（课件显示书的封面），更加精彩，更加有意思，我们可以在课后找来看看。

**【评析】**

"最新课标"提出语文整体阅读的要求，强调语文学习的综合性，以及语文学习的外延——生活。作为整本书阅读指导，《缺失的一角》的教学设计给了我们启示。无论是一篇文章还是一本书，都是一个整体。我们的阅读和思考，应该呈现出整体的循环和发展。李老师的阅读指导教学设计，分为阅读前、阅读中、阅读后，三者虽分阶段又有联系。在阅读绘本前，用一首充满童趣意蕴的儿童诗，巧妙、迅速地把

《缺失的一角》与众不同的作者与书的独特性告知学生，学生在“为什么喜欢”的期待中，感受“它可能是你最快读完的一本书”。没有花费过多的精力作阅读前的铺垫和准备，在悬念和趣味中，直奔阅读。

整本书阅读指导，应保护学生完整的阅读思考，培养学生的思辨能力。在“阅读中”，教师提出“看懂了什么”“什么地方给你留下深刻印象”“有什么地方没有看明白”，以及“出现这么多疑问，怎么办”。概括起来，就是三个关键词——“印象”“疑问”“明白”，让学生形成对此书阅读的自我构建。阅读的根本应是听说读写的融合，万变不离其宗，整本书阅读指导始终围绕提升学生语文能力，培养学生语文素养。接着，教师要求学生分组“尝试给自己留下深刻印象的图画旁边标注文字，不必选择太多，两到三幅即可，最多不超过四幅。可以根据图画写写对话，可以写写图画所表述的事情。”让学生自由选择，进行图配文或读图创作，语文实践活动贯穿在整本书的阅读中。可见，在整本书阅读指导中，学生始终处在阅读活动中，让倾听、思考、讨论、写作、阅读等自然交融，学生为图配文，互读图文，在互相阅读比较与思考中，保护学生的阅读自信心，真是“授之以渔”。

到了小学高年段，在阅读指导中应注重提升学生的思维能力，给学生搭建运用语言与表达能力的桥梁。在阅读指导教学的结束阶段，照应阅读前“最快读完的一本书”，提出此书“也许是得花上一辈子咀嚼的书”。只要有三言两语的发言，学生有真实感想即可，对“缺憾”与“完美”有体悟即可，更允许把“缺憾”与“完美”埋在心底，在不同阅读阶段与阅读体会中，去诠释、回应，学生的语文素养自然得到提升，体现出整本书阅读教学润物细无声的语文境界。

语文课，教师绝对不能退出“阵地”，学生需要我们。一堂语文课，应该是一篇完整的记叙文，还应该是一篇优美的散文，更应该是一首动人的诗；所以，应该讲究“起”“承”“转”“合”。讲究“起”“承”“转”“合”的语文课，更能引起学生的兴趣，更能为全面提高学生的语文水平奠定基础。语文课，也必须关注整本书的阅读教学，如此，才能更好地培养学生的宏观把握能力。

# 第四章　课堂教学(下)

小学语文是义务教育阶段的一门基础学科，它的教育对象是6—12岁的儿童，这些刚开始接受正规的学校教育的孩子，先后要学会识字写字、阅读、习作、口语交际。培养这些能力的主要途径，就是语文课堂教学。从横向来看，小学语文课堂教学的技能主要包括识字写字教学的技能、阅读教学的技能、“写话—习作”的技能以及口语交际教学的技能。

## 第一节　识字写字教学

识字和写字教学是学生语文学习的起点，是学生阅读和写作能力培养的基础阶段，它有利于发展学生智力，有利于提高学生文化品位和审美情趣。在识字写字教学中，恰当整合现代信息技术，为教学提供生动、形象、丰富的视听资源，将为小学生创设识字写字的教学情境。尤其在面对学生不同个体差异时，在低段识字课堂，应正确使用现代化媒体辅助教学，通过平等、趣味的交流，力求使每个学生在语文学习上有不同程度的收获和进步，实现识字写字课堂教学生动性和有效性。

### 一、识字写字教学需巧妙运用多种方法

2001版课标与“最新课标”都全面考虑了儿童身心发展的规律，为小学阶段识字和写字能力的发展划分了三个学段目标。正确把握识字写字课堂教学策略，有助于提高学生文化品位和审美情趣，为学生语文素养的培养打下坚实基础。

从“最新课标”对“识字写字”要求的数量上看，小学六年需认识常用汉字3000个，其中2500个左右会写。

| 年级 | 要求会认的字 | 要求会写的字 | 识字能力 |
| --- | --- | --- | --- |
| 1—2 | 1600 个左右 | 800 个左右 | 学习独立识字 |
| 3—4 | 2500 个左右 | 1600 个左右 | 有初步的独立识字能力 |
| 5—6 | 3000 个左右 | 2500 个左右 | 有较强的独立识字能力 |

重视识字写字教学的科学性主要表现在教学方法的灵活上。当今强调提前阅读,形成了随文识字的模式。随文识字优点是能让学生在语言环境中识字,有助于理解字义;但不足也是显而易见的,它属于分散识字,教学中易将字的形和义分开,不利于学生识记字形,且生字在课文中随机、无序地出现,难以发挥汉字独特而重要的系统作用,学生在书写中出现错别字和回生现象也就在所难免。因此,教学中除了随文识字外,还应加强"字理识字",即带领学生按照汉字自身的特点系统识字,这样能够揭示汉字的本质特征,能够引导学生举一反三,触类旁通,收到成批识字系统识字的效果。我们的汉字大部分是形声字,利用形声字的规律,让学生将字的音、形、义结合起来,有利于发挥字的系统作用。遵循了汉字本身的科学性,不仅在一定程度上减少了错别字,而且学生喜欢学,记得牢,提高了用字的准确率。

在学生有了一定识字能力的基础上,还应鼓励学生运用课内所学的识字方法在生活中识字,进一步提高识字能力,扩大识字量。可见科学的识字方法必须灵活、多样、有实效。

低学段儿童注意力较差,识字写字教学相对枯燥,在学生初步具备识字能力时,可尝试放手让学生在规定的时间内采取自己喜欢的方式自主识记,让学生独立圈画生字,认真读记,给生字条里的生字注音;或同桌互助,你指我认,共同学习;或课前就跟着老师准备好生字卡片……学生自主识记后,交流各自的收获,说说自己认识了哪些汉字,是采取什么办法记住的。汇报交流的方式也很多,或采取竞赛的方式,或采取当"小老师"的方式,或采取做游戏的方式。另外,利用现代化媒体课件帮助学生巩固生字也是十分有效的方法。利用实物投影仪教学生规范写生字,或投影欣赏"作品",也可以用"可圈可点"的传统方法,写得好的字打红圈,比赛谁得到的红圈多,激发孩子写字的兴趣。

## 二、恰当运用信息技术,整合字的音、形、义

随着社会的发展,语文课程与信息技术整合已逐步形成,恰当使用信息技术将会增强学习兴趣、丰富学习方式、提高学习效率。在识字与写字教学中运用信息技术,增加了课堂教学的生动性,增强了识字与写字教学的课堂教学生成性。

识字写字教学中的难点是对字形的掌握,对形近字形、义的掌握。运用信息技术,如动画制作软件、"白板"教学等,可通过生动有趣的画面,营造出生动的教学场景,让静态学习动态化,把握住儿童的认知心理特点,在课堂教学中把图像、文字、

声音结合起来，使识字与写字课堂教学变得生动有趣，巧妙突破教学难点，提高课堂教学质量。

随着科技的发展，技术服务与人的发展，在识字与写字课堂教学中，语文教学中学生思维能力的培养、动手能力的提升，在恰当的运用现代信息技术的课堂教学中得以实现。通过直观的教学，在轻松愉快的课堂教学环境中，提高识字与写字的兴趣和效果。

如今开发了许多识字软件，可根据实际情况，适当适时点击有关部分，在课堂教学中整合生字的读音、字形、字义。如在进行北师大版二年级上《丁丁冬冬学识字（二）》“头部”教学时，可点击课件展示的娃娃头部或学生观察部位，认识词语；读音错误时，教师或学生点击词语出现音节，学生自主拼读正音。

小学六年的语文学习，是学生语文学习习惯养成的关键期，语文学习能力的提升和学习方法的习得将为学生终生学习打下坚实的基础。学生识字写字能力的形成，将成为阅读能力和写作能力的关键，也是传承文化和落实运用汉语言文字的核心。恰当利用现代技术，整合识字写字教学与阅读教学，在随文阅读中整合汉字的学习，渗透汉字文化，是一条科学的途径。

**【案例】**

翠鸟（北师大版三年级上册）

桂林市兴安县第一小学　侯春艳

一、导入课题，认识翠鸟特点

师：同学们，今天我们来认识一种美丽可爱的小鸟，它的名字叫——

生：翠鸟。

（板书“翠”，讲解：‘翠’是一个形声字，上部分是羽字不带勾，是“翠”字的形旁，表示羽毛的意思，下部分“卒”的古音为cui，表示字的读音，叫声旁。）

师：“翠”是什么颜色？

生：绿色，青绿色。

师：从“翠”的字形上看，你知道它为什么叫翠鸟吗？

生：因为它是绿色的。

师：因为这种小鸟身上大部分的羽毛是青绿色的，我们就叫它——

生：翠鸟。

师：再来读读这个好听的名字——

生：翠鸟。

生；看来，翠鸟这个名字就是按照它羽毛的颜色的特点来命名的！

师：其实，翠鸟还有一个名字，知道是什么吗？

生：叼鱼郎。

师：从这个名字上看，你知道翠鸟还有什么特点吗？

生：它很善于捕鱼。

师：是的，“叼鱼郎”的确善于捕鱼。你看，“叼”字就特别形象。左边是——“口”，右边是——“刁”，既表示叼的读音，又多像一张侧向的嘴正叼着东西的样子呀。(出示翠鸟叼鱼的图片)

师：这个名字又是抓住翠鸟什么特点来命名的呢？

生：抓住它动作敏捷，善于捕鱼这个特点来命名的。

小结：看来，给动物起名字的时候，要让名字形象、富有个性，让人容易记忆，最好能抓住它的颜色、形状或是动作特点。

(按：抓住事物特点进行描写是本文在写作上的突出特点。教师由翠鸟的名字入手，解析“翠”和“叼”字，使学生知道给动物起名字时也要抓住颜色、形状或是动作特点，才能给人留下深刻的印象。一开场，既让学生初识了翠鸟，又习得了抓特点来命名的语言技巧。)

二、探求字源，感受外形之美

(学生初读课文，感知课文内容，理清课文结构后品读第一自然段。)

生：(读句子)翠鸟喜欢停在水边的苇秆上，一双红色的小爪子紧紧地抓住苇秆。

师：这句写翠鸟身上的哪个部分？

生：爪子。(师板书：爪子)

师：句中的“秆”是这课的生字，也是一个形声字，是由哪两部分组成？

生：“禾”和“干”组成。

师讲解：左边是“禾”，右边是“干”，“干”和“秆”的读音相似，表示字的读音，做声旁，左边的“禾”与什么有关？

生：禾苗。

师：“禾”指的是像“禾”类的草本植物。“秆”指的就是像“禾”这种草本类植物的茎，水边芦苇的茎叫——

生：苇秆。

师：麦子的茎叫——

生：麦秆。

师：那高粱的茎呢？

生：高粱秆。

师：你觉得“秆”字最像那个字？

生：杆　竿　秤……

(教师相机出示“杆、秤”)

师：“杆”是木字旁，与什么有关？

生：树木，木头。

师：是啊，“杆”指像木棍一样的器物，像——

生（读）：“旗杆 gān，电线杆 gān”。

师：做量词用时读第三声，如——

生（读）：一杆 gǎn 枪，一杆 gǎn 笔，一杆 gǎn 秤。

师：那“秤”与“杆”有什么不同？

生：“秤”的右边是“平”，“杆”的右边是“干”。

师：用秤称重量时要左右平衡才准确啊，所以“秤”字右边有个“平”字。

师小结：看来，汉字的构成都是有一定道理的，明白了它的构字原理，就不容易写错别字了。

（按：学生错别字多的主要原因就是不明白字理，在字（词）义上理解错误，或字形上理解错误。在生字“杆”的教学中，教师借助现代化媒体课件，利用形旁的分析比较，帮助学生辨析形近字，有效地减少了学生错别字出现的几率。对“麦杆”“高粱杆”的拓展则是对“杆”字的进一步理解和运用。）

生读句子：它的颜色非常鲜艳。

师：什么是鲜艳？

生：就是颜色漂亮。

师：看看“艳”的字形，你能从中看出字义来吗？

生：它的左边是丰富的“丰”，右边是色彩的“色”。

师：那“艳”的意思就是——

生：“艳”的意思就是颜色丰富。

师：翠鸟的羽毛到底有哪些丰富的颜色呢？咱们一起来读读第一自然段中的第3、4、5句。

生读：头上的羽毛像橄榄色的头巾，绣满了翠绿色的花纹。背上的羽毛像浅绿色的外衣。腹部的羽毛像赤褐色的衬衫。

师：这里介绍了哪些颜色？

生：橄榄色。

生：翠绿色。

生：浅绿色。

生：赤褐色。

师：“赤”是什么颜色呢？

生：红色。

师：是啊，“赤”就表示红色。你看，（出示“赤”的字形演变）“赤”的下部是“火”的变形，“火”是红色的，所以“赤”也引申为红色；“褐”是衣领旁，原指的是一种粗布衣服，这种衣服多为板栗皮的颜色。看，这就是它腹部

赤褐色的羽毛。(出示图片指出腹部)

师:这么多种颜色精致巧妙地搭配在一起,显得艳丽丰美,这就叫——

生:颜色鲜艳。

(按:对“赤”的字形演变,教师采取现代化媒体课件演示,采取“析形索义”识字法启发学生看字形联想字义,调动起他们的参与意识和积极探究的热情。再通过“褐”的偏旁的分析,理解字义,使“赤褐色”一词的教学显得深刻而丰满。)

师:这是老师对翠鸟颜色鲜艳的一段描写,一起来读读:

出示:它的颜色非常鲜艳,头上的羽毛是橄榄色的,有翠绿色的花纹。背上的羽毛是浅绿色的。腹部的羽毛是赤褐色的。

师:老师写得好吗?

生:不好,不生动具体。

师:那作者为什么写得好呢?

生:作者将用了打比方的方法。

师:哪里是打比方?

生:作者将翠鸟头上的羽毛比成头巾。

师:那翠绿色的花纹好像是有人给它绣上去的,背上和腹部的羽毛呢?

生:比成外衣和衬衫。

师:瞧,翠鸟多像一个打扮可爱的小家伙啊,你喜欢吗?

生:喜欢。

师:言语能传情,作者用这么美的语句来写翠鸟,一切都缘于喜爱之情啊。

师:谁能发现“翠鸟颜色鲜艳”一句和后面几句是什么关系?

生沉默

师(提示):这句是总的介绍颜色鲜艳这个特点的,后面几句呢?

生:具体写有哪些鲜艳的颜色。

师:那这几句话是什么关系?

生:先总后分。

师:是啊,介绍事物外形时,可以先总写某个“特点”,再围绕这个特点分别具体介绍,这样就给人留下了深刻的印象。

(按:语文课程是一门学习语言文字运用的综合性、实践性课程。利用现代化媒体出示有关语段,在结合“老师写得好吗?”“‘翠鸟颜色鲜艳’一句和后面几句是什么关系?”的课堂设问中,在学习文中关键字词的同时,引导学生感悟语句,直指向作者写作的秘密,引导学生关注“怎么写”

的问题，落实写作中语言的运用，让学生感受到外形之美的同时悟出写法之妙，达到“以言达意，以言表意”的语文写作指导。）

师：听完作者的介绍，翠鸟整个外形给你怎样的感觉？

生：很美丽。

生：很可爱。

师：作者用了一个成语来形容，是什么？

生：小巧玲珑。

师：什么是“小巧玲珑”？

生：就是很小。

生：很好看。

师（相机出示“小”的古文字）：“小”古文字像三粒小小的石子，说明非常小的事物；“玲珑”两个字，都斜玉旁，本义与玉有关，打磨过的玉是很精致的，这里用“玲珑”来形容翠鸟，说明翠鸟的外形像玉一样精致。

师：“小巧玲珑”在这里就形容——

生（读）：翠鸟的外形小而精致。

师：那“巧”是什么意思呢？

生：小巧。

师：“巧”是一个左“工”右“丂 kǎo”的字，“丂”表示读音，“工”是形旁，（出示“工”的古文字工）表示就像斧头一类的工具，与技能、技巧有关。“巧”不仅指翠鸟的外形小巧，还说明翠鸟的捕鱼技能灵巧呢！

（按：教学中，借助现代化媒体课件，在阅读中随机探求字源，是为了更好地理解词语的文中义。对于文中“小巧玲珑”一词的理解，教师运用的先分解再组合，先寻求其本义，再探求其文中义的方法，很好地帮助学生理解了“小巧玲珑”一词。学生在对词语的品味、咀嚼中，感受到了翠鸟的外形之美，也为后面体会翠鸟动作灵巧埋下了伏笔。）

三、换词比较，体会动作之巧

师：翠鸟的捕鱼技能到底巧不巧呢，咱们还得看看作者对它捕鱼动作的描写再说。

（生读第二、三自然段。）

师：作者说“翠鸟鸣声清脆，爱贴着水面疾飞”，老师把它换一换，行吗？

出示：翠鸟鸣声清脆，爱贴着水面疾飞。

翠鸟叫声清脆，爱贴着水面飞。

生：不行。

师：为什么？

生：因为“鸣”字有个“鸟”字。

师:是啊。“鸣”特指为鸟鸣叫的声音。咱们再来听听鸟鸣(课件播放)好听吗?你听,“鸣声”还给人一种空山鸟语,悦耳动听的感受呢。看来,作者的用词多准确啊,这个词不能换。

师:那“疾飞”换成“飞”好吗?为什么?

生:不好。

师:为什么?

生:因为“疾飞”要比“飞”快。

师:看这“疾”字,由哪两部分组成?

师相机讲解:把“疒”字横倒像一个人因伤痛而卧床不起之形(出示古文字),“矢”是箭的意思(出示图),“疾”意为人被箭(矢)射中受伤,由快速的箭(矢)飞射而受伤痛又引申出“快速”之意。因此,“疾飞”的本义就是——

生读:形容飞快的速度犹如飞射的箭(矢)一般。

小结:看来,换一个字不美,少一个字不准,还是作者的用词精确。介绍事物就得准确地用词。

(按:此处,在阅读同时,借助现代化媒体课件,通过对“疾”字的解析,体会“疾飞”的本义,在进行“疾飞”与“飞”的替换中比较,出示有关图片,从汉字的构形原理上引导学生在比较中体会作者用词的准确性。既加深了学生对词语的体验,又锻炼了品味语言文字的能力,起到了培养学生推敲词语的阅读习惯作用。)

师:仔细读读课文第二、三自然段,你从哪些地方体会到了翠鸟的飞行速度非常快?

生:翠鸟蹬开苇秆,像箭一样射出去。

师:像箭一样,这就是“疾飞”,那“蹬开”换成“离开”总行了吧?

生:不行。因为“蹬开”给人感觉力度大,速度快。

生:还有“苇秆还在摇晃,水波还在荡漾”也说明飞行的速度快?

生:“一眨眼”也说明飞行的速度快。(师让学生做眨眼的动作体会。)

师:看来,翠鸟的动作真是敏捷,小鱼呀,想出来透透气,你就悄悄把头露出水面吧,这样翠鸟就不会发现你了,行吗?

生:不行,翠鸟有锐利的目光呢。

生读句子:小鱼悄悄地把头露出水面,吹了个小泡泡。尽管它这样机灵,还是难以逃脱翠鸟锐利的目光。

师:什么叫“锐利”?

生自由发言后老师通过字理析解:“锐”是金字旁,“利”是立刀旁,说明像金属的刀具一样尖锐锋利,很容易穿透物品,“锐利”在这里形容——

生:翠鸟的眼力犀利无比,极具穿透力。

（学生欣赏翠鸟捕鱼的图片，师解说：其实翠鸟不但容易发现露出水面的小鱼，甚至还能发现在水中浅层游动的小鱼呢。你看，它时而贴着水面疾飞，时而一动不动地注视着泛着微波的水面，只要小鱼一有动静，翠鸟凭着锐利的眼睛，敏捷灵巧的动作，就能很快地把小鱼叼起。）

师：翠鸟捕鱼的动作巧不巧？

生（齐）：巧。

师：这真是一只——

生：小巧玲珑的翠鸟。

师：课文学到这，看来这“小巧玲珑”一词，不仅仅是对翠鸟体形上的小而精致，颜色搭配上精巧的赞美，这更是对翠鸟捕鱼技能巧的称赞哦！

（按：看似平常的“巧”字，教者在出示有关不同的图片，用字理帮助学生理解的同时，结合课文第二、三自然段对描写翠鸟动作敏捷的语句感悟，使“巧”在理解课文中起到画龙点睛的作用。通过现代化媒体运用，结合学生学习特点，整合文中关键字词的音、形、义，突显了阅读教学中渗透字理教学的巧妙和智慧。）

四、学第三部分，体会喜爱之情

师：这么可爱的玲珑的翠鸟，捉一只来饲养吧。老渔翁爷爷，您说可以吗？

生：不行。

师：为什么？

（生读句子：孩子们，你们知道翠鸟的家在哪里？沿着小溪上去，在那陡峭的石壁上。它从那么远的地方飞到这里来，是要和你们做朋友的呀！）

师：陡峭的石壁是怎样的呀？

（生自由作答后，师出示汉字演变的课件，通过字理析解，形象理解“陡峭”的意思：“陡”左边是“阝”，“阝”横倒就像两座山形（出示图片并告诉学生用左“阝”作偏旁的字一般都与山岭高地有关），右边是“走”字，即表示读音，做形声字的声旁用，也表示意思，意为山陵（阝）陡峭难“走”；“峭”是山字旁，也与山有关。也就是说“陡峭”两字都与山有关。陡峭指的就是山势的陡直险要。）

师：翠鸟从陡峭的石壁飞那么远的地方到这里来，是要和我们做朋友，我们怎能伤害它呢，那咱们就远远地看着它，好好欣赏它吧。

（课件出示翠鸟停在苇秆上及捕鱼的视频。）

**【分析】**

《翠鸟》一课教学，恰当运用现代信息技术，整合文中关键字词的音、形、义，字理渗透于常态的阅读教学中，使学生更好地学习语言，进而增强热爱祖国语言文字的思想感情,提高理解和运用语言的能力。

在此课的教学中,教师根据教学目标和学情,巧妙利用现代信息技术,带领学生在阅读中通过字理品析语言。

首先是借助现代信息技术,出示关键字的演变过程,形象、生动地呈现汉字演变过程,抓住形旁,比较形义,再结合上下文理解,带学生走进汉字音、形、义整合的过程。

在识字教学中,尽量利用汉字构形的理据,给学生讲清楚所教字的形、音、义之间的关系,就能帮助学生深刻地理解汉字的构形原理,从而大量地消灭错别字,提高识字教学的效率。

如在随文识记生字"秆"的教学中,先出示有关图片,让学生找出形近字,再抓住字的形旁进一步理解区分,帮助学生深刻地理解了汉字的构形原理,从而深刻有效地避免了学生错别字的出现。

其次,在阅读中相机出示文中关键词,利用现代化媒体课件,进行换词比较,体会文本用词的准确性。好的文章,它的用词有着不可替换的妙处。课中,恰当运用现代化媒体,紧扣"字不离词,词不离句,句不离文"原则,教师运用换词比较的方式,通过"疾""鸣"等汉字的字理演示,引导学生区分体会"疾飞""鸣叫"等词在文中的准确性。"看来,换一个字不美,少一个字不准。还是作者的用词精确。介绍事物就得准确的用词。"这是品析后的自然感悟,借助现代化媒体课件,让字理与阅读有机结合,培养学生今后学习运用语言的能力。

再次,在阅读时,利用现代化媒体课件,体会关键字词文中义。解析词语,先拆分,后组合,先探求其本义,再体会其文中义,充分体现出字理析词最常用的教学方法。在教学中,借助生动形象图片和字理演绎过程,对"小巧玲珑"一词的析解就遵循了分解——组合,本义——文中义这一教学方法。接着通过"翠鸟的捕鱼技能到底巧不巧?"一问,由"巧"字自然地过渡到下文的学习,再通过学文,深化对"巧"字的认识和理解,不经意间,为学生今后更好地运用语言表情达意做好了铺垫,达到了将字理融于阅读,在阅读中感受汉字魅力的教学效果。

大语文观告诉我们,语文学习的外延与生活的外延相等。语文课程是开放的,面向生活实践的。随着科学技术的发展,科技服务人类。语文教学应在发展和整合中,凸显语文教学的规律和学科特点。"语文是美的,这种美潜伏在语言的深处。"恰当而巧妙利用现代信息技术,整合文中关键字词的音、形、义,引导学生在字理品字析词的同时,老师还注重了引导学生发现文本隐藏的言语形式的秘密,从而在识字写字教学中渗透汉字文化,达到培养语感,提高语文素养的目的。

### 三、运用信息技术,突破识字与写字教学的难点

俗话说,"说起容易做起难"。识字写字教学难点在于对字的形和义的掌握,借助课件演示过程或展示学生识写过程,将会提高教学效率和教学效果。下文将以

最近几年开始使用的“白板”课件为例，说明在识字与写字教学中恰当而巧妙地运用信息技术，将会增加课堂教学的生动性和有效性，增强识字与写字教学的课堂教学生成性。

**（一）以教学取向为核心恰当使用课件，教学效果显著**

现代技术与识字写字课堂教学的整合，将使语文教学环境、教学过程、教学方式、师生角色方面发生本质变化。“白板”教学在识字写字课堂教学中的恰当应用，使“教”与“学”活动更具趣味性和科学性。

电子白板是在幻灯、投影、电视、计算机网络的基础上发展起来的，是现在最受教学、会议等等场合欢迎的一种工具，它可以与电脑进行信息联通，将电子白板连接到 PC，并利用投影机将 PC 上的内容投影到电子白板屏幕上。能利用特定的定位笔代替鼠标在白板上进行操作，可以对文件进行编辑、注释、保存等在计算机上必须利用键盘及鼠标方可实现的任何操作。

首先，使学习更清晰，更有效，能生态化地表达与陈述。“白板”课件使用流畅，课堂上，利用纵向和横向的线索，引领学生学习课文。从生字教学到课文学习，如在《瀑布》（北师大版二年级下册 11 单元）一课教学时，从听见瀑布到远观瀑布，再到近看瀑布，整个课堂快而不乱。

其次，能有效地支持学生启发性学习。比如在低段课堂教学词语“衬着”时，学生很难理解到这个词语的意思，但可利用“白板”中的魔术笔，马上凸显出这个词语，生活中图片的插入让学生受到了极大的启发。

第三，使用方便，教师能更有效地整合教学资源，有助于课堂生成性教学的开展。相比较其它课件，“白板”课件还有个优点就是非常方便。例如插入的声音，其它课件必须打包，有一大串的声音文件，而“白板”直接插入即可随时随地播放。即使小学二年级的孩子也都能随意操作各个功能键，一看就会。教师和学生随时有新知识的火花迸发，都可以立即在“白板”上呈现，课堂随处可见生成性知识的产生。

以下为成都市盐道街小学张家艳老师使用现代信息技术——“白板”课件的教学设计与简析。

瀑布（“白板”课件教学）

第一环节，自读课文，方法先导。

导入课文后，先让学生自读课文。语文课的教学，重视的是教给学生方法。怎么才能将独立识字方法在最短的时间内复习巩固呢？利用白板课件中 Flash 动画的制作程序，嵌入独立识字方法，并翻转画面给学生形象直观的印象。学生不仅在最短的时间内复习了独立识字方法，还加深了印象。

第二环节，检查识字，快速抽读。

在学生自读完后，要通过抽读理解学生自学生字的情况。为了激发更多的学生举手，大胆朗读，又利用“白板”课件中的另一个Flash动画的制作程序，将两张图拼在一起，直接点击便可抽学生学号。(见图一)学生顿时兴趣盎然，积极举手，每个人心里都盼望自己是那个最幸运的人。和平时教学直接抽生读相比，“白板”课件的这一功能，给了不敢举手的学生自信，同时也让课堂教学节奏在愉快氛围中加快节奏。

第三环节，讲练结合，游戏教学。

在教学生字“座”时，为了将这个名词“座”和之前学到的动词“坐”区分开来，利用“白板”课件的链接方式进行了小拓展。(见图二)直接请一个学生到大屏幕前，拉动词条，拖进漩涡里。全班学生马上沸腾了，在做题的时候，大家互相提醒，生怕被漩涡给“退”了回来。新课程改革倡导互动式教学，“白板”课件就能让老师和学生“动起来”。“白板”课件中的这个Flash动画的制作程序，让生字教学在游戏中有效进行，调动了学生学习积极性，将教学难点简单化，但收到的效果却是显而易见的。

图一

第四环节，巩固生字，加深印象。

在读完诗歌后，结合在第三小节引导孩子想象的小水珠，顺势导入：孩子们，你们快看哪，瀑布脚下的几颗调皮的小水珠蹦到了我们面前，我们一起来看看它们背后有什么秘密吧！请三个学生到大屏幕前自己点击，揭穿秘密。学生学习兴趣高涨，在同学点击出小水珠背后的生字词时，全班学生异口同声地朗读起来。

图二

“白板”教学的确实现了情景课堂，也的确让课堂更加有效。阅读诗歌后应要巩固生字，加深学生对生字的印象，“白板”课件与教学推进融合，整个课堂显得更加紧凑，条理更加清晰，不同板块的教学内容息息相关。

**(二) 把握教学内容使用课件，实现识字与阅读的自然融合**

低段的阅读要求是正确、流利、有感情地朗读课文，理解词句意思，初步体验情感和感受优美的语言。小学低段识字写字是重点，要在阅读教学中随文完成识字写字教学。随文识字是二年级的课文教学核心，阅读前、中、后都有要识字写字教学。《瀑布》这首诗歌，着重要让学生情感朗诵，体会比喻句“好像叠叠的浪涌上岸滩”“千丈青山衬着一道白银”的妙用，并培养学生的想象力。但真正听过瀑布的声音，见过瀑布样子的学生很少。所以教学时充分

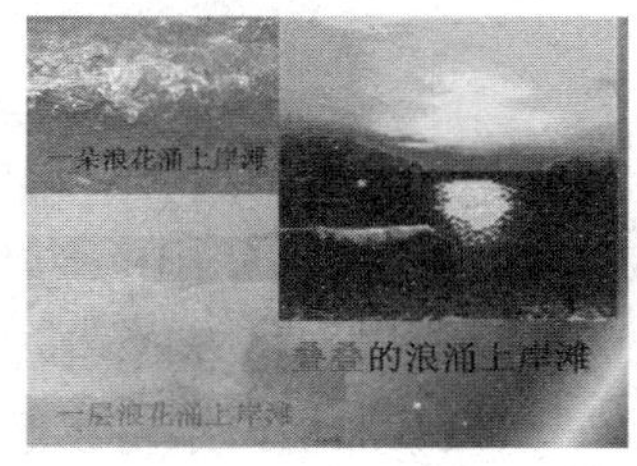

图三

调动学生的想象力比较困难。“白板”课件的有效使用，可解决这个教学难点。

其一，通过朗读感受瀑布声音，在体会比喻句的妙用中识字。为了让学生感受到瀑布的声音之大，体会叶老在描绘瀑布声音时比喻句的妙用。在学生理解诗句“叠叠的浪涌上岸滩”时，(见图三)先让学生用做动作理解“涌”字，接着让学生模仿一朵浪花、一层浪花和叠叠的浪花涌上岸滩的声音。为了给学生视觉冲击，利用“白板”课件中的链接方式，巧妙植入一朵浪花、一层浪花和叠叠的浪花涌上岸滩的样子。在教学过程中，将一朵浪花和一层浪花的图片用淡入的方式点击出现，而重点理解的“叠叠的浪涌上岸滩”的样子，采用白板课件里独有的拉动方式，由远及近，由小及大。学生不仅模仿得像，而且学习了量词“一朵”“一层”和叠词“叠叠”。接着在朗读诗歌时，学生会将自己对“叠叠”的理解通过朗读体现出来，着重将“叠叠”二字突显，一幅“叠叠的浪涌上岸滩”的景象在学生的朗读中跃然而出。课堂教学抓住了随文识字的契机，顺势播放“白板”课件中插入的瀑布声音，从听觉上又给了学生冲击，再让学生读出听到的感觉。从学生绘声绘色的朗读中，可听出他们已经充分理解叶老所描绘的“叠叠的浪涌上岸滩”这个比喻句了，准确体会了“叠”字的用法。如此，营造了生动可感的教学场景，关键在于巧妙引导学生掌握对本课要求认识的字“叠”“滩”的音、形、义。

其二，通过朗读感受远观瀑布的美，在理解重点词语中识字。叶老在描绘自己远观瀑布时，也用了一个很形象的比喻句“千丈青山衬着一道白银”。为了让学生充分体会到远观瀑布之美，并通过自己的感受读出诗歌之美，特别是对“衬”这个词的理解，掌握这个字的音、形、义，可用白板课件中遮盖屏幕的方式遮住远观的瀑布，学生边朗读教师边拉下屏幕。学生对远观瀑布的样子有了整体认识后，再从局部入手，抓住重点词“衬着”，先让学生将“衬着”换个词语。学生换成了“贴着”“挂着”，教师又问哪个词语好，为什么？学生回答这个问题有一定的难度，这时，教师马上利用“白板”链接到另一张白板图片，边点击图片，边描述：“孩子们，你们看，红花有了绿叶的衬托，更红了；蓝天有了白云的衬托，更白了；瀑布有了青山的衬托，更——”学生异口同声地答道：“更白了，更亮了，更美了！”大道无痕，是教学的最高境界。如何解决低段“识字写字教学”和“阅读理解”两张皮的问题，如何落实随文识字？这样的教学实践，巧妙使用信息技术，提升了课堂教学质量，教学效果远远超过预期，学生的想象力得到提升，在生动形象的课堂教学氛围中达到教学的实效性。

**(三) 加强识字写字教学与信息技术整合，促进师生生成新知**

在语文课堂教学中，使用现代化媒体技术不在多，也不在标新立异、吸引眼球，一切技术应是为人服务。信息技术仅仅是语文教学的辅助手段,为实现教学目标和落实教学任务服务,为学生语文学习服务。恰当、适时地使用课件,在外显信息技术与教学设计中,应蕴含以学生为本,体现语文课的“语文味”,实现课堂教学生成性,突出识字写字教学重点,突破识字写字教学难点。

传统的识字写字教学中有很多好的方法,但随着基础教育课程改革的推进,一些教学方法的局限性也逐步显现出来。信息技术恰当介入识字写字教学,可变静态教学为动态教学,展示识字写字的学习过程,梳理学习过程,培养思维品质。如在写字教学环节,把学生所写生字通过幻灯片展示,并请学生讲述字的间架结构以及在田字格摆放的要求,增强学生分析字形的能力,加深学生的印象,激发学习兴趣,取得理想的教学效果。

我们知道,学习者只有通过自己练习,探索发现,所获得的知识才真正有效。小学语文教师在条件允许下,最好适当参与课件设计,更好整合信息技术课程资源与识字教学,把自己的教学理解和课件教学反复交融,反过来将促进自己的教学设计能力,提升教学研究能力,对教学形成自己独到的思考和体会,获得意想不到的收获。如 SMART 课件,最方便的就是学生操作简单、易懂,方便学习。二年级的孩子,通过观看老师的操作,就能自己上台操作课件,突破识字写字教学中字形掌握的难点。并且,孩子在操作的过程中,能通过自己的理解,对问题做更深层次的理解,生成新的知识。仍以北师大版二年级下册 11 单元《瀑布》教学为例:

其一,在课堂上,“尘”字是要求掌握的会写的字,是一个易错字。教师都会一再强调“土”上面不是“小”,中间的一竖下面没有钩,但学生在写字的过程中,老是忘记。利用 SMART,学生自己就能演示,生成新知,不仅方便快捷,更让学生记忆深刻。点击撤销,可重复演示。

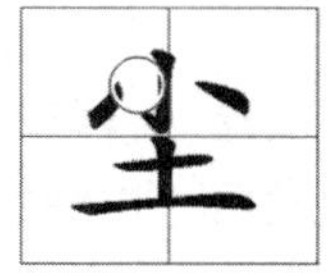


其二,本课的学习重点之一是会写“脚”字,此字笔画多,为左中右结构的字,对大多数学生而言,是个难写字,难以达到正确、工整的书写。学生在书写的过程中,往往安排不好左中右结构的字在田字格中的位置,“白板”课件有效地处理了这个难题,学生可直接利用拉动的方法,将字安排在田字格里,再通过复述过程,加深记忆,生成新知。接着进行书写训练,课堂教学的有效性非常明显。

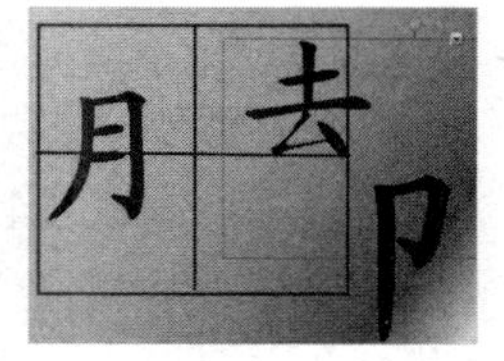


以上课件,点击撤销后,都可重复使用,方便实用,并能促发学生更多新知识的生成。

随着社会的发展,识字写字课堂教学必将与时俱进,实现多学科整合。作为语文教师,了解现代化媒体发展趋势,在独立进行教学设计时,参与课件制作,两者将会相得益彰、互相促进,有益于深入思考和研究识字写字课堂教学的生动性与有趣性。

# 第二节　阅读教学的技能

“最新课标”说：“阅读是运用语言文字获取信息、认识世界、发展思维、获得审美体验的重要途径。阅读教学是学生、教师、教科书编者、文本之间对话的过程。”①众所周知，阅读教学是语文教学的中心环节，学生阅读能力的培养，对其他语文能力的发展，对学生适应生活、适应社会能力的培养，有着举足轻重的关系。所以，在阅读教学的过程中，“教师应加强对学生阅读的指导、引领和点拨”“应注重培养学生感受、理解、欣赏和评价的能力”。②

## 一、对“整体阅读教学”的理性思考

自上世纪80年代开始，随着语文教学改革的蓬勃开展，“整体阅读”被逐渐提及。“整体阅读”“整体阅读模式”等引起了众多语文教育专家、学者和一线教师的关注，讨论与实践。然而，当前整体阅读教学的现状究竟怎样呢？有必要对其进行理性的思考。

### （一）“整体阅读教学”，不是面面俱到

由于应试教学的枷锁，一些语文教师授课时唯恐遗漏点滴，“大珠小珠”尽“落玉盘”，自以为将文本所有的信息“整个儿”地教给学生就是“整体阅读教学”。他们发出这样的感叹：“如果考到怎么办？”当各级考试还是选拔人才的最重要的手段的时候，我们不能简单地把“应试奴才”的帽子扣到这些辛勤耕耘的教师身上，我们不得不考虑他们所提出的问题的现实性。

如教学《安塞腰鼓》（苏教版六上），某教师分四课时教授文章，第一课时解题并分析第一部分，第二、第三课时分析第二部分，第四课时分析第三部分并作总结。每个课时都是字、词、句、章，让学生逐句地分析词语特色，无非是讨论写了些什么，怎么写的，为什么这样写；还要学生依次找出其中所运用的修辞手法，什么“反复”“排比”“拟人”……在此同时，又要介绍黄土高原，又是要求学生记忆文章的中心思想；最后再让学生“背诵”相关的段落。这位教师因为担心考试而“面面俱到”地分析文章，将一篇有机的和谐的文章机械地肢解成中心、结构、技法、修辞、语法、字、词等等，忽视了它们之间的内在联系，“只见树木不见森林”，反而导致了教学的繁

---

① 中华人民共和国教育部. 义务教育语文课程标准[S]. 北京：北京师范大学出版社，2011：22

② 中华人民共和国教育部. 义务教育语文课程标准[S]. 北京：北京师范大学出版社，2011：22

冗拖沓，失去了文章的重点，这也导致了学生对作者的思想、观点、情感以及文本最主要的特色的理解和领悟如一头雾水。或许他认为这样就是"整体阅读教学"。然而，这样能提高学生的考试成绩，能提高学生的语文素养吗？答案是否定的。

其实，"整体阅读教学"的"整体"，绝不仅仅是没有遗漏的"全体"。这个整体是多维的，既指对文本所负载的内涵的整体理解，如记叙文的中心意思、议论文的观点以及说明文被说明事物的特征等；更指对某种表达方式的整体理解，如《安塞腰鼓》，其"反复手法的运用""排比手法的运用""特殊语句的运用""动静结合，以静衬动"等等都可以作为一个整体分课时进行教学活动，具体课时教学时可只抓一点。但如果受规定课时的限制，则可以选取最有典型意义的一两点，或授课人最有把握的一两点。阅读教学时面面俱到，反而破坏了对整体的把握，致使学生对文本理解失误。

**(二)"整体阅读教学"，不是某个环节**

翻阅当今一些"优秀教案"，或者观摩一些"优质课"，都能发现有一个起始环节不可或缺，这就是"整体感知(或整体把握)"，然后，按常规进行教学活动，声称自己的这一举动就是"整体阅读教学"。

如某教师教《灰椋鸟》(苏教版五下)，导入之后，该教师就请同学"整体阅读"并把握文本，看看文本写得怎样，为什么。这道环节结束后，还是按部就班地逐段分析，从文本结构到语言形式，无一遗漏。于是，同学们就开始绞尽脑汁地思考这一段落该划入哪一个部分，并为此议论纷纷，争得面红耳赤；于是，同学们就对……然而对文本的理解还是缺乏整体性。

这些教案或"优质课"都犯了一个低级错误，就是把整体阅读教学当成了某一个教学环节。

"整体"一词出现在国家的教育文件中，首次是1992年的《九年义务教育全日制初级中学语文教学大纲(试用)》，与1996年高中《语文教学大纲》的要求"整体感知课文的大概内容"或"整体把握课文内容"①基本一致，当时虽然占据阅读能力训练的首条，但只是作为初级阅读技能来看待，大致相当于学生预习课文那样的粗读。就这一点来看，"整体感知"应该是一个教学环节。但是，我们现在的"整体阅读"已经不是上个世纪的"整体感知"，而是"既要认识文章的整体，又要整体认识文章"。② 也就是说，"整体"要贯穿在整个教学过程之中，教学的每一个环节都要从整体出发。

**(三)"整体阅读教学"，不仅仅是"总—分—总"的课堂结构**

朱绍禹先生曾明确提到"整体观"，具体表述如下：对于把握记叙文特别是文学作品来说，整体观异常重要，它需要从整体开始，并以整体结束。记叙文的一般读

---

① 全日制普通高级中学语文教学大纲(供试验用)[S].北京：人民教育出版社，1996

② 贾荣固.整体阅读教学模式初探[J].中学语文教学，1990(10)

文程序是：整体的阅读（综合的阅读）；从整体到部分的阅读（分析的阅读）；从部分到整体的阅读（综合的阅读）；[1]于是，就有人认为“整体阅读教学”就是课堂教学“总—分—总”的过程。一些所谓的“整体阅读教学”就进入我们的视野。

如某教师教学《九寨沟》（苏教版四上），运用了这样的导入：

同学们，我们伟大的祖国人杰地灵，山川锦绣，风景名胜数不胜数。我们在“雨中”登过泰山，又乘船游览过“长江三峡”。对“风景”的理解，往往因人而异，有人喜欢山，有人喜欢水，有人喜欢树林，有人喜欢动物。今天，我们一起学习一篇优美的散文《九寨沟》，在这里，你可以看到雪峰插云，你可以看到古木参天，你可以看到平湖飞瀑，你可以看到异兽珍禽。它将为我们展示出另一番天地，另一种风景。

这样的导入无可厚非，但该教师将之作为“总”，在这样的导入后，让学生阅读文本，并从中找出文本所描写的四幅画面，即“雪峰插云”“古木参天”“平湖飞瀑”“异兽珍禽”，便带领学生孤立地分析每一幅画面，分析每幅画面中的重要词语等。到了最后的“总”，尽管反复朗读第五自然段，问学生从这四幅画面中能够感受到什么，结果是学生什么也说不出来，因为他们所感受到的只是一幅幅孤立的画面。

其实，“总—分—总”并不只是一个简单的形式，无论是开头和结尾的“总”都要紧紧围绕着文本的整体内涵，“分”也并不是孤立地分析文本的每个片段，而是要在把握文本整体内涵的基础上分析其中的重要部分。若教师一开始就引导学生在分析过程中把四幅画面连起来从整体上把握，学生就会发现九寨沟之所以成为“九寨沟”，就是因为这四种景物组成了一个整体，相互映衬，使之具有诗情画意；在具体分析各幅画面时，也必须考虑到它们之间的相互联系。因此，我们应该强调的是，整体阅读教学确实需要化整为零，但正如上文所说，要用从“整体”出发解决局部，而且最后的“总”一定得有所升华，就如“否定之否定”。

**（四）“整体阅读教学”，应考虑教学程序安排的整体性**[2]

学校教学以“课时”为单位，那么，阅读教学的整体性首先应该考虑“课时整体”，也就是说，每个课时的教学过程都应该是一个完整的结构，“麻雀虽小，五脏俱全”，起承转合，一气呵成。具体来说，就是每一个课时都应该从整体出发设置教学目标，通过步步为营的分析引导，最后“达标”；当然，目标设置应考虑“一课（课时）一得（‘文’‘道’各一得）”。不必面面俱到，实际上也不可能面面俱到，处处“达标”。

对一些篇幅较长，涉及教学目标较多，而要求多课时完成教学任务的文章，常见的做法是每课时以课文的某一个部分（段落）为分析对象，在每课时的教学过程中都要涉及为该篇课文设置的各个教学目标，利用多课时依次教学全文完毕，最后

① 朱绍禹. 中学语文教育概说[M]. 呼和浩特：内蒙古人民出版社，1983：71

② 王家伦. 阅读教学“整体性”原则的多元思考[J]. 中学语文教学参考，2008(01)

总结。(详见本节第一部分之"(一)")岂不知如此一来,原本完整、优美并颇具特色的文章变成了一截截支离破碎的文字材料;而教学的主体——学生之所得当然是浮光掠影,杂乱无章。科学的做法是打破"部分(段落)"的界限,每课时主要解决一个教学目标,分几课时解决所有目标,即所谓的"一课一得,得得相连"。如上文所说的教学《安塞腰鼓》(苏教版六上),不可取的做法是分几课时依次教学文章的各个段落,可取的做法是分几课时分别从整体上研习"反复手法的运用""排比手法的运用""特殊语句的运用""动静结合,以静衬动"等等,每一个课时实实在在地解决一个问题,成为解决某一问题的整体,那些个"课时整体"相加,就成了"课文整体"。"断其一指",远胜于"伤其十指"。

一些必须单课时完成教学任务的课文,应从"文""道"双方各设置一个目标进行教学活动并完成它;如该篇课文涉及的知识点(主要就"文"而言)较多,可以顾及一点而忽略其余。如要求用一个课时教完琦君的《桂花雨》(苏教版四上),可将重点放在"反衬手法"上,以之为主要目标进行教学活动,忽略"动作描写""语言描写"等其他内容;如要求用一个课时教完《一路花香》(苏教版四上),可从"以小见大"着手分析篇章,将有关"对比衬托"等内容忽略,直至终了。当然,这里所谓的"忽略"并不是"抛弃",教学其他课文时如涉及该点,可以再度"捡起"作为拓展延伸的资源;同理,为完成本目标,也可以利用教学其他课文时所"忽略"的内容作为拓展延伸的资源。

**(五)"整体阅读教学",应考虑知识、能力体系的整体性**

阅读教学的整体性还应该从"纵向"考虑,即考虑到知识、能力的整体性。由于受"应试教学"的株连,学习知识、培养能力在有些人眼中成了摧残学生的洪水猛兽,成了与"语文素养"相悖的怪胎,甚至于"最新课标"也刻意回避语文的"知识系统,能力体系"。

众所周知,任何知识都有其完整的体系,如果我们将"语文"放在"语用"的范畴中研究,那么,语文的"本体"知识就应包括汉语知识、逻辑知识、文章知识、文学知识、文化知识等等,其中的每门知识,都应该有其完整的体系;就语文教学所涉及的知识而言,三教九流无所不包。当然,就人文精神培养的需要而言,又涉及爱国、亲情……我们认为,语文教学中的"涉外"知识,应该由其他各科的教学来完成,语文课只要有所涉及不出差错即可;所以说,语文教学不必去追求这些"涉外"知识的系统性。至于人文精神培养所涉及的知识,主要应该由"政治""历史"等人文学科的教学共同完成,语文教学也不必去追求这些知识的系统性。而语文"本体"知识的传授,则必须由语文教学完成;所以说,语文教学必须考虑到语文知识的系统性。

与"知识体系"一样,识字朗读、领略文意、鉴赏评价、写字属文、修饰言辞、表情达意、口语交际等语文能力也必须具备一个由低到高的完整的体系。这样的语文教学,才能步步为营,循序渐进,最终修成"正果"。

阅读教学是语文教学活动的中心环节,所以说,阅读教学必须考虑到学生所学知识、所培养能力的系统性，这也是阅读教学整体性原则的体现。由于当今的语文教学还没有相对科学的、完整的知识能力体系，由于我们没有自己选择教材的权力，所用的合编型教材又有先天缺陷，其知识系统与能力系统缺乏内在的联系，甚至各自为政，前后矛盾。因此，阅读教学过程中，教师必须引导学生将各册所涉及的语文知识及各阶段必须培养的能力作纵向联系，也就是说将它们贯穿起来，努力使它们成为一个个相对有机的整体。当然，这对语文教师而言，又是一个新的挑战。

**（六）“整体阅读教学”，应考虑语文能力培养的整体性**

阅读教学的整体性原则还必须从“横向”考虑，即从语文内部读、写、听、说能力培养的整体性角度考虑。读、写、听、说四种能力是语文能力的全部，读、写、听、说全面训练是语文教学的重要原则之一。不可否认，阅读教学的主要任务是对学生进行阅读训练，以培养学生的阅读能力为主；但是，不能仅仅停留在“读”的训练上。有计划、有步骤地把四种能力的培养结合起来，以读促写，以读带听说，全方位地动口、动耳、动手、动脑，才能全方位地提高阅读质量，提高学生的语文能力。

阅读教学时，首先必须解决“读写结合”的问题，即在引导学生读好课文，培养语感的同时进行写作教学。如教学写景的文章时，就要教会学生如何情景结合；教学写人的文章时，就要教会学生人物描写的各种手法；教学叙事文时，就要教会学生如何选择典型材料，如何把握记叙顺序，如何详略分明地表明中心……不能为读而读，要引导学生从读中学写，加强读与写的联系。不应把阅读仅仅作为理解内容的手段，还应把阅读和品味词句、揣摩结构、学习文章写法结合起来。换一个角度说，就是要把阅读的文本当成写作的范文。

同时，阅读教学中还应注意口语交际能力的培养。阅读教学能促使学生大幅度地提高、丰富口语和书面语的质和量，同时，口语交际能力的发展又能促进读写能力的发展。阅读教学时，在要求学生聆听的基础上多让学生开口说话，并做一些相互辩驳的活动，既加深了对内容的理解，又进行了口语交际能力的训练，一举两得，何乐不为！

读、写、听、说能力的整体把握，也应从单元的整体目标出发，从宏观上整体训练学生的全面语文能力。然而，当今的大部分小学语文教材都以内容组元，单元已不是真正意义上的“单元”，这对读、写、听、说四种能力整体训练的负面影响不言而喻。当然，如果我们的小学语文教师能够打破原来单元结构的界限，建构一个“山寨版”的知识能力体系，具体教学时重新组元，那就是一种飞跃。

**（七）“整体阅读教学”，应考虑“大阅读”意义上的整体性**

如果我们的视野再开阔些，那么我们还应该意识到阅读教学的整体性原则还体现着阅读教学的大系统，也就是说，要树立大阅读教学观，把阅读教学的视野扩展到整个生活。阅读教学从教学目标到教学内容都应该在大阅读教学观下进行。

阅读教学的终极目标，就是让学生养成独立阅读的能力，这就牵涉到“三个维度”问题。一般来说,就语文教学的课堂而言,“知识能力”的目标实现并非难事,“情感、态度、价值观”目标较难实现,而“过程与方法”的目标在有限的课堂教学中实现的可能性几近为零,甚至可能被忽视、被遗忘。实现“过程与方法”目标的关键在阅读兴趣的培养,学生丧失了阅读兴趣,等于破坏了学习语文的根基;培植了阅读兴趣,等于奠定了学习语文的根基。而阅读兴趣的培养,离不开课外阅读活动,课堂阅读活动是主体部分,课外阅读活动是必不可少的组成部分,两者相辅相成,缺一不可。

从阅读教学的内容来看,如果把语文教科书作为惟一的、全部的教学内容,那最多只能培养几个小小的“两脚书橱”。放到大阅读教学观下审视:教科书是基本的、最重要的教学内容,但不是惟一的、全部的教学内容。学生阅读的内容必须涉及教科书以外。具体来说,教师可以在课前引导学生查阅相关资料,可以在课中根据目标实现的需要穿插阅读相关文章,更应该指导学生课后根据“达标”的需要开展拓展性、比较性和欣赏性阅读。

课内阅读与课外阅读应相互补充,相互促进,课内取法,课外得益。阅读能力的培养既要考虑课内学习又要考虑课外提高,各有分工,相得益彰。具体来说,教师在阅读教学时应对学生课外阅读的文本选择、方式方法进行必要的引导、指点。

当然,在体现“整体性”原则的时候,我们千万不能走入误区,只注重“篇”和“文”,而轻视对“字”“词”“句”“语”“修”“逻”的理解训练;岂不知整体把握的基础是对“字”“词”“句”“语”“修”“逻”的理解。

## 二、课堂教学目标的设置

当经历了过度“人文”导致学生语文水平大规模下降的阵痛后,语文阅读教学以“品味语言”为核心成了天经地义;但是,我们同时也发现,不管什么文本,为数不少的授课者把“知识与能力”的教学目标定位在“品味语言”上。我们目前主要从事语文本科师范教育和教育硕士教学工作,发现近半考生都如此设置“教学目标”。于是,不得不议上几句。

### (一) 课程目标与教学目标

关于“课程目标”,我们所能查阅到的工具书都未曾收录该条目。华东师范大学方智范教授如是说:“课程目标是按照国家的教育方针,根据学生的身心发展规律,通过完成规定的教育任务和学科内容,使学生达到的培养目标。它受国家为基础教育规定的教育目的制约,是总的人才培养目标的具体体现;课程目标是课程编制、课程实施和课程评价的准则和指南,在课程标准中属于主体部分。语文课程目标,则是从语文学科的角度规定人才培养的具体规格和质量要求。”①

关于“教学目标”,《教育词典》认为即“行为目标”,“行为目标,要求用学生通过

① 方智范.关于语文课程目标的对话(一)[J].语文建设,2002(1)

教学后应该表现出的可见的行为来描述教学目标。目标必须明确、详细。目标的可见性和可测量性是系统研究方法的最重要的特点之一。”

由上面的阐述,我们可以分辨出课程目标和教学目标之间的区别。课程目标是由教育行政部门制订的,学习该门课程需要达到的总体目标;教学目标是授课者自己制订的,具体教学过程中可见的、可测量的目标。前者属于宏观层面,较为抽象(虽然说较国家基础教育规定的“教育目的”为具体);后者属于微观层面,较为具体。前者对后者有制约作用;前者通过后者得以实施,后者通过量的积累有可能质变为前者——仅仅是“有可能”而已,因为其中的情况比较复杂。

正因为两者有着本质的区别,所以,我们不能把“课程目标”等同于“教学目标”。

**(二)“品味语言”无法作为阅读教学课堂教学目标**

无论是2001版课标还是“最新课标”,都作了相同的三个维度的课程目标定位:“知识与能力”为其一,“过程与方法”为其二;“情感态度与价值观”为其三。这三维课程目标中,第一和第二颇能体现学科特征;第一可以细化为课堂教学目标,第三有可能细化为课堂教学的目标,而第二即“过程与方法”无法细化为课堂教学目标。

“知识与能力”的课程目标直接关系到学生读写听说能力的培养,关系到对“工具性”(“文”)的注重,最有“语文味”。这个目标最为“显性”,可以细化和量化。仅就阅读而言,可以分为文学作品阅读和非文学作品阅读的知识和能力;就文学作品而言,还可分为小说、诗歌、散文和剧本阅读的知识和能力,从小说阅读而言,再可分为……如此等等,还可以继续细化下去。细化后,就可以作为课堂教学的目标了。当然,“知识与能力”课程目标的最终达成必须通过细微的课堂教学目标的设置,从微观层面作不断积累,其主要途径为语文课堂教学。事实上,一般情况下达成一些细小的“知识与能力”课堂教学目标并非难事;但达成这些目标绝对离不开“品味语言”,“品味语言”就是达标的过程。

“情感、态度与价值观”的课程目标关系到学生健全人格的培养,关系到对“人文性”(“道”)的注重,经过努力也有达成的可能。这个目标在一定程度上较为“显性”,也有细化和量化的可能。如第一层次可分为爱国、爱美、爱校、爱家,第二层次可分为……以之成为课堂教学的目标。当然,其最终达成也需要通过课堂教学目标的设置,作较为微观的具体的积累。就语文课而言,达成这些目标也离不开“品味语言”这个过程。当然,“情感态度与价值观”课程目标的达成是一个多角度多层次整合的过程,在这个过程中,政治、思想品德课程是主角,语文课程和其他一些课程只是配角,绝不能喧宾夺主。

“过程与方法”这个维度的课程目标也颇能体现学科特征,就语文而言,颇能体现“语文味”。但它最为特殊,它无法细化为具体的课堂教学目标,因为它是隐性的、“动态”的、渐进的,其是否“达成”也就无法量化。就“品味语言”而言,它虽然是

"语文"的"专利",直接关系到学生读写听说能力的培养,正如廖贤枢所说:"语文学科的本位是对语言的玩味与感悟,以及对语言背后价值取向的感知和人文精神的悦纳。"①但"品味语言"是一个隐性的、渐进的过程,其是否"达成"无法量化。所以我们认为,"品味语言"应该也必须属于"过程与方法"的范畴,不属于"知识与能力"的范畴。

事实上,"品味语言"确实属于"过程与方法"的范畴。上面,我们已经分析了语文课堂教学中达成"知识与能力"与"情感态度与价值观"的课堂教学目标,最终积累成课程目标,必须借助于"品味语言"这个过程。"过程与方法"是达标的手段,不是目标;所以说,将语文课堂教学的目标定位为"品味语言"并贴上"知识与能力"的标签显然不妥。以"品味语言"为教学目标的课堂教学最终有两个结果:或是一味地"玩味"语言,致使实际教学目标落空,学生所得无几;或是另有"知识与能力"的实际目标,那么,又何必贴上"品味语言"的目标标签呢?

那么,语文课堂教学的目标究竟应该怎样制定呢?

**(三) 正确的目标定位**

制订语文课堂教学的目标,必须从语文课程的性质出发,既然"最新课标"认为"工具性与人文性的统一,是语文课程的基本特点",那么,制订目标就必须考虑到"知识与能力"与"情感态度与价值观"两个维度以及这两个维度的整合。语文课能够显性把握的是"知识与能力"的目标,而"情感态度与价值观"目标的达成,要凭借"随风潜入夜"式的渗透。这两个目标的达成,取决于作为"过程与方法"的"品味语言"。

首先,目标要实,要可见可测量。制订语文课堂教学目标的依据必须是语文课程目标。"语文课程目标分为总目标和阶段目标两部分。就目标设计的结构框架来说,纵向是情感态度和价值观、过程和方法、知识和能力这三个维度,但这是隐性的线索;横向则是识字与写字、阅读、写作、口语交际、综合性学习五个方面,这才是显性的呈现。"

就"知识与能力"这个维度而言,阶段目标相对总目标而言较为具体。但就课堂教学而言,课程标准中展示的阶段目标还是较为抽象,如"最新课标"第四学段"阅读"之"4"为:"在通读课文的基础上,理清思路……"但究竟该理清怎样的思路和哪些思路,语焉不详,也就是说,没有可见性和可测量性。所以,语文教师在具体执教时还得细化。就"文章思路"而言,既牵涉到总体结构,又牵涉到材料选择,还牵涉到顺序安排、表达方式……所以,作为语文教师,必须根据单元的具体要求和文本的具体情况,设置具体的看得见、摸得着、达得到的细小的课堂教学目标,如"学习总分总的结构""学习选取典型材料表现中心意思的方法""学习倒叙手法"或"学习先分类别后举例子的说明方法"等等。可以这么说,在"知识与能力"这个维

① 廖贤枢.如何品味语言[J].中学语文教学,2008(1)

度，教学目标是课程阶段目标的“孙子”“曾孙”“重孙”甚至“玄孙”。绝不能把教学目标定位为“理清文章的思路”，因为这只能算作“准教学目标”，看不见摸不着并无法量化。

目标少而精也是语文课堂教学目标设置的重要原则。众所周知，一节课只有40分钟或45分钟，不可能达成多个目标，能达成“文”“道”各一个目标，即“一课（一个课时）一得（文道各一得）”，就已是成功。一位教师在评优课中教授李有贵的《黄果树瀑布》（苏教版五上），教学对象为五年级小学生，授课时间为一课时。单从“文”而言，授课教师就出示了“初步掌握文章移步换景的结构特色”“背诵课文第⑥自然段”“学习文中的比喻修辞”“学习通过视觉、听觉、触觉诸方面表现景物的方法”等教学目标。结果这些目标皆未达成。既然只有一个课时的授课时间，那只能丢卒保车，根据教师和学生的具体情况，找出最重要的一个关于“文”的目标，如“初步掌握文章移步换景的结构特色”，将这个目标和“道”的目标“感受黄果树瀑布的壮美”组合，就足够了；当然，将指导背诵（是理所当然的“品味语言”）作为过程与方法，也不失为上好的设计。“伤其十指不如断其一指”，就是这个道理。

另外，目标必须倾向文本的个性。众所周知，阅读教学、作文教学和口语交际教学属于不同的范畴，各有各的特性，设置目标时绝不能等同；就阅读教学而言，文学作品教学与非文学作品教学各不相同；就文学作品教学而言，小说教学、散文教学、诗歌教学与剧本教学也各不相同；即使就散文教学而言，苏教版五上不同的文本“个性”各不相同，如《黄山奇松》以抓住景物特征描写见长，《黄果树瀑布》移步换景的手法引人入胜，《莫高窟》用词精确……所以说，我们设置教学目标时，必须考虑到这些独特的具体文本的“个性”，也就是说，教学目标必须向文本的个性倾斜，绝不能千篇一律。从这个意义上退一万步，即使“品味语言”能作为教学目标，千文一面也不符合目标设置的要求。

综上所说，真正优秀的语文课，应该是教师引导学生通过“品味语言”这种“语文式”的过程与方法，使预设的、具体的、文道双方的课堂教学目标变为达成的、具体的、文道双方的课堂教学目标；而最终积累成“课程目标”。这其中，对“文”的体现较为显性，对“道”的体现较为隐性。

## 三、“长文短教”与“短文长教”

我们的语文教学（尤其阅读教学）历来受诟病颇多，于是，我们不断地“改革”。从“量”入手，增加学生的阅读篇幅是方法之一，但如何在有限的课时中引导学生与“无限”的文本对话，却一直难以解决；从“质”入手，增加课堂教学的容量与密度也是方法之一，但怎样对一篇短文章进行“充实”，又是一个棘手而有争议的问题。

### （一）前提——目标优化

林林总总的对语文的口诛笔伐中，有一种说法颇引人注意，这就是对语文课堂教学程序的批判：一上语文课，无非是在解题、读生词、分段的基础上分析写作特点和中心意思;怎不令人生厌!

对语文课程的性质,“最新课标”如是说:“语文课程是一门学习语言文字运用的综合性、实践性课程。义务教育阶段的语文课程,应使学生初步学会运用祖国语言文字进行交流沟通,吸收古今中外优秀文化,提高思想文化修养,促进自身精神成长。工具性与人文性的统一,是语文课程的基本特点。”显然,所谓“工具性”,具体体现为对“知识与能力”的把握,就是所谓的“文”,一般来说较为显性;所谓“人文性”,具体体现为对“情感态度与价值观”的把握,这就是所谓的“道”,一般来说较为隐性。由此可见,语文教学的任务,就是一方面培养学生的读写听说能力,一方面培养学生的健全人格,并使两者完美结合。

众所周知,阅读教学就是教师引导学生与文本进行对话。不同的文本都有与众不同的语言形式和内容,这就是文本的写作特点和中心意思。教师通过对文本语言形式的分析,培养学生的读写听说(尤其是读写)能力,这就是“文”;教师通过对文本内容的分析,培养学生的健全人格,这就是“道”。如果离开了对写作特点和中心意思的分析,语文课怎么进行?“对话”活动怎么开展?也就是说,如果语文课置写作特点与中心意思于不顾,那还是语文课吗?

“一千个读者就有一千个哈姆雷特”,教师在备课时要学会从不同的维度归纳写作特点与中心意思。之所以“多维”,是因为任何一个文本都可以从不同的角度理解。如上文说到的《安塞腰鼓》,其写作特点就有“反复手法的运用”“排比手法的运用”“特殊语句的运用”“动静结合,以静衬动”等等;其中心意思既可理解为“表现安塞腰鼓的雄浑气势”,也可理解为“赞美激荡的生命和磅礴的力量”“表现阳刚美”“表现了要冲破贫困的生活条件和思想上对自己的束缚阻碍的愿望”“告诉我们作为人就要这样痛快淋漓的生活和表现的文章”等等。在多维理解的基础上,就可以从“文”“道”双方考虑,设置教学目标了。

从教学目标的“量”的角度考虑,目标的设置应该遵循“一课一得”的原则,也就是说,一个课时最好将一“文”一“道”各一个目标进行搭配,设置一组目标。

如此,就做到了“教学目标的优化”。

**(二)“长文短教”要舍得“忽略”**

上文说过,阅读教学的改革,从“量”上入手的较多。课本(包括读本)越来越厚是现实,从课文与规定课时之间的关系来看,根本不可能用多课时解决每一篇课文;然而,从阅读能力培养的效果来看,教材中的课文还远远达不到“举一”的需要,也就是说,课堂教学还必须尽量让学生多接触一些文本。这样一来,课时不够的矛盾就愈加突出。于是,加班加点就有了充足的理由;可以这么说,按标准规定的周课时数授课的学校难以寻觅,课时数乘以二,似乎还是“小巫”。教师累,学生疲,就这样恶性循环着。

为解决这一矛盾,一些有识之士致力于“长文短教”的研究,有认为应“优化目标设计”“优化问题设计”“优化作业设计”者,[①]有认为应“紧扣文题”“品析重点词句”“把握文章的情感脉搏”者;[②]也有提出具体方法者,如:“解析题目法”“中心突破法”“举一反三法”“标题法”“读写结合法”“归类法”“逆向思维法”。[③]

然而,以上研究尚不能从根本上解决问题,我们认为,“长文短教”的关键是大胆“忽略”。“确定‘长文短教’作为一种方法,基于我们对母语学习规律的认识:作为母语学习者,学生对文本的理解绝不是零起点,学生在课堂教学之前实际上已经在一定程度上具备了了解课文的条件;于是,教师可以集中精力解决学生最困惑的那些少数问题。”[④]就是说,阅读教学过程中忽略一些内容是完全合理的。

怎样“忽略”? 用一个课时解决一篇长文章。上文说过,拿到文本后,首先从不同的维度归纳写作特点与中心意思,在此前提下考虑可行的教学目标;接着,分析学生最需要达到的是哪一组(“文”“道”各一)目标,将之定为教学的围绕物;然后,围绕这组目标进行教学活动并完成它;至于其他,可以暂时不顾。如要求一课时教完《安塞腰鼓》,从文本的写作特点与中心意思出发,上文说过可以考虑从“反复手法的运用”“排比手法的运用”“特殊语句的运用”“动静结合,以静衬动”“表现安塞腰鼓的磅礴气势”,也可理解为“赞美激荡的生命和雄浑的力量”“表现阳刚美”“表现了要冲破贫困的生活条件和思想上对自己的束缚阻碍的愿望”“告诉我们作为人就要这样痛快淋漓的生活和表现的文章”等等设置教学目标;其次,考虑到这篇文章“动静结合,以静衬动”的特点学生接触较少,可以将之设置为该课时的“文”的目标,至于“道”的目标,则可以从“安塞腰鼓的雄浑气势”角度设置;然后,围绕这一组目标进行以课时为整体的教学活动。至于其他,可以“忽略”,直至终了。当然,这里所谓的“忽略”并不是真正意义上的“抛弃”,而是“寄存”,教学其他课文时如涉及该点,可以再度“捡起”,作为拓展延伸的资源;同样,为完成本目标,也可以利用教学其他课文时所“忽略”的内容作为“旁证”。

同理,也可以用一个课时解决数篇文章,只要能抓住它们的“共性”设置目标即可;当然,也可以就某一目标同中求异或异中求同。总而言之,“达标”就是完成任务。

**(三)“短文长教”要善于“拓展”**

上文说过,“怎样对一篇短文章进行‘充实’,又是一个棘手而有争议的问题”,我们认为,这实际上是一个怎样“短文长教”的问题。

1. “补充式”“短文长教”

---

① 吴丽明. 优化设计——长文短教的关键[J]. 观察与思考,2007(01)

② 柯四银,胡秋英. 阅读教学中如何做到长文短教[J]. 文学教育,2007(12)

③ 张大慧. 长文短教优化法[J]. 黔东民族师范高等专科学校学报,2002(10)

④ 邓彤. 长文短教:课堂教学效率提升之径[J]. 中学语文教学,2007(3)

江苏徐州铜山县新区春晖中学尹丽丽老师提出“长文短教”“补充式”①,我们认同她的观点,但还想议上几句。

即使是短小的内涵不甚丰富的文章,也应坚持一课一得的原则,也就是说,教学目标只能是一组(“文”“道”各一),将其余的“忽略”,千万不要东一榔头西一棒子。只有这样,学生才能集中精力学深学透。文本内涵不足用不了一课时怎么办?就应该向文本外拓展,将出现在其他文本中的与本目标紧密相关的内容引进课堂,起“旁证”作用;更可以从记忆中搜寻以往“长文短教”或“短文长教”中被“忽略”的内容,一方面起“旁证”作用,一方面不至遗漏一些课本中的重要内容。当然,这对教师而言,又是一个较高的要求。——这才是真正意义上的拓展延伸,围绕教学目标的拓展延伸。

2. “分解式”“短文长教”

有时有这样的情况,手头资料紧缺或其他原因,需要多课时教读一篇篇幅较小但内涵比较丰富的文章。如下:

山的呼唤(琼瑶)

梦中,总听到那山的呼唤。

从小,热爱山,热爱水,热爱大自然那渺无边际,不可捉摸的神奇与旖旎。

童年时,在故乡湖南的乡间,曾有那么一座山,使我喘息过,使我迷惑过,使我喜悦而又使我沉迷,至今,那山仍清晰地萦绕于我的脑际。那山并不高,遍布着松树,高大的直入云霄,小的只有半个人高,泥土是红色的,土质松而软,没有杂草,没有荆棘,只是,遍地撒布着一颗颗的松果。而我穿梭于那松林间,奔跑着,呼喊着,收集着那些松果,竟日流连,乐而不疲。玩累了,我会选择一棵巨大的松树,倚着它坐下来,让那如伞般的松枝遮蔽着我。闭上眼睛,我静静地倾听那风声穿过松林发出的簌簌声响,幻想着它在诉说些什么。我一直是个爱做梦的孩子,我就在那儿制造着,酝酿着,堆积着我最初的,童稚的梦。长长久久地听着那山的倾诉,山的声籁和山的呼唤。这座童年时期影响着我的山,始终活在我的心中。它带着一股烧灼般的力量压迫着我。一座山!我总觉得自己要攀一座山。而我也总觉得自己在攀一座山。我开始写作,迫切地想写出我对山的那份感觉,我写了很多以山为背景的小说,像《深山里》,像《苔痕》,像《船里的卡保山》……而真正能写出我那份感觉的,只有一篇《幸运草》。于是,两年前,随着拍摄《幸运草》的外景勘察队,我上了一座山。我这一生真正地爬上了一座“山”,再度感受到那份令人喘息,令人迷惑,令人喜悦而又令人沉迷的滋味。那座山,那座高不可攀、深入云霄的山,那座远离尘嚣,没有丝毫人间烟火味的山!那座半是梦境,半是幻境,半是仙境的山!那山高达海拔一万三千多英尺,名叫“玉山”。

---

① 尹丽丽. 短文如何长教[J]. 语文教学通讯,2002(10)

再没有什么感觉比登上一座“高山”的感觉更踏实，也再没什么感觉比登上一座“高山”的感觉更虚幻，那山半在云封雾绕中，半在氤氲迷离中。岩石高插入云，松树伸展着枝桠，像一只只巨人的手，托住了整个的天空。站在那儿，世界在你的脚底，寒意深深的云层包围着你。浓密的松树，高大，挺拔，苍劲，树枝上全挂着一串一串的苍苔，云所带来的水汽凝聚在苍苔上，成为一颗颗晶莹的水滴，顺着苍苔向下滴落。云飘浮在脚下，在眼前，在身边，忽而来，忽而去，忽而凝聚，忽而飘散。太阳的光芒透过树梢，透过云层，一条条闪烁的光带，遍撒在整个山头。一会儿，你会浴在阳光的灿烂里，一会儿，你又会置身在岩石的阴影下。你身边所有的一切景象，瞬息万变，使你不能不一次又一次的惊叹，惊叹那造物的神秘与神奇。夜里，寒月当头，流星数点。山林浴在月光下，一片清幽，一片朦胧。处处是岩石与巨木的憧憧黑影，给人一份说不出的震慑与肃穆的感觉。山中的夜并不宁静，风在林中穿梭，时而尖啸，如一声壮烈的呐喊。时而低吟，如一支柔美的清歌。除了风声，有隔山的飞瀑，在不停不休的飞湍奔流。有不知名的鸟啼，此起彼应的互相唱和。有树枝偶然的断裂声，有小虫的唧唧，有草丛中不明原委的簌簌……这种种的声浪，汇合成了一股“山的呼唤”，那样让人震慑，让人感动，让人迷惑。似乎在不住地低喊着：“来吧！来吧！来吧！来上一座山。看看山会带给你什么？来吧！来吧！来吧！”

这就是那山的呼唤。

梦中，我总听到那山的呼唤。我知道，我将重去，我将攀登，一次又一次。因为，那山在呼唤着我。

（1970年5月17日）

将这样的“短文”“长教”，具体操作与“长文短教”相似。首先，分析这篇文章的写作特点和中心意思，如“形散神聚”“托物言志”“辞格运用”“景物描写的层次”“不懈追求”“热爱自然”等等；然后，根据规定的课时与学生情况，定位各课时的教学目标，当然也应该“一课一得”。如第一课时围绕“托物言志”与“不懈追求”进行教学活动，第二课时围绕“景物描写的层次”与“热爱自然”进行教学活动，第三课时……其他内容“忽略”。

如此操作，也能适应“长文长教”。

实际上，“长文短教”与“短文长教”是辩证统一的两个方面。首先，它们的共同基础是教学目标的优化，优化的原则就是目标选定的角度与目标确定的量。其次，“长文短教”中“忽略”的内容可在“短文长教”中“捡起”，而“短文长教”也可以采用“长文短教”的一些方式方法。所以说，两者是相辅相成的。

## 四、阅读教学中的“举一反三”

“举一反三”，“反”，类推，比喻从一件事情类推而知道其他许多事情。叶圣陶老先生曾说，教材无非是个例子，要凭这个例子使学生能够举一反三。这就是说，学生学习语文，不能受教材上的范文的限制，阅读教学的关键是让学生学会举一反三由此及彼的方法，最终解决阅读能力提高的问题。

**(一) 培养、发展阅读能力需要"举一反三"**

阅读教学的目的"首在养成读书之良好习惯。教师辅导学生认真诵习课本，其意乃在使学生渐进于善读，终于能不待教之辅导而自臻于通篇明晓。"①教的最高理想是不教，而学生能自教自为之。教师教读正是为了学生能自读、善读、乐读，为了使学生能借读而获得心智、情感、意志、人格、才能等多方面的成长和发展。

语文是实践性极强的人文学科。准确地说，语文课所涉及的不只是语言，更重要的是发展学生运用语言的言语能力。运用主要靠实践，实践又必须达到一定的量，才能形成技能、养成习惯。如果仅局限于语文课本这一相对封闭的系统，而且只让学生被动地接受教师的分析、讲解；则学生只能花费大量的时间去记诵教师繁琐的讲义，阅读效率低下且难以形成阅读能力、培养阅读兴趣。

调查学生提高语文水平的途径，70％的回答是得益于大量的课外阅读。的确，只有让学生多读、多独立地与文本对话，学生才能具体地掌握阅读的技巧、获得生动的阅读体验。教师只有充分地信任学生，给学生提供广阔的、自由的阅读空间，让学生有机会独立地面对文本、有机会自由地阅读并交流自己充满个性的理解、看法和感受，使学生体验到自主学习的成功和乐趣，学生才会因此产生兴奋感、强化内驱力，从而积极主动地去自读，进而达到乐读、善读。

"得法于课内，得益于课外"，这是语文教学的经典之论。同样，在阅读教学中也存在着得法与获益之说，我们将其称为语文阅读教学中的"举一反三"。

学生在课堂阅读教学中所获得的知识、技能和阅读体验，是学生日后课外阅读的基础。有了课堂阅读教学之"一"，学生的独立自主阅读之"三"才得以"反举"。

而学生积极主动的"反三"阅读，又为课上学生与教师平等、深入、高效地进行"举一"的阅读对话奠定了基础。孔子曰："举一隅不以三隅反，则不复也。"可见，"反三"亦有益于"举一"。提出阅读教学应"举三反一"，与此也有密切的关系。

**(二) 阅读教学中的"举一反三"的三个层次**

我们认为，阅读教学中的举一反三应该分为三个层次。

第一个层次是课文教学中的"举一反三"。众所周知，课文是小学语文教材的主体部分，语文课堂教学基本以课文为主要媒介。教材中所精选的文质兼美的范文，在小学语文教学中具有范例作用。学生可通过对课文的解读和涵咏，探求语言运用的规律、掌握读写听说的方法和技巧、训练自己的语文能力、理解文中的人文内涵。

---

① 叶圣陶．语文教育书简·十五[A]．叶圣陶语文教育文集[C]．北京：教育科学出版社，1980

小学语文课本所收的范文，有精读与略读的区别。相应地，阅读教学的类型也可分为基本型阅读教学和扩展型阅读教学。基本型阅读教学的主要目的在于获取基本的语文知识（包括语言知识、文体知识、文章学知识等等），掌握解读课文的一般程序，获得一定的阅读体验。作为课堂阅读教学的主体和重点，基本型阅读教学多用于各单元中精读篇目的教学，并多在教师的指导下集体进行；具有尝试性、模仿性和范例性的特征。是为“举一”。扩展性阅读教学则旨在形成阅读技能，拓展所学知识，丰富阅读体验；具有训练性、应用性和实践性的特征。它多用于各单元中略读课文的教学，起着“反三”的作用。有人将这两种类型的阅读教学分别比作数学课上的例题分析和习题解答，我们颇以为然。分析例题为“教读”，解答习题为“自读”；从“教读”到“自读”，学生的阅读能力由此得到了第一层次的提高，也就是说，学生“会读”了。

第二个层次为学校教学中的“举一反三”。语文阅读教学如局限于课本上的每学期几十篇的文本显然不够；故必须将阅读教学的触角伸到课本之外。这就是通常意义上的，根据课堂教学的要求，教师要求学生进行的相关课外篇目的阅读。一般来说，课外相关篇目的阅读教学大致有以下两类：

其一，比较性阅读教学。这种阅读教学意在使学生对某篇范文（精读篇目）的某些方面形成深刻的印象或认识，是由教师有意识地另外选择一篇或数篇与课文的某些方面相同、相近、相关甚至相反的课外文章供学生进行比较性阅读教学。其作用在于，通过比较，深化对课文的理解，或者拓延相关背景、完善学生的认知体系。这种类型的阅读教学不必面面俱到，可以根据对教学重点及难点的判断仅突出一点而不及其余。

其二，欣赏性阅读教学。这种阅读教学旨在于娱乐学生的精神，培养其阅读兴趣，陶冶其审美情趣，提高其审美水平。故其对象主要为文学作品；尤其是诗、词和抒情散文——可作为诗词阅读教学的拓展延伸。

这种在课堂上引进的或课后补充的相关作品的阅读教学是在教师的指导下进行的，与课文教学密切相关。如果把教学课文当作“举一”，那么，这种延展到课本之外的相关篇目的教学就是“反三”。其作用在于使学生“善读”。从“会读”到“善读”，学生的阅读能力又得到了第二层次的发展。

第三层次为大语文教学中的“举一反三”。一般认为，母语的学习过程，大都经历儿时的习得语言阶段，入学后的学得语言阶段和走向社会的习得语言阶段。其中前一个习得是指人从出生到学前，自发地学习母语。学得阶段是指学生在中小学有意识地系统地学习母语的阶段，这是一个规范化、专门化、系统化的学习阶段。在这个阶段中，学生经过有目的、有计划的强化学习，大量积累语言材料，学习、发展读与写的能力，系统规范听和说的技巧，直至掌握语文这门工具。后一个习得阶段，是一个回归社会终身自觉学习和运用语言的阶段，是对前一阶段的应用和实践发展。

在母语学习的这三个阶段里，具有承前启后之功的是学校教学，在学校教学中，学生直接在教师指导下进行的集体阅读教学为“举一”；而学生在课外或走向社会后独立进行的自主阅读学习则为“反三”。相对于在教师指导下进行的集体阅读教学而言，学生自主进行的独立阅读活动更能符合学生的阅读目的和阅读兴趣，更能突出地实现学生的主体性。这种阅读学习活动发生的原动力更多地来自于学生的兴趣和爱好，也就是说，在这种阅读学习中，学生已从“善读”升格到“乐读”的层次，亦即达到了阅读活动的第三重境界。

学生的课外自主阅读学习赖以实现的基础，是学生在学校教学里，在教师指导下进行的集体阅读教学中所获得的知识、技能及其阅读体验。也就是说，学生课外自主阅读学习之“三”是学校阅读教学之“一”的“反举”。从另一个角度来说，正是由于有了这些生动的、丰富的、为学生积极主动地参与的“反三”阅读学习，学生才能个性化地吸收、消化学校集体阅读教学中所举之“一”，真正地融所学知识、技能于自己的智能心理系统，将阅读教学与自身的发展妥帖地相融相纳，最大限度地从阅读活动中获益。

**(三) 阅读教学“举一反三”的基础**

以上，我们分析了语文阅读教学的三个层次的“举一反三”；然而，小学生是否有基础来进行这样的语文阅读教学呢?

从小学生(高年级的学生)心理发展的实际特征和其语文素养来看，采取“举一反三”的阅读教学方法是合理和可行的。

小学生处于学龄初期(6 岁到 12 岁)，该年龄段的学生一般说来很乐意去掌握新知识、技能和技巧，他们渴望学会阅读，他们在认识上的特点，表现在感知上有较强的情感性。他们最先识记的并不是最本质的东西，而是对他们产生最深刻印象的东西。小学低年级儿童形象思维所占的成分较多，而高年级儿童抽象思维的成分较多。随着学习的深入，他们逐渐形成一些正确的情感(如爱国、崇尚勇敢、乐于助人等)并以此来评价作品、人生。他们已经基本确立了情感判断的标准，大致可以分辨是非、美丑、善恶，也能够理解语言表达出的一般情感，可以读懂文中作者的情感，也能够有目的地调整自己的语文学习活动。这些，都构成了学生独立自主阅读的心理基础和保证。

而学生平时的基本型阅读学习也为学生的独立阅读奠定了语文素养方面的基础：到了第三学段，他们已经“认识常用汉字 3000 个左右，其中 2500 个会写”，也就是说，他们可以认读一般的文本；他们已能熟练地使用《现代汉语词典》、《成语词典》等工具书，可以自己解决阅读过程中出现的生字、词；他们已基本掌握了汉语的语法，可以读懂语句的意思、理解词语之间的逻辑关系；而且，基本型阅读教学中所做的文本分析示范，也使他们可以试着自己去领会文本思想，理清文本结构，玩味文本某些用词的深意。

综上所述，阅读教学中，“举一”与“反三”的关系是得法与获益的关系。教读与自读，范文的教学与指定课外文章的学习，教师指导下的课堂集体阅读教学与学生课外独立进行的自主阅读学习——在这层层递进的“举一反三”中，学生逐步从“强制被动”的教学发展到“主动愉快”的学习，阅读活动本身也形成了由教读而自读、善读、乐读的发展序列，学生的阅读教学不断向更高境界发展，其阅读能力也在这层层递进的阅读活动中得到了培养、发展和提高。

## 第三节　写话—习作教学

作文，“最新课标”将第一学段称为“写话”，将第二、第三学段称为“习作”。我们认为，小学作文教学的终极目标不是培养作家，所以不必要求小学生深入原非自己的生活。进行小学作文教学，必须有严格的、科学的计划，作为一个小学语文教师，应教会学生从属于自己的生活中选择材料，教会学生给文章一个尽可能完美的形式，教会学生努力锤炼自己的语言。

### 一、作文就是说话

又是“作文是精神产品的独创”，又是“作文贵在创新”，那么，作文当然就成了甚为“恐怖”的事了；又是“小学生怕写作文的关键是小学生未曾深入生活”，又是“写作文要用心感受生活”，那么，小学作文教学当然就“难”了。然而，究竟该怎样进行作文教学呢？

#### （一）小学作文教学没有培养作家的目标

曾听说，有人以“我们现在的作文教学培养不出鲁迅、茅盾等大文豪”来抨击中小学语文教学，真令人莫名惊诧。我们知道，作家之所以成为作家，除其本身的努力和社会特殊的培养外，还必须有一定的禀赋；不然，全世界几十亿人中的任何一个，只要自己有这个欲望想并向那个方向不懈努力，就都能成为作家了。爱迪生认为“天才就是百分之九十九的勤奋加百分之一的天赋”，那是作为大师的他的绝对谦虚；试问，有几个“百分之九十九勤奋”的人能成为爱迪生？

在这里必须强调的是，中小学作文教学过去不以培养作家为终极目标，现在不以培养作家为终极目标，将来也不以培养作家为终极目标；即使是高等院校中文系的写作课，也从来没有将培养作家作为自己的终极目标。当然，如果因中小学作文教学（实际上还必须结合其它）或者高校中文系的写作教学而冒出了一两个作家，那只是一种“外快”！

多年来，文学创作的不少术语，如“主题”“题材”“技巧”之类，被不知不觉引进了中小学作文教学的课堂。中小学语文教师套用这些来指导学生的作文，就有意无意地把学生作文同文学创作混淆了起来，于是提出了种种不切实际的要求……

那么,小学作文教学的目标究竟是什么呢?

"最新课标"总目标如是说:"能具体明确、文从字顺地表达自己的见闻、体验和想法。能根据需要,运用常见的表达方式写作,发展书面语言运用能力。"

第一学段目标说:"对写话有兴趣,留心周围事物,写自己想说的话,写想象中的事物;在写话中乐于运用阅读和生活中学到的词语;根据表达的需要,学习使用逗号、句号、问号、感叹号。"

第二学段目标说:"乐于书面表达,增强习作的自信心。愿意与他人分享习作的快乐;观察周围世界,能不拘形式地写下自己的见闻、感受和想象,注意把自己觉得新奇有趣或印象最深、最受感动的内容写清楚;能用简短的书信、便条进行交流;尝试在习作中运用自己平时积累的语言材料,特别是有新鲜感的词句;学习修改习作中有明显错误的词句。根据表达的需要,正确使用冒号、引号等标点符号;课内习作每学年 16 次左右。"

第三学段目标说:"懂得写作是为了自我表达和与人交流;养成留心观察周围事物的习惯,有意识地丰富自己的见闻,珍视个人的独特感受,积累习作素材;能写简单的记实作文和想象作文,内容具体,感情真实。能根据内容表达的需要,分段表述。学写读书笔记,学写常见应用文;修改自己的习作,并主动与他人交换修改,做到语句通顺,行款正确,书写规范、整洁。根据表达需要,正确使用常用的标点符号;习作要有一定速度。课内习作每学年 16 次左右。"

由此可见,小学作文教学的终极目标就是从不同角度提高小学生的书面语言表达能力;由此可见,我们的作文教学不必强求学生的文章"题材重大、主题深刻"。明白了这一点,就不必强求小学生如作家般"深入生活"——原本不属于自己的生活;教会学生如何用笔将自己现有的生活"说出来"才是小学作文教学的正途。这里,语文教师就得引导小学生深入自己已有的生活——学校生活、家庭生活和业余生活。

**(二) 作文就是说话①**

小学生怕写作文,原因有二:其一,对自己的生活熟视无睹,感到没什么可写;其二,偶尔发现有东西可写,却不知怎样才能写好。我们长期从事小学语文教学的实际操作和理论研究,深知所谓的"感到没什么可写"实际上也是一种"却不知怎样写才好",因为一些"不会"写作文的小学生与同学说起自己的某一次经历,或者与别人争辩某一问题时都能振振有词、头头是道。所以说,小学生怕写作文的根本原因不是"没有生活",而是"不会用笔表现生活"。但是,有没有想过"写作就是说话"呢? 谁不会说话? 既然如此,谁不会写作文? 有没有想过说话应尽量说得好些呢? 从小到大,谁不是把话越说越好呢? 既然如此,谁不能把作文越写越好呢? ——无论是 2001 版课标还是"最新课标",都将第一学段的作文教学称为"写话"教学,原

① 王家伦.作文就是说话[J].中学语文教学参考,2006(12)

因盖出于此。

把话说得好些，即提高学生的习作能力，一般论者认为要从以下三个目标努力：

一为真切地认识世界。文章是客观事物的反映，要写好文章就必须准确地认识客观世界，这种认识是一种全面的、客观的认识；而所谓“全面”，是一种辩证的“全面”。在认识过程中，必须选好自己的立足点，只有摆正立场，才能抓住所要反映的事物的关键，才能翔实地占有一切材料；在认识过程中，要使自己的观点、看法和主张具有正确性，就要在分析事理时坚持辩证法。从某种意义上说，引导学生真切地认识世界，主要指引导学生正确地选择材料。

二为清晰地整理思路。作文过程中，习作者的思维应该是清晰的，而不是混乱的；条理不清是小学生作文的另一通病，文章不是字、词、句的随意堆砌，而应按一定的章法排列。要使文章的条理清楚，就得注意它的开头与结尾、段落与层次、过渡与照应，这就牵连到学生本身思路的清晰。从某种意义上说，引导学生清晰地整理思路，主要指引导学生科学地安排材料，构思文章。

三为完美地锤炼语言。虽然说在义理、考据和辞章三者之中，辞章占第三位，但就一篇具体的文章而言，对辞章的要求却是一种最高层次的要求。一些使人“眼睛一亮”的习作，往往离不开语言的完美。然而小学生习作中，语言贫乏，如同一杯白开水的现象比比皆是。从某种意义上说，所谓引导学生完美自身语言，主要指教会学生遣词造句。

**(三) 应尽量把话说得好些**

既然明白了小学作文教学的总目标和三个分目标，那就要想方设法向这些目标努力，也就是说，要有计划地从选取素材、谋篇布局、锤炼语言三方面作努力。

其一，上文说过，所谓真切地认识世界，主要由信息的捕捉推及材料的选择来体现。然而，小学生作文的选材一直就是作文教学的难点。

“汝果欲学诗，功夫在诗外。”学文何尝不是？先要在“文”外下功夫，也就是需要生活实践，生活中处处有写作的源泉。如果仅仅限于作文课上的冥思苦想，那只能是“从何处去寻找写作的材料”。

这里有一个如何真切地认识生活的问题。这里所说的“生活”，指的是学生司空见惯而往往被忽视的“生活”——家庭生活、学校生活、业余生活；决非职业作家必须深入的“生活”。饮食起居、邻里亲情、校园喜怒、花鸟虫鱼，何尝不能成为写作的材料？关键是当今那些教作文者和学作文者（尤其是前者）能否从“重大题材”“严肃主题”中解放出来。写教师，完全可以写写他的日常生活；写同学，完全可以写写某次恶作剧；写自己，生活琐事、饲养某小动物的经过、对某一现象的不成熟的看法等等。另外，邻里纠纷、街谈巷议、都市风情、田园野趣、晨雾朝露……都可成为写作材料，“众里寻他千百度，蓦然回首，那人却在，灯火阑珊处”！

生活的一大内容是读书。美国的约翰·卢保克说，书籍所赋予我们的思想比现实生活所赋予我们的更加生动活泼，正如倒影里面反映的山石花卉常常要比真实的山石花卉更加多姿迷人一样。不可否认，小学生生活实践的机会少于成年人，但他们可以间接地从书中汲取写作的材料，实际上，从书中选出的材料往往比实际生活更典型、更精彩。

这里介绍几种可能未被认为是“书”的书籍。

一为武侠小说。港台一带，金庸、梁羽生等优秀武侠小说作家作品中的内容早已被当作创作的原材料，放进文学著作和影视作品。本来，金庸等作家的作品就深受小学生的欢迎，如在此基础上加以引导，定能为小学生的作文增色不少。

二为蒙学读物，即我国古代对儿童进行启蒙教育的教材，主要有《千字文》《三字经》《龙文鞭影》等。如《龙文鞭影》，全书共辑录两千余则典故，堪称典故大全，面广量大，非当前任何出版物可比。视其内容，中华文明史中的著名人物无不在书中留下足迹，其人文内涵，可谓丰富！全书四字成句，两相对偶，朗朗上口，易记易背。那些能在文章中纵横捭阖的文学大师，其成功大多源于幼时的蒙学读物。然而，这些为无数优秀人才启蒙的读物曾被当作封建糟粕而受到批判抵制。如今，一方面苦于作文没有材料，一方面却将那些蒙学读物束之高阁，那就不是“浪费”一词能够解释的了。

考试的压力、繁重的课务、家长的脸色和某些教师的训斥，学生可能没有机会涉猎那些所谓的“闲书”，那么，也可将自己的视点放到手中的语文书上，去“天经地义”地看“正经书”。主要由一篇篇课文组成的小学语文书，本身就是一本小小的百科全书，课文中涉及面极广，古今中外、天文地理、名人轶事、凡人琐事等等无所不包，只要教会学生制作卡片，作一番整理归类，不少内容都可作为写作的材料，“就地取材”是也；而整理的过程，又是熟悉课文、巩固所学知识、培养归类能力的过程。一举两得，何乐不为！

有东西可写，当然就言之有物，“苦差”不就变成了“乐事”！

明确了选材的范围，并不等于教会了学生选材，教会学生选材，还必须经过长期的训练，还必须根据学生的具体情况，制订严密的、科学的、循序渐进的计划。

其二，上文说过，所谓清晰地整理思路，主要由材料的安排、文章的构思所体现。著名美学家朱光潜先生认为“在作文运思时，最重要而且最艰苦的工作不在搜寻材料，而在有了材料之后，将它们加以选择与安排，这就等于说，给它们一个完整有生命的形式。”他还说：“变迁了形式，就变迁了内容。”[①]

长期以来，我们注重的是“内容决定形式”，似乎文章的“形式”成了可有可无的附庸，殊不知，小学生的生活经历有限，也就是说，可进入小学生作文内容的材料并不是取之不尽用之不竭的；更何况，形式还有着巨大的作用！朱光潜先生的这个观

---

① 朱光潜.选择与安排[A].徐中玉，钱谷融.大学语文(本科)[C].上海：华东师大出版社，1999:52

点，对必须写出令别人满意的作文的小学生是大有裨益的。

由于选择与安排是“最重要而且最艰苦的工作”，所以，给作文一个最恰当的形式，必须通过严密的计划进行训练。此计划应以课程标准为基准，既要配合教材的单元要求，又要联系学生生活的实际。平时，随时随地，必须按计划进行写作训练，不能或因配合形势，或因长官意志而使计划受挫。每次计划，即各次作文如何指导，需预做准备，稳中有变。

当今小学语文教材中所涉及的阅读文选一般起点较高，学生可望而不可即；教材中所涉及的作文教学板块务“虚”者多，基本无“严密的教学体系”可言。可见，寄希望于现行小学语文教材制订计划，以循序渐进地培养小学生的习作能力，难尽如人意。

教师如能按照小学生思维发展的规律，以材料安排、文章构思的“能力”训练为单位制订严密的单元教学计划，（体现阶段目标）为学生提供有梯度的可望可即的阅读材料，通过切中肯綮的提示和评点，让学生明白写作是极平常的事，“我也能”。如此，一个单元解决某一个有关谋篇布局的问题，步步为营；数年积累，大多数学生就能学会各种文体的各种写法。（体现终极目标）那么，“作文教学难”的问题就能很大程度上得到改善。

以下为按能力培养制订的循序渐进的作文教学整体计划，可作参考。

此计划总体可分为四大板块，各板块具体分为若干个单元，各单元分为若干层次。

思维板块。分为联想、想象两单元。

叙事板块。分为记叙要素、事与人、详与略、倒叙、插叙、线索、悬念诸单元。

写人板块。分为基本方法、侧面描写诸单元。

描景板块。分为写景顺序、动静互衬、观察位置、视角变化诸单元。

其三，锤炼自己的语言。上文说过，所谓完美自身的语言，主要由遣词造句所体现。如能有计划地多作范句接受、范句模拟的练习，有计划地多背诵一些名家名篇，有计划地多作一些造句训练，自然能“下笔如有神”了。——由于受“应试教学”的株连，这种训练工作已在一些学校淡出语文教学的课堂，令人心寒，令人心疼。当然，这个工作应在平常的阅读教学中进行，这里不再一一赘述。

我们长期从事小学作文教学的实际操作和理论研究工作，深切地认识到一个科学的、完整的知识能力体系对提高小学生作文能力的重要作用。

## 二、展开联想与想象

联想和想象是开启作文思路的钥匙。利用联想和想象，作者可以有效地进行创造性思维活动，“精骛八极，心游万仞”，进行发散思维，从而做到“笼天地于形内，挫万物于笔端”。在写作中，联想和想象常常被综合运用，添彩增味，以使其意境更为深远。所以，在指导小学生“写话—习作”的过程中，联想与想象能力的培养显得尤为重要。

**(一) 联想与想象的区别**

虽然说联想与想象都是由一个形象“想”到另一个形象;但是,两者有着质的区别。

首先,联想是由“实”到“实”的过程,因为被联想到的事物以不同的形式存在于客观世界,是“存在式”或“过去式”;而想象是由“实”到“虚”的过程,是因为想象出来的形象是新创造的,现实世界尚不存在,是“未来式”。

其次,想象虽然也由具体事物引起,但由于是“未来式”,不受客观现实的限制,想象(假想)出来的内容比较丰富,一般都有具体的形象化的情景描写,而这些形象化的情景虽然眼前看不到,却又合情合理。如苏叔阳的《理想的风筝》(北师大版六上),这篇文章颇为感人,其重要原因之一,在于作者通过文中的“刘老师”运用想象说了下面的话:“……女娲用手捏泥人捏得累了,便用树枝沾起泥巴向地上甩。甩到地上的泥巴变成了人,只是有的人由于女娲甩的力量太大,被甩丢了腿和胳膊。我就是那时候被她甩掉了一条腿的。”这段话引起了教室里的一片笑声,也泛起了每个学生心里的那种酸涩的感情,同时更增加了学生们对刘老师的尊敬。我们知道,这个画面是“虚”的,是文中的“刘老师”在本身就是虚构的神话的基础上进一步虚构出来的,这个画面抒写自由,情感跌宕起伏,形象丰富。因为“刘老师”作了丰富的想象。——如果需要,“刘老师”还可以作进一步的想象。相对来说,联想就不能这么的自由,因为是“过去式”,受曾经的客观存在的限制,不能那么随心所欲。如课文《麋鹿》(苏教版六上),作者在介绍了麋鹿的外形、习性后,即展开了丰富的联想,将麋鹿的经历告诉了读者,尽管麋鹿的经历颇含传奇色彩,但作者必须尊重史实,由眼前“实”的麋鹿到过去同样“实”的麋鹿的经历,不能进行虚构,只能按照实际情况介绍。

**(二) 联想与想象的综合运用**

联想和想象虽然在概念上有所区别,但在实际运用中往往交织在一起,共同使用。如陈忠实的《青海高原一株柳》(苏教版六上):

> 这是一株柳,一株在平原在水边极其普通极其平常的柳树。
>
> 这是一株神奇的柳树,神奇到令我望而生畏的柳树,它伫立在青海高原上。
>
> ……
>
> 我便抑制不住自己的猜测和想象:风从遥远的河川把一粒柳絮卷上高原,随意抛散到这里,那一年恰遇好雨水,它有幸萌发了。风把一团团柳絮抛散到这里,生长出一片幼柳,随之而来的持续的干旱把这一茬柳树苗子全毁了,只有这一株柳树奇迹般地保存了生命。自古以来,人们也许年复一年看到过,一茬一茬的柳树苗子在春天冒出又在夏天旱死,也许熬过了持久的干旱却躲不过更为严酷的寒冷,干旱和寒冷绝不宽容任何一条绿色的生命活到一岁。然而这株柳树却造就了一个不可

思议的奇迹。

我依然沉浸在想象的世界里：长到这样粗的一株柳树，经历过多少虐杀生灵的高原风雪，冻死过多少次又复苏过来；经历过多少场铺天盖地的雷轰电击，被劈断了枝干又重新抽出了新条；它无疑经受过一次又一次摧毁，却能够一回又一回起死回生，这是一种多么顽强的精神。

我家乡的灞河以柳树名贯古今，历代诗家词人对那里的柳枝柳絮倾洒过多少墨汁和泪水。然而面对青海高原的这一株柳树，我却崇拜到敬畏的境地了。是的，家乡灞河边的柳树确有引我自豪的历史，每每吟诵那些折柳送别的诗篇，都会抹浓一层怀念家园的乡情。然而，家乡水边的柳枝却极易生长，随手折一条柳枝插下去，就发芽，就生长，三两年便成为一株婀娜多姿、风情万种的柳树了；漫天飞扬的柳絮飘落到沙滩上，便急骤冒出一片又一片芦苇一样的柳丛。青海高原上的这一株柳树，为保存生命却要付出怎样难以想象的艰苦卓绝的努力？同是一种柳树，生活的道路和命运相差何远！

……

在同样以植物为题材的作品中，作者创意出奇，独辟蹊径。作者首先展开了丰富的想象，想象着这株柳如何来到青海高原，如何在同胞中脱颖而出，如何战胜恶劣的自然环境茁壮成长。于是，一株坚强的柳出现在读者的眼前。紧接着，作者又展开丰富的联想，联想到灞河边上的柳，于是，古人灞桥折柳相别的故事出现在读者的眼前，这株柳又带上了一丝迁客骚人的悲凉和游子思乡的情感。然后，作者再度联想到家乡柳树生长之易，从反面衬托这株柳的坚强。——就在这种联想与想象之中，作者的敬畏之情溢于言表，这株柳，何尝不是人！

**(三) 联想和想象的正确运用**

正因为联想与想象在作文中功莫大焉，所以一些小学生作文时争先恐后地运用，有不少语文教师也在“指导”学生运用联想和想象作文，以致出现了另外一些问题。下文我们将探讨如何防止这些问题的产生。

1. 不能脱离主题

运用联想和想象，必须符合主题的需要。如课文《长江之歌》(北师大版六上)作者对长江做出了丰富的想象，从不同侧面体现了作为母亲河流的长江的宽广胸怀，时时处处围绕主题。但是，也有运用不当的情况。例：

知识的力量

2004 年 12 月，印度洋海啸发生后，英国媒体有这样一则报道：在几十米高的海浪袭向泰国普吉岛的一个海滩之前，英国一位年仅 10 岁的小女孩蒂莉·史密斯，凭借自己在学校里所学的地理知识，预测出将有威力强大的海啸发生。她立即让父母发出警报，疏散了海滩上的游客，从而挽救了 100 多名游客的生命。

一位年仅10岁的女孩能用在学校所学到的知识挽救自己和其它游客的生命，由此可见知识的力量处处可见。可是如今的我们乃至中国的教育好像恰恰忘了这一点。中国学生的理科整体水平高是众所周知的，但是我们往往忽略了对自己母语的培养，一个民族最可贵的知识是对自己文化及语言内涵的理解，但是如今主流学习英语的热衷却是远远高于语文，在公共英语考试的热潮中有谁还关心自己的文化？

例文要论述的是知识的力量，以一位年仅10岁的女孩能用在学校所学到的知识挽救自己和其它旅客的生命的故事，得出观点——知识的力量处处可见。但作者马上联想到的却是中国教育文理科的不平衡，对待母语和英语态度上的不平衡，批判起中国教育的“弊端”。其论证与中心观点风马牛不相及，也就是说，作者的联想脱离了主题。

2. 情感色彩要与文章的主色调合拍

如李有贵的《黄果树瀑布》(苏教版五上)的基调是气势磅礴，充满生机，活力和希望的，因而作者发挥想象的情感色彩与主色调也是极吻合，如“瀑布从岩壁上直泻而下，如雷声轰鸣，山回谷应。坐在下面，仿佛置身在一个圆形的乐池里。四周乐声奏鸣，人就像漂浮在一片声浪之中，每个细胞都灌满了活力。”这篇优美的散文，它向我们展现了一个欣欣向荣、多姿多彩、全方全位的瀑布。在《滴水穿石的启示》(苏教版五上)这篇课文中，为了体现李时珍持之以恒锲而不舍的精神，联想到太极洞中的景观“滴水穿石”，两者基调一致，给读者留下了无尽遐想。

所以说，运用联想和想象时，作者的情感色彩与主色调相吻合十分重要。当然，有时候为了反衬的需要，也可向反面展开联想与想象，此当别论。

3. 不能喧宾夺主

联想和想象毕竟是文章的“枝”，因而不能喧宾夺主，要适度、恰当地为突出主题服务。如果联想与想象所占的篇幅过大，就会喧宾夺主，破坏全文的意境。再如：

天使般地盘旋在天空。星星眨着眼睛问我从哪里来，月亮阿姨轻轻地吻着我，我去看望了正在熟睡的太阳叔叔，把我的希望放在了它的枕旁。再一看，笨拙的胖子木星跑来要和我游戏，杨利伟叔叔驾驶着“神舟五号”向我驶来，邀请我到船舱里，我也会飞了！正在我享受飞的乐趣的时候，不知不觉我又来到了地球，舱门“嘭”一声打开了，我兴奋地跳起来，发现市民们都在热烈地欢迎我们。我被叔叔，阿姨们抱了起来。我高兴地笑出了声。妈妈跑来，摸摸我的头说：“不好，这孩子发烧了！”我睁开朦胧的双眼，惊讶地看看四周，妈妈和姥姥“扑哧”一声笑了。

作者的想象非常丰富，“我”在天空中盘旋，“看见”了许多神奇、美妙的景象，如与星星眨眼、与月亮“亲密接触”、看望太阳公公，甚至与航天英雄交往等，这一切都是作者的美好幻想。最后，被妈妈的话打断，我们这才知道是场美梦。但本段文字的主题究竟是什么，读者如云里雾里。所以联想和想象的运用，要因主题而展开，切忌“胡思乱想”。

作文要求立意深，选材新，布局巧，语言美。只有展开联想和想象的翅膀，才能以生活为源泉，以意旨为轴心，思接千载，视通万里，将自己的生活和感受转移到其它事物上，让他们替自己说话，写出精彩的文章，才能达到“笼天地于形内，挫万物于笔端”的境界。

## 三、改写训练，提高学生作文能力的有效途径

当作文训练因题材“用完”而“山重水复”的时候，还有一个秘密仓库可以开掘。从小到现在，一般的小学生肯定读过大量的优秀诗文或者画作，可以仔细研读这些诗文画作，作改写练习。对读过的诗文画作作改写训练，首先可以开拓写作的源泉，使“柳暗花明又一村”；同时，由于改写的情况较为复杂，为使改写能够成功，学生“动脑”的程度甚至超过一般意义上的写作，从锻炼思维的角度看，改写还是推进素质教育的一条有效途径；另外，改写还能加深学生对已读诗文画作的理解，即使从考试的角度而言也“有利可图”。指导学生改写，“一举而三役济”，何乐而不为！

### (一) 缩写、扩写

学习改写的第一步，就是学会缩写和扩写。

缩写，就是经过脑力劳动，将一篇较长的文章进行压缩，使之成为一篇较短的文章。缩写要保留原文的体裁和主要内容，为不失原文本意，甚至可以保留原文精彩的词语；同时，还得注意首尾相连，结构完整。一般的做法是，先归纳各个段落（或者各个句子）的大意，用过渡性语句（或词语）将它们连缀成文即可。较为理想的做法是，先算出原文和各段落的大约字数，然后根据要求的字数，将各部分按比例缩小，最后连缀成文。

如，将《“诺曼底”号遇难记》（北师大版五上）缩写成600字左右的短文。

**【案例】**

“诺曼底”号遇难记（缩写）

1870年3月17日夜晚，哈尔威船长把“诺曼底”号轮开往斯恩西岛。

薄雾笼罩着大海。突然，全速前进的“玛丽”号巨轮直向“诺曼底”号的侧舷撞过来。“诺曼底”号的船身一下被剖开了一个大口子。船发生了可怕的震荡。顷刻间，所有的人都奔到甲板上，奔跑，哭泣，海水猛烈地涌进船舱。

哈尔威船长大声吼道：“快放救生艇。妇女先走，船员断后。必须把60人全都救出去！”

船上一共有 61 人,他把自己给忘了。

大家一窝蜂拥上救生艇,险些儿把小艇弄翻了。整个人群乱得不可开交。

黑暗中人们听到船长简短有力的对话:

“洛克机械师在哪儿?”

“在。”

“炉子怎么样了?”

“被水淹了。”

“火呢?”

“灭了。”

“机器怎样?”

“停了。”

船长又喊:“奥克勒大副!”

“到!”

“还能坚持多少分钟?”

“20 分钟。”

“让每个人都到小艇上去。奥克勒大副,哪个男人抢先,你就开枪打死他!”

“玛丽”号也放下救生艇,赶来搭救。

求援工作进行得井然有序。

哈尔威巍然屹立在他的船长岗位上。一切似乎都在听从他的调遣。

“快救克莱芒!”

克莱芒是见习水手,还是个孩子。

轮船在慢慢下沉。小艇在“诺曼底”号和“玛丽”号之间来回穿梭。

“动作再快点!”船长又叫道。20 分钟到了,船头先沉下去,很快船尾也浸没了。

船长哈尔威屹立在舰桥上,一个手势也没有做,一句话也没有说,随着轮船一起沉入了深渊。人们透过阴惨惨的薄雾,凝视着这尊黑色的雕像徐徐沉进大海。

**【分析】**

《“诺曼底”号遇难记》原文 1000 字左右,缩成 600 字左右,就是把每个段落压缩到原来的 60%,但是,有些地方,如本来就简短的人物对话难以压缩,就得灵活处理,把其他地方多压缩一些。

扩写,就是将一篇简短的文章添枝加叶,使之成为一篇有一定文采的、较为丰满的、不失原意的长文章。同样,扩写也可以先算出原文和各段落(各句)的大约字数,然后根据要求的字数,将各部分按比例扩大,最后连缀成文。扩写的其它要求与缩写一样。

（二）续写

续写，就是通过想象，依据原文人物、情节、线索、观点等材料继续写下去，写出新的结局或新一轮的高潮。续写应是情节、线索的合理延伸，人物性格的合理发展，观点材料的合理补充。续写必须忠于原作，主要指符合原文的内容和形式。

如，为章武的《天游峰的扫路人》（苏教版六下）再续上一段话。（600字左右）

**【案例】**

30年后的相会

光阴似箭，日月如梭，转眼30年过去了，我再次踏上了天游峰。站在峰顶，朝下张望。还真有那"会当凌绝顶，一览众山小"的感觉。

突然，我想起了那位扫路的老人，便顺着石阶去寻找。石阶上一尘不染，应该刚刚被人打扫过。石阶又陡又窄，我小心地顺着石阶走了下去。突然，"哗——哗"的声音传入了我的耳朵，这声音断断续续地从远方传了过来。我心里一阵狂喜，随着声音找了过去。不远处一位老人扛着扫帚慢慢地朝我迎了过来。我大声喊道：

"老爷子，30年前，你请我喝过茶，你不记得了？"

"哈哈，你说的是我爸，瞧，那不是他吗？"

就在30年前的那个小屋旁，老爷子正在缓缓地扫着门前的台阶。虽然老人已经上百岁了，但他依然面色红润，笑容可掬。他的头顶中间光秃秃的，周围只剩下几根稀疏的头发。流水般的岁月无情地在他那饱经风霜的脸上刻下了一道道深深的皱纹。老人激动地说："你真的来了，我以为你不会来。30年了。走，跟我回家！"

老人把我引进屋，为我泡上了一杯飘着浓香的"大红袍"。茶香溢满了整个房子。

"您都这么大岁数了，还是每天坚持打扫石阶吗？"

"岁数大了，身体可好着呢！但毕竟力气不如过去了，你看，这把扫帚不是传给儿子了吗？我呢，就扫扫小屋前后。"老人的脸上洋溢出灿烂的笑容。

"您可真是位质朴而勤劳的人啊！"

老人一扬手，笑着说："我这糟老头，什么勤劳不勤劳的。我就是不舍得离开这里罢了……"

顿时，我们俩哈哈大笑，笑声传遍了整个屋子，就连树丛中的小鸟也飞了起来，又悄悄地落回了原处，我和老人度过了美好的一天。

**【分析】**

这段续写比较成功，是因为忠于原著。且看，原文一直在突出的就是老人的性格——乐观向上、自在悠闲、热爱劳动、豁达开朗、勤劳、健康;所以,续作让这位老人继续演绎着这种积极的性格。原文通过环境烘托以及人物肖像、动作、语言推动情节的发展;所以,续作也通过环境烘托以及人物肖像、动作、语言推动情节的发展;原文以“喝茶”作为两人相识的纽带,续作中,两人又一次一起喝茶,共叙友情。这段续写比较成功,还因为从实际出发,像这样一个身体健康热爱劳动的70来岁的老人,再活上30年,并非没有可能;但是,如果再让他在天游峰上上上下下地扫路,就匪夷所思了。所以,续作者特地安排老爷子的儿子出场扫路。

**(三) 记叙顺序的改换**

改写还可作记叙顺序的改换,即作顺叙、倒叙和插叙之间的转换。作记叙顺序转换的前提是对各种顺序内涵的清晰把握,尤其要明辨倒叙和插叙之间的区别。粗看,倒叙和插叙都涉及对往事的追述,但是,两者有着根本的区别。如果去掉追述部分,已经没有了主体故事,这是倒叙;如果去掉追述部分,主体故事基本完整,那就是插叙。如果把倒叙中的追述称为“雪中送炭”,那么,插叙中的追述就是“锦上添花”。究竟是作“雪中送炭”还是作“锦上添花”,必须根据具体的需要。

如,将课文《半截蜡烛》(人教版五下)改为倒叙的形式,字数与原文基本相等。

**【案例】**

半截蜡烛(倒叙)

烛焰摇曳,发出微弱的光。此时此刻,它仿佛成了屋子里最可怕的东西。伯诺德夫人的心提到了嗓子眼儿上,她似乎感到德军那几双恶狼般的眼睛正盯在越来越短的蜡烛上。

突然,小女儿杰奎琳娇声地对德国人说道:“司令官先生,天晚了,楼上黑,我可以拿一盏灯上楼睡觉吗?”少校瞧了瞧这位可爱的小姑娘,说:“当然可以。我家也有一个你这么大的小女儿。”杰奎琳镇定地把烛台端起来,向几位军官道过晚安,上楼去了。

……

第二次世界大战期间,法国有一位家庭妇女,人称伯诺德夫人,她身边只有两个幼小的孩子,为把德国强盗赶出自己的祖国,一家三口人都参加了秘密情报的传递工作。

伯诺德夫人的任务是把收到的绝密情报藏好,等自己的军队派人前来取走。为了情报的安全,她想了许多办法,但始终放心不下。最后,她终于想到了一个绝妙的主意——把装着情报的小金属管藏在半截蜡烛中,然后把它插在一个烛台上。由于蜡烛摆在显眼的桌子上,反而没有引起前来搜查的德军的怀疑。

几个小时前,屋里闯进了三个德国军官。他们坐下后,一个中尉顺手点燃了藏有情报的蜡烛,放到少校军官面前。伯诺德夫人知道,万一蜡烛燃烧到金属管会自动熄灭,秘密就会暴露,情报站就会遭到破坏,同时也意味着自己一家三口生命的结束。她看着两个脸色苍白的孩子，急忙从厨房取出一盏油灯放在桌上，“瞧，先生们，这盏灯亮些。”说着，轻轻把蜡烛吹熄。一场危机似乎过去了。

轻松的心情没有持续多久，那位中尉又把冒着青烟的烛芯重新点燃。“晚上这么黑，多点支小蜡烛也好嘛。”他说。

时间一分一秒地过去。这时候，大儿子杰克慢慢地站起来，“天真冷，我到柴房去搬些柴来生个火吧。”说着，伸手端起烛台朝门口走去，屋子顿时暗了许多。中尉快步赶上前，厉声喝道：“你不用蜡烛就不行吗？”然后一把夺回烛台。孩子是懂事的，他知道，厄运即将到来了。在斗争的关键时刻，他从容地搬回一捆木柴，生了火，默默地坐着。

……

就在杰奎琳踏上最后一级楼梯时，蜡烛熄灭了。伯诺德夫人急剧的心跳慢慢平静了下来。

**【分析】**

原文讲述了一个惊心动魄的故事，其中，故事的结局——小女儿杰奎琳机智地取走烛台上楼的场面最令人难忘。改写之所以成功，是将最精彩最动人的那个场面挪到文章的开头，以引起读者的悬念。

改变写作顺序，最容易出问题的是故事的衔接。为此，改写者在故事的顺序改变的地方放了两个省略号，起“缓冲”作用。将故事中间的“一天晚上”改为“几个小时前”，将故事结尾的“她”改为“杰奎琳”，在故事的最后加上一句“伯诺德夫人急剧的心跳慢慢平静了下来”，这些虽似乎微不足道，却为改写的成功增添了筹码。

**（四）文章体裁的改换**

当然，改写也可以作诗歌、散文、说明文等等的体裁改换，作这种改换必须具备扎实的文体知识。改写还可以作语言形式的改变，如将文言诗文改为白话文。从牙牙学语开始，孩子们已经学过了大量的古典诗文，这些诗文千古传诵，实在是中华文明的精华所在。虽然说为了考试，他们曾花大力气背诵过有关的篇目及有关的解释；但一般来说对这些诗文的内容的理解不够透彻。如果愿意做一项工作，将这些诗文用现代汉语改写（绝对不是文白直译）出来，那么，他们就会认真地去钻研它们，深刻地去理解它们；同时，练笔的机会又不知增加了几许。

将文言抒情诗歌改写为白话抒情散文，也牵涉到文体的改换。就是将诗歌浓缩、凝练的意境扩展开来，尽量使它们有血有肉。必要时可以“请出”诗人，让他参与到他自己创造的意境中去，也就是说，可以适当“叙事化”一点。从一定意义上来说，这就是扩写。不过这里要发挥联想能力，也就是说，应适当联系自己所了解的诗人的生平和写作背景；同时，要发挥无尽的想象，应该认识到想象就是深度，没有一种精神机能比想象更能自我深化、更能深入对象。

如，将辛弃疾《西江月》改写为500字左右的白话抒情散文。

**【案例】**

西江月(改写)

是什么使枝头巢中早应安睡的乌鹊局促不安？是什么使不愿入眠的蝉儿叫个不停？天上是一轮皎洁的明月，耳边是阵阵徐徐而来的清风，或许，那些乌鹊和鸣蝉将这夏末的夜晚当成了白天。遭受贬斥，在家隐居多年的诗人辛弃疾走在这乡间的小道上，心里的种种不快已被这清幽奇丽的景色化解，就想一些愉快的事儿吧！突然，一阵清风送来了沁人心脾的稻花香味，保准又是丰年，乡亲们可过上几天舒心日子了，诗人似乎看到了乡亲们的张张笑脸。想到此处，诗人不由地笑出声来，四面蛙声骤起，似乎在为诗人助兴。

夏夜的天，孩儿的脸，说变就变。刚才还是一轮明月几点星星，一片乌云飘来，顷刻间雨点就砸到了诗人穿着单薄的背上。糟糕，今夜倒霉，对了，前面不远处土地庙旁有座乡村客店，就到那儿避雨！于是，诗人甩开大步急急奔走，转过小溪，跨越竹桥，到了，终于到了，但是，诗人身上早已淋了个湿透。客店主人看着诗人头发上不停下滴的水点，不由得哈哈大笑："稼轩先生，你湿透了，可是今年的丰收保住了。"笑声，在客店的人群中"传染"，在夏夜的寂静中回荡。

**【分析】**

例文为抒情诗(词)改写。细心的读者不难看出，原来"置身诗外"的诗人走上了前台，成了文章的主角，也就是说，例文作者化"虚"诗人为"实"诗人。同时，作者增添了诗人的境况以及自己的想象，细腻的描写充实了文章的内容。

将文言叙事诗歌改写为白话记叙文，从表面上看比抒情诗歌的改写容易得多，实际上并不那样简单，因为一个不小心就会变"改写"为"直译"。改写以前，先得分清原诗的情节结构与详略安排，使新作与原诗保持一致。必要时，可以将原来的情节场面调整一下，也可以通过想象加上一些完全可能出现的细节；当然，稍微扔掉一点细节也未尝不可。值得注意的是，改后的文章不能再有诗歌的"痕迹"，也可理解为不必讲究句式的整齐，不必过分讲究内容的含蓄。

**(五) 改画为文**

我们在这里重点讨论的，是看似容易的根据图画写记叙文。18世纪德国著名的美学家、戏剧理论家莱辛在他的美学著作《拉奥孔，论绘画和诗的界限》中，第一次明确区分了画和"诗"在反映现实上的区别。他指出绘画之类的造型艺术反映现实时是选择最精彩的"固定的一瞬间"，而"诗"所描写的则是时间上连续不断的行动。莱辛所说的"诗"，就是叙事性的文学作品，我们所说的记叙文，描写的也是"时间上连续不断的行动"，所以也可认为是"诗"。由此可见，如果要将一篇记叙文用画的形式表现出来，此画必须反映最精彩的"固定的一瞬间"，正如一些小说的优秀的插图；如果要根据一幅画写一篇记叙文，就是由画入"诗"，也应从最精彩的"固定的一瞬间”入手，而不是像小学生由画入“诗”那样，从想象中的故事的开端写起。具体作法是：先将画面所表现的一瞬间用文字描写出来，再想象回顾画面一瞬间以前的内容，最后想象展望画面一瞬间以后的内容，即可告竣。也就是说，应该用倒叙，而不是用顺叙的手法表现。

如，根据下面这幅画的内容，发挥想象，写一篇不少于400字的记叙文。

**【案例】**

一场虚惊（之一）

老鼠王国的贾大又“发明”了“茅台酒”。说来也不难，难就难在想出这个点子，这得靠“天才”：“酒”，买回一些工业用的“甲醇”和香精，羼一些自来水就是；“酒瓶”，派小老鼠到街头巷尾回收；商标，委托老鼠王国印刷厂现印。“天才”的思维角度当然与众不同，要造就造“茅台”，造那种才几个大洋一瓶的“二锅头”多没意思。

这“酒”可不能送到专卖店。送入大饭店，等客人们喝得差不多时续上一两瓶，保证没人辨得出；饭店老板是蟑螂张三，自己人。送“货”当然得讲究点艺术，被工商管理逮住，那就麻烦了。瞧，贾大故意把“样品酒”放进一只破麻袋中，“酒瓶”周围还垫些破布，整个麻袋鼓鼓囊囊的，谁也看不出里边是“酒”。

真个是冤家路窄，刚走到十字路口，工商干部李四和王五就出现在贾大的面前，他们举起“打”“假”的牌子，高呼口号，这可把贾大吓得满头大汗，屁滚尿流，回头就跑。但李四和王五却原地踏步，不曾追来。贾大回头一看：“一场虚惊，原来不是‘打假’啊……”——那牌子从右往左看是“打假”，从左往右看是“假打”！现代汉语贾大也曾研究过，当然得从左往右看。

想起昨天送出的那两只大“红包”，贾大几乎笑出声来。

**【分析】**

作者的想象力可谓丰富,如果没有对社会生活的热切关心,没有对当今市场假冒伪劣商品的深恶痛疾,没有熟练的遣词造句能力,写不出这样的文章。但是,改写文的谋篇布局却值得商榷。我们认为,最好把改文第三自然段的内容置于最前,然后是第一自然段、第二自然段、第四自然段,也就是从“固定的一瞬间”入手,用倒叙手法。

**【案例】**

一场虚惊(之二)

真是冤家路窄,十字路口,老鼠王国的贾大背着它亲自“酿制”的“茅台”,工商干部李四和王五竟然就站在它的面前,他们举起“打”“假”的牌子,高呼口号,这可把贾大吓得满头大汗,屁滚尿流,立马想跑。但李四和王五却原地踏步,不曾追来。贾大回头一看:“一场虚惊,原来不是‘打假’啊……”——那牌子从右往左看是“打假”,从左往右看是“假打”!现代汉语贾大也曾研究过,当然得从左往右看。

于是,贾大想起了几天前……

一个不小心,它竟然“发明”了“茅台酒”。说来也不难,难就难在想出这个点子,这得靠“天才”:“酒”,买回一些工业用的“甲醇”和香精,羼些自来水就是;“酒瓶”,派小老鼠到街头巷尾回收;商标,委托老鼠王国印刷厂现印。“天才”的思维角度当然与众不同,要造就造“茅台”,造那种才几个大洋一瓶的“二锅头”多没意思。

送“酒”可得讲究点艺术。贾大灵机一动,故意把“样品酒”放进一只破麻袋中,“酒瓶”周围还垫些破布,整个麻袋鼓鼓囊囊的,谁也看不出里边是“酒”。于是就出门了……

……想想这一场虚惊,想想昨天送出的那两只大“红包”,贾大几乎笑出声来。于是,它觉得自己已经到了蟑螂张三的酒店,等客人们喝得差不多时续上一两瓶,谁辨得出……

**【分析】**

从画面展示的“一瞬间”开始记叙,是这篇文章的显著特点。也就是说,作者没有从想象中的故事开端入手写作,而是用倒叙手法来写这篇记叙文。作者先写老鼠贾大出门“送货”遇到工商部门“打”“假”的具体情形(即画面展示的“一瞬间”);然后想象上街送酒前的一些情况,诸如“酿酒”的过程等等;再按照画面的提示,通过“想”来表达故事的结局——如此就画面写记叙文,是最佳的选择。我们认为,将画改写成记叙文,可以发挥想象,当然,这个想象必须不违背画面的具体情况,必须合情合理,总不能把“老鼠贾大”的假货想象成一辆汽车吧!

改写,就是对原材料的再创作。改写可以对原作做较大的改变,但一般应“就地取材”,改写可以展开联想与想象,但展开的联想与想象必须符合人物的性格,符合原作精神,不能丢掉原作另起炉灶。上文所述的各种改写往往交叉结合在一起;同时,改写也往往和缩写、扩写结合进行。当然,改写还有字数规定及其它的一些具体要求,这就要具体问题具体解决了。

## 第四节　口语交际教学

事实如此,每个学校定会有少数难以“教好”的“学困生”;我们也关注到,在有关语文教学的一些著作和文章中,对口语交际教学做了大量的多方位的研究,但是,鲜有从口语交际教学角度分析“学困生”产生原因者。本节中,我们将根据调查得到的材料和心理学的原理,分析“学困生”与“听力障碍”之间的关系,提出从解决“听力障碍”入手拯救“学困生”的观点。

### 一、“学困生”源于听力障碍说

每个学校,每个班级都有优等生、中等生和“学困生”。只不过程度不同而已——这是不得不承认的事实。也有这种可能,入学时并非“学困生”,而入学后因种种主观或客观原因逐步“发展”为“学困生”。

那么,何谓“学困生”?一般认为,学生的智力水平正常且没有感官障碍,但其学习成绩明显低于同年级学生,不能达到预期的学习目的的学生。在临床心理学上,“学困生”为学习困难儿童,其定义为儿童在运用和理解口语文字方面的基本心理过程表现出一种或一种以上的障碍,如听、说、读、写等方面的障碍。本文所指的“学困生”即“听力障碍”导致接受失误者,并不是智力低于常人者。

“学困生”与“听力障碍”,似乎风马牛不相及;然而,只要承认“学困生”存在的现实,只要耐心分析一下“学困生”之所以学习成绩不理想的实际情况,就会发现它们之间的联系是密切的。

我们曾经翻阅过多个“学困生”的语文听课笔记,惊异地发现其中竟然有大量的错误,其中有30%人错误率超过三分之一;至于该记上笔记而不见只言片语的比比皆是。听课笔记如此,学习成绩怎能理想!出现这种情况,我们认为现场笔误也许有,但更大的原因却在“听”上,即上课时没听清楚或者干脆没听见;也就说,这些学生患了听力障碍症。医学范畴的听力障碍,也称为听力残疾,指因听觉系统某一部位发生病变或损伤,导致听觉功能减退,造成言语交往困难,这种听力障碍与本文无关。本文所说的“听力障碍”,是指听觉系统未曾发生病变或损伤,但听知能力却不甚理想的情况。从教育范畴而言,就是听课效率低下。

## 二、"听障"原因探析

沦为"学困生"源于学习成绩不理想,学习成绩不理想在很大程度上源于课堂记录的失误,而课堂记录失误的根源在于听课效率的低下,"听"具有非常重要的作用。我们知道,人所获得的知识,其中60%来自视觉,20%来自听觉,15%来自触觉,3%来自味觉。听的作用仅次于看,它是汲取知识,积累材料的重要渠道之一。而听课效率的低下则源于"听力障碍",而造成"听力障碍"的原因又是什么呢?

### (一) 家庭过分宠爱造成先天不足①

有人认为现在的孩子是被宠坏的一代,此说虽然有些过头,但也能反映一定的现实情况。在独生子女占绝对多数的情况下,"四二一综合征"几乎在每一个家庭演绎着。我们曾经就"如果你家的孩子在玩游戏,你喊他吃饭,喊几遍他才能过来"这个问题,在"教育硕士"授课时,向多届数百位青年教师做过调查,回答"一遍"者寥寥无几,回答"至少三五遍"者超过70%,回答要靠"扯耳朵"才能来者超过20%。这就是问题的关键:面对被宠爱着的这个"一",父母之"二"加上爷爷奶奶外公外婆之"四",耐足性子一遍又一遍地呼喊催促;面对家长的各种正常呼唤,大多数贪玩的孩子已经是听而不闻。如此越演越烈,对教师课堂上的讲授,一些学生当然就听而不清甚至听而不闻了。从心理学上来说,这些孩子已经很难集中注意力去听家长和老师的话。注意是心理活动对一定对象的指向和集中。引起人注意的原因主要有:刺激物的新奇性和个人的兴趣。② 而一些学生对于家长重复单调的"唠叨"早已失去了兴趣和新鲜感,久而久之则导致了他们"听而不闻"。

### (二) 学校教师的反复唠叨增温促长

当这些"听力障碍"的孩子进入小学,痛苦的天平就向小学班主任、任课教师倾斜,面对的是"听障"者,然而教学目标必须完成,班级均分必须上升,家长压力不能不顾。于是,就采取了一些非常措施。授课时反复唠叨是最主要的手段,既然一遍不行,那就两遍、三遍甚至五遍,致使一些未患"听障"的学生"耳朵生茧"。曾见过这样一幕:放学了,一队队小学生站在校门口,在教师的带领下又一次齐声背诵当天的回家作业,真让人哭笑不得。现代化通讯手段的发展为教育提供了方便,短讯平台、"家校通"等手段的运用,确实能节省大量宝贵的时间;但是,通过短讯平台、"家校通"将当天的回家作业告知家长,窃以为不可取,因为这样能使学生产生依赖心理,即使是一些比较自觉的孩子,也会认为反正老师会多次重申,反正家长会告诉自己,上课听不听已经无所谓了。长此以往,"听力障碍"者越来越多,"学困生"的"后备役"也就日益"壮大"了。——甚至可以这么认为,短讯平台、"家校通"等手段是培养"学困生"的温床。

---

① 张婷.从解决"听力障碍"入手拯救"学困生"[J].江苏教育,2009(5)

② 彭聃龄.普通心理学[M].北京:北京师范大学出版社,2001

**（三）家教市场的繁荣推波助澜**

当然，也有些教师尤其是高年段的不善于“反复重申”。于是，一大批习惯在反复唠叨中勉强跟上进度的“听障”学生失去了“助听器”，进入彷徨状态，日积月累，与别人的差距越来越大；于是，“学困生”的“预备役”就成了“现役”。在这种情况下，“家教”市场的日益繁荣也就不是什么怪事了。正因为有了繁荣的“家教”市场，一些学生“有恃无恐”，上课更不专心听讲，请家教是爱儿心切而黔驴技穷的家长的最后一招，甚至一些本来成绩尚可的孩子的家长，为了自己的孩子“不输在起跑线上”，也为这些孩子请起了家教。实际上，靠家教暂时提升成绩的孩子有多少“后劲”，实在难以估算。可以这么说，家教是造成学生听力障碍的“推进器”。

**（四）“口语交际”教学未能切中肯綮**

不可否认，随着“新课改”的不断深入，当今的小学语文教学对“口语交际”教学越来越重视，也就是说，“口语交际”教学已走出冷宫。“最新课标”中有“口语交际”训练的目标，尽管也比较完整，尽管也是循序渐进，但是，除了“第一学段”阶段目标中有“能认真听别人讲话，努力了解讲话的主要内容”，“第二学段”阶段目标中有“能用普通话交谈。学会认真倾听，能就不理解的地方向人请教，就不同的意见与人商讨”外，基本没有涉及对“听”的“一遍准确率”的目标要求。岂不知这才是最为关键的基础目标，没有基础的楼阁肯定会倒塌；别人说了你根本没有听到，谈何听出“弦外之音”！

正因为如此，在课改背景下的小学语文“口语交际”教学，也很少涉及最为基础而且最为重要的听知“一遍准确率”的训练。也就是说，小学语文教学中的“口语交际”教学，其目标要求还是偏高，对最基础的东西照顾不周。

## 三、对付“听障”的策略——听知一遍准确率训练

我们知道了“学困生”的形成是因为非智力因素造成的听力障碍，并知道了这种障碍的形成是人为的。既然“人”是“系铃者”，就得用“人”解铃，从家庭、学校教师以及“口语交际教学”课堂出发，提高学生听知的“一遍准确率”，就成了放在我们面前的重要任务。

面对造成“听障”的四大原因，作为一个小小的语文教师，只能提醒家长和班主任、任课教师减少呼唤的频率、只能提醒家长不要随意为孩子请家教；但是改革口语交际教学应是语文教师义不容辞的任务。

语文教学的关键在于培养学生的语文能力，而学生的语文能力正是由听、说、读、写这四种各自独立又彼此联系的能力所构成的。也就是说，在语文课上制订切实可行的训练“听知”能力的计划，是语文教师义不容辞的任务。不要因为“最新课标”未曾涉及而犹豫徘徊，因为课程标准本身就是根据教学实际制订的，本身就应该在实践过程中不断改进；不要因为考试不涉及这方面的内容而不屑一顾，因为考试指挥棒的指挥不一定正确，更何况以后的考试也可能涉及。

鉴于当今小学生的实际情况，小学生听知能力的训练，要在似乎是最低级的“听见”的层次上多下一点功夫，多花一点时间。

首先可以放录音作听知训练，先是多遍，然后逐步减少到一遍，让学生说出或写出听到的内容，然后评分，计入学习档案。当然，内容不能枯燥，童话故事、寓言故事逐步递进，从简单到复杂，循序渐进，并在各个年级段循环反复训练。当然，让同学之间当场辩驳，也不失为好办法。

作为一个优秀的或想要成为优秀的小学语文教师，根据学生和自己的实际情况，制定一个严密的训练听知一遍准确率的计划，是当务之急。我们认为，如能认真分析“学困生”的具体成因，即使是最平凡的小学语文教师，将其中的一部分“教好”，还是可能的。从培养学生听力的“一遍准确率”入手，至少可以缩小“学困生”的阵营。

本章中，我们没有重复那些不知被人谈过多少遍的内容，而是就“识字写字教学”“阅读教学”“写话—习作教学”和“口语交际教学”提出了一些“独门”的见解，但愿这些见解对小学语文教师的业务能力的提高有所帮助。我们更希望这本书的读者将我们的见解与一般的见解比较一下，明白这一点：教无定法，方法是人想出来的，作为“人”中的优秀分子，小学语文教师要发挥自己的聪明才智，想出更多更好的方法，培养自己更多更好的技能。

# 第五章　说课与微型授课

“说课”与“微型授课”，是当今教学评优或教师招聘中常用的方法。无论是成熟的小学语文教师，还是小学语文教师的“预备役”，都应该对这两种方法有所了解，并能熟练地掌握它们；这样，自己就可以立于不败之地。本章中，将对说课与微型授课作一些实用性的阐述。

## 第一节　说　　课

说课，指教师运用口头语言向有关领导、专家或其他行内人士述说在课堂教学中如何依据教育和教学理论，如何依据课程标准和教材，如何根据学生的实际情况，进行教学设计的过程。概而言之，就是将自己的教学设计“说”给有关人士听。上世纪末，“说课”这一个“新生事物”粉墨登场，迅速间“走遍全国”。从此，在评优过程与教师招聘过程中，“说课”几乎成了一个不可或缺的程序。作为一个小学语文教师，一个师范院校中文专业的毕业生，必须了解小学语文说课的特点并掌握说课的流程。

### 一、说课概说

通常所谓的“说课”有三种：一为“备课后说课”，教师在充分备课的基础上，把自己的备课情况、教学设计、教学安排以及估计学生的达标程度一一道出，供领导、专家、同行鉴定评价；二为“上课后说课”，在“备课后说课”的基础上，结合自己授课的感受进行说课，重点说明授课过程哪些方面体现了备课意图，提出进一步改进的设想等，一定意义上就是教学反思；三为“评课后说课”，主要针对专家们的评课结合自己的感受进行必要的说明。本文讨论的是第一种说课，也就是为评优、应聘等而进行的说课。

**（一）说课与授课相通**

说课与授课有很多共同之处。两者都围绕着同一个教学课题，从中展示教师的课堂教学操作艺术，反映教师语言、教态、板书等基本教学能力。一般情况下，从教师说课的表现可以预见教师上课的情形，从其说课的成功，可以预见其上课的成功。

具体来说，说课与授课有以下几处相同：说课也必须精心备课写好教案，从本质上说，说课的教案与授课的教案没有区别；说课也主要站在讲台上进行，面对着台下的听众，与台下的听众作眼神交流；说课也必须兼顾到“教”与“学”双方，当然，说课的“学”不是坐在台下座位上的有关人士，而是想象中的学生；说课也要按进程逐步板书，并在说课结束前使自己的板书成为“凝固的一刹那”；当然，说课也要按教学目标布置作业。

**（二）说课不等同于授课**

说课与授课之间也存在着明显的区别，主要表现在以下方面：

其一，所用时间不同。按通常规定，授课一般花时 40 分钟左右，说课一般花时 10 分钟或 15 分钟。

其二，内容重点不同。授课主要解决“教师怎样教，学生怎样学”的问题，其目的是使得学生“会”；而说课主要解决“为什么这样教，为什么这样学”的问题，其目的是使得台下的有关领导、专家或其他行内人士理解你对语文教学的认识，认同你的教学设计。

其三，具体对象不同。授课是教师依据自己所编制的教案，逐步实现教学目标、完成教学任务的过程。授课有具体的教学对象——学生，有具体的双边活动。说课则不同，说课教师面对特殊听众（领导、专家和其他内行人员）自编、自导、自演，而教学对象——学生只存在于设想之中。至于“双边活动”则有两重涵义：其一为说课人与听“说”者之间的双向交流，其二为想象中的师生互动。

其四，运用方法不同。授课用的是启发式，偏重情感的交流；说课用的是汇报式，偏重理性的分析。

其五，评价标准不同。授课注重学生的活动，尤其注重课堂教学的效果，注重学生实际接受知识、发展能力的情况，即学生“所得”；说课重在评价教师应用教学理论、掌握教材、设计教学方案以及展示教学基本功等的素养。

## 二、说课涉及的内容

说课是说课人在制定教学方案后，向听说课人讲述“教什么”“怎样教”以及“为什么这样教”。“说课”应该包括的内容涉及教育教学理论知识分析、教材内容分析、教学对象分析、教学目标确定、教学过程设计、教学方法选择、教学效果评价以及对以上诸项所作的分析等等。

**（一）教育理论知识**

教育学知识、心理学知识、语文课程与教学论知识等都应该是说课的内容。具体来说，课程标准是教学设计的主要依据，所以说，说课前必须对“最新课标”有较为深刻的理解；教育理论和名人名言也可作为强有力的理论根据。无论运用哪一种理论，都要围绕所说的课题，说得简要、具体、令人信服。关于教学理论知识，一般在说课开始的时候涉及，有时候，在说到“教学过程”时也需要作一些理性的分析。

**（二）教材**

如同备课与教案设计，这里所谓的“教材”，指准备教会学生的内容。就识字写字教学而言，就是拟教会学生的那几个字以及他们的载体——课本的有关部分；就阅读教学而言，就是课文；就习作教学而言，就是作文的题目等有关内容；就口语交际教学而言，就是有关场景等等。对教材的整体了解和局部把握是说好课的最重要的前提，说课质量的高低，取决于对教材分析的深度和广度。对教材的分析，重在抓住教材的“个性”。宏观上说，就是抓住识字写字教学、阅读教学、习作教学或口语交际教学的不同特征；如阅读教学，就是抓住这篇课文区别于其他不同类或基本同类的课文的显著特点。

**（三）学情**

对学生实际情况的分析正确与否，是说课成功与否的关键。不同年段的学生适合于不同的教学设计；即使同一年段，不同的学校、不同的班级也应有所不同。所以，必须对所任教的学生的情况作一些分析。有一点必须注意，应聘时，一般对学生没有丝毫的了解，但是，应该也必须作教学对象的假设；否则，说课只能“空对空”。

**（四）教学设想**

指应按照“最新课标”的要求，在有了充分的理论依据，抓住教材的“个性”和学生的具体情况的前提下，所作的教学设计。实际上，就是自己的教案，其中包括课题计划与课时计划的各个部分。（详见本书第二章）也就是说，说课也要“说”出教学目标、教学重点、难点，尤其是教学设计中的每一个环节，并且还要说出自己的作业布置。最容易被忽略的，就是同步板书。

## 三、说课的基本格局

与授课一样，说课之前必须写好教案。授课人走进课堂，轻轻掩上教室门，擦干净黑板，进行不卑不亢的问候，就开始说课。一般情况下，按照说课的内容将说课的过程安排为四个步骤，第一个步骤是“说理论依据”，第二步骤是“分析教材”，第三步骤是“分析学情”，第四步骤是“介绍教学设计”。说课结束，道一声谢，然后擦掉黑板，悄悄走出教室，轻轻掩上教室的门。

我们认为，可将说课的过程设计为一个演绎的过程。

首先说“大前提”。或可转述一二教育学、心理学的原理，或可简介语文学科的性质任务以及语文教学的原则。这个部分一般教案中没有，所以，说课前应另作准备。

其次说“小前提”。应从两个方面考虑。其一，简介被“说”对象的属性，如果是阅读教学，就要分析课文所属的文体的教学要点，并分析该篇课文的“个性”特点；这个部分，对应教案中的“教材分析”。其二，预设学情，即估计学生情况，这个部分，对应教案中必须有的“学情分析”。

“演绎”过程的“结论”为说课的主体部分。可以用“因此，我将作如下设计……”之类的话语导入对自己教学设计的介绍——基本上就是对自己教案的介绍。依次说出教学目标、难点重点、方式方法、课时安排等。介绍自己的教学过程为说课最主要的内容，层次必须清楚：“第一环节”、“第二环节”、“第三环节”……等过渡性语言要鲜明突出，甚至最后还可重申一下“以上就是我教学设计中的第 N 个环节”；每一个环节的开头或结尾，应该说说自己这么做的理由，也就是说清楚设计这一环节的阶段目标（详见第二章）；如果有能力，也可在某个环节就某一教学原理作一些理性分析。当然，“说”的过程中，一定要注意到“学法”的指导，即应该把对学情的估计说出来，要多谈谈学生在学习中可能碰到的困难和教师的教学应对策略。在介绍自己教学设计的过程的同时，还要注意运用概括和转述的语言，不必要引用课堂内可能出现的师生的原话。说课的过程中，千万不要忘了同步板书。（有关板书的要求见第二章）

一般情况下，说课都要求作一个课时的安排；那么，其依据就是“单课时教案”。有时候，会要求说课者作几个课时的安排，那么，其依据就是多课时教案。说课到上述的“结论”时，就应该依次说出每个课时的安排，当然，每个“课时”所花的时间应该严格控制。实际上，在条件许可的前提下，也可以“虚实结合，虚晃一枪”，如“我准备安排两个课时。第一课时的教学目标是……，今天主要向各位介绍第二课时的教学设计……”；再如“我准备安排两个课时。第一课时的教学设计如下……以上是我第一课时的教学设计；第二课时我预设的教学目标是……以后有机会再向各位请教”。

当今的评优活动中，也有要求就某个单元进行说课的，这种说课的难度较大，但只要掌握了单元目标，其可操作性也很强。就如多课时安排的说课一样，宏观介绍后，在“因此，我将作如下设计……”之后，再微观介绍每篇课文的教学设计。

## 四、说课时还必须注意的几点

其一，介绍教育学、心理学的原理，介绍语文学科的性质任务、语文教学的原则，以及被“说”课文所属的文体的教学要点时，必须简而又简，不能超过总用时的十分之一，只要使有关评委、领导知道你懂得这些即可，千万不要给人以“掉书袋”的感觉。

其二，说课要有情感。人非草木，孰能无情？“居高临下”的说课，疏远了彼此的距离，更淡化了说课的效果。首先，千万不要把台下坐着的评委、领导当成学生而“启发”开来；其次，那种萎萎瑟瑟，眼睛不敢看台下的说课，最起码给人以“无能”

的感觉。说课千万不能念稿子,应该和听者双向交流,这主要体现在眼神的交流上。说课时,有时不妨把"你们"改为"我们",有时甚至可以走下讲台,与听说课者拉近距离。

其三,说课应遵循如下原则。一为理论联系实际的原则。说课时,切忌架空议论,罗列各类教育教学理论泛泛而谈;同时,又切忌凭借自己的经验率意而行,应注意理论和实际的结合。二为科学性原则。在说课过程中,必须保证所说内容的科学性,教师所要传授的知识和运用的方法应当是科学的,所引用的教育教学理论也应该是科学的;有时候,对某些问题一时间难以把握,那就设法回避。三为实用性原则。说课不是最终目的,说课应该为上课做准备。所以,所设计的说课教案必须具有可操作性,实际操作时应基本不受时空的限制。

其四,一般情况下,说课者进入教室后,首先要有一个问候的程序,为自己得到这个机会而向在座者表示感谢,然后擦干净黑板;结束说课后,应再度表示感谢,然后擦干净黑板缓缓走出教室。

## 第二节　说课案例分析

说课对分析教学设计或教学现象背后蕴含的教育教学理论,要求较高。要求理论和实践结合,能在教学实践中提升或提取出实践性知识。语文说课案例在不同学段,对不同教学内容,有不同的具体呈现,都应体现具体的教学目标和教学设计的过程,并且根据教学安排及自己的教学思想和教学风格,有所侧重。

### 一、第一学段识字写字教学说课案例分析

**【案例】**

《丁丁冬冬学识字(带木字旁的字)(北师大版一下)》说课稿

四川省成都市盐道街小学　张家艳

(听到呼唤走进教室,微笑环视四周,擦干净黑板)

各位领导,各位老师:谢谢给我这个展示自己的机会。我今天说课的题目是北师大版一年级下册的识字教学课文《丁丁冬冬学识字(带木字旁的字)》(板书:丁丁冬冬学识字　带木字旁的字)

新课程标准对一年级下册识字教学的要求是"学习 30 个常用偏旁",并明确指出学习偏旁要达到的目标:熟悉字形、名称;了解表达的意思;能举例说明。而"木"字旁的字,是这么多偏旁中非常典型的一个,所以要作为典型来讲解。

《丁丁冬冬学识字》是一个集中识字单元,“带木字旁的字”是这个单元的第一课。课文可以分成四个部分来教学。

第一部分,认识带木字旁的字词,初步发现“木”表意的特点。左边和右边分别有小图,中间是一组词语。

第二部分是自学由带木字旁的字组成的词语。

第三部分是读背两组诗句,认识带木字旁的字。

第四部分是识字和写字。

所以,我作如下设计。

我的教学目标为“通过反复训练,初步了解汉字形旁表意的特点,学习和掌握木字旁的9个汉字”“感受汉字的造字规律,培养学生热爱祖国语言文字的情感”。

我的教学重点是了解汉字字形与字义的关系,我认为教学的难点是引导学生发现字形与字义的关系,感悟出汉字的表意特点。

因为一年级学生以形象思维为主,所以,枯燥的识字课我主要利用创设情境的方法教学。

我准备用一个课时完成这些教学内容。

我的教学过程如下:

我的第一环节是创设情境,导入课题。

我先用丁丁冬冬的口吻导入新课,接着给学生创设一个“木”字王国的具体情景,假设学生在“木”字王国的国王的带领下参观“木”字王国。(板书象形字“木”,旁边用简笔画画出一棵树。)

我的第二环节是激趣识词,自主识字,探寻秘密。这是本节课的重点。

第一步,带领学生学习第一排词语:树木、森林、树枝、树根。

我先出示森林的图片,要求学生指认,指名让学生读词,强调“森”为平舌,全班齐读。接着相机板书“森”,告诉学生之所以“森”由三个“木”字组成,是因为古人以“三”表示很多的意思。估计学生对此一定很感兴趣,于是,再带领学生读词“森林”。

接着,我顺势引出词“树木”,让学生再读。

我再度创设情境,以“木”字国王的口吻要求学生认识树身上各部分的名称。(板书:树枝 树根)这个步骤应该没有难度,学生一定会踊跃发言。

接着引导学生发现生字规律:这些字都是木字旁,并接着创设情境:“木”字国王奖励大家第一个“智慧果”。我用现代化媒体软件点击出“智慧果”。马上小结生字规律:和树木本身有关的字通常带上“木”字旁。这个步骤难度也不大,估计学生举起的小手就如一片森林。

第二步，带领学生学习第二排词语：杏树、枫树、柏树、松树。

我继续创设情景，要求孩子们指认杏树、枫树、柏树、松树四种形态比较特殊的树。我用现代化媒体课件出示这四种树的模样，并标上有关的词语，先让学生读准词语。结合图片使学生大体了解这四种树的基本特点。然后和学生一起通过游戏“我说你猜”，请学生猜树名，并找出相应的词卡贴在黑板上。让学习认真的学生当小老师，指词卡，全班同学想图画再读词。这个步骤可能有一定的难度，有些从未到过大自然的孩子还有认识的困难，所以，我将耐心地引导学生指认，辨析树和词语之间的关系。

接着，我又用“木”字王国国王的口吻再度引导学生发现造字规律，学生定能发现这些字也都是“木”字旁。我又点击现代化媒体课件，给学生“木”字国王奖励大家的第二个“智慧果”，并小结生字规律：表示树木名字的字往往带上“木”字旁。这个步骤难度不大，一般学生都能掌握。

找到这个规律了，我乘机“反三”让学生运用规律，我用现代化媒体课件出示“柳树”“桃树”，让学生猜猜它们的偏旁。估计这个步骤难度不大，一般学生都能掌握。

第三步，带领学生学习第三排词语：木材、木棍、木板、木条。

我仍采用创设情景学词学字的方法，带领孩子们跟“木”字王国的国王到他们的木材加工厂去看看。我用现代化媒体课件出示木材图，并让学生读词：“木材”。

我继续追问下去，使孩子认知森林的木材再加工就成了木棍、木板、木条，并让学生自读、抽读、齐读。估计这个步骤难度不大，一般学生都能掌握。

接下来我和孩子们一起玩游戏“我指你猜”，我指图，全班学生猜词，找词卡，再读。同样，引导学生发现生字规律：都是“木字旁”的字，并奖励学生第三个“智慧果”，小结生字规律：用木制作的东西写出来好多都带“木”字旁。估计这个步骤难度不大，一般学生都能掌握。

让学生运用规律识字，要求学生们辨认家里有哪些东西是木头做的，再看看他们写出来会不会带“木”字旁。出示房间图，认词：桌椅　木床　衣柜　书架。估计难度不大。

接着，要求孩子们回家看看家里有什么东西是木头做的，让爸妈教写写，看有哪些带“木”字旁。估计有些学生会偷懒，所以第二天要有重点地检查。

第四步，带领学生学习第四排词语：休息

我还是运用创设情景学词学字的方法。自然导出走累了就该——休息。并让学生读词。我用现代化媒体出示图片，了解“休”的演变，并问学生怎么记“休”字，就是一个人累了靠着树休息。对此，学生一定很有兴趣，掌握一定很快。

我的第三环节是通过游戏巩固识字。

我从“休息”过渡，引导学生休息后走进“木”王国的迷宫，带着学生做“迷宫游戏”。我用现代化媒体课件出示一批“木”字旁的生字新词，要求学生指认，叫出它们的名字。然后巩固生字新词。学生在特定的情境中学习，有了兴趣，收获一定很大。

我的第四环节是写字指导，深化巩固。

我仍用情境导入。和木字朋友分手了，假设有三个热情的朋友要给我们留下名片，我们赶快来写下他们的名字。我出示“材、休、床”三个字，先让学生观察“木”在字中所占的位置有什么不同，然后再让他们写字，全班在实物投影仪下进行评比，最后展示漂亮的作业。估计这个环节有一定难度，会有少数学生一时解决不了，我以后会密切注意这些学生的情况。

我的第五环节是课外延展，结束新课。

继续在“木”字王国的情境中进行。要求学生给“木”字国王帮一个小忙，将藏在我们生活中、课外书中的“木”字王国的臣民找出来。

整个教学设计，我始终紧紧扣住“情境教学”，这非常符合一年级孩子的心理特点。这就是我今天的说课内容，谢谢大家。

（敬礼，擦干净黑板，走出教室，轻轻掩上教室门）

（附：板书设计）

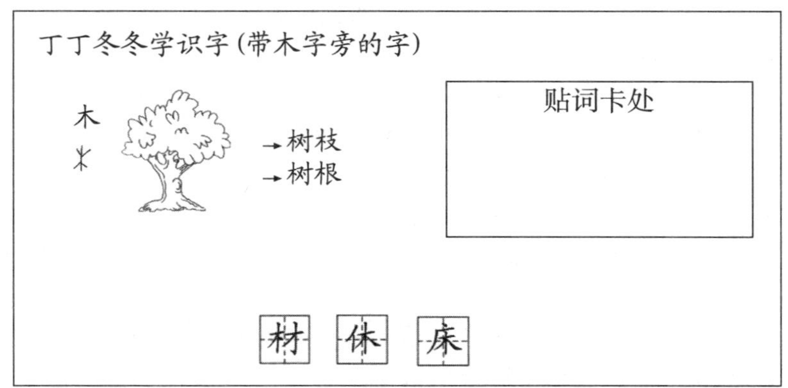


**【分析】**

这是一份单课时的说课稿。先简单介绍语文课程标准对小学一年级识字写字教学的要求，语言简明，要求明确，为确立课时目标和教学重点，奠定了基础。紧接着，较为深入地分析了教材特点和学情，定位准确。在主体部位，有层次地讲述了教学的主要环节，重点运用创设情景学字学词，让学生运用规律识字的教学方法，具体阐释教学中紧扣住“情境教学”的理论依据，结合一年级孩子的心理特点分析教学设计，阐释学生活动的特点。教学设计中环节清晰，有层次。尤其是通过游戏巩固识字环节，紧扣低段学生的学习特点，显示出识字教学的有效性和有趣性。写字指导环节说得较简略，但通过投影仪引导学生写好字的教学，朴实而有效，激发了学生的写字兴趣，给予了正确的写字方法指导。这份低段识字教学说课稿，详略得当、层次分明，显示出授课者已经掌握了识字写字教学的基本规律。

## 二、第二学段习作教学说课案例分析

**【案例】**

《儿童诗习作训练》说课稿

四川省教科所　刘晓军

（听到呼唤走进教室，微笑环视四周，擦干净黑板）

各位领导，各位老师，大家好。我今天要说的是习作教学课——儿童诗习作训练。

新课程标准对三年级学生的习作要求是①拓展写的思路；②能做到“我手写我心”；③练习落笔以及文章的结构。

三年级的课文组成，每册都有五六篇儿童诗，学生也非常喜爱学习儿童诗。这些儿童诗非常贴近学生生活，语句简单，读起来朗朗上口。进入三年级，学生有了初步的阅读和写作基础，课本中的很多儿童诗，课文后都要求学生仿写其中的段落。可见，儿童诗歌的训练，在三年级的教学中，是非常必要的。在这节写作课中，我将从课堂实际出发，注重创设情境，营造和谐的写作氛围。

所以，我制订的课堂教学目标为“通过仔细观察，找到描写的题材，愿意习作；发现题材的趣味，乐于习作；模仿诗歌的语言，善于习作”“通过仔细观察，培养热爱生活的良好习惯”。

语文教学来源于生活，服务于生活。我从生活中找到了“蝌蚪”这个触发点设计了本次习作课，让学生在真实的生物面前引发一连串思索、议论与即兴口头表达。这使得学生在轻松的氛围中积极参与活动，既激发了学生的兴趣，又成功地达成了教学目标。具体教学步骤如下：

我的第一环节是出示实物，激情导课。

上课铃一响，我把一大缸小蝌蚪摆在讲台上，几根水草飘飘悠悠，十几只黑脑袋正快活地摆着小尾巴。要求学生说出“这是什么”。这样的情境相信每个学生都会饶有趣味地去观察的。

我的第二环节是观察蝌蚪，即兴表达。

我顺势鼓励学生向蝌蚪提问，这有一些难度，我会给学生充分的时间观察蝌蚪，思考问题。接着引导学生用“小蝌蚪，我问你……”这样的句式提问。学生们这个时候提的问题可能较为浅薄，比如他们根据自己以前的生活经验，可能会问："小蝌蚪，我问你，你的妈妈在哪里？"我先把这个问题板书在黑板上（板书），接着引导其他学生也用这样的句式回答，如："小蝌蚪，告诉你，你的妈妈是青蛙，她呀就在稻田里。"这就让学生们觉得：原来提问这么容易啊。收获初步的成功后，他们会更加有兴致，更加乐于表达。这时，我就引导学生往事物的本质来提问了，诸如"真是一群聪明的小蝌蚪！看着蝌蚪们的大脑袋，你有什么问题？"学生们在这个问题的指引下，就会去揣摩蝌蚪的心理，比如他们有可能会提出："小蝌蚪，我问你，在你的大脑袋里，有没有伤心？你会不会生气？"等等这样的问题。进一步让学生在感受诗歌语言的同时，拓宽他们的习作思路。

这时，我已板书出两三句学生们即兴表达的语言，接着我手指黑板，告诉他们："这就是诗！小朋友们会写诗了，真厉害！"并继续引导他们用这样的句式提问，如："请大家注意小蝌蚪们的尾巴，你还想知道些什么呢？"学生们的答案千变万化，我会在注意聆听的同时，帮助他们修改用得不恰当的语言，这样让他们感受到，诗歌不仅要有一定的句式，还要有优美的语言。但他们具有儿童化的语言特点，我一定会保留下来。循序渐进的教学模式，让学生在接受新知的同时，不会失去对习作的兴趣。

我的第三环节是顺手点睛，升华主体。

学生们用这个句式提了很多问题，并且我也在黑板上板书了好的语句。小蝌蚪如此可爱，却还是遭到了人类的伤害，这点可能是学生们想不到的。若能让学生抓住这句作为文章的结尾，那么这篇习作就有更深的中心了。这时，我更要仔细聆听每一个学生的发言，抓住教学的契机，进行点拨。

如学生说到"开不开心"等词汇时，我就追问："蝌蚪到底开不开心呢？"学生就会用这样的句式表达自己的思想了："小蝌蚪，我问你，变成青蛙后，为什么有人要吃你？"这就给学生留下了更多的思考空间。随着孩子们的成长，他们将来在理解人与自然的关系时，一定会记得小时候与同学们共同创造过的这么一首儿童诗，本课的教学目标就真正达到了。

我的第四环节是学生自由习作。

一堂看似简单的习作课，却囊括了许多知识点。但作为刚刚接触习作的三年级学生，整堂课，我都没有直接告诉他们诗歌的特点，而是用我的引导和点拨，让他们愿意表达、乐于习作。都说兴趣是最好的老师，兴趣使每一双眼睛都充满着好奇和渴望。我始终都坚信"每一片树叶都会跳舞，每一丝微风都会害羞，每一个露珠都是珍珠，每一个学生都是诗人"！

（敬礼，擦干净黑板，走出教室，轻轻掩上教室门）

（附：板书设计）

<table><tr><td>

儿童诗习作训练

小蝌蚪|

小蝌蚪，我问你……

小蝌蚪，我问你，你的妈妈在哪里？

小蝌蚪，我问你，在你的大脑袋里，有没有伤心？

小蝌蚪，我问你，变成青蛙后，为什么有人要吃你？

</td></tr></table>

**【分析】**

这是一份一个课时安排的说课稿。说课者先简单介绍语文课程标准对小学三年级习作教学要求，简要分析模仿儿童诗语言的要求，结合课文仿写的要求，阐述在习作教学中"注重创设情境，营造和谐的写作氛围"的目的。在这些基础上，确定了恰当的课时目标和教学重点。在主体部位，有层次地讲述了教学的四个主要环节，即重点分析本课引导学生观察、表达的具体步骤和方法。循序渐进的教学模式，让学生在接受新知的同时，不会失去对习作的兴趣。值得赞赏的是，授课人既不是脱离实际做架空分析，也不是单凭经验率意而行，而是将理论和实践完美地结合在一起，显示出习作教学从建模走向高效的积极探索和研究。所以我们认为，这是一份较为成功的说课稿。

## 三、第三学段阅读教学说课案例分析

**【案例】**

《早（苏教版五下）》说课稿

苏州外国语学校　陆培

（听到呼唤走进教室，微笑环视四周，擦干净黑板）

各位领导，各位老师，谢谢给我一个展示自己的机会。我今天说课的题目是吴伯箫先生的《早》（板书：早　吴伯箫）。

《义务教育语文课程标准》（2011 版）第三学段的课程目标（阅读）指出："能联系上下文和自己的积累，推想课文中有关词句的意思，辨别词语的感情色彩，体会其表达效果。""在阅读中了解文章的表达顺序，体会作者的思想感情，初步领悟文章的基本表达方法。在交流和讨论中，敢于提出看法，作出自己的判断。"

因为《早》是苏教版五年级下册的精读课文，是吴伯箫先生访问三味书屋后写的一篇散文，主要记叙了三味书屋的陈设、后园的梅花和鲁迅书桌上“早”字的来历，赞扬了鲁迅先生时时早、事事早的精神，借此告诉人们要珍惜时间。文章对三味书屋的细致描写、以梅花借喻鲁迅精神的写法颇值得学生仔细品读。

又因为小学五年级的学生抽象思维和空间想象能力不够成熟，对空间方位的把握甚为困难；理解腊梅的“早”和与鲁迅的“早”之间的联系估计也有些困难，对借物喻人所包涵的深刻道理在理解上存在一定的难度。

所以，我的教学设计如下。

我的教学目标有如下几个：“通过反复研读，较为深刻地理解按空间顺序描写景物的方法”“通过比较阅读，初步理解本文托物言志的表现手法”“通过反复研读，较为深刻地了解鲁迅小时候读书的环境”“通过比较阅读，较为深刻地感知鲁迅先生时时早、事事早的精神”。

我的教学重点将放在③⑤⑦自然段，我认为教学的难点应是文中梅花精神与鲁迅精神之间的联系。

我主要用朗读法和置换法，准备安排两个课时。

先说第一课时。

我第一课时的教学目标为“通过反复阅读，较为深刻地理解按空间顺序描写景物的方法”和“通过反复阅读，较为深刻地了解鲁迅小时候读书的环境”。

我的教学重点为第③自然段，教学难点预设为对三味书屋内部方位的确认。

教学环节如下：

我将如此导入：借助课本 19 页的“作家卡片”，帮助学生识记有关鲁迅的内容。花时约 2 分钟。

我的第一个环节是带领学生初读课文，屏幕显示或挂出小黑板，引导学生识记并会写“匾”“砚”“塾”“憩”“琥珀”“酿”“朴”“墨”“寿”“哪”“辦”等几个生词，大致了解文章写了哪几个方面的内容。这一环节的目标为“初步感知三味书屋里里外外的环境”。估计学生能够比较顺利地解决这一问题。（板书或挂出小黑板：匾 砚 塾 憩 琥珀 酿 朴 墨 寿 哪 辦）以上是我的第一环节，花时约 8 分钟。

我的第二环节是带领学生重点研读第③自然段，了解三味书屋室内有些什么东西。这一环节的目标为“深刻了解三味书屋室内的布置”。这个环节比较简单，估计学生没有什么困难。以上是我的第二环节，花时约 3 分钟。

我的第三环节是首先告诉学生“上北下南，左西右东”的规则（板书：十、东、南、西、北），然后带领学生反复阅读第③自然段，要求学生将有关的物件填入相应部位。这一环节的目标为“初步理解按空间顺序描写景物的方法”。这个环节难度较大，第一轮能有三分之一学生全部画准确已属不易。所以我将不断地订正学生的作业。（板书：门　窗一　窗二　停云小憩　梅花鹿　先生座　鲁迅座）以上是我的第三环节，花时约 15 分钟。

我的第四环节是要求学生用同样的方法描绘现在教室的情况。这一环节的目标为“较为深刻地理解按空间顺序描写景物的方法”。这个作业有一定的难度，估计三分之二的学生能够正确完成；以后，我会密切关注后三分之一学生有关此方面的情况。然后，带领同学们再度朗读第③自然段。以上是我的第四环节，花时约 8 分钟。

我的第五环节是拓展阅读，将鲁迅《从百草园到三味书屋》的有关段落推荐给学生。这一环节的目标为“较为深刻地了解鲁迅小时候读书的环境”。（板书：鲁迅读书的环境）以上是我的第五个环节，花时约 4 分钟。

结束时，我将布置如下作业：用笔告诉老师自己房间的情况，方位必须清楚，200 来字。

再说第二课时。

我第二课时的教学目标为“通过比较阅读，初步理解本文托物言志的表现手法”和“通过反复阅读，较为深刻地了解鲁迅小时候读书的环境”。

教学重点为第⑤自然段中对梅花的描绘，难点为对梅花与鲁迅精神之间关系的理解。

教学环节如下：

我先讲评第一课时布置的作业，紧接着带领学生看看三味书屋的里里外外还有什么值得研究的东西，以此作为导入，花时约 5 分钟。

我的第一环节是指导学生学习第⑦自然段，引导学生了解“早”字的来历。这一环节的目标为“对鲁迅精神有初步的了解”。这个环节的内容难度不大，估计 90% 的学生都能解决。（板书：桌上刻字　鲁迅精神　早）以上是我的第一环节，花时约 10 分钟。

我的第二个环节是引导学生赏析第⑤自然段中对梅花颜色、形态、开花时间、精神的描绘，这一环节的目标为“了解梅花的风骨”。这个环节的内容难度也不大，估计大部分的学生都能解决。（板书：梅花精神　早）以上是我的第二环节，花时约 8 分钟。

我的第三环节是引导学生回顾文章的开头，找找作者访三味书屋的时间。这一环节的目标为“加深对梅花开得早的了解”。这个问题很简单，学生应该都能解决。（板书：冬日开放）以上是我的第三环节，花时约 2 分钟。

我的第四环节是指导学生比较阅读，假设抽掉第⑤然段，比较与现在文本的异同。这一环节的目标为“初步理解梅花与鲁迅精神之间的关系”，这一环节的教学内容有一定难度，如学生不理解“托物言志”的概念，只要明白“借花喻人”也可以。（板书：借花喻人）以上是我的第四环节，花时约 10 分钟。

我的第五环节是引入本册课本中其他托物言志的文本，作拓展延伸。这一环节的目标为“进一步理解托物言志（借花喻人）的手法”。相比上一环节，这个环节难度不大，一般学生都能解决。以上是我的第五环节，花时约 5 分钟。

结束时，我将布置如下作业：简答题：如果要写一位默默无闻地作出贡献的清洁工，可借用什么花草来表达？为什么？

我今天的说课到此结束，谢谢，希望今后再有机会向各位请教。

（擦干净黑板，走出教室，轻轻掩上教室门）

（附：板书设计）

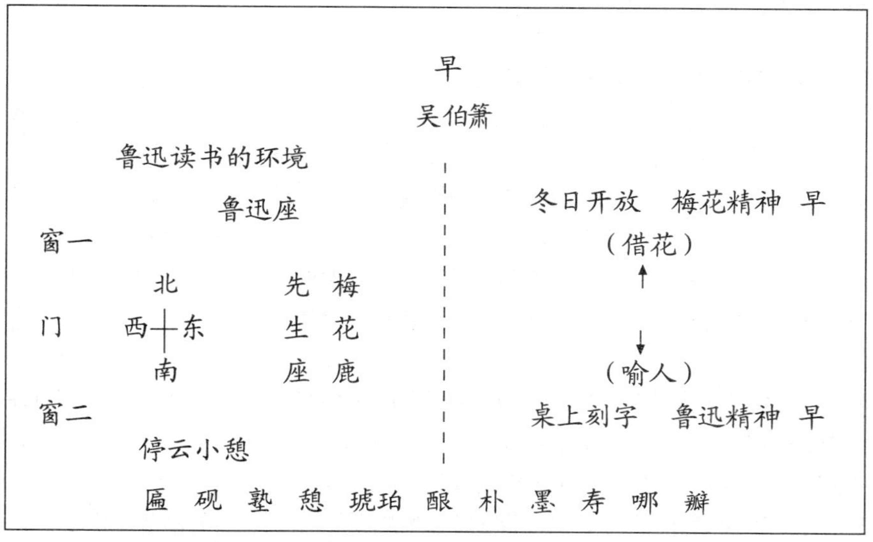


**【分析】**

这是一份作两个课时安排的说课稿。就“稿”而言，从简单介绍“最新课标”的有关理念开始，三言两语，既起到领衔的作用，又没有“掉书袋”之嫌。紧接着，较为深入地分析了文本和学情，甚为得体。在核心部位，两个课时的教学目标都坚持了“一课一得，文道各一”的原则，教学设想中每个环节依次递进，不枝不蔓，且都能显示出阶段目标、关注想象中的学生的情况，层次颇为清晰。尤其是第一课时的第三环节，对教学的困难作了充分的设想，很有现实意义。所以说，这是一份甚为成功的说课稿。当然，“稿”毕竟是“稿”，无法看出说课人的神态，更何况具体说课时的情况千变万化，说课者必须随机应变。

## 第三节　微型授课

在教师招聘或教学评估过程中，有些时候，为了更多地了解被考察人处理教材的能力和具体授课时的语气语调，也可以通过被考察人的授课情况以了解其对理论知识、教材的掌握程度，以及对学生情况的灵活把握；但是，由于直接面对学生的正式授课到受时间、对象的限制，有时难以具体操作。于是，微型授课就应运而生。

### 一、微型授课概说

此处的“微型授课”，并不是师范教学中的“微格教学”，而是授课人面对有关领导、专家或其他内行人士，在较短的规定时间内对假设的学生进行的授课活动。从一定意义上来说，这是一种授课者的“自说自话”。

**（一）微型授课与正式授课的异同**

具体来说，微型授课与正式授课有以下几处相同：两者事先都必须精心备课写好教案；两者都要站在讲台上进行，面对着台下的“听众”，与之作眼神交流；两者都必须兼顾到“教”与“学”双方；两者都要按“授课”的进程逐步板书，并在“授课”结束前使自己的板书成为“凝固的一刹那”；当然，两者也都要按教学目标布置作业。

然而，微型授课与正式授课之间也存在着明显的区别，主要表现在以下方面：

其一，所用时间不同。按通常规定，前者一般花时 10 分钟或 15 分钟，后者一般花时 40 分钟左右。

其二，内容重点不同。正式授课主要解决“教师怎样教，学生怎样学”的问题，其目的是使得学生“会”；而微型授课的目的是使得台下的有关领导、专家或其他行内人士理解你，并确认你设想中的学生真正有所得。

其三，具体对象不同。正式授课时教师依据自己所编制的教案，逐步实现教学目标、完成教学任务；期间有具体的教学对象——学生，有具体的双边活动。微型授课则不同，授课教师面对特殊听众（领导、专家和其他内行人员）自编、自导、自演，而教学对象——学生只存在于设想之中。至于“双边活动”则有两重涵义：其一为微型授课者与听“说”者之间的双向交流，其二为想象中的师生互动。

其四，评价标准不同。正式授课注重学生的活动，尤其注重课堂教学的效果，注重学生实际接受知识、发展能力的情况，即学生“所得”；而微型授课重在评价教师灵活运用教学理论、掌握教材、设计教学方案以及展示教学基本功等的素养，当然也要顾及想象中的学生之“得”。

### （二）微型授课与说课的异同

两者都要预先写好教案，利用10分钟或15分钟，在讲台上展示教案，完成任务，都要同步板书并布置作业。两者的评价标准都是对理论、教材和学情的认识程度，都是对学生所得与否的认同。至于“双边活动”，都有两重涵义：其一为说课人（微型授课者）与具体听者之间的双向交流，其二为想象中的师生互动。

但是，微型授课不等同于说课。

就内容重点而言，说课除了展示自己的教案（说出教学设想）以外，还必须说理论、说教材、说学情；微型授课只要展示自己的教案即可。但是，并不是说微型授课不必顾及理论、教材和学情，而是要将这些渗透在自己的授课过程中，使之“隐性化”，即间接展示自己对理论、教材和学情的把握。有人认为，相对于说课而言，微型授课更为务实，对试讲教师融会贯通的要求更高。此言颇为中肯。

就学生对象而言，说课直接说出，而微型授课却在“授课”的过程中“透露”，如故意说“你们都是某某年级的学生”等。

就师生“双边活动”的展示而言，虽然说两者的学生对象都存在于设想之中，但说课只能说“估计学生会……”，而微型授课应该将学生的活动用假设法直接“说”出来，即自问自答，如“对老师的问题，这位同学认为……，很正确（或不够深入等）”。

## 二、微型授课的操作程序

和说课一样，微型授课也有一个比较常见的操作程序。上文说过，说课运用的大致是演绎式，而微型授课运用的却是“水流式”。

### （一）面向台下单刀直入

说课者进入教室后，首先要有一个问候的程序，为自己得到这个机会而向在座者表示感谢，然后擦干净黑板。微型授课也有问好的程序，但是，虽然眼睛看着台下的专家、领导和内行人士，但被问候的却是假象中的学生，简单一点，一句“同学们好！”也可以。——当然，这种问候是没有学生答谢的。

### （二）起承转合环环紧扣

问候以后，不一定特意说出教学目标，就可以直接开始“授课”，就像正式授课一样，准备的导入语可以一字不差地说向想象中的学生，达到引人入胜的效果。原先准备的每个教学环节（包括拓展延伸等等）环环紧扣，步步推进，直至最后的能够绕梁三日的结束语。当然，微型授课的每一个教学环节也都必须紧扣教学目标，并能使在座的专家、领导和内行人士明显感受到你的教学目标。如果有能力，可以搞一个小小的“生成”，即假设某一个学生作出了出乎意料的回答，故意扯出去，然后，迅速回到正题。其目的，就是使在座的专家、领导和内行人士知道你懂得教学生成。

### （三）省却等候自问自答

教学中必须有师生之间的双向活动，就微型授课而言，应该扣除等候的时间。提出问题或要求时必须有规定的等候时间，但实际上却是立即将假设的学生的回答自己说出来，就如俗语所谓的“自言自语”。这种假设的学生回答，可以从正反两个方面考虑，如“对老师的问题，这位同学认为……，很正确”或“对老师的问题，这位同学认为……，不够深入”等等，然后，说出理由。

**（四）板书作业必不可少**

微型授课，也需要在“教学过程”中同步板书，板书当然必须紧扣课堂教学目标；在授课的过程中或结束前也必须布置紧扣教学目标的作业。

总之，微型授课明明面对的是专家、领导和行内人士；但实际上却必须假设面对的是学生，一定意义上将那些专家、领导和行内人士视作“无物”。

## 第四节　微型授课案例分析

上文说过，由于微型授课面对的是专家、领导和行内人士，但却必须“装作”面对学生进行授课活动，似乎有些难度。所以，经常有被考察者因此而发愁，不知究竟该怎样操作，甚至以说课充当微型授课。因此，我们用同一案例分别用说课和微型授课方式的呈现，便于分辨和掌握。我们选取以下几个案例，供参考。当然，提供的案例仅仅是“案例”，并不是“模板”，评优课具体操作时更应该发挥自己的聪明才智，在大致符合的前提下有所突破。

### 一、第一学段识字写字教学微型授课案例分析

**【案例】**

《丁丁冬冬学识字（带木字旁的字）（北师大版一下）》微型授课稿

成都市盐道街小学　张家艳

（听到呼唤走进教室，微笑环视四周，擦干净黑板）

（板书：丁丁冬冬学识字　带木字旁的字）

同学们好。嗯，大家回答的“老师好”很整齐，很响亮。

今天丁丁冬冬又来到我们的教室，和我们一起来“学识字”。看见我们的老朋友丁丁冬冬，同学们一定很高兴吧，老师也很高兴。

（板书象形字“木”，旁边用简笔画画出一棵树。）

同学们猜猜这是什么字？大家说得很对。今天，我们就到“木”字王国去识字，去探秘。

（出示森林的图片）

这是什么地方？对了，这是“森林”。你来认读一下。要注意，“森”是平舌音，全班齐读。

森林里好多树呀，前后左右，四面八方都是树。（板书：森）

同学们写三个“木”就够了，因为“三”就表示很多的意思。大家再一起读“森林”。这位同学，请你再读一下“森”的音。错了，“森”读“sēn”，是平舌音，不该读成翘舌音“shēn”。

森林里有什么呀？同学们回答得很好，有“树木”。再一起读。

孩子们，“木”字国王有一个问题想考考我们，他说：“你们知道我们树身上各部分的名称吗？”同学们举起的小手就像是一片森林，真壮观。大家回答得很好。（板书：树枝　树根）

“木”字国王奖励大家第一个“智慧果”。

同学们都很聪明，已经发现了一些生字的规律：和树木本身有关的字通常带上“木”字旁。

同学们，我们继续前进，参观“木”字王国。这里好多树呀！有你认识的吗？

同学们，大家仔细看看这些树有什么特点，猜猜看，这些树叫什么名字？

老师发现，有不少同学没有举手，对了，你们生活在大都市中，没见过这些树。老师一定建议你们的爸爸妈妈带你们到森林里玩玩。高兴吗？很高兴，老师也很高兴。（找出相应的词卡贴在黑板上）大家一起看着图画读准词语。

“木”字国王说，这里的字里又藏着一个秘密，你们发现了吗？大家说得很好，这些字都有“木”字旁。“木”字国王奖励大家第二个“智慧果”。我们小结一下：表示树木名字的字往往带上“木”字旁。

你能猜猜下面这几种树的名字可能会是什么旁？（柳树、桃树）对，“木”字旁，大家说得很好，“木”字王国的国王多高兴啊。

“木”字国王一说到他们王国的树，可得意了，因为他们树木为人类作出了巨大贡献，每年为我们产好多木材呢。我们跟“木”字国王到他们的木材加工厂去看看。

（出示木材图）大家一起读：“木材”。

森林的木材再加工成什么了？同学们回答得很好。（出词：木棍、木板、木条）

同学们，大家自由读，记住这些词。好，你来读一下。这个小组的同学读一下。全班一起读。同学们读得都很好。

接下来，我们一起玩“我指你猜”的游戏，我指图，全班学生猜词。

同学们发现了吗？用木制作的东西写出来好多都带“木”字旁。“木”字国王奖励大家第三个“智慧果”。

让我们去小朋友家里看看，有哪些东西是木头做的，再看看它们写出来会不会带“木”字旁。（出示房间图）同学们真聪明，桌、椅、床、柜，这些字都有“木”字旁。

你们家里有什么东西是木头做的？回家让爸妈教着写，看有哪些带“木”字旁。同学们可不能偷懒，否则，“木”字国王会不高兴的，今后不带我们玩了。明天，“木”字国王定会检查大家的作业。

现在，我们都走累了，该——同学们回答得很好，该“休息”了。让我们看看“休”字怎么写。孩子们，我们怎么记住这个“休”字？对了，这位同学说得很好，就是一个人累了靠着树休息。没想到吧，“休”也和树有关。“木”字国王在夸我们能干呢，今天我们找到了木字王国的字藏着的最大秘密，我们获得了一把识字的金钥匙。

休息一下，精神也好了，我们该回去了。哎呀，不好，我们怎么走到迷宫里来啦。“木”字国王派了一群活泼的生字朋友给我们带路，看看都有谁，叫叫他们的名字。同学们回答得真好，我们又认识了不少“木”字王国的新朋友。

要和“木”字王国的朋友分手了，有三个热情的朋友要给我们留下名片，我们赶快来写下他们的名字吧。（板书：材、休、床）同学们看看，这三个字的“木”字所处的位置有什么不同。大家别忙着举手，仔细想。这位同学回答得好吗？我们一起看看：“材”的“木”字在左边，“休”的“木”字在右边，“床”的“木”字在右下角。哈哈，这位同学力气很大，把“床”下的木头搬到了左边。记住，应该在右下角。大家认真把这三个字写一下，我们比比谁写得好。

现在，在我们即将离开木字王国的时候，“木”字国王想我们给他帮一个小小的忙，他说：“还有好多木字朋友藏在我们生活中、课外书中。希望我们以后一定去找找他，认认他。”你们会帮吗？好，和“木”字国王再见。

（敬礼，擦干净黑板，走出教室，轻轻掩上教室门）

（附：板书设计）

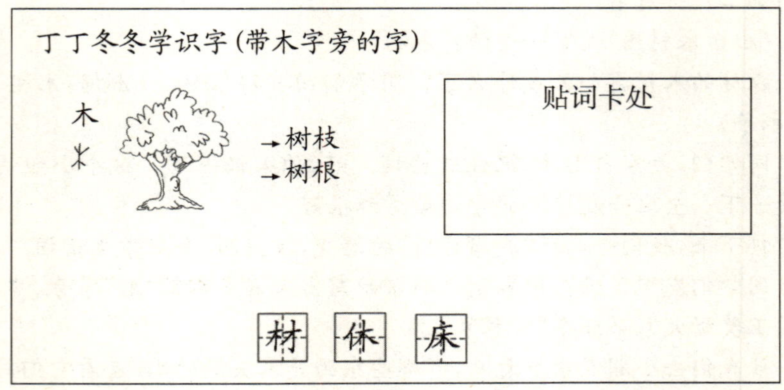

【分析】

这是一份安排一个课时的微型授课稿。授课人虽然没有特意介绍语文课程标准，没有分析教材特点和学情；但是，在授课的过程中却时时处处兼顾语文课程标准、教材特点和学情，可谓八面玲珑、游刃有余。一开始，授课人面向台下作假设性问候后直奔主题，在起承转合诸环节中，环环紧扣，步步推进，直至最后的作业布置。即使是我们旁观者，也能明显感受到授课人的教学目标。授课者很聪明，设计了一个小小的"生成"，假设学生一直生长在大都市中，未曾见过那些树木，并提出让爸爸妈妈带着去森林玩的建议，一方面帮助学生识字认字，一方面提起学生的兴趣。当然，授课需要有学生活动的时间，需要有学生的回答，但微型授课不同，因为没有真正意义上的学生，而且只有 10—15 分钟的时间，所以，授课人省却等候，自问自答，符合要求。实际上，授课人将假设的学生的回答自己说出来，就如"自言自语"。授课者故意设计了两处学生的错误回答，因为学生普通话平翘不分是常见病，因为低年段的学生中会有极少数"左""右"不分者。与正式授课一样，授课者在"教学过程"中同步板书，在授课的过程中与结束前也布置了紧扣教学目标的作业。

在这个案例的授课过程中，授课教师用了一些有关的媒体，但在应聘的微型授课中，根本来不及准备这些教具；所以，微型授课使用教具必须因地制宜。这些都要预先准备。

总之我们认为，这是一次较为成功的微型授课。

## 二、第二学段习作教学微型授课案例分析

【案例】

《儿童诗习作训练》说课稿

四川省教科所　刘晓军

（听到呼唤走进教室，微笑环视四周，擦干净黑板）

（把一大缸小蝌蚪摆在讲台上）

请问，这是什么？

这可是咱们的新朋友，知道它叫什么名字吗？同学们很聪明，这是小蝌蚪。（板书：小蝌蚪）

跟小朋友们一样，小蝌蚪非常聪明，也非常热情，不管你有什么问题，小蝌蚪都会有问必答哟！仔细看一看，用心想一想，自己最想知道什么呢？

老师看得出来，同学们都在开动小脑筋。好，给大家十分钟。想好了，同学们用"小蝌蚪，我问你……"这样的句式向小蝌蚪提问好吗？

有好多同学举手了，请这位同学回答。这位同学说："小蝌蚪，我问你，你的妈妈在哪里？"（板书）同学们，我们能帮他回答这个问题吗？对

了，大家要用“小蝌蚪，告诉你……”这样的句式。这可不难吧。

同学们回答得非常好：“小蝌蚪，告诉你，你的妈妈是青蛙，她呀就在稻田里。”哇，原来提问这么容易啊。

真是一群聪明的小蝌蚪！看着蝌蚪们的大脑袋，你有什么问题？

同学们好好想想，老师给大家十分钟的时间。这位同学说“小蝌蚪，我问你，在你的大脑袋里，有没有伤心？你会不会生气？”（板书）多好的问题啊，我们同学真聪明，真会思考。那么，哪位同学能用“小蝌蚪，告诉你……”的句式回答这个问题？这位同学回答得很好：“小蝌蚪，告诉你，脑袋里有快乐和智慧，也有悲伤。”

同学们，这就是诗！小朋友们会写诗了，真厉害！

请大家注意小蝌蚪们的尾巴，你还想知道些什么呢？

这位同学问得好：“小蝌蚪啊小蝌蚪，请你告诉我，你的尾巴有什么作用？”接着其他同学七嘴八舌说：蝌蚪尾巴这么细，会不会弄断呢？这么细的尾巴，能不能顶住风和雨？……

请同学们用“小蝌蚪，我问你……”来说一句。

这位同学说得好：“小蝌蚪，我问你，你的尾巴这么细，能不能顶住暴风雨？”那我们能不能把“顶住”改成“战胜”就更好了，再说一遍。刚才这位同学说：“小蝌蚪，我问你，你的尾巴这么细，能不能战胜暴风雨？”非常棒！

小朋友会游泳吗？小蝌蚪可是游泳健将噢，你有什么问题？这位同学回答得好，若把“隐身衣”换位“潜水衣”就准确了。

小蝌蚪会变魔术，它有进化的历史。请大家继续提问。嗯，都成了小诗人了。

小蝌蚪如此可爱，却还是遭到了人类的破坏，这点我们同学没想到吧。

这位同学问小蝌蚪“开不开心”，同学们想想，小蝌蚪到底开不开心呢？大家用“小蝌蚪，我问你……”这样的句式回答。这位同学说：“小蝌蚪，我问你，变成青蛙后，为什么有人要吃你？”（板书）是呀，小蝌蚪能高兴吗？

同学们看黑板，这不就是一首诗吗？我们都成了诗人了。

下面请同学们按照这个样子，自由写作诗歌。

下课时间到了，没有写完的同学回家继续写，下一节课，我们开一个赛诗会，好吗？

同学们再见。

（敬礼，擦干净黑板，走出教室，轻轻掩上教室门）

（附：板书设计）

儿童诗习作训练

小蝌蚪

小蝌蚪，我问你……

小蝌蚪，我问你，你的妈妈在哪里？

小蝌蚪，我问你，在你的大脑袋里，有没有伤心？

小蝌蚪，我问你，变成青蛙后，为什么有人要吃你？

**【分析】**

微型授课，教师的语言必须针对想象中的学生，这个案例针对的是小学三年级的学生，所以，教师在写作指导中注意保留学生表达的儿童化的语言特点；另外，正式授课时教师习惯运用的那些鼓励性的语言，在微型授课中也必须体现。这个案例颇有参考价值。微型授课，也必须要牵涉到学生的活动，这个案例中，授课人充分考虑到想象中的学生的反应，注重创设情境，营造和谐的写作氛围。在假设的授课情景中，师生共同习作，以激发学生习作兴趣和搭建习作的阶梯，如此循序渐进，让学生在接受新知的同时，渐渐培养对习作的兴趣。所以说，这是一个成功的微型授课的案例。

## 三、第三学段阅读教学微型授课案例分析

**【案例】**

《早（苏教版五下）》微型授课稿（第一课时）

苏州外国语学校　陆　培

（听到呼唤走进教室，微笑环视四周，擦干净黑板）

同学们好。

我们已经是五年级的同学了，大家一定知道鲁迅吧，哪位同学能向大家简单介绍一下鲁迅先生？这位同学，就你吧。

他介绍得很好，请同学们把书翻到19页。仔细看“作家卡片”，记住有关内容，并作一个比较，看看刚才介绍的鲁迅跟这上面的鲁迅有什么区别。

今天，我们一起学习一篇著名作家吴伯箫先生写鲁迅的文章《早》。（板书：早　吴伯箫）

请同学们先自由地朗读一遍课文，画出生词，记住他们。并告诉老师

文章主要写了哪几个方面的内容。我们规定一下时间，5 分钟应该够了吧。

（挂出小黑板：匾 砚 塾 憩 琥珀 酿 朴 墨 寿 哪 瓣）

同学们一起读黑板上的生词。嗯，读得很好。请这位同学再读一遍。同学们努力记住这几个字的写法。现在老师把这几个字擦掉，请这两位同学上黑板，其他同学合上书本，在座位上听写。

写得很好，不过，这位同学的“塾”少了一点，这位同学将“花瓣”的“瓣”写成了“辩论”的“辩”了。

下面请同学们先齐声朗读第③自然段，然后自由读，告诉老师三味书屋室内有些什么东西。用 3 分钟时间。

我们的同学真聪明，一下子就看出了三味书屋里有哪些东西。

请大家再读一遍第③自然段。

同学们知道地图上东南西北是如何安排的吗？对了，上北、下南、左西、右东。（板书：十 东 南 西 北）现在大家再度自由读第③自然段，将三味书屋的有关物件填入相应部位。对了，“其他学生的书桌”就不要填了。这位同学，你到黑板上做，其他同学在纸上做。有问题随时可以问老师。

这位同学问“门”应该放在哪儿，既然“书屋朝西”，就是说“门”朝西开，所以，“门”当然应该在左边；这位同学问“梅花鹿”与“先生座”该怎么安排，既然“画前面”是“先生座”，那么，当然应该将“梅花鹿”放在最右面，然后是“先生座”（订正板书：门 窗一 窗二 停云小憩 梅花鹿 先生座 鲁迅座）。

请大家再读一遍第③自然段。

不知不觉，我们的半节课过去了，同学们能分清我们教室的东南西北吗？对了，我们的讲台在教室的最东面，是朝西的。也就是说，老师大部分脸朝西，而同学们脸朝东。大家能不能按方位描绘一下我们的教室？做在自己的草稿本上。给大家 10 分钟。

很好，大部分同学都做出来了，就是有些同学的方位感不强，慢慢来吧。

好，同学们再一起把课文的第③自然段朗读一遍。

同学们，鲁迅先生有一篇著名的散文《从百草园到三味书屋》，我们现在印发给大家的，就是有关“三味书屋”的一段，大家看看，仔细了解鲁迅小时候读书的环境。（板书：鲁迅读书的环境）5 分钟解决问题。

时间差不多了，同学们，家里有自己的房间吗？请你们用笔告诉老师自己房间的情况，方位必须清楚，200 来字就够了，不然老师来不及看。这就是今天的回家作业，明天早读交。

大家知道，三味书屋的室外还有一个小花园，那花园里有些什么呢？下一节课我们一起研究这个问题。

下课。同学们再见。

（擦干净黑板，走出教室，悄悄掩上教室门。）

（附：板书设计）

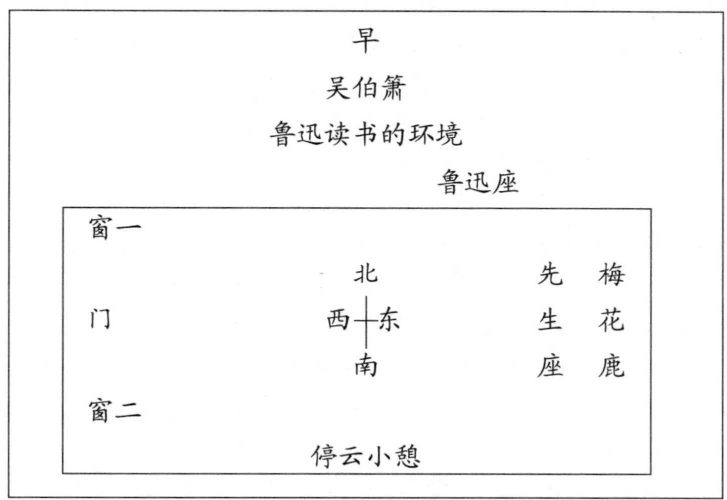


《早》（苏教版五下）微型授课稿（第二课时）

同学们好。

上一堂课，我们学习了几个生词，并且研究了鲁迅先生早年读书的环境，我们先检查一下同学们的掌握程度。

先听写生词：匾、砚、塾、憩、琥珀、酿、朴、墨、寿、哪、瓣。

每组最后一位同学将本子收上来。

下面，我读一段我们同学写的他自己房间的情况，大家仔细听，看看能不能搞清他房间的布局。

好，有人回答了。你说搞不清他房间的布局，知道为什么吗？

对了，这位同学描述自己房间布局的时候用的方位词语是“前”“后”“左”“右”，所有的“前”“后”“左”“右”都是相对的，现在我的前面是你们，后面是黑板；转过身来，前面就是黑板，后面就是你们。所以说，交代布局一定要用“东”“南”“西”“北”。

下面我们进入新课。请大家打开书本，先自由读第⑦自然段，告诉老师这段中写了什么。给大家3分钟。

这位同学说这段文字写了鲁迅书桌上“早”字的来历，是的，鲁迅的书桌上刻有“早”字，同时，作者也告诉了我们“早”产生的原因。（板书：桌上

刻字　早）

那么，这个“早”对鲁迅先生的后来起到什么作用？

同学们回答得很好，这就是“鲁迅精神”。（板书：鲁迅精神）

请同学们再读一遍第⑦自然段。

同学们，老师今天带来一张美妙的图片，看——（出示一幅梅花图）大家由这幅图想到了什么？谁来说说？

很好，美妙的东西总会让人产生美妙的联想，难怪面对梅花，诗人们能写出那么多的优美诗句。其实生活之中，我们也随处可以见到它美丽的身影。三味书屋的后院里，就种着梅花，我们一起来欣赏。

请大家自由读第⑤自然段，看看梅花的什么给你留下了深刻的印象。沉下心读读，觉得特别好的词句也可以圈画一下。5分钟够了吧。

哪位同学能说说梅花的颜色、梅花的形态和开花时间？

这位同学说得很好。梅花的色泽：白里透黄、黄里透绿；梅花的形态：像琥珀或玉石雕成；梅花的韵致：冰清玉洁；开花时间：早。

这段文字中说“二十四番花信风”，知道什么是“二十四番花信风”吗？老师告诉你们。古人每五天为一候，自小寒至谷雨共二十四候，每候应一种花。依次为梅花、山茶、水仙、瑞香、兰花、山矾、迎春、樱桃、望春、菜花、杏花、李花、桃花、棠梨、蔷薇、海棠、梨花、木兰、桐花、麦花、柳花、牡丹、荼蘼、楝花。然后就是立夏，花事结束了。（同步屏幕显示）

以上我们分析了梅花的韵致，如果拿一个字概括梅花精神，哪个字最恰当？

同学们回答得很好：早。（板书：梅花精神　早）

我们一起回顾文章的开头，齐读第①自然段。

作者去三味书屋是什么时间？

对，冬天。作者为什么加这一段呢？这位同学回答得很好，强调冬天，就是强调梅花开得早。（板书：冬日开放）

同学们，我们设想一下，如果没有第⑤自然段，文章的中心意思能表达吗？同学们再读一遍课文，故意不读第⑤自然段，想象有何感觉。给大家5分钟。

有的同学说能，有的同学说不能。老师裁判一下：同学们注意到了吗？梅花精神可以拿“早”概括，鲁迅精神也可以拿“早”概括，那么，作者写梅花精神就是为了写——

写梅花精神就是为了烘托鲁迅精神，同学们回答得非常好。这样的手法叫“托物言志”。简单点说，就是“借花喻人”有了梅花这一段，表达的中心意思更为突出。（板书：借花喻人）

老师看得出来，有些同学还不怎么理解，那我们来看看，以往学过的课文中，有没有借一样具体的事物来表现某一些人或某一种精神的吗？

老师提醒一下：比如用花比喻儿童。

这几位同学很好，马上想起了不久前学过的冰心奶奶的《只拣儿童多处行》。同学们散读这篇课文，看看文中的花与儿童之间有哪些共同点。3分钟解决问题。

大家明白了，花儿代表着美好的春天，儿童就是祖国最美的春光。

同学们，一节课就这样过去了。通过这节课，我们知道了可以借用一个具体的事物来表现一个人的某种精神。

现在布置作业：这是一道简答题：如果要写一位默默无闻地做出贡献的清洁工的精神，可借用什么花草来表达？为什么？

下课。同学们再见。

（擦干净黑板，走出教室，轻轻掩上教室门）

（附：板书设计）

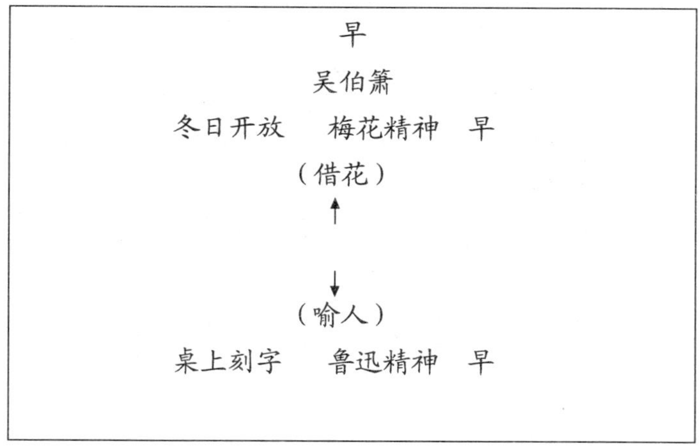


**【分析】**

微型授课既不同于正式授课，也不同于说课，它有着特殊的要求。虽然上面这个案例设计成两个课时，实际上既可以合成一次微型授课，更可以分为两次微型授课；当然，合成一次时，两个课时的教学环节都不可少，但每个环节的内容必须压缩。上面这个案例中，两个课时都以师生相互问候开始，由于学生实际上并不存在，所以，只能假设学生的学习，根据教学难点，还假设了学生学习中的困难，给人身临其境之感。前者围绕教学目标，作了读写能力的转化，后者围绕教学目标，向不久前学过的课文拓展延伸，都可以看作是较为成功的地方。

虽然说说课与微型授课是两个不同的事物，但从以上分析得知，其本质还是一致的——都是在假设学生的情况下进行。一般认为说课水平、微型授课水平与正式授课水平密切相关，但也有例外，某些教师说课或微型授课表现极佳，但实际课堂教学却不甚理想。其主要原因是授课比说课或微型授课多了真正意义上的教学对象——学生，学生不是被动接受的听众，而是随时参与并作用于教学活动全过程的主体。所以说，练习说课或微型授课仅仅是提高教学水平的一个方面，练好了说课与微型授课并不等于练好了正式授课，不能以练说课或微型授课替代练习正式授课。

# 第六章　教学反思

教学反思是指教师对自己的教学行为进行再思考与研究，对自己在教学中存在的问题进行回顾和纠正，对自己在教学中取得的经验进行总结和整理，运用教学标准检验自己、充实自己，并重新对教学进行设计的过程。理论和实践的研究表明，教学反思对教师的成长具有重要意义。美国学者波斯纳(Posner，1989)将教师的成长与其对自己经验的反思结合起来，并提出了一个教师成长的公式：经验＋反思＝成长。[①] 这意味着，从某种意义上讲，教师光有经验的积累是不够的，还须对自己的经验进行剖析和研究。

## 第一节　教学反思概说

国内外很多研究者在研究了专家型教师与新手教师之间的差距后，认为只靠教学方法与教学技巧的训练无法完全缩小两者之间的差距。而反思可以说是新手教师成长、成熟并最终成为专家型教师的一座桥梁。

### 一、教学反思的重要意义

俗话说，干一行，爱一行。教书育人，是我们当教师的责任。教什么样的书，育什么样的人，是我们应该思考的问题。

古人是讲究反思的。早在春秋时代，孔子的弟子曾子，就倡导“每日三省吾身”，已传诵千古。我们教师也是这样，经常琢磨琢磨，你的课堂会有难以预料的精彩；经常反思反思，你会找到“柳暗花明又一村”的感觉。所以，著名特级教师于永正说：“一个青年教师，认真写三年教案(不是抄袭别人的)，未必成为优秀的教师；而认真写三年教学札记，一定会写出自己思想来，说不定还会写出一个教育专家来。”这是真理。

① 潘海燕.教师的教育科研与专业发展[M].北京：中国轻工业出版社，2011：68

时代不同了，我们必须与时俱进，不断“充电”，完善自我，否则的话，将被课堂和学生所淘汰。就好像现在人都骑上电动车了，你还骑着“大金鹿”，不但速度跟不上，还影响美观。严重的话，还会影响精神状态和生活质量。

课堂是我们每天生命的最重要部分。它是我们充满生命力的“源头活水”。当有一天，我们彻底离开了课堂，生命也将随之暗淡，“镜中衰鬓已先秋”，恐怕那时只能是一番慨叹：“夕阳无限好，只是近黄昏。”

“一花一草一世界，一叶一树一菩提。”一滴水照样能折射出一个海洋。因此，通过小小的教学反思，也能反映出一个教师的教育观、课程观、教材观、学生观等等，当然还有工作态度和敬业精神。

那么，怎样写教学反思呢？简单地说，就是从不同侧面，思考课堂中的“是非成败”。或总结教训，或探索方法，或提炼思想，或给人启迪。学以致用，贵在创新，切忌人云亦云。随波逐流，将永远不会到达理想的彼岸。

有道是，教师的水平是练出来的；是上出来的、说出来的、反思出来的；否则，我们只长教龄，不长水平。

成功，只属于勤劳的人们。让我们在反思中不断成长，让我们的课堂充满灵性和激情！

综上所述，可见教学反思具有如下重要意义：

**(一) 有利于纠正偏差**

从教师自身角度看，每位教师都有备好课上好课的愿望。然而，无论我们备课多么充分，都有可能出现不完美的地方，甚至某种失误。

记得于永正老师在他的教学反思《“一桶水”不够用》中讲了这样的一件事：他在执教《燕子》一课时，一个学生问：“燕子在水面上飞为什么要用剪尾或翼尖沾水呢？”于老师根据事先备课时请教生物老师的说法，回答道：“燕子沾水是使它在吃浮在水面上的飞虫、小鱼虾时，保持身体平衡……”没想到有学生反驳道：“燕子不吃鱼虾，专吃飞虫。”后来，于老师专门查了《辞海》，证明学生说的是对的。通过这件事，于老师反思道：上课前我觉得是有把握的，因为教材掌握得差不多了，该查的查了；该请教的，请教了，“一桶水”已经“满”了。谁知，还是不够用。看来，老师是要不断学习的。[①]

于老师的反思案例告诉我们：通过反思，我们不但能及时纠正教学中的偏差，还能够从中发现自己的不足，以便扬长避短，加深对教学的理解，取得进步。

**(二) 有利于学法指导**

成功的学习依赖于正确的方法，掌握正确的学习方法是提高学习效率的关键。著名教育家陶行知先生认为“先生的责任不在教，而在教学生学”，“教的法子必须基于学的法子”。教师要树立一切为了学生发展的理念，要研究学生为何学习，为

① 于永正．于永正文集[M]．徐州：中国矿业大学出版社，2002：172

学生的学习服务，学会适应学生，从而让学生明白该学什么和应该怎样学习，并学会独立学习。比如学生写作文是件头疼事，主要原因是没有题材可写。“巧妇难为无米之炊”，那么怎么解决“米”的问题呢？某教师创办的“班级快播”10分钟是个好办法，深受孩子们喜爱。他们人人都是“撰稿人”，轮流做“播音员”“编辑”；至于内容，家事、校事、国事、天下事皆可关心，写景状物、四季风情、晨钟暮鼓、风霜雪雨皆可入文。“班级快播”实行了不到两个月，效果凸显起来，孩子有话可说了，表达的能力也大大增强了。实践表明，只有经常深刻反思，才能不断解决学生学习上的困难，做学生的知心人，才能有效地指导他们一步步走向成功。

**（三）有利于教师水平的提高**

首先是业务水平的提高。一节课是短暂的，但教师的教学生涯是漫长的。若干年之后，教师很难记起当年的教学情况，只有勤于笔耕，及时捕捉信息，并把它记录下来，宝贵经验才会永久保存。“不积小流，无以成江海”，道理是一样的。一篇篇的教学反思，日积月累，从量变到质变，一定会汇聚成一条思想的“大河”，从而使你的业务水平不断成熟，臻于完美。

其次为教研水平的提高。要迎接21世纪教育发展的需要，教师就要努力把自己从经验型教师转变为研究型、学者型教师。教学反思的过程就是一个研究、提炼、升华的过程，它使我们的感性认识上升到理性认识，可以得出新的教学规律，并在实践中检验和发展教学理论，从而提高自身素质。精心总结的教学反思，可以为写作优秀的教学论文奠定一定的基础。

还有育人水平的提高。人性是教育的立身之本，是教育的起点，也是教育的终点，贯穿于教育活动的全过程。教师批评学生时，可能会遭到学生的顶撞，若处理不当，可能会伤及学生的自尊心，会影响到师生之间的人际关系。更为严重的是，不当的指责会毁灭学生远大的理想、美好的愿望。所以，通过写教学反思，教师可以反思自己课堂上的一言一行，理智地分析自己的教学方法，提高教学技巧，促进学生的发展。

## 二、课堂教学反思的类型

教学反思的对象是教学行为。教师通过总结教学的得失与成败，对整个教学过程进行回顾、分析和审视，逐渐形成自我反思的意识和自我监控的能力。思之则活，思活则深，思深则透，思透则新，思新则进。

首先，从反思的对象来分，教学反思包括对教师自己课堂教学的反思、对他人课堂教学的反思和对学生怎样学的反思。

对自己课堂教学的反思，是指教师对自己的教育历程、一堂课全部的反思或重点部分的反思。它包括对教学理念、教学策略、教学方法、教学技巧等进行全面或专题的反思。

对他人课堂教学的反思，是指借助于现场听课、他人课例录像或他人写的课例，结合自己教学经验与主张，对照课程标准及被公认的正确的理念，进行课堂教学反思。以期吸收他人之长，达到改进自己教学之目的。

对学生怎样学习的反思，是指我们在课堂反思的时候，要重点反思学生是否使用“自主、合作、探究”的学习方式，学生的参与度、学生的习惯和学生学习的效果。实际上，学生的学习情况应该成为我们教学反思的重点。

其次，从反思的范围来分，按照从大到小的范围可分为教育历程的反思、年度或学期课堂教学反思、单元课堂教学反思、一节课的教学反思和一节课某些（某个）片段的反思。其中，后两项是课堂教学反思经常使用的。

第三，按布鲁巴赫理论来分。

美国学者布鲁巴赫认为反思性教学实践可分为三类：一是在实践中反思；二是对实践反思；三是为实践反思。[①] “在实践中反思”是指反思发生在教学实践过程之中，在教学过程中意外情况不断发生，需要教师随时做出反思并作出行为调整；“对实践反思”是指反思发生在教学实践之后，需要对教学目标以及根据这一目标选定的教学策略做出评价和判断；“为实践反思”是指通过实践中反思与实践后反思最终形成的超前反思，使教师拥有预测未来的意识与能力。根据布鲁巴赫的理论，我们可以把教学也分为前、中、后三个阶段进行反思。这样的反思效果会达到最优化，但从实际考虑，我们通常只可能把大部分精力放到课后教学反思上。

## 三、课堂教学反思的内容

下面我们重点谈谈课后反思的内容。

课后反思，是指一堂课完成之后，教师静下心来对本堂课的各方面情况全面地或有针对性地进行反思。包括这堂课的成败得失、如何改进和更完善的教学设想等。

其一为全面课后反思。主要从教与学两个方面进行反思。教的方面包括教学理念的体现情况、教材处理情况、教学方式方法是否有效、课堂氛围是否融洽等；学的方面包括学生的自主性是否调动起来、学生的参与度如何、教学目标是否达成等。教师应该“以学思教”，主要是通过反思学生的学习效果，来判断一堂课的成败得失。

其二为片段课后反思。所谓片段课后反思，顾名思义就是教师集中精力对某一或多处有典型意义的教学片段进行重点反思。这种反思针对性强，更容易操作。例如，教《石榴》一课时，可这样处理“红白相间”一词：先让学生查字典弄清意思，然后拿出石榴让学生具体看看石榴红红的籽儿是怎样被白的隔膜隔开的情景；最后让大家观察一下他们穿的衣服，用“红白相间”说一句话。针对这一教学片段，授课者这样反思的：从学生最后说的句子来看，这一词语的理解和运用设计比较成

① 林华民.新课程下我们怎样当老师[M].北京：华语教学出版社，2007：287

功。先是看字典里的意思，比较抽象，然后看看石榴子儿是怎样“红白相间”，学生已经明白了。那为什么还要观察实际，用其说话呢？因为注意到了“最新课标”与2001年课标相比较，有一处最明显的变化，就是“义务教育阶段的语文课程，应使学生初步学会运用祖国语言文字进行交流沟通”，不再有2001年课标里同样一句话里“理解”二字。何以使然？在以前的教学中，我们过分重视理解，而忽视了运用。理解了不一定会运用，而会运用一定是较彻底的理解。

其三为专题课后反思。所谓专题课后反思，就是选择教学中某一个难点问题进行的深入的思考和研究。反思者一般根据自己、他人，特别是名师的课堂，对相关问题进行观察、分析比较，然后联系理论，得出结论，以利于指导今后的教学工作，提升自己的教学水平。比如，对如何培养学生自主学习能力进行主题反思；如何指导学生修改作文进行专题反思等。

其四为案例课后反思。所谓案例课后反思，是指围绕着学生的学习案例进行反思。即对教学过程中出现的某偶发事件、有意或无意发现某位学生典型的学习故事、独特的学习方法、感人的学习案例进行反思。其意义在于帮助教师积累典型的教学案例以及从中受到启迪，不断提升教师课堂教学艺术。①

## 第二节　教学反思案例分析

从上面的分析我们知道，课堂反思可以从不同的角度分为不同的种类，本节中，我们举几个不同的案例进行分析，以求“解剖麻雀”。

### 一、对自己课堂教学的反思

**【案例】**

遗憾也是一种美丽

山东省枣庄市市中区税郭镇安城第一联校　崔增

《小鹰学飞》是一篇经典的课文，一个童话式的故事，短小精悍而内容丰富，读起来朗朗上口。我很喜欢，也愿意与学生一起分享学习的快乐。为此，我在课前阅读了很多相关的资料，精心设计了教案，辅助以相应的教学手段，更以全新的课程理念贯穿整个课堂，课堂在轻松和谐的氛围中进行。教师、学生、课文三者之间有了情感的共鸣和沟通，学生所燃起的智慧的火花一次又一次地感染着我。

① 林华民. [illegible]

为了让学生更形象地体会文中的内容，小鹰每飞高一次，我就用简笔画画出相应的景物。如先画一棵树，再画一座大山，接着擦掉大树，把大山改小，就造成了“大树看不见了，大山也变得矮小了”的效果，最后又画了两朵白云以及白云上面的鹰。学生很喜欢这种方法，因此课堂气氛就热闹了起来，学生的热情高涨起来，一个又一个灵感使学生的回答妙语如珠，使我倍受感动，身心完全融入了课堂。

可是正如一句老话说的：教学是一门遗憾的艺术。课后，我在回味那些精彩的片段时，又一次感受到了其中的遗憾。在理解“渐渐”一词的意思时，我让学生用“渐渐”说一句话，在短暂的思考后，学生争先恐后。其中有一个平时很少举手回答问题的学生说：“老师们都老了。”哗！教室里一片笑声，他竟然忘记用上“渐渐”。这也许是胆怯的原因，他在笑声中坐下，脸有些发红。我鼓励他：“你能用上‘渐渐’再说一下这句话吗？”“老师渐渐变老了”。同学们立即报以热烈的掌声。当时我觉得这样处理就很完美了，现在想来，还是太危险，在多变的语文课堂教学中，我只注重了语文的工具性，没有捕捉到这句话向老师传递的情感交流的信号。是呀！老师渐渐老了，他注意到了这些，如果我当时反应快一些，应该这样接下去，“你也渐渐长大了，懂事了！”

遗憾不能弥补过去的不足，却可以在反思中不断完善。现在和将来那充满人文色彩的理想的课堂教学，不就是在一次次的遗憾中生成的吗？

遗憾也是一种美丽！

**【分析】**

本篇教学反思从反思对象来看，属于对自己课堂教学的反思；从反思的内容来看，属于片段课后反思。

本文作者先是讲述自己运用简笔画，激起学生学习兴趣，他们个个“热情高涨”“妙语如珠”，这是本课成功之处；接着，作者写了具体引导一个平时很少举手回答问题的学生用“渐渐”一词造句的经过，并指出了没有及时和学生“对话”，这是本课教学的遗憾之处。通过教学反思，崔老师至少认识到自己的三处得失：使用学生喜爱的教学方式（如简笔画），效果好；要关注学困生，不让任何一个孩子掉队；工具性和人文性要统一起来，这是语文教学的特点。“以人为镜，可以明得失。”通过崔老师对自己反思的这面镜子，我们也能学到很多——除了她的三处得失，更多的是她不但教学理念新，而且勤于思考、善于思考，这是值得我们学习的。

“天有不测风云。”课堂教学亦如此。一堂课下来，可能超乎预料的顺利，或因教师一句幽默奇妙的导语而使课堂气氛空前活跃，或因教师一个手势、一个眼神而令故事情趣大增，或因一种新教法的采用而收到意想不到的效果。相反地，有的课却不尽如人意。或因讲得过多而使学生兴趣全无，或因一个环节的遗漏或疏忽而谬之千里，学生收获甚少。此时，我们不仅要实事求是记下成功与失败，更主要的是要由“果”探“因”——成功何以成功，怎样发扬光大；失败何以失败，想出对策，避免以后走弯路。

## 二、对他人课堂教学的反思

**【案例】**

### 语文课，要让学生学会“三问”①

（一）

同事李老师参加区优质课评选。他执教的是《司马迁发愤写史记》。

课堂上，他循循善诱，读书很充分。其中有两个环节，我印象很深刻。

一是“临终相托”环节中，李老师让一些学生扮演“父亲”司马谈，当读到“我死之后，朝廷会让你继任我的官职，你千万不要忘记我平生想要完成的史书哇！”一句时，强烈愿望溢于言表。一些学生扮演“儿子”司马迁，泣接重托，生离死别，学生进入情境，读得荡气回肠。

另一个环节，是为了让学生充分体会当时司马迁悲愤的心情，李老师给学生补充了“司马迁替李陵辩护”和“司马迁遭受宫刑”两方面的内容。李老师让学生把自己当作司马迁，说说你此时此刻的感受，体会这无辜之酷刑给司马迁所造成的致命打击。然后再让学生读一读“司马迁悲愤交加，几次想血溅墙头，了此残生”这些句子，体会司马迁忍辱负重、不忘父亲重托的情怀。

评委齐夸李老师引导学生读书读得充分，在“课堂教学”一栏（此项占90分）上都给打了较高的分数。

可是，意想不到的事情发生了。原来，到最后算总分的时候，李老师却名落孙山。李老师实在想不明白，去问个究竟。原来，在课堂最后五分钟，评委老师出了一个题：课文中哪些地方突出表现了司马迁发愤写《史记》？这本是课后的第四题。课堂上，学生只注意读书了，没有注意它，所以就无从回答了。这项课后测试占10分之重，而学生只得了2分。

原来，失分在此。即：李老师在备课的时候，只关注学生读书了，没有关注到学生的疑问。

（二）

李老师认识到自己对“读书”理解偏了，该怎样做才能使语文课更高效些、生动些呢？

我们仔细钻研了教材，翻阅了一些资料。这一看，你别说，还真看出了一些门道。

---

① 刘识亭．语文课，要让学生学会“三问”[J]．小学语文教学，2011(5)

不妨从课题开始质疑。因为“学起于疑”、“大疑则大进，小疑则小进”。

还是《司马迁发愤写史记》这一课，如何进行课题质疑呢？我请几个同学“小试牛刀”！

师：从课题中你知道些什么？

生：司马迁——司马，是复姓，文学家、史学家。

生：《史记》——一本巨著。

生：课文写的是司马迁写史记的故事。

师：读了题目后你还想知道什么？

生：发愤是什么意思？

生：司马迁为什么发愤写《史记》？

生：他是怎样发愤写《史记》的？

生：《史记》是一本怎样的书？

李老师高兴地说：“按照学生提出的问题，进行教学设计，思路就很清楚了呀！”“更关键的是，学生知道该如何学习这篇课文了，自主性就体现出来了。”我补充道。李老师听了连连点头，并愿意按这个思路再讲一讲。

这是第一次问，目的是激起学习兴趣，激起探究欲望。

（三）

老师按照我们商定的思路授课，一切正如我们所料，学生学起来非常主动。

在精读课文过程中，他让学生在读中感悟，在读中理解。很快，几个难点就被学生一一突破了。

如：司马迁为什么发愤写《史记》？

学生通过读书，把此问题总结如下：崇英雄精神、遵父亲的嘱托、担史官的责任、对历史的热爱。

又如：他是怎样发愤写《史记》的？

学生又总结如下：(1)司马迁牢记父亲的嘱托，每天忙着研读历史文献，整理父亲留下来的史料和自己早年走遍全国搜集的资料。(2)他尽力克制自己，把个人的耻辱，痛苦全都埋在心底，重又摊开光洁平滑的竹简，在上面写下一行行工整的隶字。

课后，李老师对我说：“刘老师，这次既重视读书，又注意解决难点了。再到区里讲课就不成问题了吧？”我笑笑说：“你说得很好，还有一点你做得更好，值得佩服！”

“哪一点呢？愿闻其详。”

“上次，是你主动给学生补充了‘司马迁替李陵辩护’和‘司马迁遭受宫刑’两方面的内容，而这次你是等学生提出这个问题之后，才给他们补充的。”

“虽然前后两次补充的内容一样，但是后一次却有质的变化。第一次，有‘水到土掩’的感觉，学生只是被动地听，而第二次，是在学生提出问题的时候，碰到了‘钉子’，急切渴求知识的时候，你才娓娓道来。正如久旱之禾苗，恰逢润物之甘霖啊！”

李老师接着说：“您说得对。这次让学生寻找问题，找着找着，学生找到感觉了。他们一双双渴求知识的眼睛我能感觉得到，而且从没有如此明亮过。”

“我觉得你达到了一个境界，即孔夫子说的‘不愤不悱，不启不发’。说的就是不到他努力想弄明白而不得的程度不要去开导他。”

“不敢不敢，我只是朝这个方向努力！”李老师谦虚地说。

这是第二次问，是学中问。这次目的是以问促读，让学生更深入地理解课文。当然，教师要引导、启发学生去问，而不是老师去问。

（四）

李老师说：“问题都弄明白了，书也达到读得有感情的程度了，是不是这堂课也该结束了？”

我没有回答，请他到我的课堂来看一看。

师：同学们，你们知道《史记》中的哪些故事？

生：《负荆请罪》《四面楚歌》……

师：我给大家讲一个《指鹿为马》的故事。（故事略）

（孩子们听得很仔细。讲完之后，他们都想让我再讲。看到火候已到，我说：“《史记》里像这样精彩的故事多着呢！课堂上时间有限，大家在课下读，一个月之后，我们开个《史记》故事会，怎么样？”学生群情激奋！）

师：大家想，如果没有《史记》这部辉煌巨著，将会怎么样？

生：历史不会被记下来。

师：对了，如果没有《史记》，中国五千年的历史，将会出现很多空白，不曾记录。一篇篇精彩的故事，一个个鲜活的人物，将不复存在。请记住：一个没有历史的民族是可怕的。所以我们要永远记住——司马迁，还要记住他的名言——人总是要死的，有的重于泰山，有的轻于鸿毛。

我敢说，通过如此“对话”，学生对《史记》的价值以及对司马迁，会有更高更新的认识。而对于这堂课来说，其价值是激起了学生继续探索的兴趣，这个意义是深远的。在课堂上，不是把所有的问题都解决了，而是让学生带着更多的疑问走向更广阔的天地，这样，就和国外教育接轨了。

这是第三问，目的是让学生带着疑问走出课堂，到更广阔的天地里去探索。

（五）

当前的语文课，有两种倾向：一个倾向是“满堂问”，学生疲于回答问题，语文课成了解决问题课，语文味越来越淡了；另一个倾向是“满堂读”，学生为了读而读，以至于“读你千遍不厌倦”，缺少层次和深度，缺少思考的过程。如何让学生主动起来呢？让学生发现问题，然后解决问题，就是一条很有效的途径。当然，是在读中发现疑难，又在读中感悟理解、解决疑难。

语文课，我们要善于引导学生学会“三问”，即课前问、课中问、课后问。相信学生会在“问”中找到兴趣，在“问”中学会思考，在“问”中变得主动，在“问”中产生创新的火花。

**【分析】**

本篇教学反思从反思对象来看，属于对他人课堂教学的反思；从反思的内容来看，属于专题课后反思，即对课后问题（难点问题）如何突破方面，进行深刻的反思和研究。

作者首先从同事李老师“出师未捷”，寻到原因——“只关注学生读书了，没有关注到学生的疑问”；接着他们深入研究——如何改进这堂课的教学，并且把自己的想法付诸实践，在你来我往的课堂上检验效果；最后，总结出非常重要的结论——语文课，我们要善于引导学生学会“三问”，即课前问、课中问、课后问。

这篇教学反思，作者主要是针对“失败”的课堂进行的深刻的剖析和反思。可贵之处是，能做到理论联系实际，在实践中迸射出创新的火花。

另外，本教学反思在写法上思路清晰，娓娓道来，层次分明，似行云流水，值得借鉴。

## 三、对学生学习情况的反思

**【案例】**

“老师是一只青蛙”①

那是个阳光灿烂的日子，同往常一样，我们又该学习新课了，不同的是有许多老师来听课。

学习的课文是《坐井观天》。以前，每学完这篇课文，我都要让学生根据课文内容展开想象，以《青蛙跳出井口了》为题进行说话和写话训练，培养学生的思维。今天我将又一次让同学们想象青蛙要是跳出井口了，将会怎样呢？

李梦说，青蛙跳出井口后，看到了无边无际的大海，海涛声吓得它连忙向小鸟求救。王婉佳说，青蛙看到了高高的山峰和一眼望不到边的田

① 孙娟.“老师是一只青蛙”[J].课外阅读，2002(7)

野，田野里开满了五颜六色的花儿，上面飞舞着蝴蝶和蜜蜂，青蛙陶醉了，它觉得以前的日子都白过了。孙艳同学竟然让青蛙坐上了飞机，环球旅行，青蛙一下飞机就感慨："不看不知道，世界真好啊！"听课老师都被她的话逗乐了，我也没想到她会把正大综艺的广告词"不看不知道，世界真奇妙"改用的这么恰当。

张雨是新来我班的学生，我看到他把手举得高高的，便点了他的名。他起来说："青蛙从井里跳出来，它到外面看了看，觉得还是井里好，它又跳回了井里。"同学们听了哄堂大笑，我也笑了。我打断了他的话，问大家："是井里好，还是井外好？"我示意张雨坐下，随口说到"我看你是一只青蛙，坐井观天。"之后，我又让大家把自己想的和说的写出来。

在批阅同学们交上来的作业时，我看到张雨续写的故事：青蛙跳出井口，它来到一条小河边，它累了想去喝口水，突然，它听到一声大吼："不要喝，水里有毒！"果然，水上漂着不少死鱼。它抬头一看，原来不远处有一只老青蛙在对它说话。它刚要说声谢谢，就听到一声惨叫，一柄钢叉正刺穿了那只老青蛙的身子，那只老青蛙正在痛苦地挣扎。青蛙看呆了，这外面的世界太可怕了，它急忙往回赶，又跳到了井里，还是井里好，井里安全啊！

我的心被震撼了。河水里常漂有死鱼，菜市上也常有卖青蛙的，这都是有目共睹的，让青蛙跳回井里又有什么不好呢？可我却没有给他一个发表自己观点的机会。可我竟然说他是一只坐井观天的青蛙。孩子的心灵就像井外那多彩的世界，需要跳出来的恰是自以为是的我自己！收起笑，我在张雨作业的空格里工工整整地写下一句话："对不起，老师是一只青蛙。"

**【分析】**

本篇教学反思从反思对象来看，属于对学生学习情况的反思；从反思的内容来看，属于案例课后反思，即针对教学过程中出现的某偶发事件（人家都说跳出井口能看到精彩的世界，而张雨却反其道而为之，偏偏愿做"井底之蛙"）进行反思。

本来一帆风顺的课堂，却风云突变。学生斗胆说出不符合正统的话来，这还了得，于是孙老师马上用自己的权威封住了学生张雨的口。可以看出，此时的课堂上教师还是绝对的权威，学生还处于完全服从的地位。但是，孙老师是一位开明的老师，虽然课堂上制止了学生的发言，却让学生的笔下处于开放状态，让学生有倾吐表达的机会。"塞翁失马，焉知非福"。没想到课堂上这样一次意外，甚至是失败，却成就了孙老师教学上质的飞跃。何以使然？孙老师敏于观察、勤于思考的结果。

在我们平时的教学中，有时容不得学生提出不同的意见。想想这个故事，作为老师要给每一位同学发言的机会，说出他们的真正感受、认识，要让老师与学生各自凭自己的经验，用各自独特的精神方式，在教学过程中通过心灵的对接，意见的交换，思想的碰撞，合作的探讨，实现知识的共同拥有与个性的全面发展。愿我们每位老师都做一位充满爱心的人文主义者！

我们知道，教与学是两种个体间发生的知识传递关系。教师起主导作用，学生则为学习主体。教师的情绪、教师的举手投足、教师对教材对学生对教法了解的深浅等都直接作用于学生，影响着课堂气氛与授课效果。相反，学生的注意力情况、学生的疲劳状态、学生的知识差异等也反作用于教师。此两者同时存在，相互作用，彼此牵制，影响着课堂效果。在新的课程理念下，教师的角色定位为学生的促进者、激励者、引导者，因而，教师要重点反思自己是否实现了角色的转变。另一方面，教学反思应重点反思学生的情况，因为教师的教，是为了学生的学。教师的一堂课的价值大小，就体现在学生的目标达成方面。故而，教学反思，学生应是“主角”，他们这一堂课的收获是什么？目标达成了吗？是在愉悦的状态中达成的吗？学生的学习方式是否切合实际？学生是主动还是被动？每个学生都被关注到了吗？每个学生都得到提升了吗……这些都具有反思的价值，也值得我们静下心来深刻反思。

## 四、名家的全面教学反思

**【案例】**

### 常教常新
### ——《翠鸟》教学札记①

于永正

湖州的徒弟周建华一听完我执教的《翠鸟》，便对我说：“您这次上的《翠鸟》和几年前上的有很大的不同。”我说：“人的认识总是不断提高的，不能‘闺女穿娘的鞋——老样儿’。老样儿，就意味着停滞不前。要常教常新；用时髦的话说，叫‘超越自我’。”

这次教《翠鸟》新在哪里呢？

八年前教《翠鸟》，把工夫花在分析翠鸟的外形和叼鱼的动作上了，花在分段、写段意上了，读书却不充分。这次，没有在内容上作分析，而是突出一个读字——用了整整一节课的时间读书。因为读书很充分，所以不少人都能把写翠鸟外形和叼鱼的两段话背下来了。我想，能把生动的、规范的语言内化吸收了，不就是一个很大的收获吗？今后如果让他们也写一种动物，还会一筹莫展吗？

八年前教《翠鸟》也进行了说的训练，但那只是机械地复述课文，是被

---

① 于永正. 于永正文集[M]. 徐州：中国矿业大学出版社，2002：12

动的。这次，我让小朋友扮翠鸟，我则以“世界绿色和平组织成员”的身份采访“它们”。角色变了，感觉就不大一样了，“翠鸟”们说的话，也就出现了意想不到的精彩！同样是说，以前是死的，现在是活的；以前是为说而说，现在则是心灵的对话，是现实的口语交际。

八年前教《翠鸟》，我边讲边画（画翠鸟），自己很得意（多少也有卖弄的意思）。这次，是让学生画。因为我现在真正明白了，学生是学习的主人。学生能把抽象的文字“还原”成生动的图画，就证明把课文读懂了，而且这样做发展了学生的想象力，更有趣味性。

八年前布置了两项作业，一是填空——读完课文，每人发一张表，要求填上合适的词语（所填词语都是表现翠鸟特点的）。二是辨析——辨析“希望、愿望、失望”。这次，没有了。因为现在我明白了，语文能力不是做练习做出来的；我知道了语文教学要“少做题，多读书”。我们再也不能让学生泡在题海中受折磨了，再也不能做扼杀学生灵性和悟性的事了。

理念新了，即使穿旧鞋也可以走新路；理念不转变，即使穿新鞋，也照样会走老路。

**【分析】**

本篇教学反思从反思对象来看，属于对自己课堂教学的反思；从反思的内容来看，属于比较全面的课后反思。

于老师在教学札记中，分别从课文学习、表达训练、学习方式和作业设计四个方面与八年前教学《翠鸟》一课作对比反思，反映了新课程实施以来，他的教材观、教学观、学生观等教学思想发生的巨大变化。由此我们看到，作为全国著名的语文特级教师，于老师仍在不断地学习，不断地优化自己的教学设计，更新教学理念，使教学设计更加关注学生的发展，课堂教学收到了更大的效益。

最后，我们是不是可以改用一下孔子的名言，那就是“教而不思则罔，思而不教则殆”，意思是只教学而不去反思，教也是在迷茫中进行；而只反思，却不去深入实践，那么教学水平就会停滞不前。故而，只有教学和反思同步，我们才能不断进步，才能早日成为有思想的教师，成为专家型的教师，这应该是所有教师的共同梦想。

# 第七章　听课与课堂评议

上世纪末，那场所谓的语文大讨论在神州大地轰轰烈烈地展开，随之，“2001版课标”出台。十几年过去了，语文教学是否一片莺歌燕舞，已走出传统语文教学的窠臼？学生的语文水平是否有了大幅度的提高？答案是否定的。之所以如此，与我们语文教师的听课能力的下降，与我们语文课堂评议出现的偏差有很大的关系。本章中，我们就小学语文教师的听课能力与课堂评议的能力谈一些自己的看法。

## 第一节　听　　课

听课，既是学生学习的主要方式，也是教师进行教学研究的最基本形式之一，长期以来已经被我国广大教师所接受。即将上讲台或刚上讲台的年轻教师要多听课，多听有经验的同行的课，这是年轻教师最直观、最快速地掌握教学基本功的有效途径之一；听优秀教师的课，取长补短，将变得更优秀。因此，听课是新课程下校本研究的重要组成部分。

### 一、听课概述

听课是一般教师或教研员凭借感觉器官与有关的辅助工具(记录本、录音录像设备等)，直接从课堂中获取相关信息，从感性到理性的一种学习、评价与相互提高的教研方法。

听课是教育行政部门与学校行政领导进行教学管理的基本形式之一；是教研人员指导教学，教师之间研究教学所常用的教研方法之一；是新教师快速掌握教学规律，提高课堂效益的有效途径之一；是各种层次教研活动的重要内容之一。事实证明，有目的、有选择地听课，如果再加上评课，能有效地促进听课者和上课者课堂教学能力的提高，提升教师的课堂教学研究水平。[①]

著名特级教师林华民先生把听课划分了以下几个类型。

首先，从学校教学管理的角度划分，主要有如下几种：

针对性听课：为了解某位教师的课堂教学情况或某学科的实施情况而进行的听课。

检查性听课：根据教学计划、教学常规要求和教学相关法规所进行的教学检查，或针对个别教师在教学中存在的缺陷或整改情况所进行的诊断性听课，以利于帮助教师改进和提高课堂教学效益。检查性听课是上级教育主管部门、教研部门检查学校教学情况，学校领导检查教师教学情况所采用的最普遍的形式。

研究性听课：围绕某个研究课题，学校领导和教师有计划、有组织地开展一系列听课活动。边听边研究，有利于解决实际问题，形成比较科学的教学策略、方式、方法等。

示范性听课：为了把学科教学骨干教师、学科带头人丰富的教学经验以及先进的教科研成果进行总结、交流和推广而进行的听课活动。具有学习性、示范性、推广性的特点。

评比性听课：主要是为了对教师进行评价而进行的听课活动。如为了评选先进教师、学科带头人、名教师、特级教师等，所进行的听课都属于评比性听课。它具有筛选性、公正性和比较性的特点。

其次，从教师教学研究的角度划分，主要有以下几种：

学习型听课：青年教师向经验比较丰富的指导老师或其他老师学习而进行的听课。

交流型听课：学校或校际教研组教师之间为了加强教学研究、互相取长补短而进行的听课。

研讨型听课：围绕某个研究课题而进行的听课。

## 二、听课“听”什么

由于课堂教学是一种学习活动，其本质是学而不是教，而且教师活动是围绕学生活动而展开的。因此，听课教师应当关注以下两个方面：一要关注上课老师怎样教，二要关注课堂上学生如何学。与教师怎样教相比，新课程更强调学生如何学。因此，与其说是“听课”还不如说是“看课”“观课”——观看学生的课堂表现，而不是教师的课堂表演。新课程理念下，我们应该怎样听课，听课听什么，值得深入研究。

### （一）“听”学生

记得看过一篇报道，说的是几个外国专家来中国考察教育。他们走进教室听课，不是坐在教室的后面，而是坐在教室的前面；不是观察教师，而是面向学生，只

---

① 林华民．新课程下我们怎样当老师[M]．北京：华语教学出版社，2007：6

观察学生的表现。有的老师问他们为什么只观察学生，而不关注教师呢？外国专家对于这个提问颇感意外，吃惊地说："课堂上，不观察学生，还能观察什么呢？"外国专家的观课表现，明确无误地告诉我们，听课要最大限度地关注学生。那么，听课中要"听"学生的哪几个方面呢？

首先，"听"学生的学习方式。新课程强调，新的学习方式应该是"自主、合作和探究"。但是，目前很多语文课堂的状况是自主性不强、合作性虚假、探究性没有。从某种意义上说，转变学生学习方式，才是课堂上真正意义的"革命"，也是听课者最应该观察的方面。因此，听课者要注意观察：学生是主动学习还是被动学习；是真正意义的合作，还是为了合作而合作；学生探究了吗，探究的意义有多大；是"跳一跳摘到桃子"呢，还是"不跳就摘到了桃子"。

其次，"听"学生的参与程度。学生主体参与教学是其在教学中主体地位最基本的表现形式。新课程核心理念是以学生发展为本，让学生参与教学是课程实施的关键。学生参与应该是积极参与和有效参与的统一。在学生的积极参与有效参与的统一之中，课程目标的三个维度能够全面落实。① 因此，课堂上要看学生是否积极参与和有效参与。真正的课堂应该是焕发生命活力的课堂，教师是组织者和引导者，学生才是真正的"主角"。外国专家听课时和我们完全不同的做法值得我们深思。

第三，"听"学生的学习习惯。人们常说，习惯改变命运。这说明良好习惯的培养是多么重要。课堂上，教师应潜移默化培养学生良好的学习习惯，如写字读书、使用工具书、不动笔墨不读书、默读静思等习惯，这样有利于形成较强的自主学习能力，为其终身学习打下良好的基础。这些细节都应该成为我们观察的重点。

第四，"听"学生学习效果。教师的教，是为了学生的学，落脚点就是学生学得如何，也就是学生的学习效果如何。新课程理念下，我们应从三个维度来看学生的学习效果，即知识与能力、过程与方法、情感态度与价值观。教师在课堂上指点江山、激扬文字、滔滔不绝，可学习效果不好，这不应该是一堂好课，可以说是失败的课堂。相反，有的教师，言语不多，也乏文采，但训练扎实，学生三维目标都能达成，这就是成功的好课。

**（二）"听"教师**

首先，"听"教材的把握能力。"最新课标"教学建议中特别强调：教师应认真钻研教材，正确理解、把握教材内容，创造性地使用教材。"用教材教，而不是教教材"。我们语文教学不是把一篇篇课文教会，而是利用课文这个例子，培养学生听说读写能力。因此，在课堂上，应关注教师在课堂教学中确定的教学目标是什么，重难点是什么，是如何突破的。特别需要关注的是，目前很多的语文课教师只是教

---

① 杨颖，关文信，赵晶红著．新课程理念与小学语文课堂教学实施[M]．北京：首都师范大学出版社，2003：5

课文，要尽快实现“由教课文向教语文”的美丽转身。另外，还要关注语文课“文道统一”的问题。

其次，“听”课堂结构。课堂结构是指一节课主要有几个组成部分以及各部分的安排顺序及时间分配问题。不同的课型，课堂结构应是不同的。听课时要特别关注上课教师在结构安排方面的得失，并与其课后交流，以期达到共同提高的目的。因此，我们要关注课堂上，教师用多少时间新授？用多少时间让学生用于独立思考？用多少时间于反馈巩固？

第三，“听”教学环境。新课程倡导师生融洽的平等关系。因此，听课时应特别关注上课教师是通过什么样的教学媒体和手段来创造民主、平等、和谐、高效的课堂氛围的。

第四，“听”教师素质。教师是新课程实施的关键，其素质的高低决定了课堂教学质量的高低。也就是说，一堂课的成败与否，教师起到关键性的作用。因此，听课时我们要关注上课教师的语言、板书、知识水平、组织能力、驾驭课堂能力、对突发事件的处理能力和教育智慧等等。

## 三、怎样听课

有的老师说，听课谁不会。带着凳子，带着耳朵，带着笔记本，记得满满当当就万事大吉了。这是我们经常看到的现象。这样的老师把听课作为单一的活动，只负责“记”下来就行了——尽量记下讲课教师所有内容，还唯恐有遗漏。其实，这样的听课，是低效的。因为把大部分时间和精力都放在记录上了，就缺少观察和思考教师是怎样引导的，学生是如何表现的，这样做的合理性如何，是否符合新课程理念等等，所以，这样的教师是最累的，也是收获最少的。故而，研究如何听课、怎样做听课笔记，对于教师专业成长是非常有意义的一个课题。

### （一）目的要明确

为什么要听课呢？你肯定知道，那就是提高自己的业务水平。实践表明，听课，是促使教师尽快成为优秀教师的捷径。“他山之石，可以攻玉”。通过听课，汲取众家之长；通过反思，认清成败得失，有利于尽快形成自己的教学风格。这是从大的方面来说的。从小的方面来说，每一次或每一节听课，也都应该有小的目标。如今天听作文课，那么你可依据自己教学中的困惑，把目标设定为看看人家是如何引起学生兴趣的，如何指导的等等。只有目的明确了，才能做到有的放矢，做到高效听课。一堂没有收获的听课，将是失败的听课。

### （二）方法要恰当

那么，怎样的听课才是高效的呢？我们通过研究和实践，把它总结成“一记二看三思”。

一记，主要记教师的讲课思路和怎样引导的；二看学生的表现；三思，主要是通过学生的表现思考老师引导过程合理性如何，是否符合新课程理念等。如果是成功的，成功之处是什么；如果是失败的，失败的原因何在呢？这时候一定要问问自己：这个环节，如果我来操作，会怎样设计呢？实践表明，只有把“记”、“看”、“思”统一起来、协调起来，才是完整的听课过程，效果也是最好的。

**（三）听后要评课**

听完课之后进行评课，既是对授课教师的一种礼节上的尊重，又是提高听课效率的最佳途径。“水常无华，相荡乃成涟漪；石本无火，相击而发灵光。”评课过程是听课教师与授课教师间的心灵碰撞，是产生灵感的好场所，切不可轻易放过评课的机会。评课时，听课教师能够听到授课教师的设计意图、其他听课教师的教学主张与成功的教学经验。可以说，听课贵在评课，没有参加评课的听课至少是低效的。

## 第二节　课堂评议概说

听课，并不是看热闹，取其成功之处，去其失败之处，乃其目的。而“取其成功之处，去其失败之处”的根本，就是对“课”的科学评价，所以说，必须学会科学的课堂评议。一般的课堂评议操作程序如下：先由授课者陈述自己教学目标和初步教学反思，然后，听课人就具体的要求发言评议，最后，由一位资深者作总结性评议。小学语文教师的课堂评议，可从以下几个维度考虑。

### 一、评教师之教

当“四人小组讨论”成为模式的时候，当一堂语文课教师只能讲“N 分钟”成为模式的时候，悲剧就开始一轮又一轮地在语文课堂上上演了。曾几何时，无论什么课，无论有无必要，但凡公开课，“讨论”的形式必定出现。于是乎，学生趁机讲话者有之，教师趁机休息者有之，听课人趁机窃窃私语者有之。至于这样的讨论究竟有何意义，则无人仔细研究。怎样体现教师的主导作用？没有定式。一堂课，他可以根据自己、文本、时事、学生的不同情况，采用不同的方法。以学生活动为主，教师尽量少说话的课未必是好课；教师一讲到底，学生思维积极的课也不一定不好。所以说，我们的课堂评议一定要关注到教师的教。评教师的教，可考虑以下因素。

**（一）评教学常规**

教学常规的规范化应该放在最前面。规范化的教学常规，能反映教师多方面的修养。如教师对学生是否了解，是否能适应所教学段的学生；仪表是否整洁，教态是否亲切、自然、大方；书写是否规范、工整、美观；板书设计是否重点突出、脉络清楚、科学合理；教学语言是否准确、流畅、生动、形象；教师有无教学机智，能否有效地控制和调节课堂气氛、驾驭教学过程……当然，这是课堂教学的最基本要求，也是最低要求，甚至可以说是对实习教师的要求。

### （二）评对“语文”的理解

仅仅掌握了教学常规的课只是抽象的“课”，而抽象的课实际上并不存在，只有数学课、外语课、语文课……不能脱离特殊的数学语言评论数学课、也不能脱离特殊的外语语言评论外语课……所以，就语文课堂评议而言，我们必须把视角放到这堂课是否姓“语”上。所谓姓“语”的语文课，必须是“工具性与人文性结合”的课；必须是以培养学生的读写听说能力为主，潜移默化地培养学生人文精神的课；必须是符合语文教学各条原则的课。

大概是 2003 年秋，曾在江苏无锡听了一堂（实际上是两堂连上）小学语文课，一位教师执教《只有一个地球》。

课的主体，教师要求学生将课文中的一些抒情气息较浓的语句改写为简单的说明性语句，再引导学生拿这些改写后的语句与原文作比较，在此基础上引导学生表达对地球的热爱之情。如此，既让学生明白了文本的语言特点，又潜移默化地进行了“情感态度价值观”的熏陶。下课铃即将响起，正当听课者纷纷颔首，为公开课的成功，为授课者的方式方法赞许时，授课教师突然搬来了几张椅子，并向学生宣布“下一节课我们讨论环境保护问题”。就在听课者目瞪口呆之际，授课教师选派几个同学坐到椅子上，其中一个担任“环保局长”，一个担任“污染厂厂长”，一个担任“记者”，一个……于是，一场讨论就这样热烈地展开了，全班同学一起参与，热闹非凡，直到第二节课下课。

确实，学生动了起来，课堂气氛十分热烈，你言我语争得脸红脖子粗。但这一切究竟为了什么？一堂语文课以“环境保护”为主题，似乎是关心“人文”，但语文教师谈这个问题能有自然教师深刻吗？更为重要的是，“语文”究竟应该怎样定位？我们认为，这种课，是走火入魔的课。

“最新课标”把语文课程的性质确定为“工具性和人文性的统一”，但在理论和实践领域，关于语文学科性质的争论一直没有停止。我们在关注语文学科性质的同时，应该把目光投向方法论，去关注一下我们到底应该通过什么样的方法来认识语文学科的性质。

马克思主义哲学认为，一般寓于个别，一般只能通过个别来表现；既然如此，我们在语文教学过程中就必须将“工具性与人文性结合”，即人文学科的共性与语文学科的个性结合。具体操作时，要把培养学生的言语能力放在第一位，要“借助‘工具’渗透‘人文’”，“随风潜入夜，润物细无声”。就阅读教学而言，就应该是“因文解道，因道悟文”。这就是语文必须姓“语”的关键之所在。语文教学最重要的任务就是提高学生的语用能力，实际教学中，在全面提高学生读写听说能力的前提下，自然而然地提高学生的人文修养；当然，这个人文教育切忌“过头”。① 所以说，课堂评议必须向“语文”倾斜。

---

① 赵黎丽. 语文必须姓“语”的哲学思考[J]. 语文教学研究，2011(5)

虽然说这个要求比第一个要求高了一个层次，但是，还仅仅是对工作一两年的语文教师的要求，对优秀的小学语文教师，还有更高的要求。

**（三）评对“教材”“个性”的挖掘**

姓“语”仅仅是语文课的共性，如果是一堂优秀的语文课（阅读教学），还要看是否抓住了教材的“个性”；因为教学时面对的文本各自不同，而不同的教材各有与众不同的个性，只有抓住教材个性的语文课，才能够在众多的语文课中脱颖而出。抓住“个性”是“优秀”的必要条件。

正如第二章所言，这里所谓的“教材”，指准备教会学生的内容。就识字写字教学而言，就是拟教会学生的那几个字以及他们的载体——课本的有关部分；就阅读教学而言，就是课文文本；就习作教学而言，就是作文的题目等有关内容；就口语交际教学而言，就是有关场景等等。无论是识字写字教学，还是阅读教学或习作教学、口语交际教学，其内容不同，其教学方法也不该相同。就阅读教学而言，就是要抓住这篇课文区别于其他不同类或基本同类的课文的显著特点。

众所周知，阅读教学的过程就是学生和文本对话的过程，既然学生是语文教学的主体，那么，文本就是阅读教学的“客体”，我们当然不能离开客体而架空研究主体。阅读教学以选文教学为主体，小学语文教师经常困惑的是拿到一篇课文不知道应该“教什么”，即教学目标怎么定位，也就是说，阅读教学的“客体”将以怎样的面貌展现在阅读教学中。

曾几何时，语文课的教学目标几乎都转向“培养学生的人文精神”，于是乎，挖掘文本所负载的深刻内涵如亲情、友情、爱国等等就成了语文课的中心任务，将“语文”之“语”抛到了九霄云外。当饱尝学生语文水平普遍下降的苦果后，语文界的有识之士理直气壮地再度呼吁语文课必须“姓语”，于是，几乎所有的语文课都将教学目标定为“品味语言”。本文暂不讨论隐性的“品味语言”是否能成为具体的语文课堂教学的目标；退一步，如果所有的语文课都以此为教学目标，那不会使人厌倦吗？更何况语文教学需要学生掌握的知识与能力举不胜举！就阅读教学而言，每个文本都有自己的不同于其他文本的“个性”，文学作品以对人生的完美诠释见长，显然与非文学作品之平和冲淡不同；就文学作品教学而言，小说主要讲究的是人物形象、故事情节和环境三要素，散文主要讲究的是形散神不散，诗歌主要讲究的是意象，而剧本主要讲究的是紧凑；即使就记叙文（散文）而言，不同的文本“个性”也不尽相同，如《安塞腰鼓》以动衬静见长，《记金华的双龙洞》的移步换景法堪称经典，《青海高原一株柳》对比衬托的手法引人入胜，《石榴》按时间顺序描写事物的特点向来受到重视……所以说，我们进行课堂评议时，必须考虑到授课者是否“挖掘”出这些独特的具体文本的“个性”，那样，教师的教就能提高一个层次。

由于语文本身的模糊性，由于语文教学至今没有一个科学的知识体系和能力系统，由于现在通过行政手段推行的小学语文教材多弃“语文”于不顾，以内容组元，致使阅读教学过程中挖掘文本的“语文核心价值”并使之成系列有了一定的难度。这对语文教师也是一个严峻的考验。如果能宏观地看待语文教学，自己心中有一个“山寨版”的知识体系和能力系统，在此基础上挖掘文本的“个性”，将课文重新组元，每次授课都能围绕不同文本的“个性”，那么，就又向阅读教学个性化跨进了一步。①

所谓“对教材个性的挖掘”还有一层含义，就是说在理解并阐释教材时不能出现知识性的错误，如对字音的误读、对背景的误解、对内容的误认等等。

**（四）评教师“个性”的展示**

个性化的阅读教学，还必须包括语文教师的个性展示。作为一个教师，只有让学生感到亲切，才能使学生信服。要让一群活泼好动的学生无论碰到什么样的语文教师，都能安心地听课，确实不太现实。所以，就要求教师必须具有“真功夫”，这个“真功夫”，首先体现在与众不同的个性展示。所以，一个希望有所作为的语文教师，必须走出教学参考书的束缚，千万不能跟随潮流人云亦云；更不能东施效颦而贻笑大方。

阅读教学教师个性的展示，首先体现在能根据自己的个性选材组元并确定课堂教学目标。上文说过，我们的语文教学至今还没有一个科学的知识体系和能力系统，更何况通过行政手段推行的语文教材多以内容组元。这是一个很大的遗憾，但是，却给我们“山寨”版的知识体系和能力系统的构建提供了极大的自由度。在不违背“最新课标”的前提下，这个“山寨”版的知识体系和能力系统应该是语文教师个性的展示；因为文本的个性往往是多元的，如刘成章的《安塞腰鼓》就是一篇内涵非常丰富的文章，“反复手法的运用”“排比手法的运用”“特殊语句的运用”“动静结合，以静衬动”等等，都是它的“个性”，所以，教师完全可以根据自己的特长，将之纳入恰当的单元，授课前设置恰当的教学目标。

阅读教学教师个性的展示，还体现在教学过程上，更体现在教学方法的选择上。有些教师擅长朗读，那就千万不要辜负自己的好嗓子；有些教师写得一笔好字，那黑板就可以任你驰骋，不必去追求现代化媒体的时髦；有些教师擅长煽情，那完全可以带学生一起沉浸在文本的情境之中；有些教师知识面丰富，课堂上围绕教学目标旁征博引就是最佳选择；有些教师口若悬河说起话来滔滔不绝，只要学生愿意听，只要学生在听的过程中积极思维，即使“满堂灌”也无可厚非。

事实证明，小学生喜欢有个性的语文教师，亲其师，信其道，是学生甘愿接受教育，提高课堂教学有效性的有力保证。有个性的语文教师更能培养有个性的语文素养颇高的学生。

从小学教师本身而言，让教学参考书暂时靠边站是理智的选择；但是，个性发展不等于个性膨胀，否则将会“走火入魔”。当然，教师的个性发展，必须得到学校领导的支持，学校领导应该提高对教师具有良好性格意义的认识，还应该为教师个

① 王家伦.论个性化阅读教学的三维构建[J].语文教学研究，2010(2)

性化发展提供物质保证。首先是千方百计地增加教师自由支配的时间，减轻教师过重的工作负担，让教师有更多的时间和空间去从事个性化的发展，对一些成熟的教师，不必强求集体备课和进度统一。①

## 二、评学生之学

怎样体现学生的主体作用？没有定式。一堂课，他们可以根据自己、文本、时事、教师的不同情况，采用不同的方法。全班同学跃跃欲试，发言空前热烈的课未必是好课；全班同学专心听讲，既不举手也不发言，只是心无旁骛听讲的课也不一定不好。

### (一) 学生之"动"

不可否认，自《全日制义务教育语文课程标准(实验稿)》颁布以来，语文课堂教学的确出现了许多令人耳目一新的现象。从一些课堂教学的案例来看，确实是热闹非凡，气象万千。②

**【案例 1】**

《东方之珠》(苏教版)是一篇介绍香港风情的课文，有位教师这样教学：

师：同学们，现在可以上课了吗？

……

师：你认为哪些地方写得美呢？你想读哪儿就读哪儿，想和谁交流就和谁交流。

(少数几个学生独立地读起来，多数同学开始"拉郎配"，一学生说："海豚表演好玩。"另一个问："你见过海豚吗？"讨论内容与教学内容无关，还有一些同学干坐着没事干，教师又把学生分成"浅水湾组"、"海洋公园组"、"铜锣湾组"和"香港夜景组"进行分组讨论，并说："你们各自用自己喜欢的方式来交流读书感受。"课堂又开始沸沸扬扬起来。)

**【案例 2】**

一教师在教学《望月》一课前，请学生课外搜集有关月亮的诗词歌曲、神话传说以及人类登月的探索。上课伊始，该教师请学生展示搜集到的信息。我们发现学生捧着一张张从网上下载的资料，于是课堂成了"月亮诗会""月亮对歌""月亮神游""登月备忘录"……整节课教师和学生无暇顾及课本，师生倒也忙得不亦乐乎。

---

① 王家伦.论个性化阅读教学的三维构建[J].语文教学研究，2010(2)

② 颜丹.语文课堂评议应向学生"所得"倾斜[J].中学语文教学参考，2008(4)

**【案例 3】**

某教师执教《猫》一课有这样一个细节，当学到猫小时候很淘气那段课文时，有学生提出："老师，猫把盆景弄得枝折花落，你还不责怪它，花草树木怎样得到保护呢？"于是，教师抓住"怎样保护花草树木"展开议论，学生说得头头是道，课堂热闹非凡……

**【案例 4】**

某教师执教《倔强的小红军》一课时，有学生问道："老师，小红军不要青稞面、不坐马，连自己的生命都不要，这怎么叫珍爱生命、以人为本呢？"教师面对这突如其来的问题，没有正面回答，而是让学生展开讨论有关"珍爱生命"的话题，一节课就这样过去了。

**【分析】**

众所周知，新课程的价值取向是"为了每一个学生的发展"，于是，在"以学生为主体"的强烈呼声下，语文教学界提出了课堂评议向学生的课堂活动倾斜的主张。

我们知道，上课是教与学的双边活动，虽说必须取决于教师扎实的基本功、充分的准备，但如果学生无动于衷，则仍是失败的尝试。一堂课，学生如能积极行动，思维处于活跃状态，该听时，聚精会神；该议时，热火朝天；该言时，争先恐后——为文章的语言形式而感叹，为文章主人公的命运而担忧……那么，它就是一堂成功的语文课。

对此，曾有人从"学生是否参与了高水平的认知活动""学生主动参与的时间和广度""学生与他人合作的时间、数量和质量"以及"学生情感投入的程度"等角度设计了评课标准。[①] 现在，不妨让我们以这几个标准来评析以上四个案例。就"学生是否参与了高水平的认知活动"一条而言，例 2 基本符合，其他三例基本谈不上"高水平的"；就其他三条而言，四个案例都堪称典范。但是，这样的"典范"仅仅是学生"动"的典范，不是语文课的"典范"。也就是说，仅仅重视"过程与方法"的语文课还不是"典范"的语文课。那究竟怎样才是语文课的"典范"呢？让我们把视线转向另一个层面。

### （二）学生之"得"

语文教学的主要任务，就是培养学生的读写听说能力，在此基础上培养学生健全的人格。既然如此，这堂语文课中教师究竟完成了语文教学任务的哪一个侧面，也就是说学生在这堂课上究竟得到了什么，才应该是语文教学课堂评议的核心！

金庸诸武侠小说中，张三丰可谓名师。张三丰在敌我双方对峙一触即发的情况下当场教张无忌"太极剑"的那堂"课"颇令人难忘。之所以令人难忘，既不在于张三丰如何循循善诱，也不在于张无忌如何心无旁骛地主动学习，关键在于张无忌学了以后，当场击败了赵敏手下的"阿大"，挽救了武当派。也就是说，小说以张无

---

① 王雅萍.论发展性语文教育的四大评课标准[J].学科教育，2001(3)

忌得到了“太极剑”的真髓来印证张三丰完成了他的教学任务，来印证张三丰之所以为名师的缘由。如果张无忌学了“太极拳”后，在比武中伤于敌人的拳脚刀剑之下，那么张三丰的那堂“课”就是失败的尝试了。

有人说，课改前我们重的是结果，课改后我们重的是过程。此话失之偏颇。课改前语文教学追求的也并不完全是结果；课改后，如果我们一味去追求没有结果的过程，那将会出现怎样的“结果”呢！——或许是杞人之忧！

这里有个极为简单的问题：教师为什么要教语文？因为学生需要学语文。学生为什么要学语文，因为企求在学语文中得到些什么。学生希望得到些什么？远一点，全面提高自己的读写听说能力（并在其中潜移默化地培养自己的健全人格）；近一点，为考试作积累。不可否认，当今规范的语文考试，考的就是学生的读写听说能力（尤其是读写能力），符合“最新课标”精神。那么，作为语文课，重点培养学生的读写听说能力（同时潜移默化地提高自身的人文修养）就是天经地义，这就是结果。语文课堂评价，当然应该向这样的结果倾斜。

由上可知，语文课上学生是否真正有所得必须从“知识与能力”与“情感态度与价值观”两个层面来考虑。我们知道，内容重要于形式是普遍真理。但语文教学的内容与形式要从另一个层面理解：从“非语文”角度来看，记叙类文本的中心思想、议论类文本的中心论点、说明文类文本中被说明事物的特征等等应该是内容，而将这些表达出来的涉及汉语、文学、逻辑学、文章学等等的事物就应该是形式；但是，从“语文”角度来看，所学文本的语言形式（涉及汉语、文学、逻辑学、文章学等等）应该是研究的内容，而文本所负载的上文所谓的记叙类文本的中心思想、议论类文本的中心论点、说明文类文本中被说明事物的特征等等才应该是形式。① 所以说，我们衡量学生所得的重点应该是关于“知识与能力”方面的较为显性的“点”，也就是涉及汉语、文学、逻辑学、文章学等等的一个个“小点”，当然更应该是它们的下位或再下位的“小小点”。这里既指知识的传授，更指能力的培养。②

## 第三节　课堂评议案例分析

虽然说语文课堂评议必须从“教师的教”和“学生的学”两个角度进行：前者必须兼顾教学常规、对“语文”的倾斜、对教材个性的把握、任课教师个性的展示；后者必须兼顾学生的动与学生的得，尤其是学生的得。但是，课堂评议并没有固定的模式，这与“教无定法”的意思一样。一般来说，可从下面几个角度考虑。

---

① 张中原，徐林祥. 语文课程与教学论新编[M]. 南京：江苏教育出版社，2007：168

② 王家伦. 学生“所得”是语文课堂评价的终极目标[J]. 中学语文教学，2008(8)

## 一、从"教"到"学"的一般评议

### (一) 第一学段识字写字教学课堂评议案例分析

**【案例】**

丁丁冬冬学识字(二)(北师大版小语二年级上册10单元)

一、导入新课,齐读课题

二、识记头部器官的词语及生字

(一) 小游戏:"看词画画"

1. 看词画画巩固熟字

师:请大家拿出准备好的画纸,上面有什么?

生:有个圆圆的小脸蛋。

师:下面我们一起来做个小游戏——"看词画画"。请大家听清游戏规则。老师出什么词,就请你在你的画纸上画什么。注意呀,千万不要出声! 看谁认得对,画得也对。

(教师逐个出示由熟字组成的词语:头发、眼睛、耳朵、脸颊、嘴,并指名到黑板上画,其余学生在画纸上画。)

师:好,我们先画到这儿。能读读这几个词吗?

(生齐读词语。)

师:看他画的对吗? 你们也画对了吗? 同位互相检查检查。

生:(同位互相检查是否画对了五个头部器官。)

师:哦,都画对了。这说明这些学过的字大家都记得很牢。下面我们再来看四个词语。

2. 看词学生字

师:(在黑板上出示另外四个带有生字的词语:鼻子、额头、眉毛、牙齿)下面,我们再来认4个词,每个词中有一个生字。请同学们打开书,对照拼音认一认、读一读,然后在小组中交流一下,有什么好办法记住这4个字?

生:(对照书上的拼音认读识字,并在小组中合作讨论识字方法。)

师:你们想出了什么好方法记住这4个字?(课件出示要识记的4个字。)

(学生可自由选择自己识记最快的字,并说出自己的好方法。教师则给予相应的评价,在鼓励学生积极动脑创新的同时,更要注重方法的指导。)

生1:我想记"齿"。上面是个"停止"的"止",下面的竖折、竖就像一颗牙齿,里面有个保护牙齿的小人。

师：你认的字真多，（即时板书：止）大家看，这个字就是“止”，你在哪儿见过这个字？

生：我在汽车上见到过“禁止吸烟”里就有“止”这个字。

师：你真是个细心的好孩子，能在生活中学会观察识字。而且这位同学很爱动脑筋，“齿”的下半部分他用了编小故事的方法，多有趣呀！

生2：我想记“额”。左边是个“客人”的“客”，最后一笔捺变成点。右边是个页字旁，合起来就是“额”。

师：你用的是……

生：我用的是熟字加偏旁的方法。

生3：我想记眉毛的“眉”。外面是“户”字的点变成里面的小竖，下面再加个目字底，合起来就是眉，我用的是字形小魔术的方法。

生4：“眉”外面还可以是“声音的声”去掉“士”，再加目字底。

生5：还可以是“尸体”的“尸”加上一条竖。

师：你们的方法都很好，（边说边把学生们提到的部件写在侧板书上。）这样我们可以把“眉”字记得牢牢的了。

生6：我想记“鼻”。最下面像张小桌子，中间是田里种的菜，做好了放在桌子上，上面的自表示自己种的自己吃，吃之前先用鼻子闻闻香味。

师：多有趣呀！他把这个字变成了一幅有趣的画。老师呀，也有个好办法，你们想看吗？

（出示现代化媒体课件：运用奇妙的动画演变，使学生打开了思路，将一个字想象成一幅生动的画面，随着学生极感兴趣的小桌子、烤着香肠的微波炉和飘着香味的汉堡包的渐渐演变，在一片惊叹声中，学生们很快记住了本课识记生字的难点——“鼻子”的“鼻”。）

师：哪个同学把这4个字都记住了？（指名请几位同学读生字。）

3. 补充图画

师：我们用这么多的好方法记住了这四个字，下面就赶快把画补充完整吧！谁上来画？其余同学也开始画吧！

生：（对照刚学的四个生词，一人板画，其余同学在纸上画。）

4. 巩固识记

（教师拿出生字卡片，请两组同学开火车轮读生字卡片，巩固生字的识记。）

（二）认识五官，拓展识记由头部器官组成的五个词语

1. 认识五官

师：同学们，你们知道吗？我们把眼睛、鼻子、耳朵、嘴和舌头称为五官。这些器官都有什么作用呢？

生1：眼睛可以看。

生2:耳朵可以听。

生3:嘴可以说话。还可以吃东西。

生4:舌头可以尝味道。

师:对,这些器官可以帮我们听、看、闻、说、尝,同时,也能帮我们表达内心的情感。老师给你们带来一些词:

(课件出示表示表情的词语:怒发冲冠、眉开眼笑、愁眉苦脸、目瞪口呆、痛哭流涕)

请同学们自己读一读,一边读一边模仿相应的表情。

生:边读词语,边与同位互相模仿。

师:(巡视)同学们读得真好,学得也不错。看来你们挺感兴趣的!下面,我们就来一起读一读,把它们牢牢地记住。

2. 齐读词语、练习说话

生:(看着大屏幕齐读词语,教师点击鼠标出示与词语相对应的图画。)

师:你什么时候也眉开眼笑、目瞪口呆过啊?

生:(结合生活实际谈谈自己的生活体验,练习说话。)

师:其实,用头部器官组成的词语还有很多,像"眉飞色舞""面红耳赤""张口结舌"等等。课后,同学们可以多找一些这样的词,下节课我们来交流。

三、识记身体部分的词语

做游戏:读读做做练体操。

1. 做游戏

师:我们一起来做第二个游戏——读读做做练体操。请全体起立,听清规则:老师出一个词,你们就大声地读出来,然后马上做动作,看谁读得对,做得也对。(教师点击鼠标,逐个出示带有身体各部位的由熟字组成的词:弯腰、捂肚子、捶后背、跺脚、拍肩膀、踢腿。)

生:(大声读词,并做出动作。)

2. 看词学生字

师:下面两个词可要对照拼音读准了。先自己读读。

生:读词语:"动脖子""伸胳膊",并做出相应动作。

师:(课件出示三个生字:脖、胳、膊)这就是我们要学的三个生字。有什么好办法一下子记住三个字?

生:他们都带月字旁。

师:那怎样把每一个字都记准呢?

生:(说出自己的好方法。)

3. 巩固识记

（指名请学生读三个生字，注意“胳膊”的“膊”在词尾要读轻声。）

四、拓展识字

1. 仔细观察找规律

师：请同学们再来仔细观察，这些字为什么都带月字旁？

生：他们都跟身体有关，都跟身上的肉有关。

师：是啊，原本“月”代表肉的意思，我们的祖先把好多跟肉有关的字也带上了月字旁。今天，老师就领你们再多认几个带月字旁的字。

2. 拓展认识带月字旁的字

师：请同学们看书上 46 页的第二组词语，（课件出示：46 页的两组词语。）先自己读读，不会读的对照认字表里的拼音读，如果认字表里也没有，怎么办？

生：查字典！

师：对呀！那小组就分分工合作查一查字典，再给这些字标上拼音。

生：（学生自学。对照拼音读词语，小组合作通过查字典掌握字音并标在书上。）

师：（教师巡视。对有困难的学生进行指导帮助，并对动作快的同学提出要求：标完拼音的同学把词语多读几遍。）

师：同学们学得真认真。我们一起来读读这些词语吧！

生：（齐读词语，边读边跟老师一起在身体上找位置。）

师：（课件出示词语中要认识的五个生字：肌、肤、胸、肠、肝）你们有什么好方法记住这五个字？

生：（运用形声字的方法一下子记住 4 个字：“肌”“肤”“胸”“肝”，并可通过学习形声字“胸”，拓展识记“字中字”——“匈”。“肠”可用换偏旁的方法来识记）。

3. 巩固识记

师：（教师拿出生字卡片，请学生小组轮读卡片，巩固识记。）

五、巩固练习

师：下面我们要做一个“气球飞上天”的游戏，如果读对了气球上的字，气球就会飞上天空。先练习一下吧！

生：（拿出自制的生字卡片，练习认读。）

师：比赛开始！（课件出示动画气球：气球上有本课学习的生字。点击气球，气球就会飞上天空。）

生：（男女生展开比赛。）

六、课后作业

师：请同学们课后再多找一些带月字旁的字，和用头部器官组成的词语，下节课我们一起来交流。①

【分析】

从这堂实录，我们可以看出授课教师颇为扎实的基本功，其思路清晰、教学环节简单实用。

授课者紧扣教学目标，运用多样方法，稳扎稳打，步步为营，没有旁逸斜出，以教学生识字为主，所以说，这是扎扎实实的"语文"课。

结合教学内容进行教学活动是这堂课的显著特点之一，所授内容为北师大版教材小学语文第三册第七单元"集中识字"的第一部分，主要内容是指导学生通过看图认识人头部和身体各部位的名称，并学会词语中的七个生字。识字写字教学自有识字写字教学的特性，它不同于阅读教学、作文教学与口语交际教学，也就是说，作者抓住了"教材"的"个性"进行教学活动。

这位教师的教学风格朴素，教学语言颇为简洁，但对低学段学生授课，教学语言是否应该"甜"一点？采用一些"拟人化"的手法，亲切自然，使学生在喜爱中学习，或许能收到更好的效果。

再让我们看看这堂课中学生的情况，学生们的活动可谓频繁，做"看词画画"的小游戏，对五官功能的描述，做"读读做做练体操"的游戏，做"气球飞上天"的游戏……在动中学，在动中练，忙得不亦乐乎。

最要紧的是学生所得。这堂课学生通过看图识字，认识了 7 个生字，并拓展识字 5 个，渗透识字 15 个。同时，巩固了以往学过的许多识字方法。如：熟字加偏旁、形声字识字法、熟字换偏旁、数笔画、编小儿歌、编故事、分析字形等。

所以我们认为，这是一堂较为成功的语文课。

### (二) 第二学段口语交际教学课堂评议案例分析

【案例】

男孩女孩，有话好好说——小学中年级口语交际教学实录

四川省教育科学研究所　刘晓军

(教室按马蹄型布置，前排讲桌，男女生对坐。)

一、创设情境，引发交际热情

1. 师生对话，形成默契

同学们好——老师好——

请站直，想要坐下，得先对上我的"暗号"——(对诗以确定对话形式：《春夜喜雨 · 好雨知时节，当春乃发生。随风潜入夜，润物细无声。野径云俱黑，江船火独明。晓看红湿处，花重锦官城。》《咏柳 · 碧玉妆成一树高》《绝句 · 两个黄鹂鸣翠柳》《绝句 · 黄四娘家花满蹊》《赠汪伦》《静夜思》……提示声音响亮、自信满满、表达期盼、阳光灿烂等。)

① http://www.frjy.cn/Html/Article/bsd/es/59125.html

增加难度，倾听对话：①同学衣着整洁——老师西装笔挺（同学声音响亮——老师声如洪钟）；②同学精神抖擞——老师胸有成竹；③同学活泼机灵——老师老成持重；④同学们的耳朵很小、眼睛很大、头发很多……（鸟美在羽毛，人美在心灵！人不可貌相，海水不可斗量！话不投机半句多，酒逢知己千杯少！）诸君请坐！

2. 直面尴尬，导入正题

在咱们班上，是女生聪明还是男生聪明？是女生勇敢还是男生勇敢？是男生勤劳还是女生勤劳？男生成绩好还是女生成绩好？男生更孝敬长辈还是女生更孝敬长辈？（别急，有话慢慢说！）女同学们，你们喜欢咱们班的男孩吗？（缺少发现，不懂欣赏。）男子汉们，你们喜欢咱们班的女孩吗？（缺乏鼓励，不懂欣赏。）今天，咱们不妨敞开心扉，解开千千心结，学会自我欣赏，学会欣赏同学，比一比，看谁最懂得欣赏，谁最能把话说得春意盎然。

3. 公布奖项，明确要求。

“男孩女孩，有话好好说”对话活动设置多个奖项，师引生读：分别有——每一个奖项的评价标准是——

“最有风度奖”：打不还手，骂不还口，以德报怨，以诚待人……（棒棒糖）

“最佳口才奖”：风度翩翩、思维敏捷、舌灿莲花、口若悬河……（作文专刊）

“最具潜质奖”：不屈不挠、屡败屡战、决不抛弃、永不放弃……（《金口才训练营》）

“最佳组合奖”：齐心协力、优势互补、集团冲锋、相得益彰……（专为辩论设置）

“最佳观众奖”：正襟危坐、面带微笑、掌声热烈、拒绝起哄……（花种）

奖品丰厚，敬请期待！

二、聚焦话题，分层训练

本次活动共有三关，仁者无敌，闯关游戏马上开始，机会百年难遇，诸君请勿错过！

1. 王婆卖瓜，瓜甜嘴更甜：谁最懂得勇敢地自我欣赏？

双方依次夸赞自己，时间五分钟，沉默无语一方判输。

国际惯例，女生优先。

分层训练：①我们女生……我们男生……（写实为主）；②我们女生就像……我们男生就像……（植物）；③我们女生就像……我们男生就像……（动物）；④我们女生就像……我们男生就像……（偶像明星）等，后三层以类比抒情、自我建设为主。

操控重点：①评价核心词：说得美、说得真、听得专注；②定格：展开互动评价。

阶段总结，促进自悟自得。

有学生说：我们女生就像张柏芝，敢爱敢恨，过自己喜欢的生活。我们男生就像成龙，打遍天下无敌手。

师：能否改成"我们女生不仅像张柏芝，而且要像秦怡奶奶，永远热爱生活，关爱他人。""我们男生不仅要像……，而且要像……"？

（精彩语例：男生要像关羽一样忠勇，男生要像岳飞一样精忠报国，男生要像诸葛亮一样足智多谋，男生要像马云一样拥有商业智慧，男生要像乔布斯一样富有创意，男生要像无臂钢琴师刘伟一样——"要么赶紧死，要么精彩地活着"……）

（友情提示：教师适时建议对话时态度诚恳、措辞文明，拒绝攻击和侮辱性语言。避免交际不畅，避免伤及隐私和尊严，注意公正建设，客观评价。话题注意适当聚焦，启发学生联系身边的生活现象表达，会更加生动有趣。评价语有：夸得好，夸得妙，夸得男孩呱呱叫！夸得巧，夸得妙，夸得女孩抿嘴笑！）

2. 追求境界，达人渡己：谁最善于帮助对方不断完美自己？

人无完人，金无足赤，但每个人都应该追求完美——

规则类似，围绕话题逐次推进，基本句式提供：①我心目中最完美的男孩（女孩）……；②男生（女生）最不该做的事；③男生（女生）最不该说的话；④我最难以忍受的男生（女生）缺点；⑤假如我是男生（女生），我决不会……选用多种句式向对方发起"善意进攻"。

学习管理策略：分组指定任务，稍作准备，即兴合作式对话。

活动时间五分钟，缺乏诚意、拒绝对话一方判输。

（友情提示：直面性别缺失、交际不畅现状，通过对方心目中完美男孩、女孩的描述，友善沟通、理解、交流，促进优点达成，促进性格完善，建设个性特点和性别优势，促进学生身心健康和谐发展。）

3. 真诚感谢，侃侃而谈：谁敢向异性同学致歉或道谢？

规则类似，逐次围绕"我想对×××说……"真诚表达。

学习管理策略：捕捉对话契机，促进真诚交流。

活动时间五分钟，缺乏诚意、无言以对、无情可抒一方判输。

（友情提示：此环节教学中，教师应不断调控活动进程，恰当适时"喊停"，紧紧锁定"典型语例"，强化落实训练点，因时因地、因景因情变化或跟进话题，捕捉交流契机，鼓励智慧的精彩生成。）

三、总结学习，生成智慧

1. 评选颁奖：提议获奖名单，提议者宣读颁奖词，老师颁发纪念品。

2. 总结收获，生成交际智慧若干。

名言速背

病从口入，祸从口出。

嘴巴甜一点，幸福多一点。

良言一句三冬暖，恶语伤人六月寒。

人才不一定有口才，有口才一定是人才。

最深沉的思想，最浓郁的情感，需要最美妙的语言。

言为心声，语言像一面镜子，反映出真、善、美和假、恶、丑。

（最好在教学进程中随机评价并板书。）

3. 启迪珍惜，鼓励创造，引读精彩语例，共享生活智慧。

**【分析】**

看完了这段实录，我们被授课教师吸引住了。

就教学常规而言，授课教师“西装笔挺”“声如洪钟”“胸有成竹”“老成持重”，再加上反应敏捷，口齿伶俐——虽未见人，处处见神。

这是一堂训练小学中年级学生口才的真正意义上的语文课，其特别“语文”的导入环节别出心裁，既复习了旧课，又渲染了气氛。整堂课中，教师以训练学生的口头表达能力为主线，处处紧扣，堪称典范。如果这堂课纠缠与男孩女孩之间的差别，那就是与生理卫生老师“抢起了饭碗”。其总结环节也特别“语文”，引导背诵这些看似普通的名言，学生将受益无穷。

更为重要的是，这是一堂口语交际课。口语交际教学强调“培养学生具有日常口语交际的基本能力，学会倾听、表达与交流，初步学会运用口头语言文明地进行人际沟通和社会交往”。这堂课针对当下生活中“异性学生之间交际不佳”的现状，巧设话题，均衡配置，层层推进，教学过程中注意引导学生考虑对方的感受，帮助学生学会辨别，采取恰当的方式诉说，组织学生在倾听中恰当回应，体验交际的对象感。尤其是教师在“定格”中的夸张和放大现象，启迪学生在“反思”中深度解剖，在不断“立言求诚”中培养文明交际意识，提升倾听、理解和智慧交际的能力，共享成长的快乐。

在具体的教学实践中，预设外的生成是对教师教学执行力较大的挑战，口语交际课堂教学中教师的评价和引导尤为关键。在口语交际课堂教学中，对教师的教学智慧和语文功底具有很大的挑战性，如“聚焦话题，分层训练”的教学设计完整且具有层次性，其中有这样教学设计“我们女生就像……我们男生就像……（偶像明星）等，后三层以类比抒情、自我建设为主”。有学生答曰“我们女生就像张柏芝，敢爱敢恨，过自己喜欢的生活。我们男生就像成龙，打遍天下无敌手。”授课老师处理教学中的“意外”颇为机智，从而体现口语交际教学中深思熟虑中的教学智慧。毕竟，教学不是“作秀”，一切的教学行为都应该是为了“提升学生的语文素养”，提高学生“幸福生活的能力”。

这堂课学生在“文”“道”双方真正有所得益。

在教师设计的“竞赛”的情景中，男孩女孩直面日常交际中的障碍，有话可说，想说，要说，乐说，抢着说，学生思维活跃，情趣高昂、参与积极、发言踊跃。其课堂热闹场面令人惊讶。

不可否认，学生在这堂课上得到了巨大的收获。“身高体健”“性格火爆”“伶牙俐齿”的女孩受到了“典雅”“温柔”和“贤淑”的熏陶；而“斯文纤弱，内秀稳健，唯唯诺诺，缺少坚韧”“与世无争”“与人为善”和“逆来顺受”的男孩受到了阳刚之气的鼓舞。最值得一提的是，学生的语言表达能力得到了大幅度的提高，在对句训练的基础上，学生对“我们女生……我们男生……写实为主”“我们女生就像……我们男生就像……(植物)”“我们女生就像……我们男生就像……”有了深刻的理解。

所以说，这是一堂成功的课。

**(三) 第三学段阅读教学课堂评议案例分析**

**【案例】**

《泊船瓜洲》(人教版五上)教学实录二(编入本书时略有改动)

一、导入

1. 准备上课

回忆已学的与月相关的古诗，《古朗月行》《静夜思》《枫桥夜泊》……

2. 认识课题

师：王安石的《泊船瓜洲》也是一首与月有关的诗，大家首先一起来研究一下“泊”字。

(教师板书课题。出示字典中“泊”字的两个音节(bó　pō)及其不同的意义，选择正确的读音。齐读课题。)

师：谁能根据课前的资料搜集说说“瓜洲”在什么地方？

生：“瓜洲”，扬州的一小镇，位于长江北岸。

师：“泊船瓜洲”的意思是说把船停靠在瓜洲岸边。课前你们搜集了哪些关于这首诗的背景资料，我们来共同交流一下。

生：王安石，北宋时期著名的政治家、文学家、诗人。

生：……

3. 商定学习步骤和方法

师：我们已经学过好多古诗了，你打算怎样学习这首诗呢？

生：学古诗要先背诵。

师：先要？

生：读熟，还要懂得意思。

生：还要求默写。……

(教师归纳学生的发言，板书“读、议、背、写”。)

师：我们就按这顺序和方法学习。

二、读诗

1. 试读

师：按同学们讨论的方法步骤，先读诗。请自由轻声读诗，注意读准字音。

（学生自由试读。）

2. 正音

讨论并读准以下字。

京口瓜洲一水间（jiān　jiàn），

钟山只隔数（shù　shǔ）重（zhòng　chóng）山。

春风又绿江南岸，

明月何时照我还（hái　huán）。

3. 自由读古诗，或同桌互读

4. 师生共同读。学生可以自由地站起来读给别人听，然后师范读。

师：同学们读得这么尽兴，老师也想读，行吗？

生：（齐声）好！

师：（配音范读）老师读得好吗？

生：好！

师：谢谢同学们的鼓励，老师再读一遍！（再读，学生有激情地高声朗读。）

三、背诵

1. 试背

师：都会背读了，现在你们想干什么？

生：（大部分）背书！

师：背书就背书。自己试试怎样背得快。

2. 汇报背诵结果

师：谁愿意背诵？

（三位同学同时站起来背诵。）

师：还有谁要背？（全班大部分同学站起来集体背诵。）

师：（看到还有几位同学没背）现在给你们一个机会，大胆地站起来，老师和你们一起背。

（余下的几位同学与老师一道背诵。）

四、议议

1. 交流收获，粗通诗意

师：通过诵读，你一定读懂了不少的内容。四人一组交流，再结合你手边的资料讨论讨论，看看你们弄懂了哪些字、词、句的意思，还有哪些词句读不懂,在学习卡片上写下你的收获和疑惑。时间10分钟。

师:汇报一下你的读书收获,好吗?

生:老师,我知道了“间”,在这里读作jiàn,是“间隔”的意思。

生:老师,我通过查阅资料知道,“京口”在长江南岸,现在的江苏省镇江市。钟山:现在南京市的紫金山。

师:谁能将诗中“瓜洲”“京口”“钟山”按方位画一个简图?

(学生上黑板试画图。)

◎瓜洲

～～～～～～～～～～～～～～～～～

～～～～～～～～～～～～～～～～～

◎钟山　△△△△　　　◎京口

师:诗以“泊船瓜洲”为题,点明诗人的立足点。首句“京口瓜洲一水间”写了望中之景,诗人站在瓜洲渡口,放眼南望,看到了南边岸上的“京口”与“瓜洲”这么近,中间隔一条江水。由此诗人联想到家园所在的钟山也只隔几层山了,也不远了。

生:请问老师,“还”是什么意思?

师:老师提供资料让你们自己选择判断。

(师根据学生提问点击课件,屏幕展示以下内容。)

〈1〉数重:几层。

〈2〉绿:吹绿了。

〈3〉还:①指归还。②指的是返回。

(学生对照诗句讨论后选择了第二种解释。)

师:还有什么弄不懂的字词吗?谁能按书上注释加上自己的理解来说说诗的大意呢?

(说说全诗大意。先同桌互说,再汇报说。)

2. 体会诗的情感,简笔勾画

师:读到这儿,你知道诗人的写作目的了吗?

生:这是一首写景抒情小诗,抒发了诗人眺望江南、思念家园的深切感情。

师:从诗中哪些词、句可以感受到诗人这种思乡的情绪呢?

生:“钟山只隔数重山”中的“只隔”,暗示诗人归心似箭的心情。

生:“明月何时照我还。”

生:“春风又绿江南岸”中的“又绿”可以看出诗人的思乡之情。

师:据说,“春风又绿江南岸”中的“绿”字,诗人在写诗过程中曾改过多次,最后定稿时才用了“绿”字。试想象,作者可能用过哪些字呢?

生:可以用“到”字,吟作“春风又到江南岸。”

生:可以用“过”字。

生:还可以用“来”。

师:诗的第三句继续写景,点出了时令已经春天,描绘了长江南岸的景色。诗人为什么选作“绿”字呢?

生:“绿”字写出了江南岸的一片绿色,写出了颜色的美,表达诗人对家乡的热爱,衬托出诗人思念家乡的感情。

师:“绿”是吹绿的意思,是使动用法,用得绝妙。传说王安石为用好这个字改动了十多次,从“到”“过”“入”“满”等十多个动词中最后选定了“绿”字。因为其他文字只表达春风的到来,却没表现春天到来后千里江岸一片新绿的景物变化。结句“明月何时照我还”,诗人眺望已久,不觉皓月初上,诗人用疑问的句式,想象出一幅“明月”“照我还”的画面,进一步表现诗人思念家园的心情。

五、画画

1. 启发

师:这首诗是一首写景抒情诗。我们再体会一下,诗人写出了一江之隔的几个地点,还展示了春的新绿,月的皎洁。色泽鲜明,多么美丽啊!在你们头脑里,一定能画出了一幅绚丽的图画。现在,你想做些什么?

生:我想用彩笔来画画看。

生:我想写一写,把这首诗默写出来。

师:好的,请选择你喜爱的方式表达对这首诗的喜爱。写字时,书写要工整。画画时注意自己笔下的景物特点,加点彩色最好。待会将你的作品展示给大家看。好吗?

生:好。

2. 全班同学安静地写,画

3. 反馈

师:写完的同学上来将作品投影放大给大家欣赏,最好做些介绍。

(展示仪放大作业)我画的是一轮明月,一道江水,一片新绿,几重高山。诗人站在瓜洲岸边,仰望明月。“举头望明月,低头思故乡。”

生:(同上)我竖着写诗,大人写诗都是这样写的,大家觉得好不好?

(全班鼓掌。又有几位同学展示自己的作品。)

六、延伸

1. 补充王安石写的诗供学生选择自读

师:同学们学得很好。《泊船瓜洲》是小学阶段学习的唯一一首王安石写的诗。王安石是我国唐宋八大家之一。他的许多作品脍炙人口。老师从其他地方选了几首印发给你们,可以自由选读。

(全班同学或自读、或同桌读、或几个人讨论。)

2. 自由点击课件资料深入学习

师：老师的课件内有这几首诗的详细资料，有兴趣的同学可以上台自己点击。

（几位同学主动上台点击课件相关内容，浏览讨论。）

3. 下课了

老师将一张软盘寄放在班长处，让家有电脑又有兴趣的同学借回家自学。①

**【分析】**

首先，让我们把目光聚焦于教师的教。

从教学常规而言，不难看出，这位老师的教学基本功是比较扎实的，无论是导入，还是课堂中的层层推进，或是课堂中的拓展延伸，都具备一位比较优秀的教师的必要条件。就如在尚未理解字词句的前提下就让学生读，虽然说古诗比现代文难理解，但由于篇幅短，且又朗朗上口，因此先让学生读准、读通，余下的在读中自悟，稍作点拨，理解内容就容易多了。课堂原计划是“读—议—背—写”，在尚未“议”的情况下，教师根据课堂进度，顺应学生心理，灵活地变动顺序，让学生马上背诵。弹性的教学使学生主体性得到落实。遗憾的是，未见这堂课的板书设计，不知是授课者当时未曾设计，还是收录者未曾录入。

教授这首王安石的诗，很容易上成蹩脚的“历史课”，教师查阅大量的资料，大谈特谈北宋时期的王安石变法。可贵的是，授课教师始终将“语文”放在第一位，无论是“语文”式的导入，还是正音、指导背诵，都是以培养学生的语言运用能力为第一要着。所以说，这是一堂正儿八经的语文课。

相比别的文本而言，这堂课面对的是一首古诗，古诗有古诗的特性，采用诵读背诵的方法，就是最佳选择。相比其他古诗而言，这首诗中关于“绿”字的炼字的故事历来为人传诵，也就是说，炼字是这首诗的显著特点，所以，授课者在“炼字”上下了很大的功夫，其比较法的运用很是到位。但是，授课者的拓展延伸却未从“炼字”上入手，仅仅涉及了王安石的其他诗歌，不能不说是一个较大的遗憾。另一个遗憾是，授课者对文本中“间”字的解释有失偏颇，当学生认为“间”，在这里读作 jiàn，是“间隔”的意思时，授课教师未作纠正，看来赞同此说。然而，根据此诗平仄格律（此句应该是“仄仄平平仄仄平”）以及“间”字固有的词义，另加上古人的语言习惯，此“间”字必须为平声。“一水间”为偏正词组，内部结构与“咫尺间”“几步间”“一瞬间”“一念间”相同，中心词为“间”，限定成分为“一水”。整句的意思是说京口和瓜州就一条江的距离之内。按古人文言的说法，即所谓“一水之遥”。另外，王安石祖籍江西临川，景佑四年（1037 年）随父定居江宁（今江苏南京），第一次罢相后即寓居江宁钟山（今南京紫金山）。所以，授课中多次提及王安石思念家乡，不甚妥当。

---

① http://www.yangteacher.com/Html/2008213103013-1.html

“学生是学习的主体”，这是新课改以来最为提倡的口号。所以，我们作课堂评议时必须要注意到学生的学。这“主体”地位怎样才能得到落实？在教师有意识的推动下，学生深入学习活动中，或查阅资料，或制订程序，或数人背诵，或小组合作、自学讨论，或书写绘画，唤起了已有的学习经验，创造平等的交流机会。就学生之“动”而言，这堂课取得了成功。

就学生之“得”而言，这堂课也取得了成功。课前课后，学生学会了查阅资料，学会了拓展联想，更为重要的是，知道了古人对遣词造句的精益求精，相信这些同学，对王安石“炼字”的故事一定不会忘怀。

所以说，这是一堂虽有缺点但整体较为成功的语文课。

## 二、以课堂教学的过程为主线的评议

上文说过，课堂评议没有固定的模式。如果说本节第一部分所介绍的课堂评议是一种横向的课堂评议；那么，我们还可以作纵向的课堂评议，也就是说，我们还可以按课堂教学的起承转合的顺序进行评议。

### （一）第一学段写话教学课堂评议案例分析

**【案例】**

低年级写话教学实录

新加坡南洋小学　周艾冰

上课以后，老师让学生看一个故事。

出示课件（图片形式）：小明向大家介绍自己，他背着一个书包，老师提问书包里有什么？书包里有好多好多的东西，想不想知道？

生：想（课件继续播放）。

师：里面有四本书一盒彩色笔，一把尺，猜一猜还有吗？

生：有（课件继续播放）。

师：还有没有，七张纸，重不重？

（随着课件播放老师描述：他走出看到一个大太阳，两朵云，两只鸟，听到鸟的叫声，可是这时一架飞机飞过来。他走到一座山，看到两旁有四棵树，一阵风吹过，叶子的旁边有三朵花，真好看。花丛里忽然跑出了一只兔子，它跳着跳着就跑了，很快不见了，紧接着出来一条蛇，这时蛇听到一些声音，什么声音呢，听到一只鸡在叫，一只狗在叫，小明继续往前走，一只羊从身边跑过，把他吓了一跳，你们猜猜为什么跑这么快呢，狼在追他，一只牛跟他打招呼，这时小明听到一阵笑声。一匹马在笑，不知道为什么笑得这么开心，因为他看到了一只会跳舞的猪，所以哈哈大笑起来。继续往前走，两只熊，走过一座桥，看到河里有三条鱼在游水，岸边有一只青蛙在吃草，终于走到了学校，一面国旗，认识吗？这是我的国旗，新加坡的国旗，学校里发生什么事情，今天不告诉你们。）

接下来请你们说说从图上你们看到了哪些特别的词？

生：数量词

师：用了什么量词？

生：一面国旗

师：很好，还有吗？

生：一匹马

师：很好，再来。

生：一朵云

师：非常好，再来。

生：一所学校

生：一条蛇

师：还有吗？

生：三朵花

生：两只熊

生：三条鱼

生：一只兔子

师：很好，你们都很仔细在听我的故事。现在我们来玩一个游戏。

游戏规则

1. 每一组会拿到五个量词，你们要用这些量词写一个故事给我。故事怎么写你们可以自己去想，可以自己发挥，如果使用正确可以得十分。

2. 每组会有一个特别的量词（红卡），如果能正确使用可以得到二十分。

3. 故事里每多一个量词可以多得十分。

师：被选中的组员要能够讲出故事，一定要确定每一个组员都要说出这个故事，如果不能，将会被扣分。在三种情况下会被扣分：①组员太吵；②组员不合作；③组员讲不出故事。

师：只有十分钟的时间，时间一到，要马上停。

老师给你们材料，如果用了别的量词请用彩色笔标出来。（每组一个时控员。）

（小组开始合作讲故事，老师各组指导。）

师：写出一个短短的故事给我。如果有字不会写可以写汉语拼音。

师：现在要来看一看你们的故事了。我会每一组选一位同学来讲给我听。

一组：从前有一只鸡和一个人，他们在吃一顿饭，忽然降了一场鹅毛大雨，一场大雨过后，用一杆笔写出了一副对联。

二组：在山上我看见了小溪里三条鱼，我还看见了一匹马，我还看见了三棵树，我还看见了一座学校，我还看见了一行字。

师：六十分。

三组：一朵花引来了一群小鸟，小明打了一把洋伞，小明背着书包装着一本书，文具盒里有一支笔，吃了一大碗饭，晚上吃了套餐。

师：六十分。

四组：早上小明吃过一顿饭，背着书包去上学，看见一辆小车，看见一棵小树，看到一户人家，走啊走，撒了一粒米，他终于到了学校。

五组：小明上学他的书包有一支笔还有三本书，还有七张纸，他长着一双大大的眼睛，他穿着一件红色的衣服，他走着走着看到一群羊，他走到学校。

师：八十分。

六组：一间房子里有一对双胞胎，他们在争着喝一杯水，于是他们吵了一场，他们把头伸出窗外，看见一只鸟领着一团小鸟在玩。

师：五十分。

七组：小红放学回家，她看见一位叔叔拿着一块石头，正要砸房子，小红又往前走，看见几颗星星，她又往前走，又看见一张画，回到家，看到一面红旗，还有一台新电视，她今天看见的东西真多。

师：七十分。

八组：小红的爸爸是一位警察，他驾着一架飞机出差了。小明每天拿一盒牛奶，他上了学，一片树叶落到他的头上。

师：三十分。

师：第五组第一名，第二名是第七组，第三名有两组第二组和第三组。第一名组长出来，发给你们一些小奖品。都写得不错，所以每一组都给你们一个小小的奖励。

每组发小奖品。

师：其实你们都可以写出很有趣的故事，对不对？

生：对。

师：现在我要教你们一首歌，教你们一首量词歌。

一张桌子两杯茶\三棵柳树四朵花\五条鱼儿水中游\六只鸭子岸上耍\七本书八幅画\九面彩旗呼啦啦十个娃娃排排座\滴滴答答吹喇叭\这些量词要记清\千万不要弄混它。

师：记住了吗？

生：记住了。

师：好，我们站起来试试它。

（学生站起来读量词歌。）

师：很好。来，给自己点掌声好不好。这些量词一定要用好，不然会闹很大很大的笑话。

（哨声响。）①

**【分析】**

显然，这堂课的教学目标是学生学会用尽量多的量词写出一些故事。

就这堂课的“起”而言，授课者以看图说话的形式讲了一个故事，故事中有意识地用了大量的量词，以引起学生的兴趣。课堂导入紧扣教学目标，学生一下子就能进入状态，所以说，这个导入很“语文”，颇为成功。

随后，在这个故事的基础上，教师引出课堂教学目标的载体——量词，顺理成章。在教学过程中，教师不断地提出“游戏规则”，不断地给学生的回答打分，一方面防止对课堂进程的旁逸斜出，一方面培养学生的专心精神和团队精神。授课教师认为低年级学生刚开始写话，不应提过高的要求，教师的指导应在激发兴趣、引起表达的欲望上下功夫。

总体来说，这堂课较为平铺直叙，缺少一个高潮，是一个遗憾。教学过程中，有一个学生说了“一场鹅毛大雨”，任课教师未曾专门纠正，不知是因为她强调的只是数量词是否使用正确，不兼及其他；还是未曾留意。我们认为总得纠正一下，因为这与课堂教学目标关系较大。实际上，这个问题解决得好，课堂就有了高潮。

课将结束时，教师要求学生背诵《量词歌》，这对学生深刻理解数量词之间的搭配关系，很有帮助。所以说，这样的“合”“很语文”，对学生很有帮助。

**（二）第三学段阅读教学课堂评议案例分析**

**【案例】**

山谷中的谜底（课堂实录）（苏教版六下）

第一课时

一、温故导入

师：同学们，本单元我们学习了哪两篇课文？通过学习，你明白了哪些人生道理？

生1：我们学习了《天游峰的扫路人》和《最大的麦穗》两篇课文。

生2：我明白了人要乐观地面对生活、热爱生活这个道理。

生3：我明白了一个人虽然要有远大的理想，但把握住眼前的机会才是实实在在的。

二、初读感知

师：请同学们自由朗读课文，读准字音，读通课文，难读的地方多读几遍。通读课文后，找出生字所在句子，再读一读。

---

① 小学语文教学网. http://www.vastman.com/Article/zuowen/xszw/xszw2/6710.html

师：请同学读生字所在的四句话。

教师指名学生到黑板上写生字。其他学生先描红、再抄写。

三、生字拓展练习

学习生字“魁”。

师：“魁”字出现在课文中的“加拿大魁北克省”这个词语中。请同学们查字典，看看“魁”字还有哪些义项。

生：“魁”字在字典中的义项有：①为首的，如魁首；②高大，如魁伟。

学习生字“贞”和二类字“柘”。

师：我们再来学习生字“贞”和二类字“柘”。松、柏、柘、女贞都属于植物。谁愿意为大家介绍一下这四种植物。

生1：松树凌霜不凋、冬夏常青，饱经风霜而生机勃勃！因此，古人视松为长青树。

生2：柏是常绿针叶树，呈金字塔形。

生3：柘是落叶灌木，生长极为缓慢，树龄均在50年以上，属于国家一级保护植物。

生4：女贞耐寒性好，喜欢温暖湿润的气候。

学习生字“篷”。

师：大家看这个“篷”字和哪个字特别像？

生：“蓬”字与“篷”字是形近字。

师：请同学们查字典，看这两个字的字义有什么不同，并完成下面练习。

(　)乱　帐(　)　(　)勃　车(　)

学习生字“丫”。

师：这个字看着简单，但是特别容易出错，我们再来书写一遍这个字。

四、再读课文，感知内容，理清脉络

师：请自由读课文。要求读准字音，读通课文；边读边思考：课文主要写了什么，是按什么顺序来写的？

生1：这篇课文通过记叙加拿大魁北克省一条山谷奇异的自然现象，告诉人们，在逆境和压力面前，既要敢于抗争，也要学会退让、以退为进。

生2：课文是按说出谜——揭开谜底——得到启示的顺序写。

（教师根据学生的回答，相机板书：谜、谜底、启示）

师：请同学按顺序分组分自然段朗读课文。

五、归纳小结

这节课通过走进加拿大的魁北克省，我们了解了在那里存在着一个奇异的景象。下节课我们继续走进魁北克省的山谷去探究这一奇异景象之谜。

## 第二课时

一、复习导入

师：谁能看着板书复述一下这篇课文的主要内容？

（指名学生复述。）

师：通过上节课的学习，你能说说山谷中的谜是什么吗？

生：山谷的西坡长满松、柏、柘、女贞等杂树，而东坡只有雪松。这种奇异的景象是一个谜。

师：请用你喜欢的方式自由读课文，读完后看看能不能找到答案，即谜底。

生：根据课文的描述，我认为谜底是东坡雪大，其他树的树枝都被积雪压断了，渐渐地丧失了生机，只有雪松能在这里生长。而西坡雪小，树上少量的积雪根本就压不断树枝，所以除了雪松之外，柘、柏、女贞之类的树种，也都存活了下来。

二、精读感悟

师：这个谜底是课文直接告诉我们的。请同学们默读课文，继续探究造成这一景象的原因。

生：原因是东坡雪大，而西坡雪小。

师：任何事物的产生都有主观和客观两方面的原因。造成这一奇异景观的客观原因是东坡雪大，而西坡雪小。那么，主观原因是什么呢？课文中有一句话能说明这个问题，请你们找一找。

生：雪松的本领是主观原因。

师：雪松的本领是什么？请同学们默读课文第三自然段，或许能找出答案。

生：我从课文中找到了描述雪松本领的这段文字：当雪积到一定程度时，雪松那富有弹性的枝丫就开始向下弯曲，于是积雪便从树枝上滑落，待压力减轻，刚弯下去的树枝又立即反弹过来，雪松依旧保持着苍翠挺拔的身姿。

（教师现代化媒体演示该情景。）

师：同学们，作者生动、形象地描绘了雪松独有的本领。让我们一起来朗读这一部分内容。

三、感悟旅行者的话

师：同学们，正是雪松具有弯曲和反弹的本领，所以它存活下来了，而其他的树却——

生：被大雪压死了。

师：作者是怎样凸现雪松这种本领的呢？

生：作者通过与柘、柏、女贞等杂树的对比来凸现雪松的本领。

师：这就是对比的手法。课文让我们知道了在逆境和压力面前，既要敢于抗争，也要学会适当退让的道理。生活中你遇到过这样的人和事吗？

生：三年级时我们学过一篇课文《卧薪尝胆》，吴王派兵攻打越国，越国打了败仗。越王勾践万般无奈，只好派人向吴王求和，表示愿意和夫人一起到吴国给吴王当奴仆。勾践忍辱负重伺候吴王三年后，夫差才对他消除戒心并把他送回越国。回到越国后，勾践立志报仇雪耻。他在吃饭的地方挂上一个苦胆，每逢吃饭的时候，就先尝一尝苦味；他还把席子撤去，用柴草当褥子。经过二十多年励精图治，越国终于转弱为强，灭掉了吴国。

师：这是一个学会退让，以退为进取得最后胜利的例子。请同学写一写自己的感悟。[①]

**【分析】**

优秀的语文课，应该讲究课堂的起承转合，把这两个课时的教学看作一个整体，我们来分析一下起承转合中的师生双边活动。

首先谈“起”。由于受教材单元编排的限制，授课教师从“道”的维度导入，难以厚非；然而，毕竟离真正意义上的“语文”尚有距离，更何况与教材的“个性”毫无瓜葛。但是，学生在这个“起”中确实积极行动，并有所得，虽然说这个“得”扣真正意义上的“语文”不紧。所以说，这堂“课”的“起”有所欠缺。

语文课堂教学中的“承”，并不是指某一个环节，而是主体教学活动整个过程中的各个环节。可以这么说，前半段（第一课时），教师在识字写字教学的基础上，使学生感知课文内容，是真正意义上的“语文”的演绎。对形近字，老师采用先让学生看字形，再查字典了解字义，并通过练习加以巩固。看得出这样的练习是老师根据教材精心设计的，也可以看出，学生在这个环节中大有所得；如果小学语文教学抛弃那些虚浮的说教，如这堂课在识字写字教学上多花些功夫，学生语文水平的提高指日可待。有一个环节值得一提，授课者花较短的时间介绍了松、柏、柘、女贞四种植物的特性，似乎“暂离语文”，但一方面拓宽了学生的知识面，一方面为后面理解为什么只有雪松存活下来做了铺垫，无可非议。第二课时中，老师在学生读通读熟课文的基础上，抓住课始激起的阅读期待，引导学生进一步了解内容，重点朗读，再次激疑，并引导学生潜心读书，自主释疑，说出自己的感悟。同样是读，第二课时与第一课时读的要求和目的都不同。如此的“过程与方法”甚为“语文”。但是，如此活动的目标设置却值得商榷。

“转”，指的是课堂活动的高潮。优秀的语文课，应该也必须有一个高潮，在这个高潮中，教师与学生进入亢奋状态，而课堂教学的目标（主要是“文”的目标）也在

---

① 小学语文课堂网. http://www.xxkt.cn/yuwen/2010/44205.html

此时得到了最好的体现。看得出来,第二课时的“精读感悟”,是这堂课的高潮部分,授课者巧妙地运用了现代媒体,演示了雪松枝富有弹性的特殊本领,直观可感,学生定有所得;但是,这种“得”是对松树特性的“得”,是植物学上的“得”,而不是真正“语文”意义上的“得”。实际上,授课者应该将第二课时“感悟旅行者的话”环节设置为高潮,因为这个环节的内容特别“语文”,让学生深刻领会“对比手法”的作用,这才是真正意义上“语文”的“得”。至于现代化媒体的演示,也应该对比东、西两坡植物对雪的不同承受能力。遗憾的是,授课者在这个环节浅尝即止,竟向《卧薪尝胆》拓展延伸,将对学生进行思想品德教学放在第一位。可见,作者这两个环节的目标设置偏离“语文”。

“合”是一堂课的尾声,这堂课的尾声仅是授课者的一句话“这是一个学会退让,以退为进取得最后胜利的例子。请同学写一写自己的感悟”。学生之“得”,更是思想品德维度的“得”,语文课如此布置作业,那么,思想品德课的作业该如何布置呢?

所以,我们认为这堂课(实际上是两堂)是虽有缺点,但整体还是成功的语文课。

## 三、针对某一个特殊要求的评议

有时候,为了一些特殊的要求,也要进行评课活动,如对某个优秀教师个人教学风格的总结。这样,就要以这位老师的语文教学观为背景,从目标设置、环节安排、预习设计、作业布置等等角度进行评议。这种评议,一般也要从师生两个方面分析入手,分别评价其成败得失。

**【案例】**

一块面包——“言语交际表达训练”课堂实录①

于永正

一、第一课时——“说”的训练

师:今天早上,我发现一位四年级的小朋友把一块吃剩下的面包扔进了垃圾箱。(出示一块只咬了两口的面包)你们说,这事应该如何处理?如果被你碰到了,你打算怎么办?——说自己的心里话。

生:我准备把面包拾起来,交给校长。

生:我准备写篇稿子,提出批评。

生:我会告诉这个同学,农民种粮食很辛苦,不应该浪费。

师:你打算当面劝告,是吗?——请大家接着说。

生:我将把这件事告诉校长,并请校长在全校大会上告诉大家要爱惜粮食。

---

① 于永正.于永正语文教学精品录[M].徐州:中国矿业大学出版社.1999:206-213

师：浪费粮食的现象时有发生，人人都要爱惜粮食，是吗？以上的同学都表明了自己的态度，不错的。还有部分同学不举手，不知道是怎么想的？——程×，你准备怎样处理？

生：（站起来）我……

师：（鼓励地）说心里话，没关系。

生：我不敢问……（笑声）

师：程×不是不想问，而是不敢问，胆子小。要锻炼自己的胆量和口才。

师：同学们，刚才大家说了不少处理意见。你们认为哪种办法比较妥当？

生：（齐答）当面劝告。

师：这件事，当面劝告一下比较好，当然，写稿子，报告老师或校长也不失为好办法。不过，当面劝告，（板书：劝告）不能耍态度，要以理服人。（板书：以理服人）

师：如果请你去劝告，你准备讲哪些道理？对了，有人告诉我，这位扔面包的同学姓李。咱们就叫他晓理吧。（板书：晓理）你准备讲什么，先列个提纲。这叫发言提纲。（生写，师巡视。）

师：哪个同学说说你列的提纲。

生：我先请晓理背古诗——《锄禾》，再根据古诗教育他粮食来之不易。

师：你们是同学关系，"教育"这个词换成什么更合适？——请你自己考虑。

生：把"教育"换成"告诉"。（教师肯定）

师：这是第一条。首先告诉晓理，粮食来之不易。（板书：1. 粮食来之不易）这一条，大家还有什么补充？

生：除了背古诗，还要告诉他，把粮食加工成面粉到做成面包，不知道要经过多少道工序，不知有多少人做……

师：不知经过多少人的手。

生：第二条，告诉晓理，粮食的用途很大，谁能离开粮食？粮食是宝中宝。

师：很好。（板书：2. 粮食的用途）民以食为天，这是至理名言。除了供人们吃，还能干什么？知道吗？

生：做点心……

师：粮食还是重要的工业原料。可以做糕点、酿酒，还有，你们知道吗？好多药品都是用粮食做的。我们吃的味精也是从粮食中提炼出来的。总之，没有粮食，人类就无法生存。

生：我请晓理算一笔账，每个同学每天扔掉一块面包，那全国将浪费多少粮食？浪费是一种可耻行为。

师：这笔账算得好！这真是一个天文数字！（板书：3. 算账）诸葛亮曾告诫他的儿子："君子之行，静以修身，俭以养德。"这句话告诉我们，生活简朴，可以培养一个人的美德。浪费是可耻的。

生：虽然我国现在经济发展较快，但还有很多人吃不饱。

师：有些贫困地区还没有解决温饱问题。这一点也放在第三个方面说说。这也是一笔账。

生：我给他讲一个革命故事，红军长征时……

师：如果时间允许可以讲；如果时间不允许可以提示一下：你不是学过"马背上的小红军"吗？那位小红军就是因为没有粮食吃而饿死的！还记得他干粮袋里那块烧得发黑的牛膝骨吗？这可以算第四条。（板书：4. 记住过去）

生：面包是用爸爸、妈妈挣来的钱买的，爸爸、妈妈挣钱很不容易。

师：这一点补充很好，可以把它放在第三条。大家想得很周到，讲得很有道理。我如果是晓理，听了以后，一定会心服口服的。大家谈了这么多，集中起来大体分四个方面。我们当面劝告晓理的时候，就从这四个方面讲。现在，请看看板书，回顾一下我们刚才讲的内容。待会儿，我扮演晓理，请你们来劝告我。（生笑）（生熟记黑板上板书的内容）

师：现在我当晓理。谁借条红领巾给我戴戴？（师戴红领巾，生笑）我是谁？

生：（齐答：晓理）

师：是于晓理。懂得道理。（板书：于晓理。众笑。）劝的时候，千万别说"于老师您不应该扔面包"。（生大笑）现在，我请一个同学到前边来劝说晓理，其他同学在下面听，允许插话，都要参与，看谁有口有心，能说会道。

师：于×，请你到前边来。（于×摇头）我不喜欢摇头，我喜欢听"让我来试试"。（于×勇敢地走上讲台。老师鼓励她大胆一点。）

生：于晓理同学，这是你扔的面包吗？

师：你怎么知道我的名字？（众笑）（一生站起来插话：小同学，请问你是哪个班的，叫什么名字？）

师：我是四(1)班的，叫于晓理。

生：晓理同学，你扔面包是不对的。

师：我扔面包关你什么事！狗拿耗子多管闲事！（众笑。于×一时语塞。师指出：对别人做的事发表意见，应从自己这个角度说，坚持"我"的说法，而且态度要诚恳，要这样说：晓理同学，你把面包扔了我感到太可惜了。如果直接指责对方，就会顶牛，激发矛盾。）

生：于晓理同学，我觉得把好好的面包扔了太可惜了。（师插话：这样说，对方就不至于抬扛了。）

师：你想想，你妈妈在工厂里辛辛苦苦地工作，一分一分地挣钱，你妈妈知道了会怎么想？

生：妈妈知道了会生气，会狠狠地批评我。（众笑）（这时于永正立即提醒于×：看看黑板上的提纲，应该先讲什么？）

生：于晓理同学，你知道吗，粮食可来之不易呀！农民辛辛苦苦地耕地，播种，施肥，浇水，……收割，（师插话：脱粒，晒干。）付出了多少汗水呀！咱们上一年级学过一首古诗——《锄禾》，你还记得吗？

师：记得。“锄禾日当午，汗滴禾下土。谁知盘中餐，粒粒皆辛苦。”（背完了，于晓理不好意思地低下了头。笑声）——小姐姐，我错了，我不该浪费粮食。（众笑，一生插话：把粮食加工成面包，不知要经过多少道工序，经过多少人的手！）

生：粮食的作用可大了。俗话说，人是铁，饭是钢，一顿不吃饿得慌。粮食除了可以吃，还可以酿酒，做点心，制造药品呢。（一生站起来补充：还有提炼味精。粮食是宝中宝。）我们生活虽然好了，但也不能忘记过去。还记得咱们学过的《马背上的小红军》吗？（一生插话：如果我们一人扔一块面包，全国会浪费多少面包呀！）

师：（拿起桌子上的面包）小姐姐，同学们，谢谢你们的帮助，从今以后，我再也不浪费粮食了！我错了。（说完低下了头。笑声。）

师：（取下红领巾）我现在不是于晓理了。（笑声）于×态度好，讲得好，同学插话补充得也好。

## 二、第二课时——“说”转换为“写”的训练

师：同学们，浪费粮食的现象较普遍，不光是晓理一个人。第一节课开始的时候，有的同学想写篇稿子，对这种现象提出批评，我认为很有必要。这样吧，咱们给全校同学写一封公开信，让每个人都认识到粮食来之不易，认识粮食的作用，都能珍惜粮食，怎么样？

生：（齐答）好！

师：我刚才说了，咱们写这封信的目的是什么来着？

生：让全校同学认识粮食来之不易，粮食是宝中宝，（师插话：了解粮食的作用。）都来爱惜粮食。

师：要想达到这个目的，在信中就必须将粮食来之不易、粮食的作用写清楚，这是重点。格式和一般书信一样，为了区别于其他书信，第一行可写上“给全校同学的一封公开信”。

生：以谁的名义写？

师：以个人名义写吧，写的时候如有什么不明白的地方，随时提出来。请抓紧时间写草稿。

生：于老师，我给市长写封信行吗？

师：可以。让市长在“世界粮食日”那天发表电视讲话，呼吁全市人民爱惜粮食。

（生写草稿，师巡视，个别辅导。多数学生写好之后，教师当面评改了两篇草稿，下面是评改其中耿×一篇的实录。）

生：（读草稿）给全校同学的一封公开信（师插话：“这是个题目。”）亲爱的同学们：上星期四上午，我校四年级的晓理同学把一块只咬了两口的面包扔了。（师插话：“在公开信里不要点同学的名。”）五年级一班的于×同学见了，挺身而出，进行劝告。（师插话：虽然制止这种不良行为需要有点勇气，但还不是和坏人作斗争，用“挺身而出”不合适。可以改为“诚恳地提出了批评”。）

（接上）其实，这种浪费现象很普遍。在我们学校的垃圾箱里经常可以看到发霉的馒头、包子、点心……我们应该大声疾呼：不要浪费粮食！同学们，粮食是宝中宝。“民以食为天”。我们一天三顿饭，哪一顿能少了粮食！再说，粮食来之不易呀！它是用农民的血汗换来的。（师插话：你没有把粮食的作用讲全，它还是重要的工业原料，可以做饲料呢！读完后补充上去。）咱们一年级就学过一首古诗，（师插话：“这一句应这样说：‘还记得我们一年级学过的那首流传千百年的古诗吗？’”）诗中说：“锄禾日当午，汗滴禾下土。谁知盘中餐，粒粒皆辛苦。”粮食收下来再加工成面包，又不知要经过多少人的手！同学们，现在，我们的生活水平是有了提高，可是还应当勤俭节约。小学生行为规范里讲得很清楚，要爱惜粮食。（师插话：“这里加上一句：‘我国人均占有粮食不多，每年还要从国外进口一部分粮食。’”）现在一些贫困地区还没解决温饱问题。还有，中央电视台的“焦点访谈”栏目，曾经报道过世界难民缺乏粮食的问题。当看到一幅幅骨瘦如柴的和我们同龄的孩子托着饭碗向别人乞讨的时候，（师插话：“前面有‘一幅幅’，后面就该加上‘画面’二字。要不，就把前面的‘一幅幅’去掉。”）浪费粮食的同学难道不为之震动？（师插话：“有些电视节目应当看，耿×同学看了，不仅受到了教育，而且在作文中用上了，很有说服力。”）同学们，也许有人会说，馒头我是用自己的钱买的，我扔了与别人没有关系。不对！父母挣钱容易吗？我们也应当珍惜父母的血汗呀！同学们让我们都来节约粮食，爱惜粮食吧！此致敬礼。五年级一班耿×，1995年3月16日。

师：耿×的信一是道理讲得较全面，较深刻；二是措词恳切，有力，感情真挚，有说服力。其他同学再看看自己写的，看看有没有疏漏的地方，修改好了，再抄在作文簿上。

师：为了达到让全校同学都爱惜粮食的目的，除了写信，还可以把刚才于×劝晓理不要扔面包这件事写下来，写一篇记叙文。同学们看了同样会受到教育，下次作文课咱们就以《劝告》为题，写一篇记叙文。有空儿，你们先写好草稿。

**【分析】**

于永正是闻名遐迩的小学语文特级教师，这堂课，就是对他作文教学观的最好诠释。

于永正认为，学生说、写训练是为了"言语交际需要"。于永正几乎每一堂"言语交际表达训练"课都体现这一特点。听课的每一位老师都能感受到"言语交际需要"带给学生的是什么，是积极性和主动性，是学有所用的成就感。所有评课的专家都指出："一切从交际应用的实际需要出发，是于永正作文教学的重要特色。"① 所以，于永正注重从学生日常生活中撷取具有典型意义的说写训练材料，使学生感到这种训练既亲切又实用。由于生活水平的不断提高，小学生勤俭节约的意识淡薄了，尤其是乱扔面包等食品的现象时有发生，抓住这一现象对学生进行教育很有典型意义。

于永正总结自己的语文教学，提出了"五重教学法"。山东韩春梅认真研读于永正的言语交际课堂实录和小学语文专家的评点，总结出于永正言语交际"五重"艺术特色，即：重情境创设；重随机批改；重生活应用；重多方训练；重全体参与。② 上面的这个案例，对这五个"重"的阐释到了淋漓尽致的地步。

于永正重视"言语交际"，重视说、写能力的转换，这两堂课中，授课者先就一块被扔掉的面包引导学生作"说"的训练，在此基础上将"说"的能力转换为"写"的能力。顺理成章，自然达成。

要做到说理充分，娓娓动听，使人怦然心动，这不光是个说话技巧的问题，还关涉到一个人的思辩能力。于老师的课上，语言训练与思维训练互为表里、密不可分。相信如此训练数年，学生的作文水平定能得到较大的提高——事实正是如此。

注重作文中指导，是于永正作文教学观的一个重要方面，在学生的语言实践活动中，教师随时指出其用词不当之处，并通过推敲，帮助他们选用准确的词语，这是最切实际的语言文字训练的形式之一。在课堂上使用随机面批的方式，学生当众读，教师随机改，受益面大，效率较高。由于是随机改，这就要求教师有较扎实的语文基本功和敏锐的语感；但也不是高不可攀，只要我们勤学苦练，不断实践，就能够不断提高我们的随机面批水平。

---

① 于永正．于永正语文教学精品录[M]．徐州：中国矿业大学出版社，1999：247

② 韩春梅．于永正言语交际教学艺术特色例析[J]．山东教育，2004(Z1)

本章实际上涉及了两个问题，其一为怎样听课，其二为怎样进行课堂评议。怎样听课，没有固定的程式；怎样评议，也没有固定的程式。上面的那些案例，仅供参考。但是有一点必须记住，两者是相辅相成的。只有“会”听课，听得出一些“道道”，才能对别人的课堂教学进行评议；同理，学会了科学的课堂评议，听课时就更能关注那些有价值的信息，自己授课时就能更科学，更严密。当然，不管怎么说，无论是听课的能力培养，还是课堂评议的能力培养，都是自己成为一个优秀教师的基础。

# 第八章　组织语文实践活动

众所周知，语文是一门实践性很强的科目，离开了实践活动，提高学生的语文素养只能是一句空话。学校有“快班”“慢班”之分（前者也称为“实验班”“教改班”“择校班”）是公开的秘密，高中语文教师常有这样的体会，高考分数出来，语文成绩最高的学生很可能出自“慢班”。原因很简单，“慢班”学生受数理化、外语等老师的“关注”较少，他们有大量的时间从事语文实践活动，所以能在颇能体现学生语文素养的高考中脱颖而出。这点，对我们的小学语文教学颇有启示意义——为提高学生的素养，必须开展语文实践活动，其主要体现为语文课外活动和语文综合性学习。

## 第一节　引导课外语文活动，充实语文课外活动

事实证明，仅依靠课堂语文教学活动，即使是大幅度增加课时，学生也很难学好语文。作为巩固和发展课内学习的语文课外活动，对开拓学生视野，发展学生智力，培养健康高尚的审美观和爱国主义精神，全面提高语文素质，发展语文能力，有着十分重要的作用。所以，新课程改革以来，“语文课外活动”受到越来越多的重视，但“语文课外活动”在小学语文教学中的实施现状却不容乐观。理论家们的大部分研究也只是停留在空洞的说教上，一般的小学语文教师还是不知道该怎么办。故而，从理论与实践相结合的角度出发，对“语文课外活动”进行重新审视，必要而且迫切。

### 一、“语文课外活动”和“课外语文活动”辨析

一般都认为“语文课外活动”就是“课外语文活动”，“课外语文活动”就是“语文课外活动”，这样的理解很有问题。张鸿苓先生说：“课外语文活动有广义和狭义之分。狭义的是特指那些由语文教师组织指导下进行的语文课外活动；广义的课外语文活动其范围要广泛得多，学生在语文课堂之外以语文作工具的任何活动，都可

以称作课外语文活动。人们在语文课堂以外运用语言文字所进行的心理活动(内部语言)和生活、学习、工作等交流活动(外部语言),都是课外语文活动。”①

可见,“课外语文活动”和“语文课外活动”是两个概念,前者包含后者。

“课外语文活动”是指学生在语文课堂学习之外,以语文作为工具进行的所有的读写听说的实践活动,绝大部分是无意识的、学生自发的语文活动。诸如课余聊天、看小说、看电影、发微博、写信等等。

“语文课外活动”是指在教师有计划、有系统的组织指导下,学生有意识、“被迫”参加的课堂教学之外的语文活动。如语文教师教过《少年闰土》一文后,要求学生阅读《故乡》原文,甚至阅读《呐喊》全书。

总之,“语文课外活动”只是“课外语文活动”的一部分,前者有目的且有序,而后者大部分无序且带有盲目性。

“课外语文活动”(下文特指除“语文课外活动”外的其他“课外语文活动”)与“语文课外活动”的最大区别就在于前者学生成了真正意义上的主体,学生自发地产生活动的需要,不受任何目标和规则的牵制,完全根据自己的兴趣选择活动内容,并且根据自己的意愿和理解独立自主地展开活动。

然而,我们不难发现,语文课外活动的实施现状却十分尴尬,从理论上说,小学没有升学考试的压力,但事实存在的初中“择校”考试的严峻形势,逼迫着师生们围绕着考试的“指挥棒”团团转,有序的语文课外活动基本无法实施;而另一方面,学生却在课外有意识或无意识地进行着无序的不同形式的课外语文活动。

## 二、语文课外活动——进退维谷的尴尬处境

长期以来,我们的语文教学进入了一个怪圈,考试考什么,教师教什么,学生就学什么。有时候,甚至置课程标准于不顾,仅仅按有关部门颁布的考试说明进行教学活动。在这种“急功近利”的前提下,语文课外活动有名无实,其处境十分尴尬。

### (一) 缺少相关资源

据我们了解,有相当多的学校,尤其是农村小学,受各种条件限制,语文课程资源(主要指显性的语文课程资源,如报刊、有关书籍以及音像资料等)相当匮乏。从整体上说,小学生手中除了语文课本外,其他形式的辅助教材几乎空白。学校、家庭没有能力或者说不愿提供更多的图书、更多的信息设备供学生利用;对一些有意义的文本,顾不上提出指导的计划和措施,甚至以“减轻学生负担”为借口不予订购。课本成了惟一的课程资源,语文教师难以组织学生开展课外活动。

### (二) 教师指导不力

目前,在各种压力下,许多学校和语文教师对语文课外活动并没有深刻的认识,只是把眼光落在课本内容的学习、大量习题的训练等方面。再加之课外活动对

---

① 张鸿苓.语文教育学[M].北京:北京师范大学出版社,1993:8

教师的课余生活影响比较大，所以，真正能够长期坚持并取得突出成就的语文课外活动非常有限。

还有一种情形是，尽管已经开始重视语文课外活动，有“法定”的时间，有计划，但指导不得力，仅是把语文课外活动作为一种调剂品，活动的开展也没有建立任何可操作的规范性体系，缺乏具体的目标导向和相应的指导方法，更没有科学的评价体系，常常难以有序进行。那些活动，看似丰富多彩，却是华而不实，多彩而不多效。比如，很多朗诵会时常冠之以德育的美名，打着活跃学习氛围的旗号，而针对的往往只是少数对象；号称为提高学生的学习兴趣，培养学生的实践能力，而结果往往只是给学生确定了一个名次，仅将之作为学校“素质教育”的点缀而已。另外，这种勉强开展着的呆板而乏味的活动根本提不起学生的兴趣。

**（三）学生虚与委蛇**

学生在各种压力下，“两耳不闻窗外事，一心只读圣贤书”，他们花在语文学习上的时间大部分是为了完成教师布置的作业。在访谈过程中，我们了解到，有不少学生认为语文课外活动的开展与成绩的提高没多大关系，还不如多花点时间在其他方面。这是一种功利心理，他们忽视了语文学科的实践意义，以考试的成绩来衡量语文学习的目的；殊不知，即使就考试而言，参加语文课外活动较多的学生考试成绩都比较高，这点我们在本章的导言部分已经论及。还有一部分同学把课外活动时间当成是娱乐休闲的时刻，抱着“玩玩”的心态，从而导致活动的“零效率”。从另一个角度看，学生成长阶段的逆反心理也导致语文课外活动的开展不甚理想，一些学生就是喜欢“我行我素”。

所以说，语文课外活动的现状令人担忧。

## 三、课外语文活动的蓬勃开展与无序状态

与由语文教师特地引导的语文课外活动不同的是，一些自发的课外语文活动在学生的学习生活中无处不在。社会生活当中的语文学习资源丰富多彩，取之不尽，用之不竭；可以毫不夸张地讲，只要有人类活动的地方就有这类课外语文活动。

**（一）课外语文活动的事实存在**

一些学生喜欢看电视，但是在家长教师眼里却成了不务正业、荒废学业的典型。其实不然，学生通过观看新闻、纪录片、益智类及访谈类节目，一方面可以获得大量的信息，了解时事动态，增长知识，开阔眼界，这些信息完全可以转化成为各门课程的内容。从“语文”的角度而言，学生在这当中还能学习节目主持人或凝练精确，或幽默风趣的语言表达能力；另外，在理解节目内容的同时，一定会有一些思维活动，这些思维活动也是正儿八经的语文活动。

还有一些学生喜欢看电视连续剧，了解跌宕起伏的剧情，分析理解丰富多彩的人物语言，也是语文活动。

现代社会是网络的时代，很多学生喜欢上网捕捉信息，聊天交友，论坛跟帖，发

微博等等。网络并非百害而无一利，从语文信息的角度讲，学生利用网络媒体所获得的信息要比课堂学习丰富得多，更何况获得信息的速度快，这样能大大提高学习效率。这些也是正儿八经的语文活动。

还有学生喜欢看小说（当然包括武侠和言情小说）和各种杂志；还有学生喜欢"煲电话粥"，喜欢发短信……这些何尝不是课外语文活动！

但是，这类课外语文活动仅是把语文作为工具而进行的活动，是没有或缺少语文教师指导的自发进行的无序活动。

**（二）课外语文活动的无序状态**

由于课外语文活动大多数不囿于书本，不止于学校，空间非常广阔，在时间上也较灵活，再加上缺乏相应的引导，因此随意性、盲目性较大。虽然上文所述看电视、上网等对学生的语文能力的提高大有好处，但是学生沉迷于电视剧和网络的现象却经常存在，有的学生一放学便丢功课于一边，把全部时间都用在看小说、看电视尤其是上网聊天上，甚至废寝忘食，学习成绩一落千丈。

课外语文活动的无序状态还体现在活动的内容上。课外语文活动的内容丰富多样，层出不穷；但是，如果不进行合理筛选，照单全收，也会适得其反。比如说，网络可以方便查找信息，可目前网络的监控力度不够完善，欺骗现象、垃圾信息充斥其中，一些学生沉迷于网络的虚拟世界，迷失自我；另外，上网交友聊天因缺乏警惕而上当受骗的案例也层出不穷。

综上，因为课外语文活动具有极大的随意性，对语文能力的培养收效甚微，甚至可能会产生反作用，不利于学生的学习和发展。所以，必须及时加以指引，使之走上正轨。

## 四、取课外语文活动之长，补语文课外活动之短

从本节第三部分可知，课外语文活动大多是无序的和盲目的，且取得的学习效果甚微，因此，必须对其进行引导，使之转化为有序、有效且有着明确目标的语文课外活动。教师也可通过对学生课外语文活动的了解来指导语文课外活动的开展，这样才能取得较好的学习效果。

**（一）注意学生动态，开发课程资源**

课外语文活动有自己的特色，空间更为广阔，内容更为丰富，形式更为多样。它起到了课内起不到的且不可替代的作用。语文的外延等于生活的外延，语文知识包罗万象，因而语文课外活动有着广阔的延展空间。小学语文教师必须了解学生的课外语文活动现状，尤其要重视那些学生平时经常接触的课外语文资源，并引导他们合理且有效地利用；同时，对一些学生们不太关注的课外语文资源，更要积极引起他们的兴趣。只有这样，语文课外活动才能够生机勃勃地展开，才能够利用课外语文资源开展各式各样的语文实践活动，以提高学生的语文素养。

课外活动作为课堂教学的组成部分，它必须与课堂教学保持有机联系。因此，

小学语文教学应该尽可能地把课外新的信息引入课堂，同时以课堂教学为出发点，把有关的语文学习和实践活动延伸到课外，使课内教学和课外活动有机地结合起来，互相促进，相得益彰，最大限度地提高语文教学的效率和质量。

例如，针对学生作文平铺直叙，没有变化的现状，可考虑到一般男同学课外喜欢阅读武侠小说的事实，组织学生自主研读金庸《神雕英雄传》中郭靖、黄蓉上山请一灯大师疗伤的一章，分析连过渔、樵、耕、读四关，关关不同的场面，以使学生真正意义上明白行文必须有所变化的意义。

**（二）密切注意学生的个性发展**

学生智力的发展是一个有序的过程，因此，语文课外活动应该根据学生的年龄特征和原有的知识背景，在各个不同的学习阶段合理地确定智力和能力的发展序列，有一个循序渐进、逐步提高的过程。① 由于不同的家庭、学校和社会环境的影响，小学生一般都有比较明显的个性差异，有着不同的性格、兴趣爱好和能力特长等。这就决定了同一阶段的不同学生在课外实践活动中，能力的强度、速度和效度有不同的表现。

因此，教师要密切关注学生的课外语文活动，通过学生的课外语文活动了解学生的个性，从而在语文课外活动中尊重学生的个人兴趣和爱好，根据不同学生的学习特点和已有能力合理安排活动内容，使每个学生在活动当中都要有所得。如，对喜欢看电视剧和小说者，可引导他们写各类评论；对喜欢上网者，可组织讨论网络语言的是非；对喜欢“煲电话粥”者，可指导他们如何用简短的话语说清问题；对喜欢发短信者，可组织短信编制竞赛……

由于小学生往往有一种逆反心理，所以，语文教师在组织课外活动过程中不能对学生指手画脚，横加干涉。但这并不意味着教师对学生的课外语文活动撒手不管，放任自流。教师可通过课外语文活动了解学生的兴趣和爱好，给予适当的点拨，尽量不使学生感到“被迫”。教师的指导一般体现在以下几个方面：学生在制定活动计划时给予相关帮助；在开展活动过程当中，适时进行必要的引导，鼓励、督促活动的进行；在活动开展之后，还要帮助学生总结经验，指出不足，并提出努力方向。

总之，要使学生感到你是在“陪”他“玩”，不是在“逼”他“学”；只有这样，学生才能在活动中充分发挥积极性和主动性，从而获得各自相应的发展，全面提高语文素养，语文课外活动也就取得了实效。②

---

① 秦玲伟. 语文课外活动实施初探[J]. 文学教育(下)，2008(4)

② 陆培. 引导课外语文活动. 充实语文课外活动[J]. 语文教学研究，2011(06)

# 第二节　化“综合性课程”为“语文综合性学习”

“重视学生读书、写作、口语交际、搜集处理信息等语文实践，提倡多读多写，改变机械、粗糙、繁琐的作业方式，让学生在语文实践中学习语文，学会学习。善于通过专题学习等方式，沟通课堂内外，沟通听说读写，增加学生语文实践的机会。充分利用学校、家庭和社区等教育资源，开展综合性学习活动，拓宽学生的学习空间。”①作为新生事物的“综合性课程”和“语文综合性学习”，不仅是课程改革的热点，更是课程改革的难点。可悲的是，一些语文教师对两者内涵的认识以及具体的实施还处于“初级阶段”，甚至还有人将两者视为一物。本节拟就此进行探讨。

## 一、“综合性课程”与“语文综合性学习”辨析

上世纪80年代以来，在科技革命和知识经济的挑战下，引发了全球性的教育改革。一类基于学生自主探索和研究，倡导课程向儿童经验和生活回归，追求课程的综合化，以培养学生科学精神、创新精神和实践能力为价值取向的新型课程得到世界各国的普遍认同，这就是综合性课程。

综合性课程是指打破传统分科课程的知识领域，组合两个或两个以上的学科领域构成的课程，是与学科课程相并列的一种独立的课程形态。综合性课程最早起源于20世纪初德国的合科教学，主张按照学生的兴趣、爱好，组织学习一定的课题。后来，美国出现了广域课程和核心课程，即将具有逻辑相关性的一组学科归纳组成社会、理科、美术、人文一类的若干领域。之后，英国出现的“统合教学日”和80年代在美国出现的“STS课程”、“社会中心课程”，以及日本80年代出现的“合科指导思想”、“综合理科”等，都是综合性课程的不同形式。②

“最新课标”明确指出：“（语文）综合性学习主要体现为语文知识的综合运用、听说读写能力的整体发展、语文课程与其他课程的沟通、书本学习与生活实践的紧密结合。”“综合性学习的设计应开放、多元，提倡与其他课程相结合，开展跨领域学习。跨学科学习，也应以提高学生语文素养为目的。”③由此可见，“语文综合性学

---

① 中华人民共和国教育部.义务教育语文课程标准（2011版）[S].北京：北京师范大学出版社，2011：20

② 郑国民，冯伟光，沈帼威.语文综合性学习的理论基础和基本特征[J].语文建设，2004(4)

③ 中华人民共和国教育部.义务教育语文课程标准（2011版）[S].北京：北京师范大学出版社，2011：24-25

习”主要是以语文学科学习为主体，注重语文学科内部、语文学科与其它学科、学生生活与社会生活之间的整体联系的学习方式，其目的是促进学生语文素养的整体提高。

与“综合性课程”不同的是，“语文综合性学习”不是一门课程，也不是各种课程的综合。从学习目标看，既包括识字与写字、阅读、写作与口语交际四个方面的综合，又包括“知识与能力”“过程与方法”“情感态度与价值观”三个维度课程目标的综合。从学习内容看，既着眼于语文学科的知识，又注重跨学科的学习，更多的是强调学生从生活中学习。从学习方式看，既是书本学习和实践活动的结合，又是接受学习和体验学习的结合；既是课内学习和课外学习的结合，又是个体探究和合作探究的结合。基于语文的综合性特点和人的发展的全面性需要而设置的“语文综合性学习”是语文课程改革的一道亮丽风景，是社会发展的客观要求，它为当今的语文教学注入了生机和活力，必将有助于推动语文教学改革的发展。

## 二、“综合性课程”处境尴尬

综合性课程打破了学科间的界限，减少了课程的门类，似乎有利于培养学生对事物的整体认识能力，有利于减轻学生的负担。但是“综合性课程”所面临的现状却不容乐观，正如吕达先生所说：“在我国未来基础教育改革过程中，综合化将给学校课程带来巨大的变化和新面貌，但学校教育将要产生和遭遇的问题、难题也是空前的。”[①]目前，“综合性课程”的尴尬处境主要体现在以下几个方面：

### （一）定位不准

综合性课程虽然整合了原有几门学科的内容，但却打乱了原有各门学科的逻辑体系，因为“综合”应该是自然融合在一起，并不意味着只是各门学科的简单组合。任何没有主次、违反自然规律的“扭合”都难以取得成功。现代系统科学认为，所谓系统的整体性，并不是各部分因素的简单相加，而是为了完成某个（或几个）目标的有机组合，其总体（功能）大于各个组成部分（功能）之和。而现在的一些所谓的综合性课程仅仅是简单的“拼盘”，其学习内容的有序性、连续性和系统性都不尽如人意。如当时曾经将音乐、美术等等相加而成的义务教育阶段的“艺术”课程，从开始试点就陷入了困境，再度分科已成事实。

### （二）师资缺乏

综合性课程的设置使课程不再只是传统观念中的单科学习，只有当教师具备多元化、发散性知识结构时，才能给学生以有力的指导。但是长期以来，受传统的分科课程结构和考试“指挥棒”的影响，以及教师专业化知识的限制，大多数教师在教学中“泾渭分明，各司其职”，这严重阻碍了课程综合化改革的进程。为了探究综合性课程，甚至出现了两个学科的教师同时出现在一堂课的讲台上的现象。所以，

---

① 庄丰石．初中语文综合性学习刍议[J]．科教文汇，2008(11)

要完善综合性课程，首先得转变教师的课程思想，尤其要重新建构教师的知识系统和能力结构，这不是一朝一夕的事。实际上，除极少数教师有可能适应外，大多数教师只是“望孔子之门墙而不入于其宫者”。

**（三）评价困难**

综合性课程的设置重在学生能力的培养，具有内隐性和长期性的特点，因此缺乏相应的量化考核标准，它被边缘化也在情理之中。但随着教改的深入，在各级考试中，也开始出现相应的较综合化的试题。但这种“综合”试题的评价方式往往显得很单一，或分学科评分，或“偏心”于某一学科；而且试题本身的设计也存在着浅表化的倾向，这些做法不同程度上都异化了综合性课程设计的初衷。

由上可知，尽管综合性课程有这样那样的优点，但全面开展综合性课程学习的条件尚未成熟。所以说，学科教学的教师，应该把注意力转向某一课程的“综合性学习”；作为小学语文教师，当然应该把注意力转向小学语文的“综合性学习”。

## 三、“语文综合性学习”的优势

“语文综合性学习”开放了语文课程，它将课内和课外联系起来，将语文课程与个人、自然、社会三个方面的资源整合起来，极大地扩展了学生的学习空间，实现了学生对课程资源的自主选择，有利于培养学生的兴趣和特长，发展了学生的个性，适应了未来社会对人才培养的需求。

首先，由于以“语文为主”，一般的语文教师都能胜任。掌握丰富的学科知识，是成为语文教师的必要条件，因此他们对“语文”学科的知识素养、构成体系都较为了解，能够设定合理的教学目标，并且在具体的教学过程中运用合适的教学方法。在课程资源的利用方面，语文教师可以根据语文课程特点，寻找一切有可能进入语文课程、并能与语文教育教学活动联系起来的资源，多渠道地开发利用课程资源。

其次，“语文综合性学习”作为一种新的学习方式深受学生们的欢迎。在综合性学习的过程中，学生的主体性得到充分的尊重。学生的主体地位体现在他们不是被动地接受知识，而是主动地收集材料，主动地学习和运用知识。“语文综合性学习”的实施有力地促进了语文学科与其他学科、书本知识与生活实际、课内学习与课外实践的联系，极大地提高了学生学习语文的兴趣。在这种情况下谈提高学生的语文素质，就是脚踏实地。比如现在有很多学生喜欢上网捕捉信息，聊天交友，论坛跟帖等等。从语文信息的角度讲，学生利用网络媒体所获得的信息要比课堂学习丰富得多，且获得信息的速度快，这样能大大提高学习效率。

第三，为语文“综合性学习”设计评价标准不是难事。只要站在“语文”的立场上，将学生语文素养（具体体现为读写听说能力）的提高为终极目标，以微观的、具体的、实实在在的学生在读写听说能力培养上的所得为阶段目标。对此进行评价，难度不大。与一般语文教学不同的是，从中还可以看出学生在活动过程中的参与程度和积极性，看出他们语文综合能力的提高水平，看出他们表现出的自主性、合作精神以及创新意识，也就是进行过程性评价。

既然“语文综合性学习”的实施能有力地促进语文学科与其他学科、书本知识与生活实际、课内学习与课外实践的联系，能极大地提高学生学习语文的兴趣，且可行性较大；那么，就该大力提倡在语文教学中开展“综合性学习”。

## 四、“语文综合性学习”的开展

“语文综合性学习”的开展主要指“涉外”综合。“涉外”综合主要体现在语文学科与其他学科之间的综合。语文综合性学习虽然强调跨学科的综合，但它以语文课程的基本内容而存在，是在语文课程体系学习中展开的，所有活动都必须与语文有关，落脚点始终在“致力于学生语文素养的形成和发展”。

巢宗祺先生在他的《语文综合性学习的价值与目标定位》中明确指出：“语文综合性学习的基本目标应当指向语文，首先要保证在语文的某一个方面或几个方面取得比较确定的成效。”①而在目前的不少所谓的“语文综合性学习”中，“语文教育是个筐，什么都能往里装”，使得语文学习的主要目标发生了偏离。例如，有的语文课，课堂上热热闹闹，声光电一齐上阵，似乎充分调动了师生的主动性和积极性，但却偏离了语文教学的目标，把语文课上成思想品德课、音乐课等其他课型；其根源就在于没有处理好语文学科与其他学科的关系，捡了芝麻丢了西瓜，使得学生无功而返。

其一，在语文综合性学习过程中不能够背离语文学习的目标，对涉及的其他学科的知识、能力，可浅尝辄止，不必深究，也就是说，要把语文活动搞成真正意义上的语文活动，而不是“大杂烩”“大拼盘”。在此基础上，用联系的、综合的、开放的视角来审视语文课程，为学生语文素质的提高和语文素养的全面养成开辟新的途径和空间。

其二，语文是一门实践性很强的课程，课外活动对语文教学意义重大。语文综合性学习也应强调课堂内外的沟通，在教学中有效地开发利用课内外的课程资源。语文教学应该尽可能地把课外新的信息引入课堂，同时以课堂教学为出发点，把有关的语文学习和实践活动延伸到课外，向学生的学校生活、家庭生活、社会生活等各个生活领域自然延伸和拓展，使课内教学和课外活动有机地结合起来，互相促进，相得益彰，最大限度地提高语文教学的效率和质量。

总之，要在语文教学中真正落实语文综合性学习是一个需要长期实践、逐步深入的过程。我们相信，通过语文综合性学习能够改善原有的语文课程的教学状况，能够加强语文课程与其他课程、与学生社会生活的联系，能够更好地促进学生语文素养的提高。②

---

① 巢宗祺．语文综合性学习的价值与目标定位[J]．人民教育，2005(5)

② 陆培．化“综合性课程”为“语文综合性学习”[J]．中学语文，2009(7-8)

# 第三节 语文实践活动案例分析

小学语文实践活动是在学校语文课堂教学以外，有目的、有计划、有组织开展的学生活动。它能够激发学生学习祖国语言的兴趣，提高学生的语文基础能力，促进学生综合素质的提高。组织小学生开展语文实践活动，一般来说，可以从提高学生的识字写字能力、写话—习作能力、阅读能力和口语交际能力等几方面考虑。

## 一、促进识字写字能力实践活动案例分析

**【案例】**

"遨游汉字王国"综合性学习活动方案(五)——五年级猜字谜活动

富阳市永兴学校小学部 五年级备课组

说明：资源共享，年级合作准备；为学习交流猜谜方法以及控制秩序方便，各班分批猜谜。

一、课前准备：

(一) 课件制作；

(二) 擅长相声的学生准备《猜字谜》相声；

(三) 印制《猜谜活动积分卡》。

附4：猜谜活动积分卡

二、活动过程：

(一) 学习猜谜方法

1. 课本上的字谜试猜

2. 公布答案，分析猜对或猜错的原因

(二) 欣赏相声《猜字谜》

小结猜字谜的方法

(三) 猜老师或同学提供的字谜(限5个)

(四) 学习自编谜语

1. 老师写字：丸、勿、鸿……等；学生试编字谜(一字多编)

2. 从本册生字表中(两种教材)选认为难的字来编字谜

(五) 准备"猜谜大会"

1. 师生制作字谜卡(可收集、可自编)

(1) 底纹纸，32K大小、形状可自己设计或彩色纸条，水彩笔工整书写谜面，保证猜读方便；

(2) 在背面右下角写上编号：学号+01. 02 等编号，例 07429—01；

(3) 在纸条背后上端备上双面胶；

(4) 将自己出的字谜编号与相应谜底另写纸条交给老师。(各班的集中)

2. 老师带“字谜小组”成员整理所有字谜，清除重复内容，并重新进行编号。

3. 在教学楼走廊上(西大教室)张贴字谜。

(六) 猜谜大会

1. 分发《猜谜积分表》(每 2 人一组)

2. 要求只在两人之间商量，不走回头路

3. 限时半小时

(七) 活动总结

1. 回教室，对照谜底表，交换批改，评选“最佳猜字谜拍档”

2. 发奖

3. 交流开展猜字谜活动的感受、收获①

**【分析】**

字谜，是一种文字游戏，也是汉民族特有的一种语言文化现象。它主要根据方块汉字笔画繁复、偏旁相对独立，结构组合多变的特点，运用离合、增损、象形、会意等多种方式创设的。这个实践活动针对的是狭义的字谜，即单个汉字的谜语，注重文字形体的组合及偏旁部首搭配，为了编字谜、猜字谜，学生要从字的形态、功用和意义上对谜底汉字各个组成部分作多角度描绘。就在这个过程中，学生对汉字的音、形、义有了深刻的理解，今后出现错别字的概率就少了很多。所以说，这样的实践活动对提高学生的语文素养很有意义。虽然说这个案例没有提供细节，但是我们从字里行间还是能读出学生的兴奋，读出学生的积极，读出学生的所得。就是在这种活动中，一些学生会表现出与众不同的天赋，或许，一个文字学家就在这中间产生。所以说，这是一个成功的语文实践活动的案例。

## 二、促进阅读能力实践活动案例分析

**【案例】**

课外阅读案例《伊索寓言》

窈窕淑女

阅读内容：古希腊《伊索寓言》

---

① 人民教育出版社. 课程教材研究所[DB/OL]. http://www.pep.com.cn/xiaoyu/jiaoshi/jxyj_1/zonghexing/

阅读目标：通过本节课的阅读指导，引导学生走进故事，了解寓意。

课前准备：课前选取《伊索寓言》中的精彩故事读给学生听，在引起学生兴趣的前提下，推荐学生大量阅读。

教学实录：

师：同学们，你们知道《伊索寓言》这本书中有多少个故事吗？

生：大概有四五百个吧。

师：那你们已经读了多少个故事了？

生：我读了《狐狸和葡萄》《农夫和蛇》《蚊子和狮子》……

师：看了不少呀！

生：我除了刚才那位同学说的以外，还看了《狼狈为奸》《乌龟和兔子》《狼和小羊》和《毛驴和骡子》等等。

师：不错，看得确实不少了。

生：老师，除了后面的几篇故事还没来得及看以外，其他的我都看过了。

师：看来你是真的很喜欢喽，还准备继续看下去吗？

生：还要看。

师：你真是个爱读书的好孩子。我们大家都要向他学习。

师：《伊索寓言》这本书是世界上最古老的寓言集，篇幅短小，形式不拘，浅显的小故事中常常闪耀着智慧的光芒，爆发出机智的火花，蕴涵着深刻的寓意。它不仅是向少年儿童灌输善恶美丑观念的启蒙教材，而且也是一本生活的教科书，对后世产生了很大的影响。在欧洲文学史上，它为寓言创作奠定了基础。世界各国的文学作品甚至政治著作中，也常常引用《伊索寓言》，或作为说理论证时的比喻，或作为抨击与讽刺的武器。那么你最喜欢哪个故事？是什么吸引了你？

（因为前期让学生每天阅读一到两个小时，学生的阅读量也很大，所以现在要留出多一些的时间给孩子回忆思考。）

师：谁来说一说？

生：我最喜欢《狐狸和葡萄》这个故事了。说的是：饥饿的狐狸看见葡萄架上挂着一串串晶莹剔透的葡萄，口水直流，想要摘下来吃，但又摘不到。看了一会儿，无可奈何地走了，他边走边自己安慰自己说："这葡萄没有熟，肯定是酸的。"它告诉我们有些人无能为力，做不成事，就借口说时机未成熟。

师：是啊，现实生活中像这样的人还真不少呢。

师：还有哪位同学说说？

生：我比较喜欢《掉在井里的狐狸和公山羊》这个故事。故事讲了：一只狐狸失足掉到了井里，不论他如何挣扎仍没法爬上去，只好呆在那里。

公山羊觉得口渴极了，来到这井边，看见狐狸在井下，便问他井水好不好喝？狐狸觉得机会来了，心中暗喜，马上镇静下来，极力赞美井水好喝，说这水是天下第一泉，清甜爽口，并劝山羊赶快下来，与他痛饮。一心只想喝水，信以为真的山羊，便不假思索地跳了下去，当他咕咚咕咚痛饮完后，就不得不与狐狸一起共商上井的办法。狐狸早有准备，他狡猾地说："我倒有一个方法。你用前脚扒在井墙上，再把角竖直了，我从你后背跳上井去，再拉你上来，我们就都得救了。"公山羊同意了他的提议，狐狸踩着他的后脚，跳到他背上，然后再从角上用力一跳，跳出了井口。狐狸上去以后，准备独自逃离。公山羊指责狐狸不信守诺言。狐狸回过头对公山羊说："喂，朋友，你的头脑如果像你的胡须那样完美，你就不至于在没看清出口之前就盲目地跳下去。"

说明了：聪明的人应当事先考虑清楚事情的结果，然后才去做。读了这个故事后我懂得了凡事别怕麻烦，一定要考虑清楚后才能做决定，否则就可能造成很严重的后果。

师：对呀，我也赞同你的观点。谁还要发表自己的见解？

生：小的时候我就读过《口渴的乌鸦》这个故事，现在读起来才真正明白它的寓意。故事的内容是这样的：乌鸦口渴得要命，飞到一只大水罐旁，水罐里没有很多水，他想尽了办法，仍喝不到。

于是，他就使出全身力气去推，想把罐子推倒，倒出水来，而大水罐却推也推不动。这时，乌鸦想起了它曾经使用的办法，用口叼着石子投到水罐里，随着石子的增多，罐里的水也就逐渐地升高了。最后，乌鸦高兴地喝到了水，解了口渴。

故事很简单就是让我们明白智慧往往胜过力气。实际上，现实生活中会遇到很多的挫折和困难，这就要求我们不仅要学会面对，还要充分运用自己的聪明才智想出好办法去克服。

师：孩子，你真的很会读书，不仅理解了寓意，还能从故事中得到启发，不简单呀！相信你能从这本书中学到更多的知识，它会指引着前进的方向，让你一路充满芳香！同学们，你们也要向他学习，去寻找你人生路上的灿烂阳光！老师相信你们一定都能做到。

……

（学生们真诚地鼓起掌来，用赞许的目光注视着他）

……

师：同学们说得都很好，书也读得很仔细。其实往往一些小事更容易体现人物的性格特点，更能够打动人心。在今后的学习中，我们还要多读一些有益的课外书，不但会说，还要经常写写读后感，"好记性不如滥笔头"嘛！

课外实践：

同学们阅读了丛书，讨论了人物，想不想把这些有趣的故事告诉更多的人呢？请你们利用业余时间以小组为单位，选取其中一则故事改编成课本剧，表演出来。然后再开一次别开生面的“寓言故事展示会”，看看谁能表演得惟妙惟肖、活灵活现，谁能体会得更加深刻。①

**【分析】**

这个语文实践活动的案例颇有特色。虽然说案例具体体现的是课堂教学的部分，但是，这部分课堂教学活动起了枢纽作用，联系着前后两个实践活动。授课之前，学生已经就《伊索寓言》进行了广泛的课外阅读实践活动，这堂课，可以说就是对以往实践活动的归纳总结，尤其是升华；课后，学生将进入下一个更深层次的实践活动——改编成课本剧。如此“实践—认识—再实践”的过程符合辩证唯物论的认识论。在这堂课上，有思想、有个性的学生就自己的阅读体会兴致勃勃地讲述着故事，既锻炼了自己的阅读概括能力，又锻炼了自己的口头表达能力；教师随机点拨，画龙点睛，对学生阅读能力的提升起着关键的作用。可以相信，在下一个实践活动——课本剧的表演中，学生的天赋将会得到更大程度的展现。

当然，如果教师在这个活动中引导学生对文本的表达方式做一些概括分析，可以相信，在以后的课外阅读活动中，学生也会注重对文本表达方式的吸收，如此，今后的实践活动就更为“语文”。

有一个问题可能授课教师没有注意，当回答老师“你们知道《伊索寓言》这本书中有多少个故事吗”时，一个学生说“还看了《狼狈为奸》《乌龟和兔子》《狼和小羊》和《毛驴和骡子》等等”，应该马上纠正学生：《狼狈为奸》的故事是国产的。

## 三、促进“写话—习作”能力实践活动案例分析

**【案例】**

“小报”俱乐部

山东　赵文

一、活动准备

1. 把学生平均分为六个活动小组，每组为一个报社，报名分别是：龙泉少年报、萌芽报、小学生学习报、少年科技报、红蕾周报、新世纪少年报。每个报社选一名主编，采用 4 开新闻纸，自办一份手抄报。

2. 制作社名标志，用红纸打印好，贴在台历上。

3. 写有评比标准的小黑板。

4. 邀请学校红领巾广播站的小记者现场来访。

① ［DB/OL］. http://www.hfbx.net/Jspd/110503/5477.html

5. 各报社分别准备气球、鲜花等以渲染气氛。

二、活动过程

师：大家好，我作为小报俱乐部的主持人，欢迎你们到小报俱乐部来做客。下面我把邀请来参加本次活动的各家报社的主编介绍给大家。

龙泉少年报的朋友们！你们好！让我们以热烈的掌声欢迎该报的主编×××讲话。

（小伙伴们，你们好！我是龙泉少年报的主编，希望通过参加本次活动，我们各家报纸办得更好！）

师：听了各位主编的自我介绍，我们对各报社的情况有了进一步的了解。为了鼓励大家.我们对各报社所办的报纸要进行评选。

下面我宣布本次活动评委：班主任、班长、学习委员、美术课代表。

接下来由评委×××宣读评选办法、设立的奖项。

评选办法：(1)由各编辑部自荐一份报纸送到主席台前展示。(2)由主编按办报的要求作一简介。

亮题板，内容如下：

报头设计：报名、日期、第×期、主编。

版面编排：内容有主有次，形式错落有致。

版面装饰：配题花、配花边、配插图。

(3) 由评委投票。评选出一、二等奖及优秀奖。

设立的奖项有：一等奖 2 名，奖台历一个；二等奖 2 名，奖精美贺卡一张；优秀奖 2 名，奖小红花一朵。

师：评委已把评选办法宣读完毕，接下来我宣布小报俱乐部活动开始。

第一项，各报社自由活动。（小组内互相传阅手抄报，大声朗读，按题板的要求评出一份最佳报纸参展）

第二项，由学校红领巾广播站的小记者采访。（每组采访一位同学，谈谈读报的体会）

第三项，请各报社把选好的报纸贴到黑板上进行展示。由主编从报头设计、版面编排、题图说明等方面作一简介。

《龙泉少年报》主编发言：我们取名为龙泉少年报，是因为我们滕州市有个龙泉塔，报纸的内容为少年儿童所看。版面是这样编排的，头版多是学校里的好人好事等新闻，第二版有优秀作文、名人名言……最后我们在空白处画了一幅山水画。相信大家读了我们的报纸，在阅读能力、作文水平方面会有所提高，视野会更开阔……欢迎大家订阅《龙泉少年报》。

第四项，由评委根据评选规则投票评奖。

师：由我来宣布评选结果，由班长发奖。

师：大家的报纸都办出了自己的特色，但也有不足之处，请大家根据办报的几点要求，谈谈各自报纸存在的不足，并提出改进建议。（由主编或其他成员发言）

师：既然找到了不足，就请大家动手修改自己的作品。

三、活动小结

这节活动课，同学们兴致盎然地展示了自己的手抄报。希望同学们把自己的作品给家人看，给朋友看，也可以向省内外的报社投稿。说不定哪家报社会任命你为他们的小编辑、小记者。相信未来的社长、主编会在我们这些同学中产生。①

**【分析】**

提高小学生的“写话—习作”能力，课后编小报是个好办法。但是，如果作为教学任务布置下去，每人编一份小报交上来，教师随意批个分数，学生随手一扔，以后兴趣将逐渐淡薄，直至于无。这个案例中，设计者创设了一个“评奖”的具体情景，无论是参赛选手的介绍，还是“游戏规则”的制订，还是“小记者”的采访，还是“主编”的陈说，都给人“像真的一样”的感觉。所以，学生们兴致勃勃地参加活动，这时候，学生的思维活动异常活跃，学生的分析能力不断提高，学生的审美品位也在不断提高。在这个活动中，教师既是“陪学生玩”的参与者，更是一个导游，将学生的兴趣导向语文素养的提高。所以我们认为，这种活动是有益的活动。

然而，这个活动“语文”味还不太浓，如果在“游戏规则”的制订中，增加一些对“小报”所载文章语言形式的评比要求，对小报上字迹的评比要求，那么，这次活动就更“语文”了。

## 四、促进口语交际能力实践活动案例分析

**【案例】**

“口语交际”——《教你学一招》

（人教版九年义务教育六年制小学语文教科书第八册《积累·运用四》）

一、活动主题

《教你学一招》（心灵手巧，能说会道）

二、设计理念

以兴趣为前提，以活动促发展，以全面提高学生的语文综合能力为主导，充分重视学生的个性差异，让学生根据自己的爱好和能力，在整个活动中创造性地参与实践。并通过喜闻乐见的形式，为学生提供更多学习

① 人民教育出版社.课程教材研究所[DB/OL]. http://www.pep.com.cn/xiaoyu/jiaoshi/jxyj_1/zonghexing/

语文的空间和领域，让学生在同学、亲人的协作下，主动动脑、动手、动口、动笔，展示自己最拿手的一两项本领或掌握的小窍门，体验到在实践中学习语文的乐趣。

三、活动目标

（一）在亲自筛选和制作、准备自己要展示的本领或掌握的小窍门的过程中，培养学生的动脑、动手能力，观察、实践能力，分析、解决问题能力，想象和创新能力，懂得语文学习也是生活，并体验到生活的乐趣，激发学生对语文、对生活的热爱。

（二）通过当堂展示、介绍自己的本领或掌握的小窍门，评价、欣赏同学的介绍和本领，给学生提供展示个性的机会，培养学生的口语交际能力，发展合作精神，促使素质教育向生活延伸，达到提高学生综合素质的目的。

四、活动准备

（一）学生准备

1. 准备时间：1—2 周的课余时间。

2. 准备内容：自己最拿手的 1—2 项本领或掌握的小窍门。

3. 准备过程：引导学生从自己感兴趣的方面筛选和制作、准备自己要展示的东西，可以自己单独完成，也可以在同学、亲人的帮助下完成。

4. 准备要求：实践部分必须能做成展品在课堂上展示，（有条件的可以用做成 CD 或拍摄成照片）介绍部分最好能事先用文字形式写好。（说说是什么招，这一招怎么好，怎么做，让别人听了乐意学）

（二）老师准备

1. 向学生宣布此次活动主题：教你学一招——“心灵手巧，能说会道”。

2. 督促学生在整个准备过程中积极动脑、动手、动口、动笔，完善自己的展品。

3. “人穿小纸片”小窍门的表演准备，《聪明的一休》乐曲，自制幻灯片。

4. 准备好学生交流活动成果的课堂教学。

五、活动过程

（一）宣传发动阶段（课前）：

1. 向学生宣讲语文综合性学习的意义，激发学生对整个活动的兴趣和热情。

2. 向学生宣传本次活动的主题：教你学一招——“心灵手巧，能说会道”。

（二）师生准备阶段：

1. 学生用1—2周的课余时间，着手准备自己要向别人展示的本领或掌握的小窍门。要反复筛选、考虑，再确定。

2. 确定好后，独立或合作完成好自己要展示的本领或掌握的小窍门的展品，练习在同伴、朋友或家长面前介绍，看是否能勾起别人的学习兴趣。

3. 老师参与学生的准备全程，并给予适当的启发、点拨。

4. 检查、收集学生的准备情况。（以下是本次活动老师收集到的学生准备情况）

（1）学生76人，准备展示的本领或掌握的小窍门60余项，有近50项能在课堂上演示，但限于本班学生家庭实际情况，没有用CD等形式出现的。

（2）学生的本领或掌握的小窍门形式多样，富有个性特色和创新意识，大多是自己真正的拿手本领或掌握的小窍门。

（3）大多数学生能较好地对自己的展示做精彩的介绍。

（三）成果交流阶段(课堂)：

1. 激发兴趣，导入新课

（1）播放乐曲《聪明的一休》，学生欣赏完悠扬悦耳的旋律，说说自己的感受。

（2）老师相机导入新课。是啊，一休是聪明、智慧的化身。我们更是心灵手巧的一群。俗话说："八仙过海，各显神通。"我想，同学们一定不比一休逊色。这节课，就让我们把自己最拿手的本领，或掌握的小窍门拿出来，好好展示一下吧。

（预计学生会纷纷拿出自己的得意之作，老师夸赞：这些小玩意儿真漂亮！你们能把它的制作方法教给大家吗?）

（3）板书课题：教你学一招(师问：该怎样教呢?)

2. 出示灯片，明确要求

（1）出示幻灯片：要想把自己的本领或掌握的小窍门教给别人，可以先说说这一招叫什么，能引起别人的兴趣；再说说这一招怎么好，让别人听了乐意学；然后告诉别人怎么做。可以边演示边说，可以边展示边说。其他同学要认真倾听，领会要点，如果有疑问或有更好的方法，可以随时提出来。最后，评选出最佳口才奖、最佳展品奖、最佳创意奖、最佳演示奖。

（2）学生用最喜欢的方式读幻灯片上的内容，边读边思考：你从中明白了什么?

（3）根据学生回答板书。

3. 学生呈现展品，进行演示、介绍

(1)(学生早已跃跃欲试)师引导:谁愿意第一个介绍?

(2) 指名学生边演示(或展示)边介绍。(老师事先瞄准目标:李慧瑾——晴天娃娃,周啸——牙膏盒快车,黄燕——纸蝴蝶,赵拼圆——乒乓小矮人,康菊娇——联欢彩练,周翼琼——罐头娃娃,向淑敏——石头人,周楚琦——竹蜻蜓,龙健——剪双"喜"字,谭仕彬——蛋壳娃娃……)

(3) 学生评价同学的介绍,评选出最佳口才奖、最佳展品奖、最佳创意奖、最佳演示奖。当堂予以物质奖励、荣誉称号。

4. 示范介绍"人穿小纸片"的小窍门

(1)(调节课堂气氛,老师:大家的本领真让我羡慕。老师也想参与你们的行列,愿意吗?)示范介绍"人穿小纸片"的小窍门。

(2) 介绍步骤:随便拿张小纸片→一边剪一边介绍剪的方法→松开,纸片变纸圈→表演:任意请一名学生从小纸片中轻松穿过。

(3)(捕捉学生神色)导入:老师已经看到有很多小手举起来了。现在,就让我们分小组活动,向小组内的同学亮出你的绝招吧。

5. 小组合作交流,组内展示

(1) 出示幻灯片。

要求:学生前后四人为一小组,自由活动,互相欣赏展品、倾听介绍。评选出组内的一名最佳人选,准备接受小记者的采访。

(2) 学生在小组内活动,老师深入学生中巡视、指点、欣赏,适时鼓励、夸奖。

6. 学生扮演小记者,汇报交流

(1)(事先安排)李慧瑾扮演小记者,对每组的最佳人选进行采访。(采访导语、过渡语、总结语,课前由李慧瑾自己撰写,但也必须能临场发挥,随机应变。)

(2) 采访过程中的先后顺序,由课堂上学生的积极程度决定。

(3) 预计情况:龙佳强——纸牌乌纱帽,左洋——树叶粘画,曾媛——摇曳风铃,陈诗捷——豆子粘画,阳灿——爱洗澡的小猪,罗文俊——测大气压实验,赵焱萍——彩色水饺拼盘,赵志广——不倒翁,罗伊——糖果乐器,胡志伟——腌制咸鸭蛋,彭任——易拉罐小螃蟹,刘冬——黄泥巴小城楼,杨禹——太阳能热水器,罗徽——玻璃杯奏乐……

(4) 采访结束,学生评选出最佳口才奖、最佳展品奖、最佳创意奖、最佳演示奖。予以热烈的掌声和物质奖励、荣誉称号。

7. 课堂总结,拓展延伸

(1) 老师总结:这节课,大家一定很快乐、很开心,是不是?老师也很开心。这一切,来自你们的敢想、敢做、敢说,来自你们的聪明、智慧,你们的心灵手巧和你们的能说会道。生活处处皆语文,用敏锐的双眼去发现,

用知识的头脑去学习吧，你们的本领将愈来愈多，愈来愈大。（完成板书：心灵手巧　能说会道）

（2）课后延伸：鉴于本次活动实际情况，大家一起动手，举办一次《教你学一招》佳作展览，展品旁配上制作人的制作文字说明。①

**【分析】**

爱制作，爱“折腾”，是孩子的天性。鼓励学生制作，似乎是“带他们玩”，但是这个玩中很有学问。正如设计者所言，本次活动依据人教版第八册语文课本的一次“口语交际”进行设计，历时半个月之久。整个活动中，学生兴趣浓厚，且全身心投入，在参与的每个环节中都充分彰显了自己的个性。这堂课，是这次实践活动的总结，也是这次实践活动的高潮，更是学生口语交际能力展示的高级赛场。这种场合没有虚假，因为学生对自己制作的东西最熟悉，所以，他们有话可说，他们能够对自己的制作进行头头是道的解说，这是向老师同学推销自己，而不是在虚假的情景中演戏。这堂课前两周的内容似乎与“语文”无关，但是对“语文”的积累，厚积而薄发。

所以，我们认为这是一次有重要意义的语文实践活动。

语文素养是学生学好其它课程的基础，也是学生全面发展和终身发展的基础；小学阶段的语文课程，必须使全体学生获得最基本的语文素养。一个人的语文素养主要包括他的识字写字能力、阅读能力、写话—习作能力和口语交际能力，然而这些能力的培养，仅靠课堂的 40 分钟明显不够，所以，必须把触角伸到课外的实践活动。相比课堂教学，语文课外实践活动的内容和形式更为自由。我们的一些小学语文教师，经常抱怨教材限制了自己聪明才智的发挥；但是，是否想过在课外实践活动中发挥自己的才能呢？这是一块基本可以让你自由驰骋的广阔平原，基本没有限制；只要把发展学生的语文能力作为核心目标，特别注重“发展学生的创新精神与实践能力”，那么，就可能取得意想不到的成功。

---

① ［DB/OL］. http://jsyx. ptec. gov. cn/article/view. php? type=3&aid=366

# 第九章　试卷制作与分析

“最新课标”在评价建议中指出：语文课程评价的根本目的是为了促进学生学习，改善教师教学。语文课程评价应准确反映学生的学习水平和学习状况，全面落实语文课程目标。语文课程评价应该改变过于重视甄别和选拔的状况，突出评价的诊断和发展功能。评价在语文教学中的具体体现，就是测试。测试的意义有两个：一是检验学生对知识的掌握情况，这是考试的反馈功能，通过反馈，有利于教师改善教学；二是为了让学生从考试中得到激励，以凸显考试的激励功能，通过激励，有利于促进学生发展。在新课程理念下，测试的这两个功能，应以激励性为主，反馈性为辅。

## 第一节　小学语文测试题型简介

研究语文测试，必须要熟悉流行于当前各种类型考试中的各种规范的语文试题。语文试题的类型很多，在小学语文教学过程中，教与学双方了解和掌握一些试题的类型，是完全必要的；但是，如果因此而放松了基础知识的学习，放松了基本能力的训练，那就是舍本逐末，缘木求鱼。下面重点介绍一些常见的语文试题。

### 一、客观题型

客观题型是设计出题时已经确定了标准答案的题型。不同考生的正确答案是相同的，不同评卷者的评分标准也都是相同的。客观题型的主要优点是评分客观、准确，可取得有代表性的试题样本，可测试一般的能力；缺点主要是较难测试高层次的较复杂的能力（如组织、表达、创新等），也较难测试考生的思维过程（只能显示思维的结果）。小学语文测试中常用的客观题型有判断题、选择题、配伍题、归类题、排列题、客观性填空题等。

#### （一）判断题

判断题是先给出一个含义完整的命题，然后要求考生判断这个命题的是非、正误的题型。这类题型可以看作是具有两个备选答案(选择项)的选择题。

【例 1】请判断下面说法是否正确,正确的在后边的括号里打"√",错误的打"×"。

(1)"调皮""调换"的"调"读音是"tiáo"。　(　　)

(2)"央求"的近义词是"要求"。　(　　)

判断题命题容易,评卷容易,但有 50%的机会猜对答案,故信度不大。所以,现在一些上档次的语文考试基本不用判断题。

**(二) 选择题**

选择题是要求考生从题目所供的信息(备选答案)中挑选正确答案的题型。它由两部分组成:一部分是题干,即向考生提出一个或数个问题,或者是一个或数个不完整的陈述;另一部分提供 2～5 个备选答案(选择项),其中有一个或几个符合题目要求。在一道选择题中,按照题意的要求,只有一个正确选项的称为单项选择题,一般设 4 个选择项。小学语文测试一般都用单一选择题。

【例 2】为加点的字选择正确的解释。

(1) 无颜见人(　　)　五颜六色(　　)　三军过后尽开颜(　　)

A. 脸上的表情;　B. 体面,面子;　C. 颜色;　D. 姓

(2) 保证书(　　)　楷书(　　)　家书抵万金(　　)

A. 写字;　B. 字体;　C. 书信;　D. 文件

选择题以评分客观为优点,可以增大一张考卷的覆盖面,信度较大,便于利用计算机阅卷,减少了阅卷者繁重的脑力劳动,提高了工作效率。选择题可以测量考生的识记、理解、分析、综合能力,还可以测量考生的应用、评价能力。选择题也有它的缺点,如:命题需要大量的时间和精力;不易编拟迷惑性较强的诱答;不易测试考生的发散思维、完整的推理过程以及语言的表达能力;可以猜测正确的答案,即使什么都不懂,四选一式的单一选择题选对的可能性也有 25%。

**(三) 配伍题**

配伍题也叫匹配题,是将众多具有对应关系的事物拆散开来,错综排列,要求考生将这些对应关系的事物一一搭配、联系起来的题型。配伍题很像判断题和选择题,它们都是用反应项来匹配刺激项。只不过判断题和选择题只有一个刺激项(题干)和两至多个反应项(选项);而配伍题有更多的刺激项与反应项对应。配伍题可以完全匹配(刺激项与反应项数目相等),也可以不完全匹配(反应项多于刺激项)。一般刺激项和反应项分别排列。刺激项放在左边或上边,反应项放在右边或下边。一个反应项只能使用一次,或根本不用。

【例 3】先填空,然后把与成语有关的历史人物连线。

围(　　)救赵　　蔺相如

完(　　)归赵　　曹操

望(　　)止渴　　苻坚

草木(　　)兵　　　　　　孙膑

配伍题编制容易，因项目较多，故覆盖面较大。用这种题型可以测量语文知识的概念与事实之间的关系，优点与多项选择题相同。一般测量考生的识记、理解能力。也可以测量考生的分析、综合能力。

**(四) 归类题**

归类题是要求考生按照某一标准，如语法、文体、年代、作品作家、人物性格、表现手法等，把若干语文知识的概念归类，使之成为合理的体系，形成正确的认知结构的题型。这种题型由三部分组成：第一部分是编有序数的选项；第二部分是类别名称；第三部分是答案位置。归类题可以测量考生的识记、理解能力，也可以测量考生的分析、综合能力。下面是一道难度较大的综合性归类题。

【例 4】先把下面的成语补充完整，再按词语的感情色彩分类。

平易(　　)人　　垂头(　　)气　　同心(　　)力

白手(　　)家　　自作自(　　)　　表(　　)如一

(1) 褒义词：________________________________

(2) 贬义词：________________________________

**(五) 排列题**

排列题是要求考生按照某一标准将次序混乱的概念、句子等排列成一定的顺序的题型。试题中所要排列的概念、句子都有标号，答题时只需把标号调整即可，不必抄录原文。排列题可以用来测量考生的识记、理解能力；也可以测量考生的分析、综合能力，以及语言表达能力。

【例 5】把下面一段错乱的话，按正确的顺序重新排列，写出序号即可。

① 只见在浓绿的叶子中，几朵水仙花笑盈盈地站在那儿，微微地摇着身姿，真是可爱极了。

② 我连衣服都顾不得穿好，就下了床，跑到窗前一看，太好了！

③ 我心里不由一动：莫非水仙花开了？

④ 我立刻感到像喝了蜜水似的，心里甜滋滋的，因为这是我劳动的成果啊！

⑤ 清晨，我被一阵鞭炮声惊醒以后，立即闻到一股沁人的香味。

答：正确的顺叙是____→____→____→____→____

**(六) 填空题**

填空题又叫填充题，是要求考生将试题中空缺的字、词、句补填出来的题型。客观性填空题答题的限制较多，思考的范围小，有唯一的答案，评分比较方便、准确。客观性填空题主要用于测量考生的识记能力，常用于默写诗文名句，也用于测量考生对文化常识的识记。

【例 6】按课文或积累的内容填空。

樟树不高，但它的枝干________，而且伸向________，伸得远远的。________的树叶绿得发亮。樟树________，无论是________，还是________还是冬天，它们总是那么________。

还有一种填空题，要求答题人填写的不是试题中空缺的字、词、句，而是要求答题人仔细考虑问题情境，写出符合问题情境的词语或名言佳句。这种题目测试的已不是答题人的识记能力，而是逻辑分析能力和积累运用能力。

【例 7】在横线上填上恰当的诗句。

导游小李领着一队华侨周游全国。应游客的要求，需要边赏景边吟诗。猜猜看，小李会怎样答：站在庐山脚下，小李吟道____________，____________；横渡长江时，小李吟道________________，________________；听到瘦西湖内的民乐演奏，小李吟道________________，______________。

## 二、主观题型

主观题型相对客观性题型而言，是指考生根据试题要求可以自由地回答，评卷者依据考生答案的具体情况可以酌情给分的题型。主观题型的优点主要在于可测试高层次的较复杂的能力，可测试考生的思维过程及结果，缺点主要是较难取得有代表性的试题样本，也较难控制评分误差。语文测试的主观题，在评分要求上应注意语文学科的特点，把考生的语言能力作为一个评分因素，这是和其他学科测试有所不同的地方。语文测试中常用的主观题型有造句题、主观性填空题、改错题、作文题等。

当然，主观性题型也给评分带来困难，评分费时，而且误差较客观题型大。

### （一）造句题

造句题是一种颇能体现学生语言运用能力的好题型。目前，有三种题型经常见到：一种是给出确定的词语造句，也可自选词语造句，如例 8；另一种是主要考查学生对同一词语不同意义的理解和运用能力，如例 9；第三种是考查学生对某个词语的理解深度，然后发挥想象，创造性地表达出这个词语的意思。要想做好这种题型，学生必须具有良好的理解能力、广博的语言积累和较纯熟的表达能力，是新颖的、难度较高的综合造句题型；如例 10。

【例 8】

说到象棋，我会想到这些词语：________、________、________。请选择一个说一句话：

【例 9】根据词语的不同释义分别造句。

澄清：(1)形容水清；(2)搞清楚，弄明白。

______________________________________________________________

【例 10】请描写一个老人饱经风霜的样子。（注意句子中不能出现“饱经风霜”这个词）

______________________________________________________________

______________________________________________________________

**(二) 主观性填空题**

主观性填空题限制较少,有较广阔的思维空间,自由发挥的余地大,答案灵活多样,可以测量考生的分析、综合能力和语言表达能力,较能反应和区别考生的高层次能力和智力水平。实际上,这种题目与简答题接近。

【例 11】假如你是庆"六一"联欢会的主持人,请你写一写开场白吧!

________________________________________________

________________________________________________

**(三) 简答题**

简答题是提出较简单的问题,让考生作简短扼要回答的题型。简答题答案通常只有几个字或一、两句话。简答题可以测量考生的识记、理解能力,也可以测量考生的分析、综合能力和语言表达能力。

【例 12】先按原文填空,再回答问题。

"江两岸,芦荡、树林和山峰的________,在江天交界处________地________,起伏着。月光为它们镀上了一层银色的花边……"这段文字中,"________"用得特别好,因为________________________。

简答题有一定的限制,答案简明扼要,评分方便,误差较小,但简答题往往不能测量较复杂的知识和能力,并且,有些题目可以有多个答案,评分难以完全客观。

**(四) 改错题**

命题者提供一段标点、用词、句法等方面有毛病的文字,要求考生指出这些毛病并予以改正,这种题型称为改错题。改错题可测试考生的辨别分析能力和正确表达能力。

【例 13】综合改错

我们已经即将小学毕业,学习更加勤奋。这学期,我们班同学阅读了"红楼梦""爱的教育"等课外书。大量的课外阅读使我们增长了知识和写作水平。我们班还被评为"课外阅读先进班级"的光荣称号。

**(五) 作文题**

作文题是语文训练的传统题型之一,也是语文测试中最大型的主观性试题,它作答灵活,答案篇幅长,占分比重大,测试功能全面,其地位、作用其他题型无法替代。作文题是对考生的语言能力、思维能力和思想水平综合测量的题型,有人说,学生语文水平怎样,一篇作文就可掂出分量,有一定的道理。

作文题从出题的方式看可以分为命题作文和给材料作文;从限制多少和篇幅长短看可以分为小作文和大作文;从命题内容来看,可分为记叙作文、感悟作文和想象作文等。下面择要介绍几种。

其一,命题和半命题作文。就是向考生直接或间接出示作文题目,规定题材体裁,规定思想内容和表现形式方面的具体要求的作文题型。小学阶段的命题作文,主要是写记叙文。记叙文是以写人、记事、写景、状物为内容,以记叙和描写为主要表达方式的文章。

【例 14】请以“说说我的习惯”为题，写一篇习作。要求条理清楚，文从字顺，书写工整，不少于 400 字。

其二，材料作文。就是命题者提供一些材料，让学生按照一定的要求完成习作。材料作文的种类很多，主要有扩写、缩写、改写和续写。

【例 15】把下面南宋诗人叶绍翁的诗《游园不值》改写成为 400 字左右的记叙文。

游园不值

应怜屐齿印苍苔，小扣柴扉久不开。春色满园关不住，一枝红杏出墙来。

要求：(1) 想象要合理，可增加一些细节描写。

(2) 语句通顺，标点正确。

其三，看图作文。就是先仔细观察图画，然后根据图画的内容或意思来写一篇作文。严格说来，它应属于材料作文的一种。低、中年级经常以看图作文的形式命题。看图作文有单幅图作文和多幅图作文两种。看图作文常常在图画部分外，附有文字说明或要求。这些说明或要求，有些作画面内容的暗示，有些提供作文的一些条件或限制，写作时必须看清。要抓住图中的主要内容，展开丰富的联想。根据人物的表情、行动，想象出人物的音容笑貌和语言、心理活动，根据事情的发生，想象出发展、高潮和结果，这样写出的文章中心明确，内容具体、饱满。要拟定适合图意的提纲，恰当地组织材料，安排层次，分清详略。

【例 16】请根据图画内容，写一篇不少于 300 字的作文。

其四，想象作文。想象是在头脑中改造旧表象、创作新形象的心理过程。当展开想象时，记忆中的表象由模糊变为清晰，由单薄变为厚重，新形象随着旧表象的改造而不断生成。想象作文是考查学生创新意识和创新能力的好题材，但要符合学生年龄特点进行命题。

【例 17】现在的小学生近视的人数越来越多了。如果不配眼镜，上课就看不清黑板，很麻烦。未来的孩子上课还会有这种情况吗？请你展开想象，以《未来的教室》为题写一篇作文。要求层次清楚，文从字顺，不少于 350 字。

作文题的缺点是设计难度大，阅卷费时费劲，不能用机器阅卷，而且评分标准难以掌握，评分误差难以控制。

## 三、综合题型

综合题是要求考生在阅读一篇文章（或若干段文字）后解答若干小题的题型。从测试内容上看，这些题目可以涉及语文知识和能力的各个方面；从测试题型上看，综合题型可以由客观性试题或主观性试题构成，也可以是客观题与主观题混合编制；从测试功能上看，可以测量考生的识记、理解、分析、综合和语言表达能力。

【例 18】请阅读短文，然后根据要求做题。

语言的魅力

在（繁忙　繁华）的巴黎大街的路旁，站着一个衣衫褴褛（lǚ）、头发斑白、双目失明的老人。他（①）像其他乞丐那样伸手向过路行人乞讨，（①）在身旁立着一块木牌，上面写着："我什么也看不见！"街上过往的行人很多，（②）是那些穿着华丽的绅士、贵妇人，（②）是那些打扮漂亮的少男少女们，看了木牌上的字（②）无动于衷，有的还淡淡一笑，便姗姗而去了。

这天中午，法国著名诗人让·彼浩勒也经过这里。他看看木牌上的字，问盲老人："老人家，今天上午有人给你钱吗？"

"唉！"那盲老人（叹息　叹气）着回答："我什么也没有得到。"脸上的神情非常悲伤。

让·彼浩勒听了，把木牌悄悄翻过来，拿起笔写上："春天到了，可是……"几个字，就匆匆离开了。

晚上，让·彼浩勒又经过这里，问那个盲老人下午的情况。那盲老人笑着回答说："先生，不知为什么，下午给钱的多极了！"让·彼浩勒听了，摸着胡子满意地笑了。

1. 将文中括号里不恰当的词语划去。（1 分）

2. 为文中（　　）选择恰当的关联词。（2 分）

A. 一面……一面……　　B. 不是……就是……

C. 不管……还……都……　　D. 不是……而是……

E. 尽管……还……都……

3. 联系上下文写出文中词语的意思。（2 分）

无动于衷：

衣衫褴褛：

4. 认真读文章，完成表格并回答。（2＋2＝4 分）

(1)

| 木牌上的字 | 盲老人乞讨情况 |
| --- | --- |
| | |
| | |

(2) 发生这么大变化的原因是当人们读到木牌上的字时，想到______________________________，想着，想着，就送钱给盲老人了。

5. 你觉得语言的魅力是什么？(2分)

____________________________________________

6. 比比谁的回答更具有“语言的魅力”。(1分)

冰雪融化了，变成了________________________________

## 第二节　试卷制作程序(以第三学段为例)

当前，小学语文教师的命题制卷能力堪忧；一些语文教师的实际操作能力不尽如人意，面对语文教学的新形势不知所措，只能依赖别人度日是主要原因。在这种情况下，一些试卷贩子乘虚而入，一些语文教师靠买试卷应付，又阻碍了自己命题能力的提高。如此恶性循环，命题制卷似乎成了少数事业心较强的教师的“专利”，能独当一面，自己命题制卷者越来越少。实际上，命题制卷的过程就是熟悉语文课程标准和语文教材的过程，就是整理自己思想的过程，就是提高自己能力，使之适应日新月异的语文教学的过程。不能不为！更何况别人命题的试卷不一定适应自己的教学思路和自己的学生。

### 一、拟订编题计划

测试按其使用目的可分为成绩测试、水平测试和学能测试。测试的目的不同，测试的内容、方法、乃至试题的难度等要求也有所不同。比如，普通高等学校招生全国统一考试是由合格的高中毕业生参加的选拔性考试，属于水平测试，它要根据考生的成绩，按已确定的招生计划，由高等学校全面衡量，择优录取。因此，高考要求有较高的信度、效度、必要的区分度和适当的难度。比如，一般学校的毕业考试，因其参加对象为全体应届毕业生，为成绩测试，其目的是让大多数的学生能够毕业，故难度不宜过高。再如，一般的单元测验虽然也是成绩测试，但却是一种总结性测试，故难度可稍大于毕业考试，而低于选拔性考试。

教学目标既是教学活动的出发点，同时又是测量和评价教学质量的标准。就当前而言，教学质量的高低，基本上就是用教学目标与教学结果对照作出的评价。

除了选拔性考试(另外制订“考试说明”)外,语文考试目标与语文教学目标一致。

一般说来,我们编制单元试卷和期中、期末试题时要根据“最新课标”和教材来进行。

编题计划的内容主要有:测试的内容包括哪几项?试卷的内容各项占分比例如何?试卷的各类题型占分比例如何?答卷方式是什么?答卷时间有多长?

对于小学语文考试的目标制订,目前采纳的是布鲁姆教育目标分类学说,把语文认知目标分为五级:认识、理解、应用、分析、综合(作文可归入应用层次,也可归入综合层次);也有分为六级(增加“评价”)的;也有分为三级的(仅为“识记、理解、运用”)。

分数的分配,根据教学和能力的相对重要性或授课时数的多少而定。一般要考虑知识内容的分数分配和认知能力的分数分配。

认知能力的分数分配,一般的比例是:识记25%、理解35%、应用40%。从发展的观念看,应用的比例要提高。

制订编题计划必须考虑到以下几点。

其一,要明确考试的目的、功能。语文考试种类繁多,形式多样。应根据不同的考试的目的,即要明确测量什么知识,测量哪些能力,以选择不同的试卷样式,编制相应的测试题进行考试。要明确考试的功能——是选拔性的,还是教学质量评价或是诊断学习困难。

其二,要有一定的覆盖面,又要突出重点。语文学科具有综合性,其考试也具有综合性的特点,以全面测量学生的学习情况。如果考试内容偏差,容易误导学生的学习。考试按测试目的还要突出重点,年级不同,测试的重点也不同。

例如:根据课文内容填空。(苏教版五下)

在我国近5000年的岁月里,发生了许多曲折动人的故事,如________、________;涌现了许多名垂青史的人物,如________的司马迁、________的郑和、________的________;留下了许多千古传诵的诗句,春天里的“________,________”,夏日里的“________________,________________”,月光下的“________________,________________”……这一切,让我不由得高吟“我骄傲,我是中国人!”

本题主要考查“故事”“人物”和“古诗”等各方面内容。首先,“故事”直接取材于课文“我读书,我快乐”板块,这一板块主要是向学生推荐《上下五千年》这本书;其次,“人物”主要是考查本册书中一些典型人物的特点,除了司马迁、郑和之外,还有阿炳、海伦·凯勒、爱因斯坦、彭德怀等,所以出题者又留出了两个空,这样能考出学生灵活掌握程度,显示了试题的开放性;第三方面,主要是考查学生对优秀古诗文的积累和理解归类能力。总之,本试题比较全面地考查了教材的精髓部分,使知识与技能、情感态度价值观的目标都有所体现,而且新颖灵活,是一个优秀的试题设计。

其三，要题量适当，难度适中。除速度测试外，一般的测试都应该给学生以充分的答题时间。题量一般以中等生为参照标准，以他们能答完全部试题，并留有一定的检查时间为宜。

难度不仅关系着试卷的质量，而且控制着测试的区分度，一般以难度为 0.50 左右的试卷区分度最大。测试难度，应按照目的要求而定。

其四，试题的题干要明确，表达要清晰。每一道试题，要求学生回答什么，应该清楚明白，简明扼要。不可概念不清、模棱两可，重复繁琐；更不可产生歧义。为避免歧义，现在一般以提供答案范例的形式出现。

如：照样子，改写句子。

例：(原句)百货大楼里，自动扶梯送顾客上楼。

(改句)百货大楼里，自动扶梯把顾客送上楼。

(原句)小巧的精品屋和品牌专卖店吸引了许多顾客。

(改句)________________________________________

其五，各试题应相对独立。试题之间不可连环，不可以前面一题的答案作为后面一题答题的条件，以避免连续失分。试题不可有暗示性，如一些试题的答案正好在另一些试题的题目中出现，如此不能测出学生的真实成绩。

其六，命题要便于评分标准的制定和操作。

## 二、制作课内阅读综合理解题

制作题目之前，必须明确“最新课标”对本学段阅读的要求。

第三学段(5～6 年级)

1. 能用普通话正确、流利、有感情地朗读课文。

2. 默读有一定速度，默读一般读物每分钟不少于 300 字。学习浏览，扩大知识面，根据需要搜集信息。

3. 能联系上下文和自己的积累，推想课文中有关词句的意思，辨别词语的感情色彩，体会其表达效果。

4. 在阅读中了解文章的表达顺序，体会作者的思想感情，初步领悟文章的基本表达方法。在交流和讨论中，敢于提出看法，作出自己的判断。

5. 阅读叙事性作品，了解事件梗概，能简单描述自己印象最深的场景、人物、细节，说出自己的喜欢、憎恶、崇敬、向往、同情等感受。阅读诗歌，大体把握诗意，想象诗歌描述的情境，体会作品的情感。受到优秀作品的感染和激励，向往和追求美好的理想。阅读说明性文章，能抓住要点，了解文章的基本说明方法。阅读简单的非连续性文本，能从图文等组合材料中找出有价值的信息。

6. 在理解课文的过程中，体会顿号与逗号、分号与句号的不同用法。

7. 诵读优秀诗文，注意通过语调、韵律、节奏等体味作品的内容和情感。背诵优秀诗文60篇(段)。

8. 扩展阅读面。课外阅读总量不少于100万字。

然后,依据所使用的教材,把“最新课标”中的目标具体化,然后设计成题目。

**【案例】**

阅读下面这个语段,依次回答后面的问题。

汹涌的激流中,战士们的冲锋舟________________,飞向________,飞向________,飞向________。在安造垸□他们救出了被洪水围了三天三夜的幼儿园老师周运兰□在簰洲湾□他们给攀上树梢等待了近九个小时的小江珊以生的希望□

1. 请将第一句话补充完整。

2. 给没有标点的地方(“□”)加上标点。

3. 这段话连用了三个有“飞向”的句子,让我们体会到战士们________________。朗读这段话时应该读出________________________的语气。

**【分析】**

本题阅读文本出自《大江保卫战》第五自然段。命题理由如下:

其一,这一自然段的感情充沛,写法独特,标点使用有特色,又是要求背诵积累的段落。

其二,第2题,主要考查了标点符号的用法,重点是考查了分号和省略号的用法,符合“最新课标”“阅读”第6条要求。

其三,第3题主要考查两个方面:一是考查排比句的用法,体会揣摩表达的情感;二是考查学生“有感情地读书”,分别符合“最新课标”“阅读”第1、4、5条要求。

可见,本试题能精选课文中的语言材料,紧扣课程标准来命题,值得借鉴。

## 三、制作课外阅读综合理解题

课外阅读综合题主要是考查学生理解、分析和运用语言的能力。因此,课外阅读选文要注意符合儿童阅读水平,要求不能过高也不能过低;要有利于“最新课标”的目标考核;最好还要与课内阅读不同文体或不同风格呼应,相得益彰,以便于考核的覆盖面更大些。

**【案例】**

阅读下面这篇短文,依次回答后面的问题。

自　信

美国著名心理学家基恩博士常跟病人讲起小时候经历过的一件终身难忘的事。

一天,几个白人小孩正在公园里玩。这时,一位卖气球的老人推着货车进了公园。白人小孩一窝蜂地跑了过去，每人买了一个，兴高采烈地追逐着放飞在天空中的色彩艳丽的氢气球。

在公园的一个角落躺着一个肤色很黑的小男孩，他羡慕地看着这几个小孩嬉笑，他不敢过去和他们一起玩，显得十分自卑。

几个放飞氢气球的小孩的身影消失后，小男孩才拖着残疾的腿，一拐一拐地走到老人的货车旁，怯生生地用略带恳求的语气问道："您可以卖一个气球给我吗?"老人用慈祥的目光打量了一下他，温和地说："当然可以。你要什么颜色的?"小孩鼓起勇气回答："我要一个黑的。"脸上写满沧桑的老人惊讶地看了看小孩，立即给了他一个黑色的氢气球。

小孩开心地拿过气球，小手一松，黑气球在微风中冉冉升起，在蓝天白云的映衬下，形成了一道别样的风景。

老人一边眯着眼睛看着气球上升，一边用手轻轻地拍了拍小孩的后脑勺，说："记住：气球能不能升起，不是因为它的颜色、形状，而是气球内充了氢气。一个人的成败与否，关键是他的心中有没有自信。"

当时，我对老人的话并不在意，也没有领会，后来渐渐长大，老人的这席话在我脑海里越来越深，至今难忘。那个小孩就是基恩。

1. 在文中找出下列词语的近义词。

五彩缤纷——(　　　　)　　　　嬉戏——(　　　　)

2. 概括文章的主要内容。

______________________________

3. 你如何理解划"～～"句子的含义?

______________________________

4. 假如你是基恩，谈谈你长大后的感受。

______________________________

**【分析】**

本试题第1题和第3题，实际是考查学生能否联系上下文和自己的积累，推想课文中有关词句的意思，辨别词语的感情色彩的能力，符合"最新课标""阅读"第3条要求，不同的是第一题考查的是词，第三题考查的是句；第2题概括文章的主要内容，主要考查学生理清文章思路的能力，符合"最新课标""阅读"第4条要求；第4题谈感受，主要考查的是"体会作者的思想感情，作出自己的判断"，符合"最新课标""阅读"第4条要求。

可见，本试题考查点较全面，分别测试了学生的理解、分析和推理能力，并与课内阅读相互补充，构成了较完整的目标考查体系，是经过精心设计的好试题。

## 四、制作作文题

首先，明确"最新课标"对本学段习作的要求：

第三学段(5～6 年级)

1. 懂得写作是为了自我表达和与人交流。

2. 养成留心观察周围事物的习惯,有意识地丰富自己的见闻,珍视个人的独特感受,积累习作素材。

3. 能写简单的纪实作文和想象作文,内容具体,感情真实。能根据内容表达的需要,分段表述。学写读书笔记,学写常见应用文。

4. 修改自己的习作,并主动与他人交换修改,做到语句通顺,行款正确,书写规范、整洁。根据表达需要,正确使用常用的标点符号。

5. 习作要有一定速度。课内习作每学年 16 次左右。

其次,要围绕教材习作训练考虑命题范围和形式。

**【案例】**

你的同学中一定有许多“高手”,如“解题高手”“写作高手”“绘画高手”“跳绳高手”……将你对他(她)的了解写下来,让更多的人认识他(她),力求具体,题目自拟,不少于 400 字。

**【分析】**

本习作命题和教材习作 5 训练内容基本相似。不过,如果学生不理解“高手”就是“小能人”的意思,恐怕就会另起炉灶,影响到作文水平的发挥。本命题虽然字数不多,但是能紧扣“最新课标”的要求,如:让学生写他们所了解的诸多高手,其实就是考查他们是否会观察生活,会用眼睛发现生活中的美,这符合“最新课标”“习作”第 2 条“养成留心观察周围事物的习惯”和第 3 条“能写简单的记实作文,内容具体,感情真实”的要求。另外,命题中“让更多的人认识他(她)”的表述,是本次习作的目的,是为了需要而作,这和“最新课标”“习作”第 1 条“懂得写作是为了自我表达和与人交流”的要求相吻合。这样的表述目的明确,内容清晰,要求规范,不失为一个高水平的作文命题。

## 五、制作积累运用题

语文学习是一个由量变到质变的过程。实践表明,广泛读书、大量积累和运用是实现学生语文能力由量变到质变的捷径。没有积累,就不能学好语文。而且,语文学习很难做到一蹴而就,它是一个长期的积累过程,只有“长期”,才能形成有效的语言积累。在教学实践中,我们发现,学生语言积累的薄弱成了他们的语文能力持续发展的瓶颈。由于没有丰富的语言积累作奠基,那些方法和技能就成了空中楼阁,学生语文能力的持续发展也就缺乏后劲。

在平时的教学实践中,我们发现,很多语文教师重视了语文的积累。他们让学生背诵古诗文、名言佳句、歇后语、谚语和成语等,可谓“鲸吞”,但是对“运用”却很少涉及。殊不知,运用是最好的积累。运用才能把死的积累变成活的语言,由“一潭死水”变成“一泓清泉”。古语说：书到用时方恨少。也就是说，只有在运用时，才知道自己哪方面知识的薄弱，还需要不断补充和完善。

“积累和运用”命题设计能给广大教师一个明确的导向作用。那么，如何设计优秀的“积累和运用”的试题呢？我们以为，要从以下几个方面入手：

**（一）依据教材，举一反三**

“积累和运用”的命题首先要立足于教材，因为教材是编者依据课程标准精心编选的，立意深远、语言规范、普适性强。例如，苏教版五年级下册练习1“语文与生活”板块，让学生猜四个字谜，然后探究出来这些字谜是怎样创作出来的。比如第三个字谜“田上一棵小草，小狗守得牢牢。弟弟见了抱它，老鼠见了逃跑。”“田上一棵小草”即“苗”字；“小狗守得牢牢”不就是反犬旁吗？两者合起来就是“猫”字，后半部分影射字义。谜底就是“猫”字确定无误了。字谜是中华民族的优秀文化之一，它既可发展语言，又可发展思维，是一个值得积累和运用的好材料。因此，我们可设计如下题目，来考查学生的创作字谜能力和想象力。例：

谜语天地

从“哭、休、钉、众、笔”几个字中，任选一个来创作字谜。

谜面：______________________________谜底：（　　）

**（二）归类识记，厚积薄发**

大量积累成语、谚语、歇后语、名言佳句等都可丰富学生的文学修养，提高学生的语言表达水平。但是，如果一味追求数量，“不解其味”，恐怕会出现“消化不良”的问题。因此，引导学生把相同的或相似的成语集中记忆，这样效果最佳，学生也乐于接受。因此，我们命题时，要向这方面引导。例：

按要求写词语

1. 写三个含有“看”意思的成语：__________、__________、__________
2. 写三个写人仪表神态的成语：__________、__________、__________
3. 谈到“郑和下西洋”，我想起这些成语：__________、__________、__________

**（三）创设情境，综合运用**

当学生语言积累到一定程度时，就要引导他们恰当地使用。这时候，要求教师创设一定的情境，让学生根据情境综合使用所积累的语言。这种命题形式多样、新颖灵活，有利于培养学生分析、思考和综合运用语言的能力。例：

在横线上填上恰当的成语或诗句。

夏日炎炎，我们来到西湖风景区游玩，那里的荷花开了，真是“______________，______________。”荡舟湖上，让人__________。“六月的天，孩子的脸。”忽然间，“______________，______________。”大雨倾盆而下，把我们淋了个透，而湖那边却仍然是艳阳高照，真是“______________，______________。”

**（四）精心命题，促进读书**

“最新课标”在教学建议中强调：要重视培养学生广泛的阅读兴趣，扩大阅读面，增加阅读量，提高阅读品位。提倡少做题，多读书，好读书，读好书，读整本的书。关注学生通过多种媒介的阅读，鼓励学生自主选择优秀的阅读材料。加强对课外阅读的指导，开展各种课外阅读活动，创造展示与交流的机会，营造人人爱读书的良好氛围。

那么，如何落实这些好的建议呢？以考促读不失为一个好办法。通过检测，引导学生读什么书，怎样读，如何做读书笔记，如何进行思考和感悟。例：

这学期你看过的课外书

| 书名 | 主人公 | 给你印象最深的一件事 | 对主人公的评价 |
|---|---|---|---|
| | | | |
| | | | |

# 第三节　试卷分析

试卷分析是每次考试结束以后教师对试卷结构、学生考试状况的一种综合分析，是一种客观的教学反思行为。其中包括对教师前一阶段教的情况的反思，对学生前一阶段学的情况的反思，对本次考试的反思，同时也是对教师命题水平的反思。

如果不进行试卷分析，那么本次测试无论对学生的学，还是对教师的教都毫无意义，白白浪费学生宝贵的时间而已。当然，有些教师的试卷分析是低效的，因为他们不知道如何科学地分析试卷。实际上，试卷分析能力，是优秀教师必须具备的重要能力之一。

## 一、试卷分析的意义

试卷分析不仅可以对试卷和考试做出恰当的评价，提高教师制卷水平，也有助于充分获得考试提供的教学反馈信息，促进我们对教学过程的反思，从而为改进教学提供依据。考试是一个完整的教学过程中不可缺少的组成部分，是对教和学的质量的检验。对于考试的结果，有必要进行认真的研究和分析。考试结果可以反馈出大量的信息，可以反映出整个教学过程的得失，反映出各个教学环节的一些情况，反映出学生的基础和能力的状况，反映出学生的学习特点和规律。分析这些信息，能引起我们很多思考，可以形成一些认识，提出一些观点和建议。可见，试卷分析是一件很重要的工作。

## 二、试卷分析报告的构成

一份完整的试卷分析报告应该由这样几个部分组成，即试卷评价（命题质量评价）、成绩统计及分析、存在的主要问题、今后的教学改进措施等，简称"一查""二统""三找""四改"。

### （一）一查——查命题质量

首先是试卷的信度。测试信度也叫测试的可靠性，指的是测试结果是否稳定可靠。

其次是试卷的难度。难度是指试题的难易程度。学生在规定时间内试卷完成度是多少？是否都能在规定的时间内完成试卷内容。试卷中基本题、有一定难度题、拔高题（难度较大）所占比重是否合理，有无偏题、怪题等；另有命题覆盖范围分析，各种题型在教材中的章节分布，是否覆盖所有章节，有哪些章节中的内容在试卷中所占比例较大，考试内容是否超出课程标准范围，与课程标准的要求是否一致；基础知识题与基本技能题的考察是否都能够兼顾到。

第三是试卷的区分度。即将不同水平的考生区分开来。

第四是试卷的效度。即该次测试是否达到了它预定的目的以及是否测量了它要测量的内容。

（注：试卷的信度、难度、区分度和效度将在本节第四部分具体讲述。）

第五是命题建议。通过分析学生做题情况，结合自己的教学理念，对命题的内容或形式提出合理化的建议，有助于命题人（包括自己）编制试题趋于最优化。

### （二）二统——成绩统计及分析

成绩统计主要包括以下几个方面：

其一，"一分三率"统计。一分即平均分，三率即及格率、优秀率（80 分以上）、低分率（40 分以下），三率计算分别是及格人数、优秀人数、低分人数除以班级人数乘以 100%。

其二，分数段统计。按分数段统计学生人数，可按 10 分为一段进行统计各个分数段有多少人，这样能清楚地看到各类学生的分布情况。

其三，各题的得失分及在学生成绩中的体现。每道题的得失分是多少或者说正确率是多少，每一大题的难度系数怎样，平均得分情况怎样，各个分数段中的学生在这种题型中的得失分情况如何，是否带有普遍性的问题。

### （三）三找——找存在问题

其一，通过学生的考试分数，找出在教学中教师存在的问题。

从平均分看，与平行班、与以前考试比较，如果低于正常值，或有较大差距，就要反思自己的教学水平、班级管理等方面的问题，是教师钻研教材不深，驾驭教材能力不强，还是教学方法不当或者是工作态度不好，责任感欠强等等。从一分三率可以客观看出班级学生的层次，不同学生掌握程度。如果差生人数多，说明教学中不够重视补差工作。如果优分人数少，说明平时提优不够。从最高分可以看出自己教学的全面性。一般来讲，在平行班级中，优秀学生的发展是比较均衡的。如果本班的最高分与其它班级相差较大，(低于 5 分)那就要反思哪些知识点，学生掌握不够，教学有无疏漏之处。从分数段，可以看出本班学生在各个层次上的分布情况，教师可以针对情况查漏补缺。

其二，从卷面答题情况看，可以看出学生在学习中的具体问题。通过考试，诊断出学生学习中到底存在哪些问题，是知识的问题，还是能力的问题？是教师的问题，还是学生的问题？是教材问题，还是试卷问题？是教的问题，还是学的问题？是共性问题，还是个性问题？典型问题教师要做好记录。每一种题型从得失分看出学生问题所在。不同的题型，诊断的功能不同，可以看出学生思考的误区。当然，教师分析问题不能局限于一次考试，教师要多联系学生生活学习实际、在家在校表现情况，从中更多地看到学生的客观情况。

**(四) 四改——寻求改进措施**

根据找出的错误及引起错误的原因提出改进的措施。这一步如同医生诊断清病因后对症下药，得了什么“病”，该用什么“药”，该如何“治疗”，教师心中有数，是思想方面的问题就提出思想教育方面的改进措施，是学习习惯方面的问题就提出培养良好学习习惯的措施，若后进生多就提出如何转化的措施。

## 三、试卷分析讲评必须注意的几个方面

其一为及时性。每次测试后，学生不仅急于知道分数，更急于知道正确答案及出错的原因，他们对试卷内容及自己的解题思路与方法仍然记忆清晰，这时讲评才能收到立竿见影的效果。

其二为延伸拓展性。讲评时，教师可针对一些重要的知识点引申出相关的知识点，使学生的知识得到拓宽、加深，并使知识网络化、系统化。

其三为师生互动。试卷分析，不仅教师要分析，学生也要分析。从学生方面而言，可从同伴和教师所给的信息反馈中注意到自己的弱点，并通过互动来克服弱点，从而提高认知水平。对教师而言，通过试卷讲评了解到学生的认知过程，对自己的教学方法、教学内容、教学思想等进行修改、调整，找出教学中的薄弱环节，剖析其中存在的问题。

其四为横向与纵向比较相结合。“横向比较”指平行班级的比较，与兄弟学校比较，通过比较，看出自己班的成绩的大致位置；“纵向比较”指自己与以往考试的比较，通过比较，看出自己是否进步。

其五为定性与定量分析相结合。要有科学统计的数据，定性与定量结合。例如，既要计算出每道题的得失分率，也要分析得失分的原因。

其六为激励性。“这样容易的题目都解不出来？”“这些内容我平时是否再三强

调过?”“这道题我都讲过好几遍了,你们怎么还不会?”“这是考前刚刚讲过的”等。一味地责怪、批评学生,甚至冷嘲热讽,只会导致学生情绪紧张,思维迟缓,对学习望而生畏,甚至会产生对立情绪,影响师生的情感。

教师应借助讲评课的契机,对学生进行赏识激励。对成绩好、进步快的学生提出表扬,鼓励其再接再厉,再创佳绩。对那些成绩暂时落后的学生,教师要善于挖掘他们的闪光点,肯定其进步,和他们一起寻找原因,一起研究怎样做才能修正为正确答案。鼓励其克服困难、树立信心、奋起直追。

其七为巩固性。为了切实提高讲评效果,必须让学生及时消化讲评内容。因此,每次讲评后,要让学生把做错的题,特别是在未评讲前分析不出原因的题目摘抄到错题本上,并附上分析或举一两个例子,这样就可以把试卷内容变少变精,利于记忆与查阅,还可以避免一错再错。教师也应整理讲评的重点、难点及学生的易错题,做好笔记,为下次考试命题做准备。

其八为课堂讲评与课后个别辅导相结合。多数情况下,课堂上教师主要是对学生解题中存在的共性问题进行研究,个别学生在解题中的特殊问题,在课堂上往往无法得到关注。这就需要教师课后与学生个别交换意见,进行个别辅导。当然,要有效地进行个别辅导,教师要在批改试卷和对试卷统计分析时注意对这些学生解题中存在的个别问题进行记录。

## 四、试卷的信度、难度、区分度和效度

试卷分析可以量化,用科学的可靠的数据说明问题,主要就是对试卷信度、难度、区分度和效度的分析。

### (一) 试卷的信度

测试信度也叫测试的可靠性,指的是测试结果是否稳定可靠。也就是说,测试的成绩是不是反映了受试者的实际语言水平。例如,如果同一套试卷在对同一测试对象进行的数次测试中,受试者的分数忽高忽低,则说明该测试缺乏信度。测试的信度与测试的效度有着密切的关系。一般说来,只有信度较高的测试才能有较高的效度,但效度较高不能保证信度也一定较高。测试的信度主要涉及试题本身的可靠性和评分的可靠性这两个方面。试题本身是否可靠主要取决于试题的范围、数量、试题的区分度等因素;评分是否可靠则要看评分标准是否客观和准确。

测试的信度通常用一种相关系数(即两个数之间的比例关系)来表示,相关系数越大,信度则越高。当系数为 1.00 时,说明测试的可靠性达到最高程度;而系数是 0.00 时,则测试的可靠性降到最低程度。在一般情况下,系数不会高到 1.00,也不会降到 0.00,而是在两者之间。对信度指数的要求因测试类别的不同而不同,人们通常对标准化测试的信度系数要求在 0.90 以上,例如“托福”的信度大致为 0.95,而课堂测试的信度系数则以 0.70—0.80 之间为可接受性系数。

信度高的试题很少受到外部因素的影响,对任何学生的多次测定都会产生比

较稳定的、前后一致的结果。影响试卷信度的因素大致有以下几种情况：

(1) 是否使用 ABC 卷随机抽取试题。

(2) 教师考前是否划定考试范围。

(3) 试题是否效度高，质量可靠。

(4) 考试是否保密措施可靠。

(5) 是否严格执行考试纪律。

(6) 阅卷标准是否严格、规范、统一。

(7) 是否集体阅卷且实行流水作业，复核认真。

**(二) 试卷的难度**

难度是指试题的难易程度，它是衡量试题质量的一个重要指标参数，它和区分度共同影响并决定试卷的鉴别性。难度系数如果为 1.0，表明所有的学生都答对了题目；难度系数如果为 0，则表明所有的学生都答不出。

一般认为，试题的难度系数在 0.3—0.7 之间比较合适，整份试卷的平均难度最好在 0.5 左右，高于 0.7 和低于 0.3 的试题不能太多。

**(三) 试卷的区分度**

区分度是指考试题目对考生的区分能力。区分度高的试题能将不同水平的考生区分开来，水平高的考生得高分，水平低的考生得低分。区分度高的考试，优秀、一般、差三个层次的学生都有一定比例，如果某一分数区间学生相对集中，高分太多或不及格太多的考试，区分度则低。

如上，最简单的区分度计算方法如下：将全体考生总分从高到低排列，将总分最高的 27%的考生定为高分组，总分最低的 27%考生定为低分组，再分别计算各组的平均分。如：一份满分 100 分的试卷，高分组平均得分 90 分，低分组平均得分 60 分，则区分度为 2(90—60)/100＝0.6。一道题值 2 分的试题，高分组平均得分 1.5 分，低分组平均得分 0.5 分，则区分度为 2(1.5—0.5)/2＝1。

对试题区分度，有一般的要求。

区分度(D)的取值范围介于－1.00 至＋1.00 之间。通常 D 为正值，称为积极区分；D 为负值称为消极区分；D 值为 0 称为无区分作用。具有积极区分作用的试题，其 D 值越大，区分的效果越好。试题的区分度在 0.4 以上表明此题的区分度很好，0.3～0.39 表明此题的区分度较好，0.2～0.29 表明此题的区分度不太好需要修改，0.19 以下表明此题的区分度不够应淘汰。

区分度与难度密切相关，难度过大或过小的试题区分度往往较低，而中等难度的试题区分度往往较高。所以说，调整试题区分度的最佳途径就是调整试题的难度。

**(四) 试卷的效度**

测试效度亦称测试的有效性，指一套测试对应该测试的内容所测的程度。也就是说，一套测试是否达到了它预定的目的以及是否测量了它要测量的内容。例如用听写来测量学生的听觉能力，其效度是不理想的，因为书面记录有声语言不仅涉及学生的听觉能力，而且还与他们的书写速度、拼写能力、语法知识、记忆能力和对全文的理解能力等有关。

效度指考试的准确性，反映的是考试内容与教学大纲或考试大纲的吻合程度。效度高的试卷，能够较准确地测试出学生掌握和运用所学知识的真实度。根据教学大纲或考试大纲进行命题，且各单元试题分数分配与学时数分配基本保持一致，成正比关系，这是保证考试效度的基础。其它影响效度的因素有：是否在命题的同时制订了试题参考答案与评分标准；是否集体阅卷且实行流水作业；复核是否认真；分数是否真实等。

一般来说，对某次测试的效度进行检验时，除了要根据教学大纲的要求对试卷的内容进行考查以外，还须采用计算相关系数的定量方法，即计算出本次试卷与另一份已被确定能正确反映受试者水平的试卷之间的相关系数。系数高则有效性大。课堂测试的效度应在 0.4—0.7 之间，规模较大的测试其效度应在 0.7 以上。

当然，目前利用 SPSS 软件（社会科学统计软件包，是一种在世界社会科学范围应用最分析为广泛的统计软件），我们可以轻松得到试卷的频数分析和难易度、区分度、信度等统计工作。

## 第五节　苏教版小学六年级语文试卷分析及评述

下面是山东省枣庄市市中区税郭镇中心校高坤涛老师写的关于苏教版六年级上册期末检测的质量分析报告。（试题见本节第五部分）我们将结合此例，具体阐述试卷分析的写法。

### 一、试题质量评价

#### （一）分析

1. 试卷的信度、难度、效度、区分度

本学期六年级语文试卷由区教研室命题，统一考试，流水阅卷，组织严密，措施得当，故而信度高，信度系数为 0.91；本次试卷由七大块组成，考查灵活，没有偏题、怪题，难易适中，难度系数为 0.22；本次命题内容含量大，基本上涵盖了这学期所学习的语文知识和能力，很好地体现了课程标准对本年级的要求，效度为 0.81；本试卷能真实地反映出学生的知识掌握水平，通过成绩统计可以看出，对各种层次的学生区分明显，区分度为 0.28；总之，通过常模计算，本试题信度、难度、区分度和效度均在好的行列，是一份高水平的试卷。

2. 命题建议

课外阅读应出一个概括文章主要内容的题目，来考查学生整体感知和理清思路的能力；另外，也应加强写法方面的考查，比如：文中哪些写法值得你借鉴，可选择一点或几点说说，以引发学生思考。

**(二) 评述**

高老师首先通过科学计算，实事求是地评价了试卷的信度、难度、效度、区分度。能把试题和课程标准对照研究，分别概括出本试卷的信度、难度、效度、区分度的突出特点，这说明高老师具有很深的理论水准；其次，高老师提出的命题建议切中时弊，恰到好处。对照"最新课标"，课文概括能力和文章写法的感悟能力这两个方面的确都是高年级阅读能力训练的重点，然而，我们的课堂对之却轻而视之，不能不令人反思。

## 二、成绩统计及分析

**(一) 分析**

1. 成绩统计

六年级1班应考人数：45；参加考试人数：45；最高分：100，最低分：36，平均分：84.5，优生率：59%，及格率：90.9%，低分率：2.3%

学生成绩分数段统计：

| 0～19 | 20～29 | 30～39 | 40～49 | 50～59 | 60～69 | 70～79 | 80～89 | 90～100 |
|---|---|---|---|---|---|---|---|---|
| 0 | 0 | 1 | 1 | 2 | 6 | 9 | 15 | 11 |

2. 分析

(1) 第一、二题主要考查生字词及句子，少部分学生对生字词掌握不牢固，部分学生对同音字区分不好，对于修改病句还有部分学生修改不够彻底，陈述句与反问句句型转换不牢固。

(2) 第三、四题主要考学生平时对语文的积累，对部分学生来说有些难度。

(3) 第五题课内知识回顾，学生掌握还可以。

(4) 第六题阅读题，一个课内阅读一个课外阅读。多数学生完成很好，少数学生平时对这类题就完成欠佳。

(5) 第七题习作，此题看似简单，但学生对习作要求的把握不够，不能通过具体一二件事来写。

**(二) 评述**

高老师首先对本班这次成绩进行"精打细算"，准确地算出了一分三率，这为下一步分析存在的问题，做好了充分的准备工作；然后，高老师又逐题分析了学生做题情况，特别是做得不好的方面，做了细致的记录和统计工作。

## 三、存在的问题

### （一）分析

1. 按平均分和平行班比较，我班位居第二；和本学期期中考试相比，大部分同学成绩有较大提高，说明我采取的“加强课外阅读和作文指导的措施”已经奏效。

2. 从三率来看，优秀率较以前提高了 8 个百分点，说明我采取的培优措施比较得力；而低分率没有改变，那 4 名同学依然没有及格，说明补差措施还需认真考虑。

3. 学生在积累运用这一题失分较多。存在的问题有：有些同学不会填空，这说明平时积累少的缘故；“这就教育我们小学生________”学生辞不达意，说明学生不懂其意；做读书卡这题，学生填写“相关情节”，概括力不强；“读书感悟”方面，感悟浅显，语言贫乏。这些都是共性问题，说明今后要在积累和读书方面加强指导。

4. 学生阅读题方面，学生概括段落大意和体会中心思想方面失分较多，当然，不是这次考试如此，平时学生这方面错误也较多，需要在这方面加强训练。

5. 学生作文方面，一类文 17 人，二类文 19 人，三类文 9 人。三个方面问题比较突出：一是不会选材，即不会选择典型事例，只是泛泛而谈；二是语言不流畅、不生动，不能做到文从字顺，平时积累的好词好句不能恰当地使用；三是书写不认真，卷面不够整洁。我谓之三病，曰：“空谈病”“生涩病”“书写病”。

### （二）评述

高老师从三个方面入手，具体分析了存在的问题：首先，纵向比较，分析自己班级的位置和其他班的差距及优势；其次，横向比较，和自己的过去比，结合三率，分析出培优补差方面的问题；最后，具体分析了“积累与运用”“阅读”“作文”三个失分较多的题型，存在的问题是什么。可见，高老师分析存在问题的思路清晰，摆查问题实事求是。不但分析了本试题，“就事论事”，还和平时相联系，“举一反三”；不但只寻“病”，还努力寻找“病因”。“病因”清楚了，下一步“对症下药”就是水到渠成的事了。

## 四、今后的教学改进措施

### （一）分析

1. 补差工作，多方努力

通过测试分析可知，本班优秀生比较突出，培优工作做得较好，而补差工作效果不明显。因此，今后工作中要重视学困生的帮扶工作。首先，要让他们树立理想和信念；其次，和优生结对子；第三，教师在课堂上要多关注他们，要经常和他们交流，了解他们的薄弱之处和实际困难。

2. 归类积累，重在运用

根据学生不会积累、不会运用的情况，今后工作中我将做如下工作：分类积累，如古诗文方面，咏志诗、风景诗的分类积累；每天不在于多，要天天积累；一周最少一次运用课，以期让学生尽快达到会积累、会运用的目的。

3. 阅读能力的培养，课内课外两手抓

“阅读短文”历来失分严重，本次考试也不例外。在今后的工作中，首先，我将做好“课内打基础”的工作。提高学生的阅读能力必须立足课堂，立足课本，同时要培养学生良好的阅读习惯，例如“不动笔墨不读书”的习惯。教师教给学生“动笔”的方法，只有方法掌握了，才有可能养成动笔的习惯。好的阅读习惯，有助于阅读能力的提高。在平常的教学中，一定要注重习惯的培养和引导。所有的课文并不是都需要精讲，对于略读课文，可作为阅读练习来处理，有利于培养学生的阅读能力。其次，我将扎扎实实做好和学生经典共读活动。以前，只是让学生自己读书，效果不好。今后，我将和学生一起读书，引领他们如何积累，如何品味，如何提高阅读能力。

4. 作文方面，从“无法”到“有法”

以前，认为书读得多了，就会写作。现在看来，不太符合小学生的实际。今后应从如下几个方面加强写法指导：(1)课堂上，让学生感悟那些精美文章的写法之妙，并做好迁移运用；(2)要坚持写日记或周记，并拿出一节课点评，好的作品入选《班级周报》，让他们体会到成功的快乐；(3)在晨读课上开辟“每日播报十分钟”栏目，让大家用眼睛看世界，关心家事、校事、国事、天下事，寻找写作素材。

5. 学生良好的书写习惯，时时抓

我们在试卷中发现不少学生书写不够认真，学生没有写好字的意识。以后应重视学生的书写习惯和态度，坚持常抓不懈。有一句古话“字如其人”，我们培养学生良好的书写习惯，就是培养学生良好的学习态度，也是培养学生严谨认真的人生态度。

**(二) 评述**

高老师的改进措施有三个突出特点：一是针对性强，高老师能针对存在的诸多问题，苦寻良策，一一破解，可谓效率高；二是可操作性强，高老师提出的改进措施，并不是“花拳绣腿”，取悦他人，细细观之，可见高老师的每项措施，都是给自己看的，相当于每日必观的“小计划”和“备忘”，相信，高老师以此行事，学生的成绩定会突飞猛进；三是理论水平高，如果没有对课程标准深入地理解，如果对平时的工作不善于反思，是绝不能提出如此全面、符合要求、思路清晰的改进措施的。可见，高老师是一位具有敬业精神、责任心强、有思想的好老师。

总之，高老师的试卷质量分析值得我们学习，他本人也是我们学习的榜样。

## 五、苏教版小学语文六年级上册期末试题

（90 分钟内完成　共 100 分）

亲爱的同学你好！一分耕耘，一分收获。经过这段时间的努力，你一定有许多

收获吧！展示你才能的时候到了。祝你成功！

一、小小书法家(请写一句描写自然风光的俗语)(3分)

二、基础练功(20分)

(一) 看拼音,写词语。注意把字写正确、匀称。(8分)

wǔ rǔ　　bá shè　　táo yě　　róng qià

nüe shā　　xiū sè　　pái huái　　qīng miè

(二) 正确选用下列汉字,填入下面这段话的括号中。(4分)

克　刻　极　结　积　棵　颗　尊　遵

小学生要有一(　　)美好的心灵,要(　　)守纪律,(　　)敬老师,爱护校园里每一(　　)花草,要(　　)服困难,(　　)苦学习,(　　)(　　)锻炼身体。

(三) 选词填空。(2分)

激动　激情　激烈　激励

王宁叔叔是老山前线的战斗英雄,他满怀(　　)地讲述了一次与越南侵略军进行(　　)战斗、全歼敌人的经过。听完报告以后,我们的心情非常(　　),英雄们的事迹将永远(　　)我们前进。

(四) 综合改错。(3分)

我们已经即将小学毕业,学习更加勤奋。这学期,我们班同学阅读了"红楼梦""爱的教育"等课外书。大量的课外阅读使我们增长了知识和写作水平。我们班还被评为"课外阅读先进班级"的光荣称号。

(五) 句子大观园。(3分)

1. 寒风吹到脸上很痛。(改为夸张句)

______________________________

2. ________我们善于把精读和泛读结合起来,______能取得最佳的读书效果。(填上关联词)

3. 看到这么美的草原,老舍爷爷想高歌一曲。(改为反问句)

______________________________

三、积累运用(11分)

(一)根据情境填句子。(4分)

作为新时代的小学生,我们不能"两耳不闻窗外事,________________"。而应该像顾宪成说得那样"风声雨声读书声,________________;家事国事天下事,______

________。”这就是教育我们小学生________________。

(二) 读书卡片。(7 分)

歌德说过:“读一本好书,就是在和高尚的人谈话。”阅读名著,做好读书卡片,既能让我们增长知识,又能让我们养成良好的读书习惯;阅读名著,写下感受,能使我们的思考走向深入。请选一部自己喜欢的书,完成读书卡片。

| 主要人物: | |
|---|---|
| 相关情节 | |
| | |
| | |
| | |
| 阅读 | |
| 感悟 | |
| | |

四、口语交际(2 分)

陈文彬很喜欢读课外书,爸爸看见了总是说:“你就是不好好学习功课,看起闲书来倒挺起劲儿。”如果你是陈文彬,你该怎样向爸爸解释呢?

五、课文链接(4+2+2+2+2+1=13 分)

1. 学了本册课文,我们认识了________________的巴金爷爷,________的钱学森,________的詹天佑,________的林肯。课外阅读时,我还读了________撰写的________,认识了该名著中的优秀人物________,从他(她)身上,我学到了________________。

2. 陆游《冬夜读书示子聿》中的两句诗强调了实践的重要性。这两句诗是________________,________________。

3. 问渠哪得清如许?为有源头活水来。“渠”的意思是________;“为”的意思是________。《观书有感》这首诗写的是池塘里的水,可是用了“观书有感”作题目,这是为什么?________________。

4. 这种境界,既________,又________,既________,又________。

5. 这株柳树没有________,也没有________,而是________与生命环境抗争,以________和________韧性生存下来,终于造成了高原上的一方壮丽的风景。

6. 欲知天下事,________________。________________

__，老师不过引路人。

六、阅读展台(21 分)

(一) 课内阅读。(1+2+2+1=6 分)

有人问我生命开花结果是什么意思，我说："人活着不是为了白吃干饭，我们活着就是要给我们生活其中的社会添上一点光彩。这个我们办得到，因为我们每个人都有更多的爱，更多的同情，更多的精力，更多的时间，比维持我们生存所需要的多得多。只有为别人花费它们，我们的生命才会开花。一心为自己，一生为自己的人什么也得不到。"(节选自巴金《给家乡孩子的信》)

1. 文中的"它们"是指________________________________。

2. 巴金爷爷讲的"生命开花结果"的意思是________________

3. 读了巴金爷爷这段话，你得到了哪些有益的启示？

________________________________________________

4. 文中划线部分的句子运用了什么修辞手法？________________

(二)课外阅读。(15 分)

一片绿叶的回忆

生活中有许多事情像浮萍一样随波漂去，也有的像树根一样牢牢地扎在人们的心里。每当我翻开纪念册，看到一张卡片上夹着的那一片绿叶时，我就深深地怀念起我的启蒙老师——叶老师。

我的童年时期，是在一个使我难忘的小山村里度过的。叶老师是我童年时最好的引路人。那时，叶老师才 20 多岁，文静少语，却喜欢和我说话。叶老师喜欢我，我也敬重她。

叶老师喜欢绿叶，在她的书里常常可以看到绿叶制作的书签。一次，我和叶老师在野外散步，我看见她低头捡起一片宽大的树叶。"叶老师，您怎么这么喜欢绿叶？"我不禁问。叶老师给我讲了一个动人的故事。一位小姑娘患了重病，自己觉得不行了，她望着窗外的常青藤说："常青藤上最后一片叶子落下时，我就要离开人间了。"人们都为她伤心。这件事被一个年迈的画家知道了。老画家在一个风雨交加的夜晚，抱病画了一片碧绿晶莹的叶子，把它牢牢地扎在常青藤上。此后不久，老画家溘然长逝了，而那位小姑娘却从此坚强地活了下来。听叶老师讲完这个故事，我悟出了其中的道理。

后来，我离开天津。分手时(　　)叶老师送我一束花(　　)可我却说(　　)你还是送我一片绿叶吧(　　)叶老师会心地笑了，她笑得那么甜。

去年教师节的时候，我特意去看望叶老师，她显得有些老了，但比以前开朗健谈。她见到我非常高兴，我也真有点舍不得离开她。临别时，她送给我一张非常精致的小卡片，上面镶嵌着一片绿叶，绿叶下整齐地抄着一段名言：花的事业是(　　)的，果实的事业是(　　)的，让我们做叶的事业吧，因为叶的事业是(　　)的。

此后，我一直珍藏着这张卡片，像是珍藏着叶老师的一片心。

1. “逝”用音序查字法，应查音序________，音节________；用部首查字法，应先查________，再查________画。“逝”字有两个意思：①过去；②死亡。“溘然长逝”的“逝”应选第____种意思。“溘然长逝”的意思是________________________________。（3 分）

2. 写出第三自然段的大意：________________________________________________。（3 分）

3. 在第 4 自然段的括号内加上标点。（2 分）

4. 请给第 5 自然段的一段名言选择正确的词语。填在文中的括号里。（3 分）

甜美　　　　谦逊　　　　尊贵

5. 老画家在风雨交加的夜晚画了一幅什么图？其寓意是什么？（2 分）

________________________________________________

________________________________________________

6. 如果让你送给叶老师一张贺卡，请你在上面写什么？（2 分）

________________________________________________

七、快乐作文（30 分）

你的同学中一定有许多“高手”，如“解题高手”“写作高手”“绘画高手”“跳绳高手”……将你对他（她）的了解写下来，力求具体，题目自拟，不少于 400 字。

我们认为，只有尊重客观事实，认真研究语文测试的意义、功能、原则、方式方法等等，一切从实际出发，才能辨清是非，才能有效地进行语文教学，提高学生的语文素质。另外，我们的命题工作必须注重科学性，严格从“最新课标”和教材出发，还应根据学生的实际情况，让绝大多数学生通过考试考出信心、考出成功、考出快乐。

# 第十章　绿色科研与教学论文写作

就小学语文教师而言，科研就是针对自己教学中遇到的问题，结合理论知识，进行较为深入的研究，最终写成文章。写文章的过程，就是整理自己的思想，使之条理化、现实化的一个过程。我们提倡的小学语文教师的科研，应该是"绿色科研"，即从实际出发进行研究，以期解决实际问题的科研活动。也就是说，将复杂的东西简单化的一个过程。

## 第一节　提倡绿色科研

近几年，"绿色"越来越受到人们的青睐，因为人们赋予了它新的涵义。如"绿色食品""绿色网吧"中的"绿色"有健康、无污染之意，"绿色校园""绿色课堂"大体可用"富有生机，充满活力"诠释，这里既包括物质的内涵，也包括人文的意蕴。

### 一、"绿色科研"的特征

在控制论和系统论中，常用颜色的深浅来表征信息的有无和多少。某个系统的信息一无所知的称为"黑"，某个系统的信息全部确知的称为"白"，某个系统的信息一部分确知而一部分不知的称为"灰"。因此，信息不完全的系统，称为灰色系统或简称灰系统(Grey System)。推而广之，人们通常把只研究确知的一部分，而不主动通过实践去研究未知的一部分(实际上就是与实践紧密结合的那个部分)的科研，称作"灰色科研"。

由此，我们可以这样考虑"绿色科研"的涵义："绿色科研"就是在确知的理论指导下，研究者主动地通过实践来研究未知部分(实际上就是与实践紧密结合的那个部分)，以进一步丰富理论的科研活动。依次相推，小学语文教师的"绿色科研"，就是在哲学、教育学、心理学以及语文学科课程论与教学论理论的指导下，深入小学语文教学实际，解决小学语文教学中实际问题的科研活动。

小学语文教师的"绿色科研"应具有以下几个基本特征：

其一为务实性。“绿色科研”必须为小学语文教学的实际服务，对教学过程中遇到的各种问题作研究，以期达到高效教学的目的。它应是实事求是的，一切从小学语文教学的实际出发，以实际的小学语文教学为出发点和终结点，其成果能迅速化为“生产力”。也就是说能明显地提高小学语文教学的效率，绝非以名词术语吓唬人的“纸上谈兵”。

其二为适应性。“灰色科研”高深莫测，常常将简单的东西复杂化，以别人不懂为“至境”，一般教师可望而不可即。它进行的是理论与实际脱节的研究，是缺乏对实际有效指导的研究，所以，它无法适应小学语文教学的实际。而“绿色科研”走的是从实践中来，到实践中去的路子，是将复杂的东西简单化；也就是说，理论之树扎根在实践的沃土之上，完全能够适应小学语文教学的实际。

其三为便捷性。“小马过河”的故事众所周知，试想，那匹过河的小马如当初不去问青蛙和大象河水的深浅，而是自己直接试一试，问题不就很快地解决了吗？同样，为了解决实际问题，为了验证某种教学方法的可行性，与其等待专家学者的深入研究，还不如我们的小学语文教师带着疑问到实践中亲身体验，定能早早地柳暗花明了。

## 二、实施绿色科研的意义

人们对语文教学的批评，涉及许多方面，但最主要针对的是效率低下。专家学者的眼里，效率低下的原因颇多，其最主要的可能是认为众多小学语文教师未理解最新的理论，未掌握正确有效的教学方法；但是，我们的小学语文教学不能被绑上专家学者的战车，在那种脱离实际架空研究理论的指点下进行研究。进行“绿色科研”是推进当前课程改革的需要，应引起我们足够的重视。具体说来，实施“绿色科研”有以下主要意义。

### （一）实现“三维目标”的需要

无论是2001版课标，还是“最新课标”，都确定了语文课程的性质是“工具性与人文性的统一”，但在语文课程标准具体实施的教学过程中，一般“工具论”者主要关注的还是“知识与能力”，而一般“人文论”者更多关注的仍是“情感态度与价值观”。岂不知从小学语文教学的角度而言，“工具性”与“人文性”两者既不可分割，也不能简单地二元相加，实施“工具性与人文性结合”的关键就是“过程与方法”，只有恰当地把握了“过程与方法”，“工具性与人文性的统一”才不再是一句空话；从另一个角度来说，“知识与能力”也必须通过“过程与方法”才能走向“情感态度与价值观”，也就是说，这个过程与方法，就是“借助工具渗透人文”[①]的过程与方法。所以说，我们研究小学语文教学，更多的是应该研究“过程与方法”，而“过程与方法”本身就是一个实践的过程，研究“过程与方法”，却不参与到语文教学的具体的“过程

---

① 欧阳芬.语文教学：借助“工具”渗透“人文”[J].中学语文，2009(7-8)

与方法”中去，也就是说脱离了实践去研究“过程与方法”，那只能建造虚无缥缈的“空中楼阁”。所以说，只有深入小学语文教学的实际进行科学研究，才能真正意义上实现三维目标的统一。

**（二）促进教师个人发展**

进行绿色科研，小学语文教师除了必须具备丰富的实践经验外，还必须加强理论知识的储备与业务修养，为此，他必须去翻阅大量资料，研究别人的科研成果，充实自己。再进行分析，筛选，从中吸收一些为自己所需的观点事例，最后用恰当的方式（即教学论文）表述出来。在这个过程中，教师的视野变得开阔，思维能力、表达能力、创造能力等都会得到有效的锻炼和提高。边教学边科研，是全方位提高自己能力的有效途径。就小学语文教师本身而言，其职务职称的晋升，也需要绿色科研的支撑，自身参与了绿色科研，有了成果，就为职务职称的晋升打下了坚实的基础。

**（三）全方位地提高教学质量**

要使小学语文教学科学化、系统化，就要寻找语文教学的规律，就离不开教学研究工作。教学研究以教学为出发点，小学语文教师针对教学实践过程中出现的一些现象，对它们进行分析、归纳、研究，从而找出一些规律性的东西，这些研究成果被运用和推行到教学中去，就有利于教学质量的全方位提高。曾听到过一句话，“偷懒造成了特级教师”，虽有些调侃的意味，但其真谛却不得不令人思考。就达到一定的目的而言，想要“偷懒”就必须找出切实可行的简单的方法，实际上，这“简单的方法”何尝不是提高教学效率的途径！教学效率的提高，就是教学质量的提高。

**（四）逐步完善语文教学的理论体系**

我们知道，我们的语文教学至今还没有完整的理论体系、知识系统；虽然说语文教师的科研成果属个人，且大部分从细微处入手，但如果具备推广价值，得到社会的认可，就会成为语文教学理论大家族中的一个成员，使语文教学的理论体系不断得到完善。

## 三、“绿色科研”的具体研究对象

“绿色科研”的内容有多个方面。有关语文课程（学科）的研究，有关语文教师的研究，有关语文教材的研究，有关教学方法、教学程序、教学要点等方面的研究，有关教学对象的研究，有关语文测试的研究都可成为语文教师科研的内容。

**（一）关于语文课程**

2001 版课标与“最新课标”的单向研究与比较研究、历次课程标准（或教学大纲）的比较研究、课程资源的开发（如隐形课程资源的开发、校园文化中语文课程的开发……）、课程与学科之间的相互关系、课程性质与学科性质……

**（二）关于小学语文教材**

各版教科书的比较分析、某一版本的单独研究、智能体系的构架、选文的标准、单元的编排……

**(三) 关于小学语文教师**

小学语文教师的知识结构、小学语文教师的能力系统、小学语文教师的科研、小学语文教师的语言、小学语文教师的个性展示……

**(四) 关于教法与学法**

识字写字教学(如汉字的演变与书写规律、识字写字教学的最佳时机、集中识字法、分散识字法……)

阅读教学(如兴趣引导、教学过程、课程目标与教学目标、教材处理、板书设计、作业设计、拓展延伸、现代化媒体的选用……)

作文教学(如兴趣培养、写作素材的寻找、技法、文体结构、知识体系与能力体系的建构……)

口语交际教学(如说话教学、听话教学、语言的婉转、语言的得体……)

单元教学(如单元教学的意义、单元教学的实施、单元的重构……)

语文课外活动(如开展的实际、语文课外活动与课外语文活动的关系、开展的方式方法、教师的作用……)

**(五) 关于测试**

学生学习负担分析、双向细目表的制作、试卷的制作、教学评价的不同角度、应试教学的科学化……

## 四、“绿色科研”的程序及方法

进行小学语文的“绿色科研”,一般应依次做以下几方面的工作。

第一,确定目标,搜集资料。小学语文教师可以根据教学需要和实际可能,结合本人特点,确定自己的研究目标。有了目标,就应有针对性地搜集相关资料。首先,应广泛吸取古今中外的研究成果和经验,特别是近几十年小学语文教学正反两方面的经验,以及近几年来国内外小学语文教学研究状况及动态,这样才能了解所研究的问题现在已经达到的水平及发展趋向,才能保证研究课题的价值。如今较为可行的方法,就是上“网”转一圈,当然,所检索的文献要有一定的档次。除了要掌握别人的研究成果外,研究者还应该结合自己的教学实践和经验,如从每天的教学实践中总结出来的第一手资料(即上文所说的“教学后记”中的相关内容)出发,它应该包括各阶段学生学习语文的一些数据、典型事例;另外,还有读书札记及听课卡片等,这些都是进行科研必不可少的材料。

第二,分析材料,处理材料。有了材料后,就要对这些材料进行研究,这是最关键的一环。教师在通过分析、综合、比较、归纳等一系列思维活动后,从众多的材料里去伪存真,去粗取精,筛选出具有普遍性的经验或规律,这些经过分析后概括出来的经验,若再能回到实践中去被检验一番,便更完整,更具有普遍意义。

第三,动手撰写,修改定稿。这是研究工作的最后阶段。经过恰当的选题,又具备了丰富的经验材料，接下来就是酝酿、构思文章。可先拟定结构提纲，再落笔成文。写成初稿后，还要苦下一番功夫，字斟句酌、反复修改，请人点拨，这样才能保证文章有较高的质量。关于教学论文的基本结构，下文将做专门的阐述。

第四，投稿。投稿难，这是公认的事实。但也不至于"难于上青天"，如果平时能够多观察，找准适合自己这篇文章内容、篇幅、观点甚至语言风格的杂志或有关栏目，也有成功的可能。当然，实在必要时，也可以走有偿发表之路。

### 五、少崇洋媚外，勤挖掘传统

用理论指导实践，并通过实践来验证、丰富理论，这就是正确的"绿色科研"的研究方法。效率是"绿色科研"的生命线。具体来说，要少追赶时髦，少崇洋媚外，要充分挖掘我国宝贵的母语教学的思想和方法，古为今用，洋为中用。一切为提高效率服务。

目前，语文学科理论建设中有一种不可忽视的倾向，这就是机械的"拿来主义"，把外国的"先进"理论生硬地移植过来，结果是理论上经不起推敲，实践上有害无益。岂不知并非"他山"的任何一块"石"都能攻我国小学语文教学之"玉"。

其实，就语文教学而言，我们有悠久的历史，也总结了一些有效的丰富的教学方法，如孔子的"因材施教""循循善诱""不愤不启，不悱不发"，朱熹的"诵读熏陶法"等许多适应汉语言教学特点的教学方法。所以，我们要充分挖掘和发扬具有民族传统的教育理论，而不是盲目引进，以免"水土不服"。

小学语文教师的"绿色科研"是一种智力活动。当今的小学语文教师，应该严格要求自己，把教学、进修与科研结合起来，从各方面锻炼自己的科研能力，全方位提高自己。如此，对未来社会，对自己，对整个小学语文教育事业都将受益匪浅。学校领导应该给予积极支持，尽量给教师的科研创造一些条件，给予正确引导，而不能泼"冷水"，这样才能保证小学语文教学理论大树枝盛叶茂，才能保证小学语文教师在教学中获取更多的主动权，从而促使语文教学质量和教学效率的普遍提高。

## 第二节　教学论文的基本格式

就成熟的文章撰写者而言，"文无定法"是至境。一些教别人写文章者也常常将这句话挂在嘴边，以作为自己教不会别人的借口。但是，对一个正在进行"绿色科研"，初涉教学论文写作的小学语文教师而言，他们更需要引之入胜的"导游"。一般的教学论文，有着一些为专家学者不屑的、为一般撰文者所忽略的基本格式。所以，在这里有必要对这些最基本的东西做一些不可或缺的阐述。就如教小孩走路，先"搀着走"，然后逐步"放手"。如果一开始就放手，孩子摔一跤两跤尚为小事；

倘摔成残疾，后果不堪设想。

## 一、标题先声夺人

文章的标题就如人的眼睛，眼睛就如心灵的窗口，标题作为教学论文的窗户，是对文章内容的高度浓缩，对思想内涵的集中提炼。标题有揭示论文主题、指明涉及范围、明确研究问题、概括思想意义、体现主要内容等作用。可以这么说，好的标题就是成功的一半。好的标题可以引起读者的兴趣，富有诗意的可以给人良好的第一感觉，奇特的可以给人阅读的兴趣。

我们认为，教学论文的标题必须符合鲜明、新颖、简洁等特殊要求。所谓的“鲜明”，就是使读者一看标题就明白文章的中心论点和主要内容，这是第一要着。所谓的“新颖”，即别出心裁，同样是论对文本的个性解读，其标题可以是“论阅读教学的个性解读”，更可以是“论阅读教学个性解读的三维构建”；同样是论作文教学中的改写，其题目是可以是“论改写”，更可以是“改写——杜绝作文假话、空话、套话的有效途径”。总之，要给人以耳目一新的感觉。所谓“简洁”，指的是标题的字数不应太多，一般来说，不要超过20字。

有时候，为了吸引读者，可以引用一句名人名言、一句古诗文，或者一句发人深省的话作为标题，但这种标题一般都是“务虚”，“务虚”的标题应该有一个“务实”的副标题来辅助。如“语文老师，请站稳你的脚跟——论语文教师的主体作用”“笼天地于形内，挫万物于笔端——谈作文中的联想与想象”“平平淡淡才是真——再看夏丏尊”。有时候，也可用副标题提示文章的切入口，如“人文关照下语文课堂教学的误区及对策探讨——从两堂公开课说开去”。

教学论文标题的形式丰富多彩，有常见的、传统式的，有约定俗成的，也有别出心裁的，还有超出常规的。总之，设计标题必须坚持形式为内容服务的原则。

标题的下面，最好另起一行写上作者的单位、姓名(或笔名)，以及邮政编码。

此处的标题，也指正文中的各级小标题，这些标题，应尽量考虑同一层次内的对称。

## 二、内容提要与关键词领衔

论文必须将内容摘要和关键词置于额首。

不可否认，我们在有关杂志见到的教学论文，大都没有内容摘要与关键词；正因为如此，一般小学语文教师撰写教学论文时，都认为没有必要设内容摘要与关键词。殊不知就报刊编辑而言，首先看的就是文章的摘要，如果认为有价值，就有继续看下去的可能。内容摘要应能客观准确地表达文章的主要观点，具有独立性和自含性。一般来说，内容摘要的字数大约为正文的二十分之一，如一篇正文6000字的教学论文，内容摘要以300字为宜。

内容摘要必须务实，也就是说，“惟陈言之务去”，摈弃一切套话。值得注意的是，我们常见的一些教学论文的内容摘要甚为可笑，诸如“在教学改革的大好形势下，……显得越来越重要，所以，本文将研究……”实际上，这种所谓的“内容摘要”基本就是文章的导言，毫无“摘要”的价值。设置内容摘要，最简单的方法是将各部分的内容压缩到二十分之一(即平时教学中的概括段落大意，小学语文教师都应精于此道)，然后，用过渡词语将它们连成一篇小文章。内容摘要中，不要出现“笔者”“本文”“本文认为”等字眼。

关键词是搜索文章有效信息的“全息元”。一般情况下，关键词置于内容提要的下面，关键词应选取最能表达论文中心内容、具有实质性意义和检索价值的名词或名词短语，一般3—5个。可以这么认为，关键词就是内容摘要的“摘要”。

## 三、正文不少于三大块

教学论文的正文部分，大致就是一篇一般意义上的议论文，无论是纵式结构或横式结构，都应该包含提出问题(是什么)、分析问题(为什么)和解决问题(怎么办)三层内容。但是，我们常见到的教学论文，一般就如“经验总结”，即全文喋喋不休地说自己的操作方法，把重点放在“怎么办”上，没有对现象与本质作较为深刻的分析。

我们认为，从结构上看，教学论文的正文不应该少于三大板块，每个板块要有标题，一般用“一”、“二”、“三”、标注，这三大板块的篇幅大致均衡。当然，每一个板块下面还可以分成几个小点，也要设标题，用“(一)”“(二)”“(三)”标注；如果必要，小点的下面还可再分为若干个小小点，也要设标题，用“1. ”“2.”“3.”标注。但是，就一篇三五千字的教学论文而言，标题的层次不宜过多，三层已是极限；一般情况下，以两个层次为宜。

正文最前面，也就是第一部分标题的前面必须有一段200来字的引言，不宜直接以“一、××××××××××”开头。同理，下面各部分大小层次之间也要有一小段引言。

正文的最后，要有一段全文总结，起概括全文的作用。这段文字也以200来字为宜。

写作过程中，有时牵涉到整段的引文，则应该用另一种字体表现。如全文用宋体，则整段的引文就用楷体，以示区别。

从职称评审的角度而言，教学论文的正文一般不应少于3000字。

## 四、不可或缺的附录

教学论文还有一些“附录”，但这些附录都不可或缺，有时候甚至是成败的关键。

### (一) 注释

在论文写作过程中，如需要交代相关内容的出处，或需要进一步说明和阐述，则应在文中注释。(在需要注释的地方以出现的先后次序编号,如[1][2]。)具体而言,可以用脚注的形式,即紧跟在该页的下面做注释;也可采用尾注的形式,即在文章的结尾处做注释。一般来说,为了使自己的文章"更像论文",设置几条注释很有必要,一则表示自己言之有据,一则表示自己对此问题研究的深度。注释常见格式如下:

1. 专著、论文集、研究报告:

[序号]主要责任者(注:两个责任者之间用逗号隔开). 文献题名[文献类型标识]. 出版地:出版者,出版年. 页码,例:

[1]刘小龙. 电视艺术美学[M]. 北京:中国广播电视出版社,1999. 22

[2]吴海霞,沈剑平. 电视论坛[C]. 北京:人民教育出版社,2003. 56—58

[3]中国教育与人力资源问题报告课题组. 从人口大国迈向人力资源强国[R]. 北京:高等教育出版社,2003. 30

2. 学位论文:

[序号]主要责任者. 文献题名[D]. 保管地:保管单位,完成年. 起止页码,例:

[1]邓友. 论电视艺术的美学性[D]. 北京:北京广播学院,2004. 21—22

3. 析出文献:

[序号]析出文献主要责任者(注:两个责任者之间用逗号隔开). 析出文献题名[A]. 原文献主要责任者. 原文献题名[C]. 出版地:出版者,出版年. 析出文献起止页码(如文内已列明,则省略),例:

[1][英]穆尔. 电影理论的结构[A]. 瞿涛. 电影学文集[C]. 北京:人民出版社,1993. 34

4. 期刊文章:

[序号]主要责任者. 文献题名[J]. 刊名,出版年,(期),例:

[1]李海. 音乐传播的文化思考[J]. 当代传播,2004,(10)

5. 报纸文章:

[序号]主要责任者. 文献题名[N]. 报纸名,出版日期(版次),例:

[1]周济. 情系教育　办好教育[N]. 中国教育报,2004-1-29,(1)

6. 网络文献:

[序号]主要责任者. 网络文献题名[文献类型标识]. 网络文献的出处或可获得地址,例:

[1]吴霓. 教育科学大家谈[J/OL]. http://www.jyb.com.cn/2002zt/jykx/145.htm

注意事项:

首先,文献类型标识相关字母所代表含义:

"M"表示专著,"C"表示论文集,"N"表示报纸文章,"J"表示期刊文章,"D"表示学位论文,"R"表示报告,"S"表示标准,"P"表示专利。

其次，在引用网络文献时，请注意：

[DB/OL]——联机网上数据库(database online)

[DB/MT]——磁带数据库(database on magnetic tape)

[M/CD]——光盘图书(monograph on CD-ROM)

[CP/DK]——磁盘软件(computer program on disk)

[J/OL]——网上期刊(serial online)

[EB/OL]——网上电子公告(electronic bulletin board online)

第三，注释中标点一般用半角。

第四，我们曾经归纳过一批教学论文，注释的平均数量大致每千字一条。

**(二) 参考文献**

“参考文献”栏一般放在文后“注释”之后和“作者简介”之前，从理论上讲，注释所涉及的文献都属于参考文献，但既然设置了“参考文献”这个栏目，就得再列一些写作此文章时曾翻阅过的文献，所以说，“参考文献”的数量应大于“注释”所涉及文献的数量，大致为 1. 5 倍。

一般三五千字的小文章，可以不列“参考文献”栏目。

也有一些杂志，要求投稿论文只设“参考文献”栏目，不设“注释”栏目，如一些大学的学报。实际上，这个“参考文献”就是我们所说的“注释”。这种情况下，就不必再列“注释”栏目了。所以说，投稿前必须搞清楚对方的具体要求。

**(三) 作者简介**

教学论文中的这个栏目常常被忽略——“作者简介”。“作者简介”应包含作者的单位、单位或家庭的详细地址、真实姓名、学历学位、研究方向以及详细联系方式如邮政编码、各种电话号码、电子邮箱、QQ 号等，以供阅稿者参考，总之，“宁滥不缺”。否则，一旦文章有录用的可能，编者就无法及时与作者取得联系。

还有一点要注意，就是自己尽量不要“跳”到教学论文中去；也就是说，教学论文中不能出现“我”。如必须“进去”，就用“笔者”或者“我们”替代。

## 第三节　教学论文案例分析

虽然说“文无定法”，但对初学写作者而言，通过具体的案例了解教学论文的基本结构也是必要的举措。教学论文的基本结构，一般有整体纵式与整体横式两种。

### 一、整体纵式、局部横式结构案例分析

所谓的纵式，就是文章的整体分为“现象(提出问题)”“本质(分析问题)”“对策(解决问题)”三大板块，每个板块再分为并列的几个部分，实际上是整体纵式、局部

横式。

**【案例】**

读出一片新天地(之一)——小学语文朗读教学刍议

江苏省昆山市千灯中心小学　桂晓兰(215341)

【内容提要】

在小学语文朗读教学中仍存在如朗读时间不够、朗读基础薄弱、朗读指导不够等不少亟待解决的问题。朗读教学中存在问题的原因往往是对朗读意义认识不足,没有正确的朗读习惯,缺少适宜的朗读氛围……因此,明确朗读教学的目的,培养良好的朗读习惯,创设适宜的朗读氛围,在朗读中升华语文教学则显得尤为重要。

【关键词】

朗读教学　问题　原因　优化策略

目前,在我们的小学语文阅读教学中,普遍存在着"重讲轻读"的现象,朗读训练成了最容易被忽略的环节。语文课的第一任务是让学生学习语言,而读是学习语言的重要途径之一。通过熟读、背诵,使书面语言内化为学生自己的语言,才能有效地提高学生理解、运用语言的能力。因而教学必须重视朗读的训练,加强对朗读的指导与训练。

一、朗读教学中存在的问题

《义务教育语文课程标准》(2011 版)指出:"各个学段的阅读教学都要重视朗读和默读"。所谓朗读,就是声音清楚、响亮地读,就是把无声的书面语言转化为有声语言的再创作活动,通过朗读可以声情并茂地把书面语言融于情融于声,从而变为富有感染力的口头语言。这对小学语文阅读教学和学生的思想品德教育,以及提高小学生的综合能力都具有非常重要的意义。然而,在实际的教学中,学生的朗读却总有不尽如人意之处,主要存在以下几个问题。

(一) 朗读时间不够

充斥于语文课堂的"讲问教学"挤掉了学生读书的时间,40 分钟的课程教学,学生的朗读时间往往不足 10 分钟,而如此匆忙的朗读练习达不到预期的效果。如某教师在教学课文《司马迁发愤写史记》一文时,为了让学生了解司马迁在受了酷刑后在狱中是如何发愤写《史记》的,他声情并茂地讲述着司马迁的悲惨遭遇,还补充了其受宫刑前的相关故事,教学设计一环扣一环,看似滴水不漏。但临了,她却问道:同学们,如果司马迁此时就站在你的面前,你想对他说些什么? 大部分学生只会空洞地回答诸如司马迁你真伟大,你真了不起! 面对学生的回答,教师或许会埋怨学生腹中空空,脑中空空,孺子不可教也! 但试问这位老师,感悟文本的基础是什么？情感的生成仅仅靠几句引语，一两个小故事就可以的吗？

（二）朗读基础薄弱

教师不管是检查性的朗读，还是讲析上的朗读训练，往往着重几个优生。在他们看来，一堂课（特别是公开教学）想要顺利完成教学设计。让几个优生朗读是最好选择，也是最保险不过的事。于是乎，个别朗读叫优生，师生接读叫优生，分角色朗读也叫优生。几个优生读来读去，大部分学生当听众，基本得不到朗读训练的机会，朗读教学质量落不到语文实际教学中。这样的文本朗读基础，不免让人对下面的文本理解环节感到担忧。

（三）教学方法单调

单调、机械、生疏的朗读教学方法，导致学生朗读不能融理解、感悟于一体。课堂上，常见教师在分析、理解之余来一句“请同学们有感情地读读这部分”，或“把×××语气读出来”，学生习以为常无动于衷。有的教师即使有指导却不得要领，只重声音形式，不重内心体验。常听教师直截了当地告诉学生，把某一个字（词）读得重（或轻）些，把某几个句子读得快些（慢些），而忽略了朗读表情达意的要义。所以许多学生一遇到感情比较强烈的句子，就认为该读重音，而不知道有时重音轻读，表达的效果更强烈。如课文《明天，我们毕业》中有这样一句话：“老师啊老师，您以自己的言行，为我们树立了榜样。在我的心目中，您是天使，您是大树，您是海洋。”学生往往读得快而高昂，像在喊口号。其实，作为即将离开学校的小学毕业生，对母校对老师心中都充满感激和依恋。应该一字一句读得缓慢而富有深情，正所谓“字字有声，声声有情”，更富感染力。

## 二、朗读教学中存在问题的原因

朗读对小学语文教学，以及提高小学生的综合能力都具有非常重要的意义。然而，在实际教学中，学生的朗读情况却总有不尽如人意之处。经过多年的工作实践，笔者认为在朗读教学中之所以存在诸多问题，主要有以下几方面的原因。

（一）朗读的意义认识不足

小学语文教学的目的是：指导学生正确理解和认识、运用祖国的语言文字，使学生具有初步的听说读写的能力。在听说读写的训练中，发展学生的智力，进行思想品德的教育，培养良好的学习习惯。语文教学的头号任务是让学生学习语言，而朗读是学习语言的重要的、最直接的途径之一，所以学生朗读能力高低与否，直接影响到语文教学的整体效果。而这点正是被许多老师所忽视的。

作为小学生，他总渴望课堂上能有层出不穷的新花样，朗读也不例外。心理学家研究证明，在教学内容相同的情况下，教学方法生动程度不同，对学生学习的吸引力就不同。因此，课堂上，教师冗长的讲解，形式单一的朗读训练，已经很难引起学生的想象，与课文中的主人公同喜同悲，唤起他们情感上的共鸣，激发他们的欲望。

（二）朗读的态度不够正确

目前的朗读教学存在的最根本的问题就是学生“欠读”“缺辅”。鲁迅描述的那种“人声鼎沸”的读书场面很难看到。不少教师能让学生在课刚开始时把课文读一遍，或者在课中读一两个片断，这就算不错的了。更有甚者，只是让学生在预习时泛泛地读一下课文，一上课就开始讲解、分析，整堂课没有学生自己读书的活动。过去的“满堂灌”尚未绝迹，而新兴的“讨论式”“练习式”等等又几乎占据了整个语文课堂。以致有的学生一课学完了还不知道那些生字、新词在什么地方，甚至对课文的内容不甚了解，更不要说对文章语言的感知和对文章情味的体悟了。这种“隔靴搔痒”式的朗读教学，绝非个别现象。朗读教学必须改变这种状况，要特别重视指导学生如何读书，多留时间给学生读书。如上文所说的那种只顾优生的朗读方法，更是一种极差的习惯。

（三）朗读的氛围未曾建立

教学情境即教学氛围，是作用于学生主体发展的重要因素。让学生置身于特定的情景中，不仅有益于他们认知心理的发展，而且能有效地调动学生的情感参与。要想提高学生的朗读水平。就必须有师生情感的共同投入，让学生在美好情感的氛围中，体味作者的感情，把握作者的脉搏，读出文章的文意、文情、文境。而情感的建立，需要酝酿、需要一种情境，这样，情境在朗读教学中至关重要。只有把学生带到你创设的情境中来，他们的感情才会得到共鸣，才会收到很好的效果。而对于氛围的渲染，却是许多语文教师认为无关紧要的环节，根本不屑于在上面下功夫。如今的语文课堂，缺少的就是这种氛围。

## 三、朗读教学的优化

人云：“松声、涧声、琴声、鹤声……皆声之至清者，而读书声为最。”阅读教学要重视朗读，要让学生充分地读，在读中整体感知，在读中培养语感，在读中受到情感的熏陶。那么语文教师应该如何加强学生的朗读训练，使之为语文教学服务呢？笔者认为可以从以下几个角度入手。

（一）制订明确的朗读目的

在课堂教学活动展开时，我们每个“读”的环节都应该有明确的“行为指向”。在语文阅读教学的不同阶段中，朗读训练的目的、要求也不同。如：初读课文时，主要目的是让学生通过朗读了解主要内容，朗读的基本要求是正确、流利；分段学习课文时，朗读的目的是帮助学生理解课文内容，体会思想感情，积累语言，培养语感，学习作者是如何遣词造句的，这时的朗读不仅要求正确、流利，还应能传达出每部分课文表达的思想感情；在学习全篇课文之后，朗读的主要目的是使学生对课文能有一个更高层次的整体与部分相结合的把握，要求学生能通过朗读表现出作者思想感情的变化过程。只有这样我们才能达到朗读的效果，才符合新课标的要求。

（二）培养良好的朗读习惯

在朗读过程中，教师要给学生讲清朗读技巧，指导学生朗读，培养良好的朗读习惯。学生只有掌握了朗读技巧，养成好的习惯，才能准确地表情达意，增强语感，达到朗读的目的。

首先要注意朗读的语气。一般来说，写人叙事的文章包括两种语气：一种是作品中人物的语气，另一种是叙述人的语气。要读出人物的语气，就要分析把握人物的思想性格，体会他们在不同情境之中的情感，读出叙述人的语气，就要揣摩把握作者的思想感情。这两种语气巧妙地结合在一起，给人一种身临其境的感觉，让人回味无穷。

其次要保证朗读的质量。一节课，应保证一定时间和范围用于指导学生朗诵，而不是进行琐碎的分析，当然盲无目的的朗读也不是可取的。什么样的课文内容，什么样的阅读要求，什么样的学生，采用什么样的朗读形式，教师都要安排得恰到好处。如放声朗读一般适用于课前预习，这样学生更便于掌握新词的读音，以及对于长句子的停顿也能做到心中有数；而齐声朗读则适用于诗歌的朗诵，这种和声的美妙，能将诗歌的抑扬顿挫演绎得淋漓尽致；较短的课文和长课文中的某些重点部分，优美的片段，精妙的片段和气势恢弘，语言激昂的文章也适用于齐声朗诵或小组朗读。至于朗读的量就取决于学生对于课文本身的理解能力了，只要保证朗读的“质”和“量”双管齐下，相信朗读一定会成为语文教学的有效途径。

（三）创设适宜的朗读氛围

教学情景的创设是引导学生轻松进入朗读角色，激发学生阅读兴趣最直接的方法。我们可以从以下几个方面去把握。

首先，背景音乐激发学生的热情。笔者在教学苏教版六年级上册20课《安塞腰鼓》一文时，首先要学生仔细倾听安塞腰鼓的声音及感受擂鼓时惊心动魄的场面，并让他们边听边在脑海中想象擂鼓的场景。听完之后，鼓励他们大胆地说说自己听到了什么样的声音，用语言描述出来。就这样，通过震撼人心的鼓声，调动了学生的视听感官，发挥了学生的想象力，同时也极大地激发了学生对安塞腰鼓的兴趣：到底自己听到的安塞腰鼓声和其他地方的腰鼓声有什么不一样？就这样，学生带着迫不及待的心情开始了《安塞腰鼓》一课的朗读。

其次，教师示范调动学生的感受。如，在教学《陶校长的演讲》时，如果只是分四个部分来阐述陶校长演讲的内容，学生对文章的结构虽说有了把握，但对于陶校长说这番话的意义，是用什么口吻说的，他们根本就不能体会。因此，在教学时，首先不对课文内容作讲解分析，而是笔者自己用动情的语调示范朗读课文。朗读时，语音的轻重，语调的抑扬，节奏的快慢，情感的褒贬，让学生去体验、去感受。同时又要求学生自己反复朗读品味本文词语的精妙，语言的警策，句法的变化，以引起共鸣。这样，学生就能从《陶校长的演讲》中感受到陶校长从身体健康、学问进修、工作效能、道德品格这四方面对自己的激励和鞭策，从而陶校长这个教导有方、关爱学生的长者形象也就深深地印在了孩子的心里。

第三，角色朗读引导学生的投入。小学生都有很强的自我表现欲，在课堂上，教师应及时抓住时机，诱导他们进入角色。这样，不仅可以使他们进入角色，表现一下课文中的内容，加深对课文的理解，还能启迪他们的思维，发展他们的表演能力和口头表达能力。

当然，不同的年级段也有不同的朗读标准。比如低年级的学生生性好奇，活泼积极，乐于模仿，善于表现，具有很强的求知欲，上进心，可塑性强。根据他们年龄特征编撰的小学低年级课文也是语言文字优美，浅显易懂。所以，在朗读教学过程中可让学生整体感知，自由式朗读，充分发挥自己的个性。而高年级的学生，具有一定的理解和思辨能力，朗读教学时则更应该侧重加强学生思维能力的训练，加深对课文的理解和记忆，培养学生的语感能力，激发学生情感，提高学生的鉴赏能力和写作水平。总之，朗读是一种有声的语言艺术，它在小学语文教学中有着不容忽视的作用。只有通过教师们的精心指导，学生们的刻苦练习，才能真正在小学语文教学中展现它的艺术魅力。

【注释】

① 中华人民共和国教育部. 义务教育语文课程标准(2011 版)[S]. 北京师范大学出版社. 2011

② 戎栋环. 如何把朗诵艺术真正引入语文课堂[J]. 魅力中国. 2010 年第 25 期

【参考文献】

① 中华人民共和国教育部. 义务教育语文课程标准(2011 版)[S]. 北京师范大学出版社. 2011

② 曾连生. 小学语文课堂教学朗读指导的情感效应[J]. 学生之友(小学版). 2011:4

③ 戎栋环. 如何把朗诵艺术真正引入语文课堂[J]. 魅力中国. 2010:25

④ 郑金洲. 案例教学指南[M]. 华东师范大学出版社. 2000

⑤ 李吉林. 李吉林小学语文情境教学—情境教育[M]. 山东教育出版社. 2000

【作者简介】(略)

【分析】

这篇教学论文的标题有正、副两个，正标题“读出一片新天地”虽能“抓人眼球”，但却未能揭示文章的主要内容；所以，再设置了一个副标题“小学语文朗读教学刍议”。而各级小标题也能基本做到同层次内的对称。

这篇教学论文的内容摘要，就由正文各部分的内容压缩后组成，明眼人不难看出，实际上就是各部分大小标题的连缀。

就这篇教学论文的正文部分而言，其宏观上是纵式结构，分为“朗读教学中存在的问题”“朗读教学中存在问题的原因”以及“朗读教学的优化”三个层层递进的板块，实际上，就是“提出问题(是什么)”“分析问题(为什么)”“解决问题(怎么办)”三大部分。这三大板块的内部，又各自分成并列的三个部分；所以说，这篇教学论文的结构是整体纵式局部横式。

就三大板块的内部而言，第一板块的第一点“朗读时间不够”与第二板块的第一点“对朗读的意义认识不足”以及第三板块的第一点“明确朗读的目的”又相互联系，构成了“提出问题(是什么)”“分析问题(为什么)”“解决问题(怎么办)”的递进层次。也就是说，如果把三个板块的第一点抽出来，基本可以组成一篇小文章。实际上，各板块的第二点、第三点也分别构成了上述的关系。

例文告诉我们，安排教学论文的结构时，应该考虑到文章内在的照应联系。

## 二、整体横式、局部纵式结构案例分析

所谓的横式，就是文章分为并列的几个部分，分别论证一个分论点，而每个部分的内部再分为“现象(提出问题)”“本质(分析问题)”“对策(解决问题)”三个小部分，实际上是整体横式、局部纵式。

【案例】

读出一片新天地(之二)——小学语文朗读教学刍议

江苏省昆山市千灯中心小学　桂晓兰(215341)

【内容提要】

小学语文朗读教学问题颇多。首先是朗读时间不够，其原因是对朗读的意义认识不足；所以，必须使师生双方明确朗读的目的。其次是朗读基础薄弱，其原因是没有正确的态度；所以必须培养良好的朗读习惯。另有朗读指导不力，其原因是没有正确的朗读习惯；所以说必须创设适宜的朗读氛围，在朗读中升华语文教学。

【关键词】

小学语文　朗读教学　目的　习惯　氛围

目前，在我们的小学语文阅读教学中，普遍存在着“重讲轻读”的现象，朗读训练成了最容易被忽略的环节。语文课的第一任务是让学生学

习语言，而读是学习语言的重要途径之一。通过熟读、背诵，使书面语言内化为学生自己的语言，才能有效地提高学生理解、运用语言的能力。因而教学必须重视朗读的训练，加强对朗读的指导与训练。然而，我们的朗读教学却存在着种种问题。

一、朗读时间明显不够

《义务教育语文课程标准》(2011 版)指出："各个学段的阅读教学都要重视朗读和默读"。所谓朗读，就是声音清楚、响亮地读，就是把无声的书面语言转化为有声语言的再创作活动，通过朗读可以声情并茂地把书面语言融于情融于声，从而变为富有感染力的口头语言。这对小学语文阅读教学和学生的思想品德教育，以及提高小学生的综合能力都具有非常重要的意义。然而，在实际的教学中，学生的朗读时间常常得不到保证。

(一) 夹缝中的朗读

充斥于语文课堂的"讲问教学"挤掉了学生读书的时间，40 分钟的课程教学，学生的朗读时间往往不足 10 分钟，而如此匆忙的朗读练习达不到预期的效果。如某教师在教学课文《司马迁发愤写史记》一文时，为了让学生了解司马迁在受了酷刑后在狱中是如何发愤写《史记》的，他声情并茂地讲述着司马迁的悲惨遭遇，还补充了其受宫刑前的相关故事，教学设计一环扣一环，看似滴水不漏。但临了，她却问道：同学们，如果司马迁此时就站在你的面前，你想对他说些什么？大部分学生只会空洞地回答诸如"司马迁你真伟大，你真了不起！"面对学生的回答，教师或许会埋怨学生腹中空空，脑中空空，孺子不可教也！但试问这位老师，感悟文本的基础是什么？情感的生成仅仅靠几句引语，一两个小故事就可以吗？

(二) 原因分析：对朗读的意义认识不足

小学语文教学的目的是：指导学生正确理解和认识、运用祖国的语言文字，使学生具有初步的听说读写的能力。在听说读写的训练中，发展学生的智力，进行思想品德的教育，培养良好的学习习惯。语文教学的头号任务是让学生学习语言，而朗读是学习语言的重要的、最直接的途径之一，所以学生朗读能力高低与否，直接影响到语文教学的整体效果。而这点正是被许多老师所忽视的。

作为小学生，他总渴望课堂上能有层出不穷的新花样，朗读也不例外。心理学家研究证明，在教学内容相同的情况下，教学方法生动程度不同，对学生学习的吸引力就不同。因此，课堂上，教师冗长的讲解，形式单一的朗读训练，已经很难引起学生的想象，与课文中的主人公同喜同悲，唤起他们情感上的共鸣，激发他们的欲望。

(三) 对策：师生双方必须明确朗读的目的

在课堂教学活动展开时，我们每个"读"的环节都应该有明确的"行为指向”。在语文阅读教学的不同阶段中，朗读训练的目的、要求也不同。如：初读课文时，主要目的是让学生通过朗读了解主要内容，朗读的基本要求是正确、流利；分段学习课文时，朗读的目的是帮助学生理解课文内容，体会思想感情，积累语言，培养语感，学习作者是如何遣词造句的，这时的朗读不仅要求正确、流利，还应能传达出每部分课文表达的思想感情；在学习全篇课文之后，朗读的主要目的是使学生对课文能有一个更高层次的整体与部分相结合的把握，要求学生能通过朗读表现出作者思想感情的变化过程。只有这样我们才能达到朗读的效果，才符合新课标的要求。

## 二、朗读基础薄弱

我们语文课上的朗读，常常流于形式，得不到学生的积极响应，从而得不到理想的效果。所以说，无论是课堂教学的现状，还是其深层次的原因，都值得探讨。

### （一）可怜的朗读基础

教师不管是检查性的朗读，还是讲析上的朗读训练，往往着重几个优生。在他们看来，一堂课（特别是公开教学）想要顺利完成教学设计。让几个优生朗读是最好选择，也是最保险不过的事。于是乎，个别朗读叫优生，师生接读叫优生，分角色朗读也叫优生。几个优生读来读去，大部分学生当听众，基本得不到朗读训练的机会，朗读教学质量落不到语文实际教学中。这样的文本朗读基础，不免让人对下面的文本理解环节感到担忧。

### （二）原因分析：没有正确的态度

目前的朗读教学存在的最根本的问题就是学生“欠读”“缺辅”。鲁迅描述的那种“人声鼎沸”的读书场面很难看到。不少教师能让学生在课刚开始时把课文读一遍，或者在课中读一两个片断，这就算不错的了。更有甚者，只是让学生在预习时泛泛地读一下课文，一上课就开始讲解、分析，整堂课没有学生自己读书的活动。过去的“满堂灌”尚未绝迹，而新兴的“讨论式”“练习式”等等又几乎占据了整个语文课堂。以致有的学生一课学完了还不知道那些生字、新词在什么地方，甚至对课文的内容不甚了解，更不要说对文章语言的感知和对文章情味的体悟了。这种“隔靴搔痒”式的朗读教学，绝非个别现象。朗读教学必须改变这种状况，要特别重视指导学生如何读书，多留时间给学生读书。如上文所说的那种只顾优生的朗读方法，更是一种极差的习惯。

### （三）对策：培养良好的朗读习惯

在朗读过程中，教师要给学生讲清朗读技巧，指导学生朗读，培养良好的朗读习惯。学生只有掌握了朗读技巧，养成好的习惯，才能准确地表情达意，增强语感，达到朗读的目的。

首先要注意朗读的语气。一般来说，写人叙事的文章包括两种语气：一种是作品中人物的语气，另一种是叙述人的语气。要读出人物的语气，就要分析把握人物的思想性格，体会他们在不同情境之中的情感，读出叙述人的语气，就要揣摩把握作者的思想感情。这两种语气巧妙地结合在一起，给人一种身临其境的感觉，让人回味无穷。

其次要保证朗读的质量。一节课，应保证一定时间和范围用于指导学生朗诵，而不是进行琐碎的分析，当然盲无目的的朗读也不是可取的。什么样的课文内容，什么样的阅读要求，什么样的学生，采用什么样的朗读形式，教师都要安排得恰到好处。如放声朗读一般适用于课前预习，这样学生更便于掌握新词的读音，以及对于长句子的停顿也能做到心中有数；而齐声朗读则适用于诗歌的朗诵，这种和声的美妙，能将诗歌的抑扬顿挫演绎得淋漓尽致；较短的课文和长课文中的某些重点部分，优美的片段，精妙的片段和气势恢弘、语言激昂的文章也适用于齐声朗诵或小组朗读。至于朗读的量就取决于学生对于课文本身的理解能力了，只要保证朗读的“质”和“量”双管齐下，相信朗读一定会成为语文教学的有效途径。

### 三、朗读指导不力

人云：“松声、涧声、琴声、鹤声……皆声之至清者，而读书声为最。”阅读教学要重视朗读，要让学生充分地读，在读中整体感知，在读中培养语感，在读中受到情感的熏陶。学生的朗读，需要教师的指导，然而，我们教师指导朗读的情形又是怎样呢？

#### （一）单调、机械、生疏的朗读教学方法

课堂上，常见教师在分析、理解之余来一句“请同学们有感情地读读这部分”，或“把×××语气读出来”，学生习以为常无动于衷。有的教师即使有指导却不得要领，只重声音形式，不重内心体验。常听教师直截了当地告诉学生，把某一个字(词)读得重(或轻)些，把某几个句子读得快些(慢些)，而忽略了朗读表情达意的要义。所以许多学生一遇到感情比较强烈的句子，就认为该读重音，而不知道有时重音轻读，表达的效果更强烈。如课文《明天，我们毕业》中有这样一句话：“老师啊老师，您以自己的言行，为我们树立了榜样。在我的心目中，您是天使，您是大树，您是海洋。”学生往往读得快而高昂，像在喊口号。其实，作为即将离开学校的小学毕业生，对母校对老师心中都充满感激和依恋。应该一字一句读得缓慢而富有深情，正所谓“字字有声，声声有情”，更富感染力。

#### （二）原因：缺少朗读氛围

教学情境即教学氛围，是作用于学生主体发展的重要因素。让学生置身于特定的情景中，不仅有益于他们认知心理的发展，而且能有效地调

动学生的情感参与。要想提高学生的朗读水平。就必须有师生情感的共同投入，让学生在美好情感的氛围中，体味作者的感情，把握作者的脉搏，读出文章的文意、文情、文境。而情感的建立，需要酝酿、需要一种情境，这样，情境在朗读教学中至关重要。只有把学生带到你创设的情境中来，他们的感情才会得到共鸣，才会收到很好的效果。而对于氛围的渲染，却是许多语文教师认为无关紧要的环节，根本不屑于在上面下功夫。如今的语文课堂，缺少的就是这种氛围。

（三）创设适宜的朗读氛围

教学情景的创设是引导学生轻松进入朗读角色，激发学生阅读兴趣最直接的方法。我们可以从以下几个方面去把握。

首先，背景音乐激发学生的热情。笔者在教学苏教版六年级上册20课《安塞腰鼓》一文时，首先要学生仔细倾听安塞腰鼓的声音及感受擂鼓时惊心动魄的场面，并让他们边听边在脑海中想象擂鼓的场景。听完之后，鼓励他们大胆地说说自己听到了什么样的声音，用语言描述出来。就这样，通过震撼人心的鼓声，调动了学生的视听感官，发挥了学生的想象力，同时也极大地激发了学生对安塞腰鼓的兴趣：到底自己听到的安塞腰鼓声和其他地方的腰鼓声有什么不一样？就这样，学生带着迫不及待的心情开始了《安塞腰鼓》一课的朗读。

其次，教师示范调动学生的感受。如，在教学《陶校长的演讲》时，如果只是分四个部分来阐述陶校长演讲的内容，学生对文章的结构虽说有了把握，但对于陶校长说这番话的意义，是用什么口吻说的，他们根本就不能体会。因此，在教学时，首先不对课文内容作讲解分析，而是笔者自己用动情的语调示范朗读课文。朗读时，语音的轻重，语调的抑扬，节奏的快慢，情感的褒贬，让学生去体验、去感受。同时又要求学生自己反复朗读品味本文词语的精妙，语言的警策，句法的变化，以引起共鸣。这样，学生就能从《陶校长的演讲》中感受到陶校长从身体健康、学问进修、工作效能、道德品格这四方面对自己的激励和鞭策，从而陶校长这个教导有方、关爱学生的长者形象也就深深地印在了孩子的心里。

第三，角色朗读引导学生的投入。小学生都有很强的自我表现欲，在课堂上，教师应及时抓住时机，诱导他们进入角色。这样，不仅可以使他们进入角色，表现一下课文中的内容，加深对课文的理解，还能启迪他们的思维，发展他们的表演能力和口头表达能力。

当然，不同的年级段也有不同的朗读标准。比如低年级的学生生性好奇，活泼积极，乐于模仿，善于表现，具有很强的求知欲，上进心，可塑性强。根据他们年龄特征编撰的小学低年级课文也是语言文字优美，浅显易懂。所以，在朗读教学过程中可让学生整体感知，自由式朗读，充分发挥自己的个性。而高年级的学生，具有一定的理解和思辨能力，朗读教学时则更应该侧重加强学生思维能力的训练，加深对课文的理解和记忆，培养学生的语感能力，激发学生情感，提高学生的鉴赏能力和写作水平。总之，朗读是一种有声的语言艺术，它在小学语文教学中有着不容忽视的作用。只有通过教师们的精心指导，学生们的刻苦练习，才能真正在小学语文教学中展现它的艺术魅力。

【注释】(同“之一”)

【参考文献】(同“之一”)

【作者简介】(同“之一”)

**【分析】**

这篇教学论文宏观上是横式结构，分为三个并列的分论点，分别论证“朗读时间明显不够”“朗读基础薄弱”以及“朗读指导不力”，也就是说，全文整体上由三个并列的板块构成。这三大板块的内部，又各自分成递进的三个部分，实际上就是“提出问题(是什么)”“分析问题(为什么)”“解决问题(怎么办)”三个依次递进的部分。就如第一板块的三个小点依次为“夹缝中的朗读”“原因分析：对朗读的意义认识不足”以及“对策：师生双方必须明确朗读的目的”。所以说，这篇教学论文的结构是整体横式局部纵式。

如果略微仔细一点，就能发现，这篇教学论文的三大板块，实际上就是三篇小文章。例文告诉我们，撰写教学论文时，应该考虑到大文章实际上就是由若干小文章组合而成。如果按照同样的方法写一篇关于识字写字教学优化的文章、一篇关于作文教学优化的文章、一篇关于口语交际教学的文章，再将这四篇文章通过适当的导语和过渡语组合起来，就成了一篇“论小学语文教学的优化”的较大的文章了。——当然，选题是否有意义另当别论。

到现在，我们一定明白了科研并不是神秘莫测的“高”“精”“尖”，科研并不是专家学者的专利，教学论文也并不是什么高不可攀的东西。任何一个小学语文教师都可以进行科研，都可以写成自己的教学论文，都可以通过科研写文章，提高自己的教学水平。当然，开始时不能性急，不能一下子就去“论中国的语文教学改革”。从自己的眼前做起，从点滴入手，找一个被专家学者不屑的小小的切口入手；就文章的构成而言，先参照本章提供的两个案例的结构，将之巩固，然后，跳出这个“框框”。——成功指日可待。

# 后 记

当最后一个字符从键盘跃上屏幕的时候，终于松了一口气，曾经忍过的艰辛，熬过的困苦，都化作心底无法言说的欣慰。

这本书，早已在我心中藏了十多年，几欲动笔，却因种种原因作罢。今年开春，借《义务教育语文课程标准》(2011 版)颁布的春风，终于付诸实施。于是，投入到紧张的撰稿之中。这个大半年里，可以说是尽心尽力，殚精竭虑。我曾经的学生，现在已成为语文教育专家及一线语文骨干教师，他们守望着语文教学；而此时此刻正在努力成为语文教师的师范生们，他们执著却又迷茫。也许此书将是大家沟通交流的桥梁，将伴随着我们走向真正意义上的“语文”之路。

回顾正式撰稿的两百多个日日夜夜，心中如五味交集。寒去暑往，在认真完成繁琐的日常工作之余，利用假期和休息时间，构思写作。我们三人你催我，我盯你；被“逼”得走投无路时，甚至“恨”得牙根痒痒；但是，如果没有这一次又一次的催促逼迫，书的完稿将遥遥无期。正是因为这一次又一次的互相鼓励，我们才有了对小学语文教学的进一步了解。可以这么说，写书的过程，正是我们自己的语文教育观进一步成熟的过程。

本书连绪论共十一章。第一、二、五、八章由范红执笔，绪论章与第六、七、九、十章由刘识亭执笔，第三、四章由王家伦执笔。范红、刘识亭统稿。

本书撰写过程中，四川省教科所刘晓军、成都市人民北路小学崔雪梅、枣庄市市中区教研室宋厚岚及郑广杰等提出了中肯的宝贵意见，苏州大学硕士研究生陈瑞娟、胡洁参与了大量的资料收集与校勘工作，在此谨表衷心的谢意。

谨以这本书献给坚守教学一线的小学语文老师以及践行着教育理念的研究者，也献给正在师范院校修炼的小学语文教师“预备役”。如果你们说一句“这本书比较实用”，那将使我们感到无比的欣慰；当然，更希望你们对这本书提出宝贵意见。

范 红<br>2012 年 10 月